중국사상과
죽음 이데올로기

나는 존재하는가

중국사상과
죽음 이데올로기

나는 존재하는가

정진배 지음

성균관대학교
출판부

인생의 황혼기를 함께하는
아내에게 고마움을 전한다

들어가는 말

필자가 1970년대 후반 대학에 입학하여 전공 관련 강의를 들을 때만 하더라도, 중국 현대문학 관련 수업이 거의 개설되지 않았다. 문학사 수업의 경우도 강의의 대부분은 고전문학에 대한 설명이 주를 이루었으며, 현대문학의 경우 오사운동의 시대적 배경이라든가, 문학연구회(文學研究會), 창조사(創造社) 등 신문화운동을 주도했던 문학단체의 설립과정에 대한 간략한 문예사적 해설이 강의의 전부였으니, 당시 대학을 다녔던 중문학도의 입장에서는 중국 현대문학 작품의 내용을 사색하고 음미할 수 있는 기회가 거의 전무했다고 해도 과언이 아닐 듯하다.

그런데 필자가 군 전역 후 복학하니 학과 내 상황이 많이 변해 있었다. 무엇보다 중국 현대문학 관련 과목의 개설이 눈에 띄게 증가한 것을 피부로 체감할 수 있었다. 물론 당시는 아직 베를린장벽 붕괴(1989)라든가 한중수교(1992)와 같은 정치적 변혁이 시작되기 한참 이전이었으니, 중문학계 내부의 커리큘럼상의 변화가 이후 발생한 일련의 정치적 사건과 어떤 연관성을 갖고 있었다고 예단하기는 어려울 것이다. 원인이야 어떠하든 당시 중국문학을 전공하던 학부생의 입장에서는 현대문학 관련 과목들이 매우 신선하게 다가왔다. 특히 필자의 경우 대학 3, 4학년 시절 루쉰(魯迅, 1881~1936)이나 위다푸(郁達夫, 1896~1945) 등 중국 현대 작가들의 작품을 정규수업에서 접할 수 있었던 것이 작은 토양이 되어, 그 후 박사학위 논문의 주제로까지 이어지게 된 듯하다.

중국 현대 작가 중 루쉰은 사실 별도의 설명이 필요하지 않을 정도로, 동아시아문학의 현대성을 논하기 위해서는 필히 통과해야 하는 거대한 관문이다. 물론 당시 학부생의 짧은 소견으로 그의 문학사상을 심도 있게 이해한다는 것은 불가능에 가까운 일이었겠지만, 루쉰의 첫 번째 창작집인 『외침(吶喊)』(1923)에 수록된 여러 작품들을 읽으면서 나름대로 깊은 감명을 받은 것이 사실이다. 일반인에게는 「아큐정전(阿Q正傳)」이나 「광인일기(狂人日記)」 등이 상대적으로 널리 알려져 있으나, 정작 필자의 경우 『외침』 「자서(自序)」에 등장하는 '철 방'의 비유라든가, 「고향(故鄕)」의 말미에 나오는 '희망'에 대한 서술이 유달리 인상적이었다. 그러고는 한참 시간이 흐른 후에야, 전술한 루쉰 작품 속의 문학적 메타포가 각각 『법화경』 「비유품(譬喩品)」에 등장하는 '화택(火宅)'의 비유와, 「제물론」의 특정 구절*을 소위 전유(appropriate)한 것임을 알게 되었다.** 물론 이에 대한 사실관계는 논자에 따라 이견이 있을 수 있겠으나, 적어도 비유상의 상호 친연성을 감안할 때, 이

---

* 道行之而成, 物謂之而然.
** 이와 관련해서는 아래 내용을 참조하시오. 정진배, 『중국현대문학신론』, 서울: 박문사, 2014, 174-183쪽.

같은 추론은 충분히 설득력이 있어 보인다.

사족이나 이 같은 주장 자체가 루쉰 문학의 위상을 격하시킬 리는 만무하다. 오히려 문학 연구자의 입장에서는 이러한 사례를 통해 모든 텍스트에 내재된 상호텍스트성을 재확인할 수 있을 것이며, 나아가 전통과 현대라는 문학사적 구분이 칼로 두부 썰 듯 명확히 분리될 수 있는 개념이 아님을 방증할 수 있는 문헌학적 토대가 될 수도 있을 것이다. 아무튼 루쉰과 불교, 루쉰과 장자라 묘한 연결고리는 필자에게는 유의미한 학문적 화두로 다가왔다. 물론 여기서는 일일이 토로할 수 없는 그 외의 다양한 사건들이 내 학문적 역정에서 발생하였으나, 모든 것을 차치하고서라도, 한때 현대를 이해하기 위해 내 연구영역으로 포섭되었던 중국의 전통사상이 이제는 전통적 사유를 통해 현대를 재해석하는 상황으로 본말이 전도돼버렸으니, 이야말로 엄청난 학문적 아이러니가 아닐 수 없다.

미국에서 학위를 마치고 뉴욕주립대학에서 2년간 조교수로 강의하다가 1994년 귀국했을 때는, 소위 문인상경(文人相輕)이라고 서구에서의 동양학 연구에 대한 다소의 부정적 시각이 있었다. 지금은 중문학계 내에서도 인식이 많이 바뀌었지만, 어쨌든 1세대 미국유학파로 국내에서 후학을 지도한다는 사명감을 가지고, 나름대로는 매 강의를 세밀하게 준비하고 내용이나 개념이 모호한 부분은 학생들과 격의 없이 토론했다. 어찌 보면 그것이 나에게는 큰 학문적 자양분이 되었으니, 역설적이지만 내 수업을 거쳐 간 모든 학생들이 나의 선생이었던 셈이다.

개인적인 견해일 수 있겠지만, 인문학은 결국 동양과 서양이라는 두 개의 날개로 날지 않으면, 높이 올라갈 수도 멀리 날아가는 것도 용이하지 않을 것이란 생각을 갖는다. 리처드 빌헬름(Richard Wilhelm,

1873~1930), 버튼 왓슨(Burton Watson, 1925~2017), 앨런 왓츠(Alan Watts, 1915~1973), 카를 융(Carl Jung, 1875~1961) 등의 서구 학자들은 내가 동양사상을 읽고, 나름대로 사유를 정리하는 데 많은 영향을 준 서양의 동양학 연구자들이다. 이분들로부터 나는 동양의 직관적 사유를 여하(如何)히 논리적으로 풀어낼 수 있을 것인가라는 두 가지 상반된 과제를 절충할 수 있는 방법론에 대해, 많은 계발을 받을 수 있었다. 우리의 삶은 한정적이고 제한된 시간동안 자신의 전공영역에서 한 우물을 파는 것이 연구자의 소명인 것은 의심할 바 없지만, 우물을 깊이 파기 위해서는 부득불 반경을 넓게 잡아야 하는 것도 불가피한 것 같다. 어찌 보면 그것이 모든 인문학도들이 피해갈 수 없는 딜레마인 듯하다.

『중국사상과 죽음 이데올로기』라는 제하의 원고를 집필하는 동안, 주변의 많은 분들이 유명을 달리하셨다. 내가 모교에 교수로 부임해 왔을 때 누구보다 기뻐하셨던 어머님께서 예기치 않게 돌아가셨고, 아내와 결혼 이후 항상 소탈하고 따뜻하게 나를 대해주셨던 장모님 그리고 장인어른도 지병으로 세상을 떠나셨다. 세 분의 죽음을 직접 목도하면서 '죽음'이란 주제로 글을 쓰는 것이 점점 더 힘들어졌지만, 마음 한편에서는 원고를 마무리하고자 하는 바람도 강해졌다. 필자의 관점에서 본서는 어떤 정치한 논리로 구성된 이론서도 아니고, 그렇다고 사적 감정을 여과 없이 써내려간 고백록도 아니다. 그럼에도 불구하고, 이 책에 담긴 한 줄 한 줄의 내용은 학술적 주제로 설정될 수 없는 것을 학술적 개념과 방법론을 통해 풀어나간 실험적 글쓰기의 한 사례가 될 것이다.

끝으로 이 책이 용두사미로 끝나지 않고 완성될 수 있도록 물심양면으로 도움을 주신 많은 분들에게 감사의 말을 전하고 싶다. 지금은 고인이 되셨지만, 아버님·어머님은 늘 불초한 막내아들에 대한 신뢰를 잃지 않으셨다. 두 분 모두 욕계의 고통에서 벗어나 근심걱정 없는 하늘나라에서 평온하게 계시리라 믿는다. 아울러 성균관대학교출판부의 현상철 선생님은 원고가 절반도 완성되지 않은 상태에서 선뜻 책을 출판해주겠다고 제안하셨고, 이런저런 이유로 집필이 답보상태에 머물고 있을 때도 저자에 대한 신뢰를 잃지 않고 기다려주셨다. 또 김수영 선생님은 이 책을 수려하게 디자인해주셨다. 나로서는 정말 고마운 분들이 아닐 수 없다. 한편 대학시절 은사님이셨던 전인초 교수님에 대한 감사한 마음을 토로하지 않을 수 없다. 당신께서는 학부시절 게으르기 그지없었던 제자에게서 그래도 겨자 씨 같은 연구자로서의 가능성을 눈여겨봐주셨고, 필자로 하여금 오늘 이 자리에서 후학들을 지도하고 연구할 수 있도록 전적으로 지지해주셨다. 이 책의 출판과 더불어 선생님께서 사모님과 함께 늘 건강하신 모습으로 이상적인 노년의 삶을 보내시기를 진심으로 기원한다.

글을 마감하기에 앞서 가족에 대한 고마움을 전해야 할 것 같다. 필자가 학기 중에는 강의준비에 쫓겨 주로 야심한 밤이나 주말을 이용해 집필에 임했다. 그로 인해 주중에는 밤늦게 귀가하고, 그나마 주말이 되어도 남들처럼 마음 편하게 가족들과 함께 교외로 나들이 한 번 변변히 가지 못했다. 그래도 싫은 내색하지 않고 남편을 신뢰해준 아내에게는 참으로 많은 빚을 졌다. 죽기 전에 그 빚을 다 갚을 수 있을지 모르겠다. 집필의 압박감에 시달리는 동안, 가끔씩 시간을 같이한 두 딸과 이제는 친아들이나 다름없는 듬직한 사위 그리고 사랑하는 손녀딸을 보는 것이 나로서는 일상의 시름을 잊게 해주는 유일한 보약이었다. 두 손녀딸의 커가는 모습을 보면서 나는 우주의 생명이 면면히 이어지고 있음을 실감한다. 내 노년의 삶이 겨울이라면, 두 손녀

딸은 만물이 소생하는 봄의 전령이다. 사계가 간단없이 이어지고 있듯이 인간의 생명도 늘 그러하게 지속되고 있음을 온몸으로 느낀다. 이 같은 평범한 일상사를 넘어 그 어디에서 영겁의 진리를 찾을 수 있겠는가.

2022년 가을
외솔관 연구실에서
정진배

목차

* 일러두기

1. 한자와 한문을 병기할 때, 한글과 음이 같은 경우는 (　)로 처리했으며, 양자가 상이
   한 경우는 [　]로 처리하였다.
2. 한글과 관련된 영문 등을 병기할 때는 (　)로 일괄 처리하였다.
3. 본문에는 주로 번역문을 사용하고, 필요시 원문은 주(註)로 처리하였다.
4. 강조해둘 필요가 있다고 생각한 부분은 글자체를 달리하여 처리하였다. 강조는 모
   두 필자의 것이다.
5. 문장 중간에 생략된 곳은 (…)로 처리하였다.

서 론

삶을 모르고서
어떻게 죽음을 알겠는가?

『논어』「선진」

죽음이라는 주제를 인문학적 논의의 화두로 전면에 내세우기까지는 다소의 망설임이 있었다. 그럼에도 불구하고 필자가 본 주제에 천착하게 된 경위는 두 가지로 요약된다. 첫째로 본서에서 논의될 죽음에 대한 제반 연구는 **죽음 자체**에 대한 종교적·철학적 탐구와는 무관하다. 그보다는 죽음이라는 주제를 통해 중국문화의 심층에 내재한 일종의 사유논리를 고찰하고자 하였다. 약동하는 자연현상을 바라보며 거기에 일정한 법칙과 원리를 부과하고, 우주적 질서 속에서 인간 존재의 의미를 (재)정립하기 위해서는 죽음의 문제를 삶의 논리와 연결시키는 것이 불가피해 보인다. 그러한 관점에서 보건대 죽음은 '지금-여기'의 삶을 해석하기 위한 중요한 단초가 될 것이다.

둘째로 중국문화에서 죽음은 항시 시작과 끝이 중첩된 특이한 시공적 영역이다. 부연하자면 죽음은 끝이면서 동시에 시작이고,[1] 이로

---

1 艮, 東北之卦也, 萬物之所成終而所成始也. (『주역』 「說卦傳」)

인해 죽음은 직선론적 시간관념을 해체하기에 가장 적합한 개념으로 차용된다. 기실 인간은 직선적 관점(linear perspective)에 익숙하지만, 자연은 반(反)직선적이다. 본론에서 상세히 논의될 것이지만, 중국문화는 기본적으로 삶과 죽음, 현상과 본질, 용과 체를 동시적으로 긍정(혹은 부정)하는 독특한 논리구조를 가지고 있다. 이에 대한 체계적인 이해를 위해서도 죽음은 중국문화의 심층적 이해를 위해 피해갈 수 없는 개념이다.

유교 사서(四書)에서 형이상적 논의가 가장 두드러진 『중용』에는 다음과 같은 구절이 등장한다. "희로애락이 아직 표층으로 드러나지 않은 것을 중(中)이라 이르고, 드러나서 모두 절도에 맞는 것을 화(和)라 이른다."[2] 여기서 희로애락이 이발지화(已發之和)라면, 그 속에 감춰진 미발지중(未發之中)은 우리가 어떠한 경로를 통해서도 규정지을 수 없다. 그럼에도 불구하고 중국적 사유의 구석구석에는 미발지중에 대한 암시가 곳곳에서 드러난다. 물론 이는 여전히 언어적 방편에 기대고 있다. 인간의 사유체계로 인식할 수 없고, 인식될 수 없는 '그 무엇'을 중국문화에서는 왜 다시 사유의 영역으로 가져오고자 하였을까?

어찌 보면 이는 중국문화가 사태에 대한 본질직관에서 '모순'의 논리를 인용(引用)하고 있음을 암시한다. 중국적 사유에서 현상에 대한 본질 규명은 언제나 표상적 담론의 층위에서 한발 떨어져 있다. 유불도는——설령 일정 부분 서로 간의 정도의 차이를 감안하더라도——공히 현상 너머의 심연에 대한 탐구의 끈을 놓지 않는다. 그러나 사유가 개념의 범주 주변을 배회하는 이상 논의의 끝은 항시 문제에 대한 해결이 아닌 문제 제기 자체에 대한 문제 삼음으로 종결된다. 그런데 스

2 喜怒哀樂之未發謂之中, 發而皆中節謂之和. (『중용』 1장)

스로 현상적 영역의 어떠한 부분을 문제 삼고, 거기에 수반되는 일련의 논의가 애당초 제기된 문제의 무의미성을 증명하는 것에 다름없다고 함은 다분히 사유의 한갓된 유희가 아닌가.

하지만 의미가 부재하는 담론의 과정은 그 자체로 일정한 메시지를 노정한다. 역설적이지만 문제의 핵심은 이발에서 미발을 드러내는 것이며, 동시에 미발이 허무공적(虛無空寂)이 아님을 밝히는 것이다. 『도덕경』이 "도가도/비상도(道可道/非常道)"로 운을 뗀 후, 이를 다시 "중묘지문(衆妙之門)"으로 마감하는 논리라든가,『장자』내편이 죽음을 상징하는 '북쪽 검푸른 바다[北冥]'에서 시작하여, 현상계의 탄생을 암시하는 '혼돈(混沌)의 죽음'으로 끝나는 것도 우연이 아니다. 인도에서 유입된 사상이나 중국문화에 의해 재해석된 불교는 또 어떠한가. 대승불교의 소의경전(所依經典)으로 동아시아 문화권에서 널리 독송된 『금강경』의 주된 종지가 공(空)[3]의 본질에 대한 일련의 논의를 거쳐 머무름 없는 무주상(無住相)의 도리를 밝히는 것이 아니었던가. 여기서 '상'에 집착하지 않음은 도덕적 선택의 문제가 아니라 반야지혜의 깨침을 통해서만이 능히 구현될 수 있는, 달리 말해 근본무명의 벽력 같은 타파의 발로임을 『금강경』은 역설한다. 이는 말을 통해 말에 대한 집착을 끊는 것이다.

전술한 본서의 관심주제를 심층적으로 고찰하기 위해 필자는 선별된 핵심 경전에 기초하여 논의를 진행하고자 하였다. 이는 논지전개의 구체성을 확보하기 위해 필자가 채택한 일종의 서사전략이기도 하다. 기본적으로 본서는 유불도의 소의경전을 선별하고, 이를 심층적으로 분석하여 '죽음'의 문제와 관련된 외연과 내포를 점차적으로 확

---

3 범어인 'Sunyata'에 대한 한역(漢譯)이다.

장해나가고자 하였다.[4] 그 과정에서 필자 본인의 주관적 해석이 불가피하게 개입되겠지만, 가급적 이를 최소화하고 텍스트 자체에 대한 분석을 통해 본서의 논지에 대한 보편성을 확보하고자 노력하였다.

　본서의 전반적 구성체제와 내용을 설명하기에 앞서 이 책을 읽을 독자들에게 미리 몇 가지 양해를 구하고자 한다. 먼저 본론부의 내용과 관련하여 동일한 개념이나 문장이 상이한 문맥에서 반복 인용되는 경우를 발견할 수 있을 것이나, 이는 장별 논의전개를 위해 불가피한 측면이 있었음을 미리 밝혀두고자 한다. 논의범주와 관련해서는, 유교의 경우 『논어』, 『대학』, 『중용』을 기본적으로 모두 참조했으나, 논지가 방만해질 것을 우려하여 가급적 『중용』에 초점을 맞추었다. 도가의 경우도 기본적으로는 『도덕경』과 『장자』를 두루 참고하였으나, 구체적 논의는 『장자』 내편에 집중해서 진행하였다. 특히 『장자』는 각 장의 내용에 기반하여 내용에 부합되는 적절한 주제를 선별하고, 이에 대한 분석과 탐구를 통해 종국에는 삶과 죽음에 대한 도가사상 전반의 입장을 드러내고자 하였다. 불교의 생사관은 『원각경』에 초점을 맞추어 논지를 개진하였으나, 4장의 '무명(無明)'을 논하는 장에서는 논의를 심화시키는 차원에서 『금강경』의 '즉비(卽非)' 논리를 주로 인용하였다. 한편 유교 및 도가를 논하는 장에서도 불교의 논리를 두루 인용하여 삼교회통(三敎會通)의 논리를 도식적으로 설명하기보다는, 가급적 구체적 맥락 속에서 유불도가 서로 회통되는 사례들을 드러내고자 하였다.

---

4 죽음의 문제를 문화론적으로 고찰하기 위해서는 신화나 민간신앙에 대한 연구도 매우 중요한 부분이 될 것이나, 이는 필자의 학문적 역량이 감당할 수 없는 영역임을 밝힌다.

장로(張路)의 「노자」

중국사상의 개념범주

제한된 지면을 통해 주제와 관련된 생산적이고 구체적인 논의를 도출하기 위해서는 '중국사상'의 개념을 규정하는 것이 필요해 보인다. 알다시피 필자의 능력으로 방대한 중국사상을 두루 섭렵하고 그러한 토대 위에서 본 주제와 관련된 내용을 실답게 조명해내는 것은 그야말로 선불교에서 말하는 '모기가 무쇠로 만든 소에게 덤벼드는' 격이다. 이러한 현실적 부분을 십분 감안하면서 '중국사상'이라는 주제론적 범주를 기술적으로 포섭하기 위해 필자는 가급적 유불도 삼교가 상호 착종된 전근대 사상서들을 집중적으로 분석하였다. 일례로 명대 삼대 고승으로 지목되는 지욱대사(智旭大師, 1599~1655)의 저서 중에 『대학직지』나 『중용직지』[5]는 기존의 주자적(朱子的) 유교해석을 불교적 시각에서 참신하고 설득력 있게 재해석한다.[6]

지욱대사의 경우 기존 유교철학의 대표적 정전으로 분류되어온 사서를 일승불교의 차원에서 재해석한다. 이는 종래 주자학적 해석과는 상당 부분 각도를 달리하지만, 후대 독자의 입장에서는 삼교를 회통시킬 수 있는 혜안과 단초들을 유감없이 제시한다. 기실 '직지(直指)'라는 저술의 제목 자체가 이미 불교적 관점에서 유교경전을 재약호화시킨 것이다. 알다시피 직지란 우주만유의 실체인 우리 마음을 에두르지 않고 바로 가리키는 불교의 관법을 지칭한다. 가령 『대학』의 '대'

---

5 불교에서 직지(直指)란 말은 '직지인심견성성불(直指人心見性成佛)'에서 유래했다고 알려져 있다.

6 사서(四書)에 대한 주자(朱子)의 집주(集註) 또한 공맹(孔孟)으로 대표되는 고대 중국사상에 대한 탈전통적 해석이었음은 새삼 언급할 필요가 없을 것이다.

智旭禪師

지욱대사

는 '당체(當體)', 즉 마음 자체를 가리키며, 이러한 해석을 바탕으로『대학』은 단순히 군자의 도리를 설파하는 유교경전이 아닌, '본각(本覺)의 자체[明德]와 이를 깨우쳐가는 '시각(始覺)의 과정[明]'을 지시하는 개념으로 재해석된다(삼강령의 '명명덕'과 연결시켜보자면, 본각이 명덕이 되고 시각은 명덕을 밝히는 행위로 해석되는 것이다). 단 유가경전의 (이 같은) 불교적 재약호화를 통해 사서가 불교의 한갓된 아류로 전락하는 것이 아님은 지욱대사의 저술 전편을 통해 명료히 드러난다. 오히려『대학직지』나『중용직지』를 통해 저자는 소위 성수불이지학(性修不二之學)[7]이라는, 달리 말해 불교가 지향하는 최상승적 수양의 경지가 유교경전에도 오롯이 존재하고 있음을 역설하고자 하는 것이다.

중국의 토착사상이 불교에 의해 재해석되는 사례는 도가의 경우에도 쉽게 발견할 수 있다. 도가사상과 관련하여 본서에서는『장자』를 중심으로 죽음 이데올로기의 문제를 심층 분석하였으며, 주석서로는 명말청초의 걸출한 사상가였던 왕부지(王夫之, 1619~1692)의『장자해』(莊子解)를 주로 참조하였다. 특히「제물론」에 대한 왕부지의 해석은 기존 여타의 장자 주석서에 비해 그 해석이 탁월하며, 도처에서 불교의 유식(唯識)사상을 통해 장자 행간의 숨은 뜻을 표층으로 드러내는 대가의 필력을 엿볼 수 있다. 이와 관련된 구체적 사례들은 본서 제2부에서 구체적으로 제시될 것이다.

끝으로 본서의 제3부와 관련해서 약간의 설명을 덧붙이는 것이 필요할 듯하다. 처음 집필을 구상할 당시는 본서의 주제에 기초하여 유불도를 동일한 비중으로 다루고자 계획하였으나, 논의를 전개해가는

---

7 이는 축자적으로 말하자면, '마음으로 마음의 이치를 밝힌다'는 의미이다. 지욱대사는 이러한 명명덕의 이치로『대학』에 등장하는 다양한 개념들을 회통시킨다.

왕부지

과정에서 두 가지 난관에 봉착했다. 무엇보다 시간적 한계로, 세 가지 방대한 사상체계를 나름대로 충분히 사색하고 체화시켜 서술해내는 데 필자의 한계가 있었다. 더불어 불교의 경우 본 주제와 관련된 경전의 분량 또한 방대하여 한권의 학술서적에 모두 녹여내는 것이 불가능하다고 판단했다. 이 같은 이유로 필자는 가급적 유교와 도가에 대한 논의과정에서 필요시 불교의 기본 논리를 적절히 인용하고자 하였으며, 그 연장선상에서 제3부에서는 죽음의 문제와 관련된 대승불교의 기본 종지를 유교나 도가사상에 비해 상대적으로 다소 소략하게 제시하였다. 불교 관련 논의에서 모본으로 사용한 『원각경』은 대승불교의 중요한 경전으로 기존의 여러 학인이나 고승들이 이에 대한 깊이 있는 주석을 여러 관점에서 제시한 바 있다. 필자는 기본적으로 함허득통(涵虛得通, 1376~1433) 선사의 『원각경해』(圓覺經解)를 주로 참조하였으며, 함허스님은 조선조 억불숭유(抑佛崇儒)의 시대적 분위기 속에서 불교와 유교의 대화를 적극적으로 모색했던 선지식의 한 분이었음을 미리 밝힌다.

이상에서 서술한 내용들은 '중국사상'의 외적 범주 및 개념적 함의를 규명하기 위함이다. 요약하자면 본서는 유불도 삼교가 상호 착종되는 사례들을 중심으로 중국사상이라는 개념에 부합되는 보편적 지평을 마련하고, 이에 대한 전단계로서 삼교를 개별적으로 분석하여 유불도의 개별적 특성을 명징하게 드러내고자 하였다. 이는 기본적으로 '일즉삼·삼즉일(一卽三·三卽一)'의 논리를 차용한 것이다. 기실 유불도를 바라보는 통섭적 시각의 하나로서 불교를 체(體)로 삼아, 노장과 유교를 불교의 지류로 파악하고자 하는 시각은 다양한 논자들의 글에서 발견할 수 있다. 비근한 예로 조선조 유생이었던 서포(西浦)의 경우 '유불원불이(儒佛元不二)'를 주장하였으며,[8] 그의 대표적 작품인

함허득통

『구운몽』이 유불도를 사상적 토대로 해서 전개되고 있음은 익히 알려진 사실이다. 내용적으로『구운몽』은 도교적 모티프로 출발하여, 유교적 이데올로기가 소설의 본론을 관장하다가, 불교적 주제의식으로 작품의 대단원을 장식하는 것을 쉽게 간파할 수 있다. 한 작품이 유불도의 요소를 공히 내포하고 있음은 '일즉삼'에 해당할 것이요, 이러한 사상적 비균질성이 성진(性眞)이라는 작중인물의 자기분화임을 암시하는 측면은 '삼즉일'의 논리를 반영하는 것이다. 그러나 '일즉삼·삼즉일'은 '같음도 아니오, 같지 않음도 아님[非同·非非同]'을 밝히기 위한 방편에 불과하다. 이러한『구운몽』의 구조적 측면을 필자는 저술의 전편에서 일종의 서사전략으로 차용하고자 한다.

구성체제

이 책은 총 네 개의 부로 구성되며, 제1부에서는『중용』을 모본으로 하여 유교사상의 맥락에서 삶과 죽음의 문제를 조망한다. 유교는 노장이나 불교에 비해 담론의 초점이 상대적으로 현실 영역에 편중돼 있는 까닭에 본서의 주제의식을 심화시키는 것이 난해한 측면이 있었다. 그럼에도 불구하고『중용』의 경우 16장에서 귀신(鬼神)의 덕을 음양적 관점에서 논하고 있고, 나아가 책의 전편에 등장하는 천명(天命), 중화(中和), 성(誠), 비은(費隱) 등의 개념에 대한 심층적 해석을 통해 유교사상의 생사관념을 이론화시켜보고자 하였다. 여기서는 제1부의 개략적 내용을 단편적으로나마 살펴보는 것이 필요할 것이다.

---

8 박성재,「서포소설의 성립과 창작배경」,『남해시대』210호(2010)에서 재인용.

알다시피『중용』은 내용이 매우 추상적이고 유교경전 중에서도 난해하기로 정평이 나 있는 터라, 가급적 구체적인 이슈들을 선별하여 논지 전개상의 모호성을 줄이고자 노력하였다. 비근한 예로 '연비어약(鳶飛魚躍)'[9]에 내재된 철학적 함의를 살펴보자. 인용된 시구는 송대 이학(理學)의 핵심을 오롯이 담아내고 있는데, 이는 "하늘로 솟구치는 솔개와 물속에서 노니는 물고기의 세계가 둘이면서 하나의 생명으로 이어져 있음을 피력"[10]하기 위한 문학적 전유이다. 중국문화의 근간을 이뤄온 유불도 중에서 유교는 상대적으로 현실세계에 대한 담론이 주종을 이루고 있다는 것이 학계의 일반적 정설이다. 물론이러한 주장이 일견 타당성이 없는 것은 아니다. 가령『논어』에 등장하는 공자와 계로의 대화에서 귀신과 죽음에 대한 스승과 제자의 대화를 살펴보자. "계로가 귀신 섬기는 법을 묻자 공자께서 답하시기를, 사람을 섬기지 못한다면 어떻게 귀신을 섬기겠는가. 죽음에 대해 알고 싶습니다. 공자께서 답하시기를, 삶을 모른다면 어떻게 죽음을 알겠는가."[11]

전술한 인용 구절에서 공자의 답변은 무게중심이 현실세계에 놓여 있는 듯하다. 그러나 상기 구절을 곱씹어볼수록 공자가 정작 전달하고자 하는 근본 종지는 점점 오리무중으로 빠진다. 훈고(訓詁)적 차원에서 볼지라도 인용문은 여러 가지 상반된 해석이 얼마든지 가능하다. '의도의 오류(intentional fallacy)'와는 무관하게 인용문은 죽음에 대한 공자의 불가지론적 입장으로 해석될 수 있지만, 이와는 완전히 상

---

9 詩云, 鳶飛戾天, 魚躍于淵, 言其上下察也. (『詩經 大雅』旱麓篇)
10 정진배,『중국현대문학신론』(서울: 박문사, 2014), 46쪽.
11 季路問事鬼神, 子曰 未能事人, 焉能事鬼, 敢問死, 曰 未知生, 焉知死. (『논어』「선진」)

반된 차원에서 문장의 의미를 규정하는 것도 가능하다. 필자의 경우 전술한 문장을 '현재의 삶을 알면 죽음의 본질도 가늠할 수 있다'는 의미로 파악하는데,[12] 후자의 차원에서 공자의 사상을 재구성해내는 것이 가능한 근거는 『논어』의 체제 자체가 '하학상달(下學上達)'[13]의 형식으로 이뤄져 있기 때문이다. 이 같은 단편적 사례를 제외하고서라도, 『논어』에는 '말을 넘어선' 형이상적 경계에 대한 묵시적 언술이 라이트모티프(leitmotif)처럼 등장한다. 몇 가지 전형적 사례들을 다음 구절에서 유추해볼 수 있을 것이다.

> (1) 공자께서 말씀하셨다. 유(由)야, 내가 너에게 아는 것을 가르쳐주겠다. 아는 것을 안다고 하고, 모르는 것을 모른다고 하는 것이 아는 것이다.[14]
>
> (2) 공자께서 말씀하셨다. 많이 듣고서 의심나는 것을 제외하고 그 나머지를 삼가서 말하면 허물이 적어지며, 많이 보고서 위태로운 것을 제외하고 그 나머지를 삼가서 행하면 후회하는 일이 적어질 것이다.[15]

첫 번째 인용문에서 "모르는 것"은 단순히 이성적으로 알지 못하는 것을 지칭하기보다, 인간의 개념적 사유로 인지하는 것이 불가능

---

12 이러한 해석을 뒷받침할 수 있는 근거로, 『주역계사상전』(4장)의 다음 구절을 상기해보는 것도 좋을 듯하다. "原始反終, 故知死生之說."

13 『논어』는 「학이」로 시작해서 성인의 덕성을 암시하는 '知命, 知禮, 知言'(「요왈」)에 대한 언급으로 마감한다.

14 子曰, 由, 誨女知之乎, 知之爲知之, 不知爲不知, 是知也. (『논어』 「위정」)

15 子曰, 多聞闕疑, 愼言其餘, 則寡尤, 多見闕殆, 愼行其餘, 則寡悔. (上同)

한 형이상적 영역을 지칭한다. 그렇게 보자면 모르는 것(알 수 없는 것)을 모른다고 하는 것이 실제로는 아는 것이다. 두 번째 인용문도 마찬가지의 논리를 전개한다. '의심나는 것을 제외하고 말하지 않는' 것은 말할 수 없는 것에 대해 침묵하는 것이다. 이 경우 침묵은 알 수 없는 것을 지시하기 위한 최상의 방편이다.

한편 전술한 형이상적 경계는 '시'에 대한 공자의 탄사를 통해 보다 구체적으로 드러난다.

> 공자께서 말씀하셨다. 그림 그리는 일은 흰 비단을 마련하는 것보다 뒤에 하는 것이다. (자하가) "예가 다음이겠군요"라고 말하자, 공자께서 말씀하셨다. "나를 흥기시키는 자는 상(商)이로구나. 비로소 함께 시를 논할 만하다."[16]

인용문에서 '시'가 '말을 넘어선 경계[言外之意]'를 지시할 수 있는 문학적 방편으로 해석될 수 있다면, 시 장르에 대한 공자의 찬사는 필경 말이 지향하는 최종심급이 될 것이다. 이와 더불어 앞선 '연비어약'의 중용적 맥락은 이러한 측면을 좀 더 직설적으로 보여준다. '솔개 하늘로 솟구치고 물고기 연못에서 뛰어 논다'는 시어는 음양의 상호작용을 통해 약동하는 현상계의 다기한 측면을 드러낸 것이다. 관련된 내용이 『중용』 26장에서 보다 구체적으로 등장한다.

> 하늘과 땅의 도는 한마디로 다할 수 있으니, 그 물건 됨이 둘이 아니라.[17]

---

16 子曰, 繪事後素. 曰, 禮後乎, 子曰, 起予者商也, 始可與言詩已矣. (『논어』 「팔일」)
17 天地之道, 可一言而盡也, 其爲物, 不貳. (『중용』 26장)

인용문에서 말하는 하늘과 땅의 도는 엄밀히 말해 하늘과 땅 사이에 존재하는 만물을 주관하는 일종의 원리를 지칭한다. 여기서 도가 구체적인 물상으로 현전하는 과정은 『신약』에 기록된 '말씀이 육신이 되는'[18] 논리와 유사하다. 그런데 천지의 도가 삼라만상의 모습으로 자신을 드러내는 과정을 『중용』은 왜 '불이(不貳)'라는 개념으로 표현하고 있을까? 불이는 문자 그대로 '둘이 아님'이다. 상술하자면 천지의 도와 그것이 현전한 양태로서의 만물은 양자가 같은 것도 아니지만, 서로 다른 것도 아니다. 달리 말해 '같음[同]'과 '다름[異]'이라는 이분법적 논리를 넘어선 경계를 『중용』은 '둘이 아님'이라는 말로 지시하는 것이다.

언뜻 보아 말의 유희처럼 보이나, 『중용』의 저자는 이를 통해 형이상과 형이하의 상호관계를 유가적 언어를 통해 적절히 제시하고 있다. 이 하나의 원리는 다시 '성(誠)'의 개념을 통해 좀 더 극명하게 드러나는데 『중용』에 등장하는 다음 구절은 천도와 인도의 합치, 달리 말해 '극기복례(克己復禮)'의 관점에서 해석하는 것이 가능하다.

성(誠)이란 하늘의 도요, 성하려는 것은 사람의 도이다.[19]

'성'은 굳이 풀이하자면 '무망(无妄)'의 개념과 유사한데, 무망이란 거짓이 없음이다. 인용문에서 『중용』은 하늘의 속성을 일종의 원리적 차원, 즉 '성실함(誠)'으로 규정한다(여기서의 '성실함'이란 '거짓됨이 없음'의 중용적 표현으로 보는 것이 가능하다). 인간은 그러한 하늘의 속성을 본

---

18 「요한복음」 1:14
19 誠者, 天之道也, 誠之者, 人之道也. (『중용』 20장)

받아 스스로가 성실한 존재로 거듭나고자 한다. 이러한 '거듭남'을 공자는 '극기'의 개념으로 설명했다. 극기란 불교적 용어로 환치하자면 아트만(ātman)의 부정, 즉 에고의 소멸이다. 필자는 이를 '시적 죽음'으로 해석한다.[20] 결국 관건은 '죽음의 모티프를 통해 생명을 드러내는가[從體起用]' 혹은 '삶의 현장에서 죽음을 포섭하는가[能變如常]'의 문제인 것이다. 물론 양자가 과정은 상이하나 결과는 동일하다.

본서 제2부에서는 『장자』 내편을 모본으로 하여, 「소요유」에서 「응제왕」에 걸친 총 일곱 장을 선별된 주제 하에 심도 있게 분석하고자 하였다. 제2부의 내용과 관련하여 몇 가지 부연 설명하자면, 각 장의 소주제가 외견상 상호 연관성이 결여된 듯 보일 수 있으나, 논의의 핵심에 천착하게 되면 서로 다른 주제들이 모두 '죽음'의 문제를 이런저런 형태로 조망하고 있음을 쉽게 간파할 수 있을 것이다. 필자가 보건대 죽음을 그 자체로 논하는 것은 사실상 불가능하거나 불필요한 작

---

20 여기서 필자가 사용하는 '시(詩)적 죽음'이 '정신적 거듭남(spiritual rebirth)'을 지칭하는 은유적 의미로 사용되고 있음은 전후문맥을 통해 충분히 간파할 수 있을 것이다. '극기' 개념이 등장하는 『논어』 「안연」을 보자면, "顔淵問仁, 子曰, 克己復禮爲仁, 一日克己復禮, 天下歸仁焉"라는 구절이 나오는데, 인용문에서 공자는 유교의 핵심 개념인 '인'을 '극기복례'로 풀이하였고, 뒤이은 문장에서 '하루 동안 극기복례하면 천하가 인으로 돌아간다'라고 역설하고 있다. 요약하자면 극기복례의 주체는 소아(小我)를 넘어서서 인(仁)의 현전(現前)함으로 거듭나게 되고, 이를 통해 천하와 하나 된다는 관점에서 필자는 '극기'를 해석하였다(『논어』 「선진」에 나오는 "未知生, 焉知死"에 대한 해석 또한 『중용』과의 관계성 속에서 파악하면, 그 함의가 축자적 의미보다 훨씬 유동적으로 해석될 수 있다). 극기와 관련된 상기 논리를 불교식으로 재약호화하자면 아공(我空)-법공(法空)의 논리가 될 것이요, 노장으로 말하자면 이는 물아양망(物我兩忘)의 개념과 흡사할 것이다. 참고로 '극기'를 불교의 '무아' 논리와 유사한 개념으로 파악한 사례로는 국내의 경우 탄허(呑虛)스님을 꼽을 수 있을 것이다.

업으로 귀결될 공산이 크다. 반면 유교나 노장의 사유형식을 구조적으로 면밀히 분석하고, 이를 통해 중국사상이 죽음의 문제를 철학적으로 여하히 사유했던가를 추론해보는 것은 가능할 듯 보인다.

이러한 전제하에 도가사상의 경우 삶과 죽음의 이원론적 사유가 어떠한 서사형식 및 내용을 통해 '해체'되고 있는가에 주목한다. 본서에서는 이를 '역설의 미학'이라 편의상 명명한다. 여기에서 특기할 부분은 한대(漢代) 이후 등장한 도교사상이 그 추구하는 바에 있어 노장의 근본 종지와 전혀 궤를 달리하고 있다는 점이다. 필자는 이러한 측면에 방점을 두고 불로장생을 그 지상목표로 설정했던 도교적 사유가 노장의 철학에서 어떠한 방식으로 부정되고 있는가를 밝힌다(물론 이는 시간을 역으로 거슬러 올라간 것이다). 보편적 차원에서 보건대 동서고금을 막론하고 어떤 위대한 사상도 생명체의 물리적 죽음을 '종말'로 규정하지 않는다. 노장사상의 경우 암묵적으로 죽음을 생명현상의 한 과정으로 자리매김하고 있는데, 이 같은 전제가 설득력을 담보하기 위해서는 일차적으로 삶과 죽음에 대한 인간의 사유 자체를 문제 삼지 않으면 안 된다.

『장자』에 등장하는 우화들을 일례로 들어보자. 「양생주」는 축자적으로 '생명의 근원을 잘 양육하다'[21]라는 의미이다. 서두에서는 포정(庖丁)의 고사가 등장한다. 포정은 현대적 관점에서 보자면 백정이다. 백정의 역할이 도축이라면 이는 대체로 사람들이 기피하는 업종임에는 분명하다. 즉 살아 있는 생명체를 도살하는 것을 주된 업무로 삼는 무리가 백정인데, 이를 통해 장자가 '양생'의 비결을 제시한다는 발상

---

21 「양생주」는 '생을 양육하는 주체'라는 의미로 해석하는 것도 가능하다. 그러나 어떠한 방식으로 해석하든 본서의 논지에는 변화가 없다.

자체가 파격적이다. 그런데 고사의 마지막 부분에서 두 개의 개념이 대조를 이룬다. 문혜군이 포정의 소 잡는 모습을 보고 감탄하며, "**기술이 극치에 이르렀구나**"[22]라고 찬탄하자, 포정은 자신의 소 잡는 행위는 기술을 넘어선 **도**임을 천명한다.[23]

이 같은 포정의 고사는 중층적인 의미를 내포한다. 무엇보다 왕과 백정이라는 인간사회의 위계가 이야기의 말미에서 전적으로 전복되는 것이다. 포정은 더 이상 도축업에 종사하는 천한 백정이 아니라, 군주의 세속적 시각을 다잡아주는 철인의 이미지로 격상된다. 이렇게 보자면 도축에 수반되는 '죽음'의 함의는 생멸을 넘어선 '영원'으로 해석될 소지가 다분하다. 물론 여기서 영원을 시간적 무한의 의미로 파악하는 것은 장자의 관점과 괴리가 있다. 장자는 개체로서의 생명체의 영원함을 옹호하려 한 것이 아니라, 그 배후에 놓인 **생명현상의 간단(間斷)없음**을 밝히려 했기 때문이다.

이 같은 해석은 양생주의 마지막 고사를 읽으면 더욱 명료해진다. 노담(老聃)의 죽음에 슬퍼하는 제자들 앞에 장자는 진일(秦佚)이라는 가상적 인물을 등장시킨다. 진일은 '망자를 두고 슬퍼하는 것은 천리(天理)를 저버리는 죄'라고 비판한다. 진일의 입을 통해 장자는 '인간이 세상에 태어난 것은 태어날 때였기 때문이고, 죽는 것은 죽을 때였기 때문'[24]이라 단언한다. 이러한 장자의 논리를 한마디로 말하자면 '자연'이다. 달리 말해 모든 생명체는 끊임없이 이어지는 자연의 '과정'과 다름없다. 생명을 '과정'으로 파악하다는 도가의 관점은 매우

---

22 善哉, 技蓋至此乎.
23 臣之所好者 道也, 進乎技矣.
24 適來, 夫子時也, 適去, 夫子順也.

파격적인데, 왜냐하면 과정은 우리가 '머물러 집착할 수 있는' 그 어떠한 여지도 허용하지 않기 때문이다.

인간이 머물러 집착하는 전형적 대상은 '나'라는 생각이다. 그렇게 보자면, 장자는 「양생주」를 통해 인간의 뇌리 속에 깊이 뿌리내리고 있는 '아상'을 타파하고자 하였던 듯하다. 이러한 측면에서 볼 때 한 가지 의문이 제기될 수 있다. 전술한 것처럼 '양생주'가 '생명의 근원을 잘 양육하다'라는 의미라면, 양생의 주체[主]는 무엇을 지칭하는가? 일견 유효해 보이는 이러한 질문이 기실 노장사상의 맥락에서는 우문과 다름없다. 생명현상으로서의 과정(process)은 근원, 달리 말해 궁극적 실체라는 개념을 허용하지 않는다. 이렇게 보자면 죽음은 단지 '죽는다는 생각'일 뿐이다. 죽는다는 생각은 불교 유식의 논리로 보자면, 제6식──혹은 분별사식[25]──의 허망한 작용이며, 이러한 논리에 의거하면 죽음은 **죽음의 소멸**과 다름없다(즉, 죽음 속에 죽음은 없다). 나아가 '양생'이 현대적 관점에서 웰빙(well-being)에 유사한 개념이라면, 장자는 웰다잉(well-dying)을 통해 웰빙을 규정한다.[26] 이 또한 실로 파격적인 착상 아닌가.

이와 관련하여 필자는 가급적 (필자 본인의) 주관적 가치판단을 유보한다. 단지 중국의 문화전통에 내재된 이러한 측면들을 세밀히 분석하여, 죽음이 철학적·종교적으로 전유되는 과정을 구체적 사례들을

---

25 분별사식(分別事識)은 본서의 제3장에서 보다 자세히 논의될 것이나, 간략히 말하자면 이는 우리의 현재의식에 해당하며, 『대승기신론』에서는 분별사식을 망심(妄心)으로 분류한다.

26 장자는 죽음을 '현해(縣解)'라는 비유를 통해 설명한다. 현해는 '매달림에서 풀려나는 것'을 의미하는데 이는 '육신적 삶으로부터의 해방', 즉 죽음을 암시한다(古者, 謂是, 帝之縣解).

통해 추적해나갈 것이다. 유교나 도가에서 '죽음'을 논하는 방식은 유사점과 차이점을 모두 내포하고 있으나,[27] 이를 비교사상적 관점에서 상호 고찰하는 것은 본서의 주제의식을 감안할 때 그다지 긴요하지 않다. 그보다는 이들 각각의 사상이 '죽음'을 담론화시키는 논리를 개별적으로 살펴보고, 이러한 담론분석을 토대로 필자는 특정 사상이 인간의 현실 삶을 어떠한 방식으로 재해석해내고 있는가를 고찰하고자 하였다.

한편 본서에서 집중적으로 논하고 있지는 않으나, 노자『도덕경』의 경우 전편이 81수의 시로 구성돼 있는데, 81은 '9'[28]가 아홉 번 거듭된 것이다. 즉, 81은 수리철학적 관점에서 보자면, 극대/무한을 상징하는데, 필자가 주목하고자 하는 것은『도덕경』이 숫자의 상징성을 통해 '일즉다·다즉일'의 논리를 펼치고 있다는 것이다. 달리 말해『도덕경』에 등장하는 81편의 시 또한 외형상 서로 다른 주제를 다루고 있는 듯하나, 각각의 시가 일관되게 체용(體用) 논리에 기초해서 유기적으로 상호 연결돼 있음은 쉬이 간파할 수 있다. 본서는 노장에 두루 보편한 사상적 토대를, 목전에 현전하는 무수한 현상과 "붙어 있지도[相卽]",

---

27 기실 본서에서 집중적으로 논의할『중용』과『장자』는 중국사상의 두 축을 구성하는 중요한 경전이다. 한 가지 주목할 부분은『중용』과『장자』의 내용적 연관성이다. 가령 송대에는『중용』으로『장자』 내용을 해석한 사례(林希逸)도 있으며, 청대에는 '유교로 장자를 해석하거나[以儒解莊]', '장자로 유학을 설명[以莊釋儒]'하는 논저가 많이 등장하기도 했다. 이에 덧붙여 본서에서 사용하는 내성외왕(內聖外王) 개념은 유교와 도가 모두에 공통적으로 존재한다. 양자 간의 이같은 상동성은 흔히 유교와 노장사상이 서로 대척지점에 서 있다고 평가해온 일반인의 관점에서는 흥미로운 사실이 아닐 수 없다. 이 부분과 관련해서는 다음 논문 참조. 김형석,「임희일의 老壯注를 중심으로 본 三敎觀」,『유교사상문화연구』 제25권(2006).

28 주역철학에서 9는 노양(老陽)의 수(數), 즉 태극(極大)을 상징한다.

"분리되지도[相離]" 않은 근원적 시공간의 영역으로 확대 해석한다. 이 형이상적 시공간은 중국인의 '죽음'에 대한 성찰을 체계적으로 이해하기 위한 중요한 관문이 될 것이다.

전술한 논의의 연장선상에서 책의 제3부는 본서의 주제와 관련된 불교적 관점을 『원각경』에 등장하는 특정 개념들에 초점을 맞추어 기술하고자 하였다. 주지의 사실이지만, 불교의 경우 석가 부처가 열반에 드신 이후 여러 종파가 출현하였으며, 종파마다의 교리적 차이 등을 감안할 때, 본서와 관련된 주제를 총괄적으로 기술한다는 것이 필자의 능력으로는 절대적으로 불가능한 일이었음을 고백한다. 단 본서의 구성체제를 감안하여 제3부에서는 『원각경』에 등장하는 몇 가지 핵심 주제를 심도 있게 분석하는 것으로 갈음하고자 했다. 단 4장의 경우 '무명(無明)'에 대한 심층적이며 보다 체계적인 분석을 위해 『금강경』의 즉비논리(卽非論理)를 전적으로 인용하였으나, 논지 전개의 일관성과 관련해서는 별다른 문제가 없을 것이라 확신한다.

『원각경』의 묘처는 다양한 문학적 비유를 통해 심오한 진리를 드러내는 데 있는 듯하다. 가령 '빙글빙글 돌아가는 불로 인해 둥근 불 바퀴를 보는 것'[29]은 우리의 오관인식이 임의로 만들어낸 환(幻)이다. 그러나 인식의 오류가 비단 '안식(眼識)'에만 국한되는 것일까. 기실 불교의 경우 이러한 사례를 통해 우리의 지각작용에 수반되는 제반 문제점을 논리적으로 지적한다. 불교적 맥락에서 보자면, 우리가 일상에서 사용하는 '책상'은 물체(thing)가 아니며, 굳이 이름을 붙이자면 '형상(form)'이라 지칭하는 것이 좀 더 정확할 것이다. 형상은 비실체적 사유[rūpa]를 단적으로 드러내는 개념이며, 경전의 도처에서 우리의

---

29 又如定眼, 由廻轉火. (「금강장보살장」)

인식범주를 넘어서 있는 존재의 본질을 여하히 지시할 수 있을 것인 가에 대한 고뇌가 곳곳에서 드러난다. 비근한 예로 '죽음'이라는 사태 를 도식적으로 의미화시키지 않으면서도, 허무공적(虛無空寂)의 층위 로 밀쳐내지 않고자 하는 묘한 긴장감을 『원각경』이나 『금강경』 등 여 러 불교경전에서 발견할 수 있다.

분량으로 보자면, '불교' 관련 논의가 본서의 1부나 2부에 비해 미 흡한 것이 사실이나, 그럼에도 불구하고 필자 나름대로는 본서의 주 제와 관련된 불교사상의 핵심을 적절히 제시하고자 하였다. 『화엄경』 에서 '일미진중함시방(一微塵中含十方)'이라고 하여 '한 티끌 속에 온 시 방세계가 담겨 있다'고 설하듯이, 결국 진리란 방대한 지식이나 외견 상으로 측량할 수 있는 양적인 문제가 아니라, 찾고자 하는 비밀장(秘 密藏)의 핵심에 한 걸음 더 가까이 도달하고자 하는 구도자의 진정성 이 관건이 될 것이라 믿어 의심치 않는다. 홍파스님 또한 일찍이 "바 다는 어디를 찍어서 맛을 봐도 한 맛이듯, 부처님의 가르침은 어디를 찍어서 맛을 봐도 법화일미(法華一味)"[30]라고 말씀하시지 않았던가.

이상의 논지를 요약해보자면, 본서는 기본적으로 죽음에 대한 중 국문화론적 해석을 유불도의 핵심 경전을 토대로 탐구해나간다. 단, 집필과정에서 삼자 간 차이나 유사점을 논증하는 것은 본서의 기본 종지와는 무관하다. 상술하자면 '죽음'이 본 연구의 핵심 주제로 제시 되고 있으나, 중국의 문화적 토양에서 **죽음이 어떠한 논리를 통해 삶의 영역으로 포섭되는가**를 추적하고자 하는 것이 본서의 학술적 의도이 다. 이러한 작업이 순조롭게 진행된다면, 유불도가 각각의 인식론적 입장을 방기하지 않은 채 삼교귀일이라는 논리를 통해 중국의 독특한

---

30 『법보신문』 (http://www.beopbo.com)

문화전통으로 자리매김하게 되는 이데올로기적 장치를 드러내 보일 수 있을 것이다. 우리가 일상에서 흔히 사용하는 '문화'는 전통적으로 **주어진** 것이지만, 그와 더불어 상당 부분 이데올로기적으로 **만들어진** 것이다. 공자가 말하는 '술이부작(述而不作)'은 문화에 대한 창발론적 관점을 부정하고 있지만, 그러한 시각 자체가 이미 전통과 현대의 상호관계성에 대한 특정한 '규정'임을 부인할 수는 없다.

본서의 제4부는 「죽음 이데올로기와 이데올로기의 죽음」라는 다소 생경한 제목으로 논지를 전개하였다. 체제상 총 6개의 장을 여기에 포함시켰으나, 내용을 꼼꼼히 살펴보면 실질적으로는 두 개의 상반된 주제가 상호 결합돼 있음을 쉬이 간파할 수 있을 것이다. 제4부 전반부에서는 '이데올로기'에 대한 서구 비평담론에서의 광범위한 논의를 나름대로 분석하고 정리하여 본서의 주제에 대한 독자들의 이해를 돕고자 했다. 이에 덧붙여 필자는 동양과 서양이 서로 상이한 문화적 전통을 유지하고 발전시켜 왔으나, 그럼에도 불구하고 사유형식에 있어서 기묘한 유사성이 존재하고 있음을 지적하고자 했다. 물론 이 같은 단편적 사례에 의거하여 칼 융이 말하는 소위 '집단무의식(collective unconscious)' 개념 운운하는 것은 다소의 어폐가 있겠으나, 적어도 이러한 논의를 통해 유불도의 생사관을 '중국사상'이라는 시공간적 경계를 넘어 보편적 층위로 확장하고자 함에 있어, 일단(一端)의 교두보를 마련하는 것은 어느 정도 가능해 보인다.

전술한 필자의 집필의도를 구체화하기 위한 일환으로, 제4부에서는 미하일 바흐친의 『도스토옙스키 시학』과 루이스 캐럴의 『이상한 나라의 앨리스』를 각각 독립된 장에서 나름대로 심도 있게 분석하였다. 특히 전자의 경우 본서의 주제와 관련된 몇 가지 개념들에 천착하여 양자를 중서 비교문화론적 관점에서 조망해보고자 하였다. 한편

『이상한 나라의 앨리스』에 대한 작품분석은 양가적 의미를 갖는다. 일차적으로는 시간과 공간, 말과 상징 등에 대한 논의를 통해 현실과 판타지가 흡사 아래 태극도의 이미지처럼 서로 맞물려 있음을 드러내고자 하였다. 여기서 루이스 캐럴이 암시하는 '이상한 나라(wonderland)'는 우리가 사는 현실세계가 될 수도 있고, 작중 인물인 앨리스가 꿈속에서 경험한 가상의 공간일 수도 있다. 그러나 양자 중 어느 쪽을 작가가 염두에 두었던가를 탐문하는 것은 본서의 주제를 감안할 때, 별다른 의미가 없어 보인다. 중요한 것은 인간이 자신이 처한 시공간(세계)에 의해 지배를 받지만, 그와 동시에 우리 마음이 역으로 우리를 에워싼 세계를 창조할 수도 있다는 점이다.

일례로 아래 태극도의 경우 '까만' 눈을 가진 하얀색 물고기는 상대에 의해 자신의 정체성[陽]이 결정되지만, 그와 동시에 까만 색 물고기의 속성[陰]을 규정하는 역할을 한다. 달리 말해 '나'를 나이게 하는 근거가 나 바깥에 있지만, 동시에 나를 에워싼 세계는 '나'에 의해 구성되는 것이다. 이 같은 상호관계성의 논리는 『이상한 나라의 앨리스』에 등장하는 두 개의 상이한 공간을 해석하는 맥락에서도 동일하게 적용될 수 있을 것이다.

태극도

연극배우는 자신에게 주어진 극중 역할에 몰입할수록 점점 더 사실적 인물로 청중에게 각인되겠지만, 다른 한편에서는 이로 인해 현실에서의 '자신'으로부터 분리된다. 그런데 만일 이야기 속의 여주인공처럼 '자신'이 꿈속에 있는지 스스로 자각할 수 있는 '틈새'가 주어져 있지 않은 경우라면 문제는 달라진다. '이상한 나라'는 스스로의 논리를 가지고 자연스럽게 흘러가고 있는데, 꿈에서 깨어보니 또 다른 현실이 '실재'라는 미명하에 나름의 방식으로 작동되고 있는 것이 아닌가. 문제는 가상과 현실을 매개하는 것이 앨리스이고, 그렇게 보자면 양자가 결국 작중 여주인공의 심태를 상징하는 두 가지 상반된 모습이 아니겠는가. 비근한 예로 음양이 일태극의 자기분화와 다름없다면, 가상이니 현실이니 하는 구분 자체가 애당초 의미가 없을지도 모른다. 의미론적으로 보더라도, 가상이라는 개념 자체가 이미 현실이라는 말에 뿌리를 두고 있는 것이니, 양자를 분리해서 생각하는 것은 그다지 생산적이지 않아 보인다.

앨리스가 경험한 나라는──그 속에 주인공이 속해 있는 한──결코 그것이 꿈속의 '이상한' 경험이 될 수 없다. 그렇다면 꿈에서 깨어난 앨리스가, '현실'의 잣대를 들이대어 자신이 꿈속에서 겪은 판타지를 부정하거나 비현실적인 것으로 치부하는 것이 무슨 의미가 있겠는가. 위에서 지적했듯이 음양이 각자가 서로에게 자신의 **뿌리**를 두고 있는 것이라면, 판타지를 해체해서 현실을 회복하는 것이 결국에는 양자 모두의 소멸로 이어지지 않을 것인가.[31]

이상한 나라는 그 시공간이 갖는 논리가 있을 것이며, 이를 본서의 용어로 치환하자면, 이데올로기와 유사한 개념이 될 것이다. 그런데 앞서의 논리처럼, 내가 세계 속에 있듯, 세계가 내 마음에 의해 결정되는 것이라면, 이상한 세계가 갖는 판타지의 논리를 받아들이는 것이 오히려 '나'가 내가 되는 것이 아니겠는가. 반면 이상한 나라에서의 '모험'을 현실의 논리로 해체하거나 부정하는 것은 결국 '나'를 부정

---

31 이러한 논리는 음양이 각각 상대에게 그 스스로의 존재 근거를 뿌리내리고 있다는 가정 하에 성립될 수 있는 주장이다.

하는 것과 동일한 결과로 귀착될 것이다. 어느 시인의 말처럼, '음악'은 하늘의 나라를 비추는 지상의 거울이다. 루이스 캐럴의 작품에 이 말을 적용해본다면, '판타지'는 현실의 마음에 비친 천상의 모습이다. 현실세계에서 버둥거리며 고뇌하는 우리의 마음속에는 모든 고뇌로부터 초연한 하늘의 마음이 공존하고 있을 것이다. 유불도로 대변되는 중국사상이 굳이 '이데올로기'라는 이름으로 호명되어야 한다면, 이데올로기적 기제를 통해 역설적으로 인간은 자신의 마음속에 은닉돼 있던 하늘의 나라를 만날 수 있을지도 모르겠다. 본서 제4부에서는 이를 '이데올로기의 죽음'이라는 개념으로 해석하였다.

죽음과 인문학적 사유

알다시피 인문학의 기본 담론이 전통적으로는 문사철이라는 세 축을 기반으로 진행돼왔고, 담론의 내용이 지금-여기에서의 인간의 삶을 주된 논의영역으로 다뤄온 것이 사실이다. 그럼에도 불구하고 본서가 '죽음'이라는 주제를 전면에 내세우게 된 것은, 필자가 여러 해에 걸쳐 대학에서 중국 전통사상을 강의하고 연구해오면서 나름대로는 죽음의 문제를 바라보는 중국인의 독특한 시각을 이론적으로 체계화시켜보는 것이 인문학적으로도 충분히 학술적 가치가 있을 것이라는 확신을 가졌기 때문이다. 실제로 전술한 단편적 사유들은 어떤 의미에서든 본서의 집필과정에서 주제의식에 대한 필자의 입장을 더욱 공고히 해주었다. 그렇다고 그동안의 집필과정이 순탄했던 것만은 아니었으며, 무엇보다 본 주제를 어떠한 형식으로 확장해나갈 것인가는 필자로서 가장 곤혹스런 부분이었다.

알다시피 죽음은 인간의 의식작용이 만들어낸 개념일 뿐 실재하는 죽음과는 무관하다. 개념으로서의 죽음은 그 용어를 사용하는 개인의 입장에 따라 이런저런 방식으로 해석될 수 있을 것이나, 죽음 자체는 실상 아무것도 지시하지 않는다. 물론 죽음이라는 인간의 삶에서 가장 엄중한 사태를 두고, 동서양의 철인들은 공히 이에 대해 나름대로 의미를 부여하고자 했다. 그러나 죽음이 기의가 부재하는 기표인 것은, '불[火]'이라는 이름이 실재하는 '불'과는 무관한 것과 동일한 이치이다. 이로 인해 죽음은 그 자체로 지극히 현실적인 사건이지만, 동시에 가장 사변적인 것이 될 수도 있다. 그렇기 때문에 죽음에 대한 어떠한 철학적·종교적 사유도 엄밀한 의미에서는 삶의 관점에서 임의로 부과된 담론행위가 될 수밖에 없다. 물론 이러한 딜레마를 감안하여 필자는 저서의 제목을 '죽음 이데올로기'라는 다소 모호한 개념으로 명명하였다.

이데올로기란 일종의 정치·문화적인 믿음체계이며, 따라서 거기에 내포된 내용이 참이냐 거짓이냐를 논하는 것은 그다지 요긴하지 않다. 기실 모든 인문학도가 비켜갈 수 없는 고민은, 글쓰기가 사태의 본질을 담아낼 수 있는가라는 근원적 문제와 맞닿아 있다. 죽음에 대한 유불도의 입장을 충실히 전달하면서, 동시적으로 이러한 연구를 통해 죽음을 한갓된 이데올로기적 유희로 전락시키는 오류를 범하지 않는 것이 가능할 것인가? 실제로 많은 당대 비평가들이 지적한 것처럼 말과 이름으로 수행되는 제반 행위는 실재를 지시하지 못한다. 그렇다면 우리가 말할 수 있는 것은 무엇인가? 본서 곳곳에는 이러한 근원적 문제의식이 고스란히 녹아 있다.

본서는 기본적으로 죽음을 광의의 인식론적 범주 내에서 사유한다. 달리 말해 죽음은 '절대(x)'[32]에 대한 (하나의) 기표이며, 죽음이 가리키는 기의는 결코 발화될 수 없다. 가령 우리가 '진리의 횃불'이라는 비유를 통해 진리와 횃불을 자의적으로 등치시킨다고 가정해보자. 그러나 정작 횃불이라는 물상이 진리라는 추상적 경계와 어떻게 연결될 수 있는가? 나아가 양자 간의 메워질 수 없는 간극을 이론적으로 연결 짓는 것이 어떻게 가능한가? 이러한 논의는 죽음에 대한 제반 담론이 결국은 침묵으로 마감할 수밖에 없음을 예견한다. 그럼에도 불구하고 우리가 몸담고 있는 현상계는 상징에 의해 작동된다. 교회당의 십자가는 예수의 고난과 대속을 상징하고, 법당에 안치된 부처님의 미소에서 중생은 반야해탈의 경계를 엿보려 하지 않는가. 물론 이러한 발상이 구원의 인류사적 의미를 교회당 안으로 축소시키거나, 심·불·중생(心·佛·衆生)이라는 대승불교의 종지를 훼손하지는 않는다.

여기서 논의의 방향을 본서의 주제로 되돌려보자. 만일 죽음이 '절대(X)'에 대한 기표이며 그것이 결코 발화될 수 없는 것이라면, 죽음은 결국 인간의 담론행위에서 의미부재의 기표로 전유되는 것이 아니겠는가? 어떠한 언어적 기표를 통해 이로부터 수반되는 제반 의미론적 허상을 드러내고자 하는 것이 언어의 궁극——혹은 의미의 최종심급——이라면, 죽음 이데올로기를 이러한 인식론적 틀 속에서 논의하는 것은 (역설적이지만) 주제의식의 외연을 확장하기 위한 유리한 토대를 제공한다. 인간의 오관의식에 의해 파악될 수 없는 사태들을 유불도는 어떠한 방식을 통해 담론의 영역 속으로 포섭시키고자 하는가? 나아가 언술될 수 없는 것에 대해 '침묵'을 침묵! 이라는 **소음**으로 호

---

32 본고는 임의로 '절대(X)'라는 층위를 설정하였다. 나를 에워싼 사물을 분별하는 '눈'은 역설적으로 눈 자체를 볼 수 없다. 눈이 눈을 볼 수 없는 그 역설성을 '절대(X)'로 편의상 명명하였다.

명할 수밖에 없는 소이는 무엇인가?

이러한 인식론적 원환구조는 몇 가지 부차적 가설을 논의의 중심으로 가져오기 위한 정당성을 부여한다. 첫 번째가 대화성이다. 이는 동서양을 막론하고 고대사회에서 성인이 제자들을 교화하기 위한 중요한 방편이었다. 인도에서는 성인이라는 개념 대신 '구루(guru)'라는 명칭을 사용해왔다. 구루(guru)란 '어둠(gu)'을 '제거하는 자(ru)'라는 의미이다. 어둠은 불교적으로 말하자면 '무명(無明)'이며, 이는 실재하는 것이 아니다. 그렇기 때문에 '어둠을 제거함'이라는 발상 자체가 애당초 성립되지 않는다. 존재하지 않는 것을 어떻게 제거할 수 있단 말인가? 그러나 이 말의 의미를 곱씹어보면, 대화의 의도와 목적은 저절로 드러난다.

나와 세계에 대한 갖가지 의문으로 충만한 제자에게 선생은 끊임없이 또 다른 질문을 유도한다. 어찌 보면 선생은 가르치는 자가 아니라, **가르칠 것이 없음**을 환기시키는 자이다. 이것이 선생의 역할이다. 대화의 묘미는 질문의 토대를 허물어뜨리는 것이다. 그러나 토대가 허물어진 잔해 위에서 어둠의 실체 없음을 보아내는 것은 결국 제자의 몫이다. 중국의 선불교는 이러한 토양 위에서 발전하였다. 본서에서 상세히 논의되겠지만, 죽음의 문제 또한 이러한 층위에서 조명해볼 수 있다. 좋은 선생은 죽음에 대한 어떠한 질문도 되받아쳐 허물어뜨릴 수 있다. 그 과정에서 오가는 무수한 문답은 말과 이름을 넘어선 '침묵'에 도달하기 위한 불가피한 소음이다. 관건은 소음을 침묵으로 오인하지 않는 것이다.

둘째는 유용과 무용의 관점에서 죽음을 사유하는 것이다. 유용/무용은 알다시피 도가적 개념이다. 많은 논자들이 흔히 '무용지대용(無用之大用)'이라는 「소요유」의 구절을 근거로 양자 간에 일종의 위계적 관계를 설정하고자 하나, 엄밀한 의미에서 장자가 역설하고자 하는 것은 있음과 없음의 비분리적 속성이다. 비근한 예로서, 시각적으로 분별 가능한 패턴이 존재하기 위해서는 그 배후에 빈 공백이 존재해야 하는 것처럼, 의식의 영역은 무의식의 영역에 의존하지 않으면 안 된다. 혹자는 의식이 삶의 영역을 지배하고 무의식이 죽음의 영역과 연결돼 있다고 주장할 수 있겠으나, 좀 더 엄밀히 보자면 삶과 죽음이라는 개념 자체가 앞서 말한 '절대(x)'에 의존해 자의적으로 설정된 명칭과 다름없다.

인간은 오관이 파악할 수 있는 것만을 인식한다. 그럼에도 불구하고, 오관의식에 포섭되지 않는 대상이 비존재는 아니다. 눈앞의 허공조차 특정한 조건이 형성되어 우리의 안이비설신(眼耳鼻舌身)[33]에 자극을 일으키게 되면, 즉각 '무(無)'는 하나의 사태로 돌변하여 우리 앞에 현전한다. 그렇게 보자면 '있음'과 '없음'은 자의적인 분류일 뿐이며, 이 같은 이원론적 사유의 본질은 '불일불이(不一不二)'이다. 달리 말해 일태극에서 음과 양이 생하는 것이 아니라, '태극이 바로 양의[太極卽兩儀]'이다. 태극의 세계는 형이상적이고 음양은 형이하적 영역이다. 그러나 형이상에 대한 집착은 현상계의 논리에 의해 해체되고, 현상에 대한 집착은 형이상적 본질론에 의해 해체된다. 이 같은 이중부정의 논리는 현상과 분리되어 홀로 존재하는 '부동의 동자(unmoved mover)'라는 개념과는 배치된다. 이렇게 보자면, 삶과 죽음은 상호 분리된 두 개의 사태가 아니라 특정한 자연현상을 인간이 임의로 개념화시킨 것과 다름없다. 말하자면 애당초 존재하지 않는 시방세계[34]가 '나'로 인

---

33 이를 불교 유식(唯識)에서는 전오식(前五識)이라고 지칭한다.

34 십방세계(十方世界)는 동서남북상하사유를 지칭하는 용어로 '온 세계'를 뜻함

해 돌연 생겨난다는 의미이다. 이것이 노장적 맥락에서의 '자연'의 함의이다. 우주 삼라만상에서 그 어떠한 것도 새로이 창조된 것은 없으며, 어떠한 것도 소멸된 바가 없다. 단지 생명현상의 간단없는 이어짐이 있을 뿐이다.

끝으로 생각해볼 수 있는 것은 연속과 비연속의 문제인데, 이는 앞서 언급한 두 개의 관점과도 무관하지 않다. 미국의 심리학자였던 윌리엄 제임스(William James, 1842~1910)는 '의식의 흐름'이라는 중요한 개념을 제시하여 후일 문학비평에도 지대한 영향을 미쳤다. 그런데 이 개념을 불교 인식론과 연결시켜 사유해보자면 이론의 소지가 있어 보인다.[35] 『대승기신론』에 의거하면, 인간 개개인이 '나'라는 생각을 갖게 되는 배후에는 상속식(相續識)의 작용이 존재한다. 상속식은 제7 말라식(末那識)의 소관이며, 이는 개별 존재의 기질적 특성에 의해 유사한 사유패턴이 지속되는 것을 지칭한다. 그렇다고 동일한 생각이 무한정 반복되는 것은 아니다. 단지 일정한 사유의 패턴이 반복되고, 거기서 인식주체가 일종의 연속성을 보아내는 것일 따름이다.

일례로 우리의 안식(眼識)은 형광등이 일정한 조도를 유지하고 있다고 파악하지만, 엄밀히 말하자면 빛은 간단없는 점멸을 지속한다. 그렇다면 그 과정에서 빛이 소멸된 순간들은 우리의 안식에 의해 파악된 불빛에 비본질적인 부분인가? 유사한 질문은 청각예술인 음악에도 그대로 적용될 수 있다. 우리가 가령 바흐(Bach)의 음악을 들으면서 그것이 하나의 동질적 작품임을 확신할 수 있는 근거는 무엇인가?

---

35 다소 이견이 있겠으나, '의식의 흐름'은 우리 의식의 층위로 떠오른 부분만을 문제 삼는다. 이에 반해 정작 인간의 마음을 규정하는 것은, 의식화되지 않고 잠재 태로 우리 무의식에 내재된 무수한 (비)이성적 사유의 파편들일 것이다.

알다시피 모든 음악은 음과 무음의 연속이다. 어떠한 음악작품도 간단없는 소리의 연속만으로 이뤄질 수는 없다. 그렇다면 음악이 필연적으로 내포하는 '무음'의 순간들은 음악에서 추방하는 것이 정당한가. 그렇지 않다면 음악이 성립되기 위해 필연적으로 침묵의 순간들이 포함되어야 할 이유 무엇이겠는가.

논의의 관점을 바꿔보자. 한곡의 노래를 들으며 우리가 거기에 일종의 통일성(unity)을 부여할 수 있는 근거는 무엇인가. 주지하듯이 동물이 음악을 들으면서 인간과 동일한 반응을 보일 가능성은 희박하다. 인간과 동물의 차이를 청각적 차원에서 구분해본다면, 전자는 음(音)을 즐길 수 있으나, 후자는 소리[聲]만을 인식할 수 있을 뿐이다. 결국 양자의 차이는 음악 속에 내재한 '질서'를 파악할 수 있을 것인가의 문제이다. 이상을 요약하자면, 각종 매체를 통해 우리가 접하는 음악은 그 자체가 면밀하게 기획된 이데올로기적 결과물인 셈이다. 물론 인간만이 이데올로기화된 음악을 단순한 자연의 소리와 차별적으로 인식할 수 있고, 심지어 이를 통해 정신적 고양을 경험한다(고대 동양사회가 통치의 수단으로 예악(禮樂)을 형정(刑政)보다 우위에 두었음은 이러한 주장을 방증한다). 이러한 특성이 주변세계로 확장되면서, 급기야 제반 자연현상은 일종의 원리로 재구성된다. 말하자면 자연이 과학화되는 셈이다.

알다시피 자연은 생장수장(生長收藏)의 패턴을 반복한다. 이를 시간성의 개념으로 환치하면 춘하추동 사계에 상응할 것이다. 여기서 주목할 것은 사계의 끝인 '겨울'을 철학적으로 어떻게 의미화할 것인가의 문제이다. 물론 철학은 지적 사유활동의 영역이고, 이를 자연의 시간에까지 파급시키는 것은 아무런 논리적 정당성을 갖지 못한다. 그러나 중국의 전통문화에서 이러한 유비적 사유(analogical way of thinking)의 사례는 도처에서 쉽게 발견할 수 있다.

비근한 예로 노자는 '최고의 선을 물에 비유[上善若水]'하였다. 말하자면 윤리적 선악개념을 자연의 물상에 빗대어 설명하는 것이다. 논의를 다시 시간에 대한 철학적 의미화의 문제로 되돌려 본다. 춘하추동의 추이를 직선론적 시간관념으로 바라보자면, 겨울은 사계의 끝이요 종말이다. 여기서 종말은 일견 존재의 소멸, 즉 무와 논리적으로 연결될 수 있다. 그러나 노장이나 불교의 경우 '있음'이 '없음'으로 전이되는 것은 존재의 본질에 위배된다. 장자는 이러한 사유를 발전시켜 물화(物化)의 개념을 제시한다. 물화는 시시각각 변화하는 현상의 세계요, 그러한 변화는 (역설적이지만) 불생불멸이라는 존재의 속성과 맞물려 있다. 부연하자면 있음과 없음은 우리의 사유가 만들어낸 허상일 뿐이요, 나와 나를 에워싼 세계의 본질은 비유비무(非有非無)이다. 이 같은 이중부정은 앞서 말한 '절대(x)'을 지시하기 위한 방편이다.

요약컨대 방편설은 발상의 극적인 전환을 기저에 깔고 있다. 노장이나 불교는 세계의 변화를 인정하지 않는다. 오히려 내 주관인식이 끊임없이 세계의 변화를 만들어낼 뿐이다. 그렇게 보자면 삶과 죽음이라는 인간의 가장 근원적이고 실존적 사건조차 본질적으로는 사유의 유희가 만들어낸 허상에 지나지 않는다. 생멸하는 것은 우리의 분별식일 따름이요, 존재 자체는 생하거나 멸한 바가 없다. 이 같은 인식의 전환은 그 자체가 참이냐 거짓이냐의 진위 여부를 따지기에 앞서, 절대적인 믿음체계에 기반해서만이 비로소 그 효력을 발휘할 수 있다. 필자는 이러한 지점을 '이데올로기'라는 사회과학적인 용어로 명명할 것이며, 죽음 이데올로기에 대한 본서의 주제를 탐구해나가는 과정에서 동아시아인의 내면에 깊이 감춰진 심층 무의식과 조우할 수 있는 유의미한 기회를 마련할 수 있을 것이다.

연구방법론

본서의 주된 관심사는 유불도의 세계관이 작동하는 메커니즘을 구조론적으로 탐구해보는 것이다. 가령 유가가 역설하는 하학상달(下學上達)의 기본 종지라든가, 도가의 무위자연, 나아가 대승불교의 여래장(如來藏) 사상이 인간에 대한 어떠한 철학적 관점을 토대로 개진되고 있는가를 밝히는 것은, 본서가 전면에 내세우는 '죽음 이데올로기'라는 주제의식을 심화시켜 나가는 데 일조할 수 있을 것이다. 좀 더 부연하자면 본서는 죽음이 수반하는 양가성——달리 말해 실재하는 사건으로서의 죽음과 사변론적으로 개념화된 죽음——에 주목하여, 유불도가 각자의 독특한 우주론적 언어와 개념을 사용하여 실재와 가상의 상호 분리된 두 경계를 매개하는 논리를 추적해나간다. 나아가 필자는 이로부터 도출되는 내용이 보다 포괄적인 원환구조 속에서 상호소통될 수 있을 것이라는 믿음을 가지고 있다. 관건은 이러한 주관적 신념을 이론적으로 객관화·보편화시켜내는 일이다.

인문학의 본령은 언어로 사태의 진리를 탐구하는 것이며, 진리탐구는 대부분의 경우 대상에 대한 연구자의 해석행위로 이뤄진다. 물론 전술한 과정을 굳이 인문학이라는 특정 학문분야에 국한시킬 필요는 없다. 인간은 의식적이든 무의식적으로 자신을 에워싸고 발생하는 현상에 대해 나름대로의 논리를 동원하여 이를 해석하고 평가하기 때문이다. 흥미로운 것은 도가나 불교의 경우 일관되게 언어가 존재의 진리를 드러낼 수 없음을 역설하고 있다. 그럼에도 불구하고 이 같은 명제 또한 진리에 대한 **언어적 개념규정**임을 부인하기 어렵다. 이와 관련하여 마명보살(馬鳴菩薩)은 일찌감치 『대승기신론』의 저술 목적이 '말로써 말을 버리는(以言遣言)' 것임을 천명하였다. 관건은 말이 떠난 자리에서 마주하게 될 그 빈 공간을 (또 다시) 말을 통해 해석하는 것이다.

'말'과 '침묵'을 다수의 논자는 두 개의 상반된 영역으로 해석한다. 그러나 과연 그러한가? 인간 상호간의 소통을 매개하는 '말'이 의미를 확보하기 위해서는 그 자체가 **소리**와 **침묵**의 적절한 배합으로 이뤄져야 한다. 그렇지 않으면 그것은 하나의 의미 없는 소음이 될 뿐이다. 사람과 사람간의 대화에서 강력한 힘을 갖는 것은 많은 경우 단어와 단어, 문장과 문장을 매개하는 침묵이다. 침묵은 의미 지을 수 없는 것이지만, 무수한 개념의 유희 속에서 조건적으로 의미를 부여받는다. 침묵이 의미화되어 현전하는 것은 일견 유와 무를 모두 넘어선 경계이나, 그렇다고 침묵이 유무를 떠나 별도로 존재하는 것도 아니다. 요약컨대 말/침묵, 존재/비존재의 관계는 불상즉(不相卽)/불상리(不相離)이다. 이러한 맥락에서 인식론과 존재론의 상호 미끄러짐을 직시하고 이를 매개하는 것은 본서가 다룰 주된 영역이 될 것이다.

연구방법론과 관련하여 본서는 부정어법을 통해, 언술할 수 없는 영역을 인식의 지평 위로 가져오고자 한다. 비유로서 말하자면 공간은 텅 비어 있지만 동시에 모든 것을 아우른다. 즉, '비어 있음'은 '없음(non-being)'이 아니며 단지 우리의 인식을 넘어 있을 뿐이다. 철학적으로 볼 때 이는 인식론과 존재론의 메울 수 없는 간극이 될 터인데, '죽음 이데올로기'는 그 틈새를 해석하기 위한 장치이다. 이와 더불어 본서는 죽음 이데올로기의 발생근원에 대해 지속적인 질문을 제기할 것이다. 엄밀히 말하자면 인간은 영원히 죽음 자체를 사유할 수 없다. 당나귀가 머리 앞에 매달린 당근을 향해 끊임없이 내달려도 영원히 목표(당근?)에 도달할 수 없는 것처럼, 인간은 단지 삶의 관점에서 죽음을 해석할 수 있을 뿐이다. 그렇다면 중요한 것은 죽음 그 자체보다 죽음에 대한 성찰을 추동하는 '다양한 계기'들이다.

　예를 들어 불교의 경우 사물의 '무상(無常)'에 대한 자각이 존재의 본질에 대한 깨달음으로 이어진다. 여기서 무상이라 함은 「반야심경」의 논리를 따르자면 형상[色]도 아니요 형상 아닌 것[空]도 아니다. 이 같은 이중부정은 완전한 긍정의 세계로 이어지나, 이를 뒷받침하는 철학적 논거는 색/공, 삶/죽음, 순간/영원 등과 같은 분별적 사유의 부정이다. 요약하자면 '죽음'은 삶을 바라보는 특정한 인식론적 틀 속에서 의미가 부여되며, 따라서 삶과 죽음을 분리된 개념으로 파악하려는 시도는 적절치 않다. 삶이 의미를 가지려면, 삶을 가능케 하는 죽음도 의미를 가져야 한다. 그러나 인식을 넘어선 죽음을 여하히 의미의 영역으로 다시 가져올 수 있을 것인가. 아마도 이것이 유불도가 천착하지 않을 수 없었던 죽음 담론의 출발이었을 것이다. 본서는 이러한 이론적 토대 위에서 삼자의 개별적 특징과 이를 아우르는 보편적 세계관을 공히 밝히고자 하였다.

죽음 이데올로기

이 책을 집필하면서 필자가 고심했던 부분은 "동양적 (혹은 중국적) 인식론이라는 것이 가능한가"에 대한 질문이었다. 이 같은 자문(自問)에 답하기 위해 본인의 경우 부득불 집필과정에서 '동서 비교사상사'적인 관점을 견지해야 했다. 왜냐하면 '동양적'이라는 개념 자체가 결국은 그것의 가상적 타자(the Other)와의 비교적 맥락에서만 유효하기 때문이다. 물론 A와 not-A의 상호관계 속에서 A의 의미를 사후적으로 규정하는 것이 불교적 용어로 치환해서 말하자면 공(Sunyata)과 다름

없다. 그럼에도 불구하고 인문학이 '언어'라는 도구를 통해 사유를 전개해야 하는 이상, 이 같은 비교문화론적 접근이 여전히 유효한 연구의 형식이 될 수 있으리라 믿고 있다.

기실 본서의 주제가 '죽음 이데올로기'라는 개념을 사용하고 있는 바, 필자의 경우 본서에서 사용하는 이데올로기의 함의를 이론적으로 제시하는 것이 필요하다고 판단하였다. 더불어 제4부의 논의과정에서 러시아 현대 사상가였던 미하일 바흐친의 주요 비평개념을 비교철학적 관점에서 고찰하였는데, 이러한 학적 탐구는 (탈)동아시아적 사유의 지평을 열기 위한 시도의 일환으로 보는 것이 좋을 듯하다. 실제로 유불도로 대변되는 중국사상이 '동아시아'라는 지리적 한계와 '전근대'라는 시간적 경계를 넘어 현대 서양의 비평담론과 연결될 수 있는 가능성을 탐구해보는 것이, 지금-여기서 인문학을 하는 학인의 입장에서는 매우 요긴해 보인다.

죽음에 대한 인문학적 성찰은 서양철학의 맥락에서 보자면 인식론의 한 영역으로 파악하는 것이 적절할 것이다. 우주 삼라만상은 그 자체로 말이 없다. 단지 인간이 각각에 이름을 붙여 그렇게 존재할 뿐이다.[36] 그렇다면 죽음에 대한 담론 또한 광의에서는 '인식과 존재'의 문제로 귀속된다. 물론 그렇다고 할지라도 본 주제의 인문학적 의의가 축소되는 것은 아니다. 명언습기(名言習氣)가 어차피 인간이 벗어날 수 없는 보이지 않는 '철방감옥'이라면, 학인의 입장에서는 오히려 말을 통해 말할 수 없는 영역을 환기시켜낼 수 있는 방안을 모색할 수밖에

---

36 『도덕경』(23장)에서 노자는 이를 "希言自然"이라 명했다. 더불어 『논어』에서도 이와 유사한 구절을 발견할 수 있다. 子曰, 天何言哉, 四時行言, 百物生焉, 天何言哉. (「양화」)

없지 않겠는가. '죽음은 공적(空寂)일 따름'이라는 그 간명한 언술조차 실상은 의미 없는 소음과 다름없다.

우주 삼라만상을 '스스로 그러함[自然]'으로 파악하든, 기독교식의 창조론적 입장에서 바라보든, 이는 모두 인간이 오관의식으로 인식할 수 있는 제반 자연현상을 제6식(분별사식)으로 '해석'해낸 것과 다름없다. 달리 말해 우리가 흔히 사용하는 세계에-대한-관점(세계관)은, 홀로 우뚝 선 인간이 우주자연을 마주하여 여기에 일종의 법칙을 부과한 것에 불과하다. 그런 차원에서 필자가 '죽음'의 문제를 선별하여 이를 문화론적으로 탐구하는 행위 또한 죽음에 대한 하나의 해석일 뿐이다. 불문가지(不問可知)한 이 문제를 여기서 새삼 언급하는 이유는 본 저술의 목적과 내용을 거듭 밝히기 위함이다.

필자는 '죽음에 대한 철학적 성찰'이라는 기본적 명제 하에 유불도가 '죽음'의 문제를 생명의 범주 속으로 포섭시키는 논리에 주목하였다. 앞서 언급한 것처럼 상대적으로 현실적 삶에 사유의 무게중심이 놓여 있는 유교의 경우 육신의 죽음은 인간의 본분사(本分事)에서 비켜나 있다. 『논어』에 등장하는 '아침에 도를 들으면 저녁에 죽어도 좋다'[37]라는 구절도 그러한 차원에서 해석될 수 있을 터인데, 이 말의 방점은 명백히 전반부에 놓여 있다. 즉, 본분사의 관점에서 '도를 깨치는 것'의 중요성을 강조하기 위해 공자는 죽음의 메타포를 차용하는 것이다. 그러나 도를 깨친다는 것이 우주의 근본 질서로 편입되는 것을 의미한다면, 삶과 죽음, 시작과 끝 등은 모두 인간의 사유가 만들어낸 허명일 뿐이다. 이 같은 논의의 연장선상에서 필자는 "석사가의(夕死可矣)"의 배후에서 다시금 **죽음의 소멸**을 읽을 수 있다.[38]

---

37 朝聞道 夕死可矣. (『논어』 「이인」)

죽음이라는 다분히 추상적이고 엄숙한 인문학적 주제가 정치이데 올로기와 연결된다는 전제는 일견 아이러니하다. 그럼에도 불구하고 말과 이름으로 행해지는 제반 인문학적 담론이 언어를 넘어선 물자체를 담아낼 수 없음을 시인하지 않을 수 없다. 그러나 본서의 주제가 기본적으로 견지하는 체용불이적 사유는 (헤겔의 지적처럼) 존재하는 그 모든 것이 자체로 본질적임을 방증하는 것이다. 이러한 가정은 인문학적 담론이 오늘날 우리가 살고 있는 일상의 디테일과 상호 연결될 수 있는 경로를 마련한다. 전지구화 시대를 맞이하여 'G2'로 부상한 중국을 이웃한 한반도의 생존전략은 향후 다방면으로 모색되지 않으면 안 된다. 그 일환으로 '옛것을 통해 새것을 배우고자[古爲今用]'하는 시도는 아무리 강조해도 지나침이 없을 것이다. 제반 인문학적 담론이 근원적인 주제에 천착할수록 드러난 결과는 다양한 현실적 사태의 본질을 투시할 수 있는 묘책으로 자리매김할 수 있다. 죽음에 대한 본서의 논의는 궁극에 있어 (필자의 의도와는 무관하게) 약동하는 자연의 생명현상을 이해하기 위한 중요한 단초를 제공할 수 있을 것이다. 공자가 『주역계사전』에서 설파했던 구절은 본서의 이론적 전제와도 맥이 닿아 있는 듯하다.

자벌레가 굽히는 것은 펴고자 함이오
용과 뱀이 움츠리는 것은 몸을 보존하기 위함이라.[39]

---

38 본말(本末)의 관점에서 볼 때, '문도(聞道)'가 본이 되고, '다사(夕死)'가 말이 되는 것도 이러한 연고에서이다.

39 尺蠖之屈, 以求信也, 龍蛇之蟄, 以存身也. (『주역계사하전』 5장)

만수가 대해를 향해 흘러가지만, 대해는 다시 천상의 구름으로 변화하여 만수로 흩어질 것이다. 중국의 문화전통은 죽음 담론을 통해 여하히 생명의 본질을 천명하고자 하였던가. 본서의 집필동기와 목적은 전술한 기본 전제를 바탕으로 설정되었다.

제 1 부
『중용』의 세계관

"솔개는 날아 하늘에 이르고,
물고기 연못에서 뛰어 오른다" 하였으니
생명의 이치가 밝게 드러남을 말한 것이라.

『중용』 12장

제 **1** 장

사상적 토대

하나 없는 하나가 무한으로[一理萬殊]

철학의 출발은 경이로움이다. 인간이 경이로움을 느끼는 대상은 고정돼 있지 않다. 혹자는 창공의 별을 바라보며 신성을 체험할 것이고, 혹자는 아름다운 음악의 선율을 들으면서 영혼의 전율을 경험할 수도 있을 것이다. 본 장에서 다루고자 하는 신유학[1]은 인간심성에 대한 탐구를 철학적 논의의 출발점으로 상정하고 있다. 무엇보다 신유학이 탄생에서 죽음의 순간까지 한시도 '나'와 분리돼 있지 않은 우리의 '마음'을 경이로움의 대상으로 상정한 동기 자체가 예사롭지 않다. 그러나 그보다 훨씬 가공할 만한 사실은 이 장에서 집중적으로 다루고자

---

1 신유학은 주자학, 송학(宋學), 송명 이학(宋明 理學), 성리학 등의 명칭과 통용된다. 본서에서 논하는 유교는 주로 신유학을 대상으로 할 것이며, 명칭은 주어진 문맥에 따라 혼용될 수 있음을 밝힌다.

하는 『중용』²이라는 책이 마음의 본질에 대한 논의에서 출발하여, 궁극에는 우주 삼라만상의 모든 문제를 그 짧은 분량 속에 모두 녹여내고 있다는 점이다.

송대 이학으로 흔히 명명되는 신유학을 논함에 있어 우선 주희(朱熹, 1130~1200)라는 거인의 사상적 편력을 소략하게나마 언급하는 것이 필요할 듯하다. 주자는 남송의 유학자로, 공맹 유학의 이론적 취약점을 보완하여 성리학에 우주론적·형이상학적 요소를 첨가하게 된다. 일례로 주자의 심성론³은 그의 방대한 철학적 기획의 일환으로 간주될 수 있을 것이며, 이에 대한 고찰을 통해 신유교의 형이상학적 체계를 가늠해보는 것이 가능할 것이다. 기실 주자 본인은 젊은 시절 불교에 심취한 바 있으며, 이로 인해 신유학의 철학적 사유 속에 노장 및 불교의 다양한 개념들이 자연스럽게 용해된다. '주자학이 겉은 유교지만 속은 불교'라는 일부 세간의 주장이 전혀 근거가 없는 것이 아니지만, 본 장에서는 그럼에도 불구하고 불교나 노장사상과의 상동성(相同性)을 일정 부분 염두에 두면서 『중용』 사상의 특성을 부각시키는 데 역점을 둘 것이다.

신유학의 핵심은 『중용』 1장에서 압축적으로 드러난다.

하늘로부터 품부 받은 것을 성이라 일컫고⁴

---

2 본서에서 논하는 『중용』은 엄밀한 의미에서 『중용장구』라고 명하는 것이 학술적으로는 좀 더 정확할 것이나, 여기서는 편의상 『중용』으로 통칭한다.
3 심통성정(心統性情) 이론으로 요약해서 말할 수 있는데, 내용인즉 마음[心]이 성(性)과 정(情)을 통괄한다는 주장이다.
4 유교에 관심을 가진 사람들에게는 잘 알려진 구절로서, 신유학의 본질을 규정함에 있어 중요한 명제로 인구에 회자돼 왔다. 이로 인해 다양한 해석 또한 공존하

주희

文公先生像

본성을 따르는 것을 도라고 하며

도를 마름질하는 것을 교라고 한다.[5]

　인용문의 첫 번째 구절은 '천'과 '성' 상호간의 의미론적 연결관계
를 암시하고 있다. '하늘'이 추상적이고 모호한 개념이기는 하나, 그
러한 추상성이 '나'의 본질을 규정하는 핵심으로 제시되고 있는 것이
다. 『중용』의 하늘은 인간의 지력으로는 알 수 없는 대상이나, 그 하늘
이 부여한 성품이 나를 나이게 하는 것이다. 달리 말하자면, 내가 인
간답게 살아가기 위해 나는 인간을 넘어선 그 '무엇[天]'이 나의 근원
과 연결돼 있음을 자각해야 하는데, 이로 인해 일종의 인식론적인 딜
레마가 발생한다. 두 번째 구절에 등장하는 '도'는 『중용』에 따르자면
무소부재(無所不在)하며, 무릇 세상에 존재하는 그 어떠한 생명체도 도
와 분리될 수 없다.[6] 그러나 인용문의 논리를 따르자면 도의 본질은
'솔성(率性)', 즉 하늘이 (내게) 부여한 성품에 따라 살아가는 것이다. 결
국 도에 위배되지 않는 삶이란 내 본성에 부합되는 삶을 사는 것이다.

고 있는데, 본문 해석과는 다른 방식으로 풀이하는 경우도 있다. 가령 명대 감산
스님의 경우 '천명'을 하나의 명사로 파악하여 '천명을 성이라 한다'로 해석하였
으며, '본래부터 가지고 있는 그것이 성이다'라고 풀이하는 경우도 있다. 본문에
서 제시한 독법을 따르자면, 일견 '성을 부여하는 주체'와 '성을 부여받은 객체'
가 둘로 분리된 듯한 개연성을 줄 수 있으므로, 각주에서 제시한 별도의 해석에
서는 '내가 본래 가지고 태어난 그것을 성'으로 보고, 이를 토대로 천명(天命)이
천성(天性)과 동의 적으로 사용되고 있다고 풀이한다. 감산, 각성 옮김. 『중용직
지』(부산: 통화총서간행회, 1998). 23~57쪽.

5 '수도지위교'와 관련하여, 감산스님의 경우 '부족한 것을 보태고, 여유가 있는 것
　은 덜어내는 의미'로 풀이한다. 所謂修道者 (…) 使其不足者, 補之, 有餘者, 去之.
　감산스님, 같은 책, 56쪽.

6 道也者, 不可須臾離也.

그러나 '하늘'의 개념이 이미 모호할진대 내 본성에 대한 자각이 어떻게 가능할 것인가.

여기서 논의를 조금 더 확장해나가면 논리적 추론은 뒤죽박죽이 되어버린다. 솔개가 하늘 높이 솟구쳐 올라가는 것이 솔개의 성품이고, 그것을 따라서 살아가는 것이 도라면, 하필 만물의 영장으로 자처하는 인간만이 '도를 마름질[修道]'하기 위해 배움[敎]을 필요로 하는가. 이와 관련된 문제를 문헌적 맥락에서 설득력 있게 풀어내기 위해서는 상호텍스트적 검토가 필요해 보인다. 아래 문장은 전술한 내용과 관련된 중요한 단초를 제공한다.

> 손(巽)은 덕(德)의 지음이며 (…) 손은 저울처럼 상황에 따라 맞추면서도 지극히 은밀하며 (…) 손으로서 임시방편을 행하는 것은 천리에 순종하는 것이다.[7]

인용문은 『주역』의 중풍손(重風巽) 괘(卦)에 대한 공자의 해석이다. 첫 번째 문장에서는 손을 '덕의 지음'으로 서술한다. 여기서 '지음[制]'은 『중용』적 관점에서 보자면 '마름질[裁]' 혹은 '수시응변(隨時應變)' 등의 개념과 등치시키는 것이 가능할 것이다. 두 번째 문장은 손의 의미를 좀 더 구체적으로 서술한다. 즉 권도(權道)로서 끊임없이 변화하되, 실제로는 변화한 바가 없는 것이 손의 덕이다. 마지막 문장에 이르러서는 저자의 메시지가 명확히 드러난다. 즉 손의 덕은 임시방편을 행하는 것인데, 이는 천리에 순종하기 위함이다.

이제 전술한 내용을 '수도지위교(修道之謂敎)'의 해석에 적용해본다.

---

7 巽, 德之制也 (…) 巽, 稱而隱 (…) 巽以行權. (『주역계사하전』 7장)

'수도'의 경우 주자 등 몇몇 학자들이 '도를 마름질함'으로 해석한 사례가 있으나, 이를 '교'와 연결시키는 논리는 명료하지 않다. 그런데 위에서 인용한 『주역계사전』의 사례에 빗대어보면, '도를 마름질함'이란 성인이 중생의 기질지성에 기초해서 다양한 방편을 마련한 것이며, 그 대표적인 사례가 예(禮), 악(樂), 형(刑), 정(政)이 될 것이다. 이렇게 보자면 '수도'는 '권도(權道)'로서의 의미를 함축하고 있으며, '가르침[教]'은 권도를 행하기 위한 구체적 방편을 일반화시켜 서술한 것으로 볼 수 있다.

한편 여기서 주목할 부분은, 민중을 제도하기 위한 장치가 아무리 다양할지라도, 방편의 목적이 '천리에 순종'한다는 '도'의 본질을 벗어난 바가 없다는 점이다. 달리 말해 옷을 입는 사람의 체형에 맞추어 옷감을 이런저런 형태로 재단하되, 근본인 체형[道]은 한시도 변한 바가 없다. 즉, 하나의 원리가 '허(虛)'로 행해지는 것이다. 이를 바꿔 말하자면, 일리(一理)가 천변만화(千變萬化)한 모습으로 드러난다는 측면에서 그러하다.

요약하자면, '수도'에서 '도를 마름질'한다고 함은, 도가 근원을 이탈하지 않은 상태에서 다기 다양한 모습으로 스스로를 드러내는 것을 의미하며, 따라서 도의 본질에는 하등의 변화도 발생한 바가 없다. 단지 성인이 일상에서 민중을 교화하기 위해 다양한 방편을 시설하였을 따름이다. 사족이나 '수도지위교'와 관련하여 필자가 장황한 해석을 늘어놓는 연고는, '수도'라는 말 자체가 자칫 『중용』의 논지를 오독할 개연성을 내포하기 때문이다. '수도'의 목표는 이치에 순(順)하기 위함이니, 가령 '솔개가 하늘로 치솟아 오르거나,' '물고기가 물속에서 펄떡이는' 사태가 외견적 모습은 달라도 하나의 이치로 수렴되듯이, 개별 인간이 각자가 서 있는 공간과 행하는 방식이 서로 다를지라도, 결국 모든 것이 하나의 이치로 수렴된다는 '도'의 측면에서는 일말의 차등이 없다는 것이다. 이러한 논지를 우주론적으로 확장하자면, 모든 존재가 '솔성[道]'의 삶을 살아가는 방식이 '수도', 즉 도를 마름질한 모습이라 명해도 크게 어긋난 추론은 아닐 것이다.[8]

이렇게 보자면 앞서 인용한 세 가지 명제를 실천적 맥락에서 고찰할 경우, 역순(逆順)으로 내용을 파악하는 것이 합당할 것이다. 즉 '수도지위교'를 통해 끊임없이 내가 '솔성의 도'를 올바르게 실천하고 있는가를 확인하고, 나아가 솔성을 통해 궁극에는 내 존재의 본질로서의 성, 즉 하늘의 이치를 깨닫는 단계로 이행하는 것이다.

전술한 내용의 연장선상에서 『중용』 1장에 등장하는 다음 구절을 해석하는 것이 이치에 합당해 보인다.

도라는 것은 잠시라도 (나로부터) 분리될 수 없는 것이니,
분리될 수 있는 것은 도가 아니다.[9]

전후 문맥을 고려해볼 때, 상기 구절에서 적어도 두 개의 메시지가 혼재돼 있음을 가정해볼 수 있다. 첫째는 물고기가 물을 떠나 살 수 없듯이, 인간도 도를 떠나 살 수 없다는 것이다. 그러나 이러한 해석과 더불어 인용문의 후반부에서 『중용』의 저자는, 무수한 '나'가 존재의 근원에서 분리된 삶을 살아갈 수 있을 개연성을 암시한다. 그런데 이같은 두 가지 명제는 내용적으로 보건대, 논리상 상호 모순을 야기하

---

8 모든 생명체가 '솔성'의 도를 이루는 방식이 모두 상이하나, 그 생명작용은 '둘이 아니라[不貳]'는 차원에서 그러하다.

9 道也者, 不可須臾離也, 可離, 非道也.

지 않는가? '도'가 '솔성'이고, 성은 인간을 포함한 모든 생명에 내재 된 속성을 암시할진데, 인간을 비롯한 제반 생명체가 어찌 하늘로부 터 품부 받은 성과 위배된 삶을 사는 것이 가능할 것인가?

필자의 입장에서 보건대 전술한 『중용』의 문장은 도의 편재성을 강 조하기 위한 방편으로 보이며, 설령 혹자가 스스로를 '도'에서 분리되 었다고 생각한다 할지라도, 실제로는 한순간도 분리된 바가 없음을 강조하기 위한 수사로 보인다. 예를 들어 방향을 미혹한 자가 동쪽을 서쪽으로 오인한들, 동쪽이 서쪽이 될 수는 없을 것이다. 같은 논리로 나를 도와 분리시키는 것은 분별망상의 발로이지, 본질적 차원에서 보자면, 나는 한순간도 도와 분리된 바가 없다. 물론 이러한 원론적 명 제가 '수신'을 위한 개인의 노력이 무용함을 피력하기 위함은 아니다. 분별망상에서 벗어나기 위한 절차탁마(切磋琢磨)의 일련의 과정은 어 떠한 연유로든 부인될 수 없기 때문이다.

여기서 잠시 유교에서 말하는 '수신'의 문제를 기독교적 용어로 재 술(再述)해본다. 알다시피 예수님의 대속으로 인류는 이미 원죄로부터 해방되었다. (그러나) 이미 구원되었기 때문에, **인간은 구원받기 위해 노 력해야 한다.**[10] 이제 이러한 논의를 좀 더 심화시켜나가기 위해서는 하 나의 가정을 전제해야 할 것이다. 유교의 맥락에서는 당연한 가설일 수 있겠으나, 『중용』은 **인간**의 정신적 성장을 위해 쓰여진 책이다. 불 교나 노장사상이 그 논의의 폭을 인간 너머로까지 확장하고 있으나, 유교는 시종일관 인간을 넘어서지 않으면서 인간 너머를 암시하고자 한다. 외견상 이율배반적인 이 같은 논리적 맥락이 전제되지 않으면 앞으로 전개될 다양한 논의들이 쉬이 구심점을 상실해버릴 것이다.

---

10 「빌립보서」 3:12

『중용』의 구성체제를 살펴보면 앞서 인용한 '천명지위성(天命之謂性)'에서 출발하여 점층적으로 인사(人事)와 관련된 온갖 논의들이 등장한다. 그 중에는 제례, 오륜, 오덕, 위정, 외교 등 인간의 일상사와 관련된 이슈들에 덧붙여, 천지 삼라만상의 작동원리에 대한 서술도 '중용'의 전체 주제 속에 포섭된다. 바꿔 말하자면 우주 삼라만상 모든 것이 하나의 근본 이치와 분리돼 있지 않다. 이 같은 일리만수(一理萬殊)의 논리가 아래 구절에서 극명하게 드러난다.

> 천지의 도는 한 마디로 다할 수 있으니
> 그 본질이 둘이 아니며
> 만물을 생성시킴을
> 이루 헤아릴 수 없다.[11]

인용문에서 '한 마디[一言]'는 중용의 핵심 개념인 '성(誠)'[12]을 지시하는 것으로 해석하는 것이 적절할 것이다. 즉, 우주작용의 생성원리인 성은 다양한 형상으로 우주를 가득 메우고 있으며, 일리(一理)가 만수(萬殊)로 자기를 나타낸 그 공능은 인간의 지식으로 측량할 도리가 없다. 장자의 비유로 설명하자면 텅 빈 피리에서 온갖 신묘한 소리가 울려나오는데, 그 신묘한 피리소리가 결단코 피리 부는 사람의 마음과 괴리돼 있지 않음과 같은 논리이다. 이로부터 '불이(不貳)'[13]의 이론

---

11 天地之道, 可一言而盡也, 其爲物, 不貳, 則其生物이 不測. (『중용』26장)
12 性과 誠의 상관관계는 『중용』에서 명확히 설명되고 있지 않으나, 양자를 체용(體用)적 관점에서 파악하는 것이 가능할 것이다. 한편 성(誠)의 철학적 함의와 관련해서는 본 장에서 별도의 지면을 빌려 상술하고자 한다.
13 불이(不貳)는 축자적으로 '둘이 아님', 즉 비일비이(非一非異)를 의미한다.

적 근거가 마련되는데, 삼라만상은 '성'이라는 (우주의) 마음이 만들어내는 피리소리이며, 천지간에 존재하는 것으로 성의 현전한 모습 아닌 것이 없다. 즉, '불이'는 성과 우주 삼라만상의 관계를 철학적으로 규정짓는 개념이며, '불측(不測)'은 성의 작용이 측량할 수 없음을 암시한다. 『중용』은 '불성무물(不誠無物)'[14]이란 경구를 통해 이 같은 원리를 거듭 밝힌다. 물론 혹자는 '하나'의 도리가 어떠한 연고로 인해 여러 모습으로 드러나는가를 반문해볼 수 있을 것이다. 그러나 도가 하나의 도로만 존재하면 이는 이미 죽은 도이다.[15] 이는 체용론의 기본 전제를 토대로 한 가설이다.

지금까지의 논리를 요약해보자면, 천명은 성(性)이며 그것이 체(體)가 되고, 성의 드러난 모습이 도로서 작용에 해당할 것이며, 마지막으로 솔성(率性)의 삶을 개개인이 처한 상황에 따라 실천할 수 있도록 방편으로 시설한 것을 '교'라고 규정하는 것이 가능할 것이다.[16] 이 같은

---

14 『중용』 25장.

15 참고로 신유학 계열 내에서 주자와는 사상적 결을 달리 하였던 왕양명(1472-1528)의 경우 '일군다신(一君多臣)' 등의 개념을 제시하면서, 마음이 하나이나 오관으로 나눠져서 발현되는 것처럼, 하나의 이치가 다양한 양태로 드러남을 역설한다. 이에 반해 '명덕(明德)'에 대한 주자의 해의(解義)에 따르면 '명덕(=性)은 사람이 하늘로부터 얻은 것으로 (…) 천지만물의 **여러 이치**[衆理]를 갖추고서 만 가지 일에 응하는[明德者人之所得乎天 (…) 以具衆理而應萬事者也]' 것이다. 흥미로운 것은 양명의 경우 주자의 '구중리, 응만사(具衆理, 應萬事)'를 '중리구, 만사출(衆理具, 萬事出)'로 슬쩍 바꾸어버리는 것이다. 여기서 '만사출'은 '만물이 마음에서 나옴'을 암시하는 것이니, 이를 통해 양명은 주자가 견지하는 마음과 물의 이원적 대립관계를 일원적 맥락으로 바꾸어버린다. 그렇게 보자면, '일리만수'의 논리에서 양명은 '일리(一理)'에 역점을 두고 있으며, '만수(萬殊)'의 개념은 큰 의미가 없어 보인다.

16 이는 외견상 『대승기신론』에 등장하는 체상용(體相用) 개념과 유사해 보인다

해석학적 패러다임을 통해 『중용』 1장에 등장하는 세 개의 명제가 일 즉삼·삼즉일(一即三·三即一)의 관계로 상호 연결돼 있음을 밝힐 수 있다. 한편 『중용』의 구성체제에 빗대어볼 때, 1장이 '천명지위성'에서 시작하여 책의 중간 부분에서 예악, 귀신 등 온갖 얘기가 등장하다가 마지막 장에 이르면 다시 하나의 이치로 수렴된다. 특히 『중용』에 등장하는 제례는 성지(誠之)를 실천하기 위한 방편이며, 이를 통해 궁극에는 인·귀·생·사(人·鬼·生·死)의 구분을 넘어설 수 있다. 나아가 주자는 '인간 내면의 본성을 밝히고, 이를 통해 우주의 원리를 규명하는 학문'을 실학(實學)[17]이라 칭했으며, 일리만수의 논리를 조금 더 현실론적 맥락에서 조망해보기 위해서는 관계론적 사유를 도입하는 것이 필요해 보인다.

상보적 사유

유교, 노장, 불교는 모두 '도'를 얘기한다. 그러나 전술한 삼교가 지시하는 도의 내용은 서로 간에 일정 부분 결을 달리한다. 일반화의 위험을 무릅쓰고 삼자의 차이를 논해보자면, 유교의 도가 강조하는 것은 인륜이며, 노장은 자연을 그리고 불교의 경우는 해탈에 방점을 두고

(所言義者. 則有三種. 云何爲三. 一者體大. 謂一切法眞如平等不增減故. 二者相大. 謂如來藏具足無量性功德故. 三者用大. 能生一切世間出世間善因果故).

17 신유학에서는 '인(仁)' 개념이 우주론적으로 확장되며, 이를 뒷받침하듯 주자는 인을 '천지생물지심(天地生物之心)'이라 규정한다. 한편 여기서 사용하는 실학(實學) 개념은, 18세기를 전후하여 대두된 일련의 현실 개혁적 조선유학의 학풍과는 구분되는 것이다.

있다. 여기서는 유교가 강조하는 인륜에 초점을 맞춰서 상보적 사유의 외연과 내포를 구체적으로 고찰해보자.

무릇 인문학 담론에서 상보적이라 함은 A와 B가 서로를 보충하는 관계에 있음을 암시한다. 가령 '검은 것은 검은 것이고, 흰 것은 흰 것'이라고 할 때, 흑은 이미 백을 전제하고 있고, 백은 이미 흑을 전제하고 있다. 중국사상에 국한시켜본다면 음양적 사유가 단연 그 전형적 사례가 될 것이다. 그러나 음과 양이 어떠한 맥락에서 서로 상보적이 되는 것인가? 이에 답하기 위해 일차적으로는 장횡거(張橫渠, 1020~1077)의 '호장기택론(互藏其宅論)'을 이해하는 것이 필요하다. 호장기택의 핵심은 음의 뿌리가 양에 있으며, 양의 뿌리는 음에 있다는 것이다. 즉 음은 양에서 말미암고, 양은 음에서 말미암으니 이 두 명제를 통합하여 말하면 음양은 둘이면서 하나이다. 작용적 관점에서 보자면, 음양은 끊임없는 대립을 통해 운동성을 촉발하고 있으나, 본질론적 맥락에서는 음양이 일태극의 자기분화이다. 달리 말해 일태극이 체가 되고 음양이 용이 되는 셈이다.

여상의 논리를 인사에 적용하면 유교의 핵심 사상인 오륜의 의미가 좀 더 명확해진다. 가령 오륜에서 '붕우유신(朋友有信)'을 제외한 나머지 항목은 외견상 위계적 관계를 상정한다. 부자나 군신의 경우를 예로 들자면 아버지와 아들, 임금과 신하 사이에는 분명 위계가 존재한다. 그럼에도 불구하고 이들 관계가 억압적으로 작동하지 않을 수 있는 근거는 양자가 상보적 논리에 기초하기 때문이다. 임금이 임금으로서의 권위를 주장하기 위해서는 먼저 임금다움이라는 책임을 실천해야 한다. 즉, 권리와 책임은 항시 공존하는 것이다. 개인의 사회적 위상이 높아질수록 더 높은 수준의 도덕적 행위를 요구하는 관습법의 근거는 이러한 측면에서 설명이 가능할 것이다.

장횡거

한편 상보성의 논리가 좀 더 철학적 맥락에서 작동하는 사례를 『대학』의 삼강령(三綱領)에서 확인할 수 있다.

> 큰 배움의 도리는 (인간 본성의) 밝은 덕을 밝히고, 백성을 새롭게 하며, 지극한 선에 머무르는 데 있다.[18]

대학, 즉 대인지학(大人之學)의 핵심은 먼저 자기 내면의 밝은 덕을 밝히는 것이다. 그러나 나의 내적 수양은 신유학의 맥락에서 필히 민중계몽으로 이어져야 한다.[19] 이를 통해 큰 배움을 연마하는 자는 궁극의 선[至善]에 도달할 수 있으며, 지선의 본질은 명덕과 신민이 둘이 아님을 자각하는 것이다. 좀 더 전문화된 철학적 용어로 치환해 말하자면 '명덕'은 흔히 '내성(內聖)'으로 지칭되며, '신민'은 '외왕(外王)'으로 명한다.[20] 부연하자면 동양의 경전체제는 종종 이 같은 내성-외왕의 구조로 이뤄져 있는데, 『논어』의 경우 '학이편'이 내성에 해당한다면, '위정편'은 외왕에 해당한다.

한편 상보적 사유를 유교 심성론적 맥락에서 조망하는 것은 좀 더 신중한 접근을 요구한다. 주자의 「중용장구서」에 따르면 인간의 마음은 편의상 인심과 도심으로 세분될 수 있으며, 전자는 개인적 기질에

---

18 大學之道 在明明德, 在新民, 在止於至善.

19 삼강령에서 '명명덕'을 체로 보면, '신민'은 용이 된다. 여기서 명명덕이 신민으로 이어지지 않으면, 전자는 '죽은 체[空寂]'로 전락하며, 이는 유교가 경계하는 지점이기도 하다.

20 내성외왕(內聖外王)의 개념은 원래 유가경전에 나오는 용어가 아니고 『장자』「천하편」에 처음으로 등장한다. 단, 유가의 수기치인(修己治人)은 이와 유사한 함의를 내포하고 있으며, 이로 인해 유가의 도를 흔히 내성외왕으로 표현하기도 한다.

의해 형성되고 후자는 하늘로부터 부여받은 성품을 지칭한다.[21] 인심과 도심의 상호관계성과 관련해서는 다수의 해석이 가능할 것이다. 무엇보다 도덕지상주의적 관점에서는 인심을 부정(不淨)한 것으로 파악하려는 시도가 우세한데, 이는 엄밀한 의미에서 '일리만수'의 논리와 배치된다. 왜냐하면 주자 자신의 설명에 따르더라도 인심의 본질은 '형기(形氣)'의 사사로움'에서 생겨나며, 이로부터 수반되는 개별성은 일리(一理)의 자기분화로 보는 것이 합당하기 때문이다.

유교의 수양법을 말할 때 우리는 흔히 '거경(居敬)'과 '궁리(窮理)'를 떠올린다. 이는 학인이 극기복례를 통해 사욕을 억누르고 주일무적(主一無適)[22]을 실천하는 것이다. 그런데 '거경'을 축자적으로 해석하여 '마음을 경건함에 머물도록 함'이라고 해석하는 것이 적절한가? 부연하자면 마음이 경건함에 머문다는 것은 사사로운 생각을 원천적으로 차단한다는 것인데, 이것이 실제적으로 과연 가능한가? 이 문제와 관련하여 성급한 결론을 내리기에 앞서 「주자장구서」를 좀 더 세밀히 검토해보자.

> 인심은 위태롭고 도심은 잘 드러나지 않으니
> 정밀하게 살피고 한결같이 보존하여
> 정성을 다해 그 중도를 지켜나가라.
> (…)
> 정밀하게 살핀다는 것은 이 두 가지 사이를 관찰하여

---

21 心之虛靈知覺, 一而已矣, 而以爲有人, 道心之異者, 則以其或生於形氣之私, 或原於性命之正, 而所以爲知覺者不同. (「중용장구서」)
22 '주일무적'은 신유학의 수양방법론으로 '정신을 집중하여 외물에 마음이 끌려다니는' 것을 경계하는 말이다.

섞이지 않게 하는 것이며,

한결같이 보존한다는 것은 그 올바른 본심을 지켜서 떠나지 않게 하
는 것이다.

잠시라도 쉼 없이 이 일에 힘을 써서

도심이 늘 몸의 주인이 되게 하고

인심이 항상 (도심의) 명령을 따르도록 하면,

위태한 것은 편안해지고

미묘한 것은 드러나게 되어

일상의 동정과 언행에 넘치거나 모자라는 잘못이 저절로 없어진다.[23]

　위 인용문을 보면 먼저 주자는 순(舜)이 우(禹)에게 전수했다는 16
자를 소개하는데, 이는 계천입극(繼天立極) 사상을 문자로 표현한 것이
다.[24] 이를 분석해보자면, 인심유위(人心惟危)/도심유미(道心惟微)는 인
간 마음의 구조를 약술한 것이고, 윤집궐중(允執厥中)은 수양의 최종지
점을 서술한 것이며, 여기에 도달하기 위한 방편으로 유정유일(惟精
惟一)을 제시하고 있다.[25] 여기서 관건이 되는 것은 유정유일에서 '정
(精)'과 '일(一)'에 대한 해석이다. 원문을 보자면 '정은 이 두 가지[26] 사

---

23 人心惟危, 道心惟微, 惟精惟一, 允執厥中 (…) 精則察夫二者之間而不雜也, 一則
守其本心之正而不離也, 從事於斯, 無少間斷, 必使道心常爲一身之主, 而人心每
聽命焉, 則危者安, 微者著, 而動靜云爲自無過不及之差矣. (「중용장구서」)

24 계천입극은 인간의 본성이 하늘에서 유래함을 전제로 하여, 천도에 근거해서
인도(人道)의 표준을 세워야 함을 역설하는 말이다. (「중용장구서」)

25 「중용장구서」의 핵심이라 할 수 있는 '人心惟危, 道心惟微, 惟精惟一, 允執厥中'
에 대한 이론적 해석과 관련해서는, 전통문화연구회에서 진행된 이영호 교수의
「대학·중용」 강의에서 많은 도움을 받았음을 밝힌다.

26 여기서는 인심(人心)과 도심(道心)을 지칭한다.

이를 관찰하여 (서로가) 뒤섞이지 않게 하는 것이고, 일은 그 본심의 올바름을 지켜서 떠나지 않는 것'이라고 주자는 설명하고 있다. 주자의 마음 수양법에서 흥미로운 것은 윤집궐중의 방편으로 인심과 도심을 관찰하여 **서로가 뒤섞이지 않게 하라**는 부분인데, 이러한 명제가 논리적으로 성립되기 위해서는 (1) 인심과 도심을 지켜보는 인식의 주체가 전제돼야 하고,[27] (2) 그러한 '지켜봄'을 통해 인심과 도심을 서로 분리시킬 수 있다는 신념이 전제되어야 한다. 이를 통해 인심과 도심의 분리가 명료해지면, 그때부터 도심으로 하여금 인심의 주인이 되게 할 수 있다.

이상을 요약해보자면, 주자의 인성론에서 성인이나 범부는 공히 인심과 도심을 가지고 있다.[28] 즉, 인간이 육신의 몸을 받아 태어난 이상 어떤 인간도 완벽한 상태로 존재할 수 없다. 이러한 전제하에 주자가 제시하는 수양의 목표는 인심을 제거하는 것이 아니라, 도심이 인심을 지배하라는 것이다. 기실 이러한 논리가 『대학』에서는 일종의 통치 이데올로기로 이어지고 있는데, 올바른 사회의 구현은 소인을 제거하고 대인만을 양성하는 것이 아니라, 대인이 합당한 지위에서 국가를 통치할 수 있도록 하는 것이다. 물론 이 같은 주장은 계층적 위계를 합리화시킬 수 있는 개연성을 갖고 있으나, 이와 더불어 모든 인간이 배움을 통해 궁극에는 하늘과 합치될 수 있음을 동시적으로 시

---

27 이 부분과 관련해서는 다양한 해석이 가능하다. 필자의 경우 기본적으로는 인심·도심을 한 마음의 두 가지 측면으로 보고, 도심 자체를 '지켜보는 마음'으로 해석하는 입장이다.

28 거듭 밝히지만, 인간의 마음이 인심과 도심으로 나눠져 있다고 보는 것은, 마음의 작용적 측면에 방점을 두고 말하는 것이며, 하나의 마음이 둘로 나눠져 있다고 보는 것은 설득력이 미흡해 보인다.

사하고 있다.

지켜봄의 인식적 주체와 관련해서는 좀 더 다양한 논의가 필요해 보인다. 논리적으로 인심과 도심을 지켜본다고 하면, 인심과 도심을 떠난 또 하나의 인식주체가 전제돼야 한다. 그러나 『중용』의 맥락에서 보자면, 이는 합당한 추론이 될 수 없다. 왜냐면, 인심이든 도심이든 우리는 '이발지화(已發之和)'의 상태에서만이 양자를 인식할 수 있기 때문이다. 달리 말해 인식하는 주체는 인식의 대상이 될 수 없다. 이는 우리의 눈이 눈을 볼 수 없는 것과 같은 논리이다. 물론 주자의 논리에 의거해서 인심/도심을 성(性)/정(情)과 각각 등치시킬 수 있다면, 도심을 '지켜보는 마음'으로 해석하는 것도 가능해 보인다. 물론 이 경우, 도심은 선-악을 넘어선——소위 말하는 지선(至善)의 상태—— 의미로 해석함이 적절할 것이다. 달리 말해 인심과 분리된 도심이 별도로 존재하는 것이 아니라, 하나의 마음에서 인욕(人欲)이 과불급에 이르지 않도록 지켜보는 마음이 '도심'이 되는 것이다.

'일리만수'의 논리로 보자면, '일리(一理)'는 천(天), 성(性), 성(誠), 중(中) 등 『중용』에 등장하는 여러 추상적 개념과 등치될 수 있다. 일리는 만수로 현전하지만, 만수가 곧 일리는 아니다.[29] 결국 어떤 하나의 이치가 펼쳐져 우주를 가득 채우지만, 전 우주로 확장된 생명현상의 원천은 본래의 자취를 찾을 수 없다. 달리 말해 『중용』이 말하고자 하는 것은 작용으로 드러난 현상의 배후이지만, 정작 『중용』은 현상만을 지시할 수 있을 뿐이다. 『중용』의 저자가 가리키고자 하는 것은 『중

---

29 이와 관련하여 다시 주자의 논리를 따르자면, 만수가 '각구일태극(各具一太極)'의 상태인 것은 인정될 수 있으나, 각각의 물상에 내재한 기질지성이 본연지성을 가리고 있다는 차원에서 일리와 만수를 여과 없이 등치시키는 것은 무리가 있어 보인다.

용』이 말하고 있는 지평 너머에 있다. 좀 더 사변적으로 논하자면, '솔개가 하늘을 나는 것'은 솔성으로 드러난 도이지만, 정작 성은 드러난 현상의 배후에 감춰져 있다.

여상의 논의를 요약해보건대, 「중용장구서」에서 주자가 주장하는 것은 도심으로 하여금 우리 일신의 주인 노릇하도록 하는 것이다. 그러나 이를 위해 주자가 강조하는 것은 인심과 도심을 지켜보면서 양자가 뒤섞이지 않게 하는 것이다. 즉, 주자의 관점에서 인심과 도심은 우리의 도덕적 가치판단에 의해 상호 구분되는 것이 아니다. 오히려 인간의 주관적 판단이 개입되지 않을 때, 마음의 본질이 또렷이 현전한다. 한편 심층심리학적 관점에서 인심과 도심의 성격을 어떻게 규정할 것인가는 별도의 문제이다. 만약 양자를 실체론적 관점에서 접근하게 되면, 인간의 마음은 사실상 선-악 이원론적 구조로 나눠지게된다. 물론 이는 사변적이며 추상적 진리를 지양하고, 시중(時中)의 도리를 강조하는 중용의 논리와도 정면으로 배치된다.

이 문제와 관련된 좀 더 구체적인 내용이 전술한 인용문의 마지막 단락에서 암시된다. 즉 인심과 도심이 각자의 적절한 역할을 수행하게 될 때, '일상의 동정과 언행에 넘치거나 모자라는 잘못이 저절로 없어진다.' 여기서 '일상의 동정과 언행에 넘치거나 모자라는 잘못이 저절로 없어진다'는 사실상 '시중'에 대한 통상적인 해석이다. 과(過)와 불급(不及)의 척도는 어떤 경우든 사변적으로 정해진 것이 아니며, 이는 현실과의 관계성 속에서 조건적으로 규정될 수 있기 때문이다.

이러한 논의에 기초해서 보자면, '그 올바른 본심을 지켜서 떠나지 않게 하는 것이다'의 함의는 우리 마음을 있는 그대로 지켜보는 것이다. 불교수행 방법론의 맥락에서 보자면 이는 '관(觀)'수행[30]에 상응하며, '지켜보는' 행위는 논리상 무목적적이 되어야 할 것이다. 반면 어떤 의도를 가지고 대상을 응시하는 것은 주자가 말하는 '지켜봄'의 의미와는 괴리가 있다(요동치는 마음을 돌이켜 평정심을 구하고자 하는 것은, 파도가 치는 호수에 또 하나의 돌멩이를 던지는 것과 다를 바 없다). 한편 이를 통해 주자가 깨치고자 한 것은 무엇이었을까? 추측컨대 아마도 '보이는 것[所見]'의 실체 없음에 대한 자각을 통해 '보는 자[能見]'와 하나 되기 위한 방편이 아니었을까. 불교의 삼법인(三法印)[31]이 말하는 것처럼 '무상에 대한 자각'이 '나'라는 개별적 자아의 허구성에 대한 통찰로 이어지는 것이라면, 어떤 의미로든 후자는 이미 인식의 지평을 넘어선 것이다. 참고로 『금강경』에 등장하는 아래의 구절을 통해 전술한 논의를 좀 더 심화시켜보자.

> 무릇 일체 중생을 (…) 내가 다 무여 열반에 들게 하여 멸도하리니 **이와 같이 한량없고 셀 수 없고 가없는 중생을 멸도하되 실로는 멸도를 얻은 중생이 없느니라.**[32]

상기 인용문은 외견상 모순적으로 읽힌다. 특히 마지막 강조 부분에서 동일한 사태를 긍정과 부정의 상반된 관점에서 규정하는 것은 분명 이율배반적이다. 그러나 부처가 구제한 '무수한 중생'과 '구제된

---

30 불교의 관수행은 심안(心眼)으로 사물을 관찰하는 것이며, 이를 통해 반야지혜를 얻을 수 있다고 한다.

31 삼법인은 불교의 가르침을 요약한 것으로, 제행무상(諸行無常), 제법무아(諸法無我), 열반적정(涅槃寂靜)을 지칭한다. 삼자가 분리된 듯 보이나, 실제로는 '하나'의 원리다.

32 所有一切衆生之類, 若卵生, 若胎生, 若濕生, 若化生, 若有色, 若無色, 若有想, 若無想, 若非有想, 非無想, 我皆令入無餘涅槃, 而滅度之, 如是滅度無量無數無邊衆生, 實無衆生, 得滅度者. (「大乘正宗分」)

중생이 없음'은 불교적 논리로 보자면 하등 이상할 바가 없다. 무엇보다 이러한 논리의 저변에는 시방세계에 존재하는 모든 중생이 본래 부처라는 전제가 깔려 있다. 그러나 한 단계 더 나아가 부처의 관점에서 이 문제를 해석해보자면, '나'라는 생각[我相]으로부터의 초월은 '비아(非我)', 즉 타자라는 개념을 동시적으로 무화시킨다. 즉 구제한 '나'가 환(幻)이니, 구제받은 대상도 환이다. 결국 구제한 주체와 구제받은 대상이 동시적으로 사라진 경지를 삼법인은 '열반적정(涅槃寂靜)'이라고 명한다.

위의 예시를 통해 필자가 밝히고자 하는 것은 「중용장구서」에 등장하는 '인심/도심'의 역동성을 상보적 관점에서 파악해보고자 하는 것이다. 일태극을 작용성의 관점에서는 음양으로 논하지만, 본질론적 관점에서 음양은 일태극의 자기분화와 다름없다. 중요한 것은 일태극이 음양이며, 음양이 일태극이라는 점이다. 그렇지 않고 음양을 떠나 일태극이 별도로 존재한다고 가정하는 것은 음양적 사유의 핵심을 크게 왜곡하는 것이다. 이러한 관점에서 인심/도심의 관계를 조망하게 되면 양자의 **차이**는 현상론적 층위에서 설정된 것이며, 궁극에 이르러서는 인심/도심의 구분도 소멸됨을 간파할 수 있다.[33] 한편 인심이 비록 '형기(形氣)의 사사로움'에서 비롯된 것이라 할지라도 이를 제거할 수는 없다(혹은 제거할 대상이 없다).[34] 그보다는 양자 간에 적절한 균형

---

33 이 부분과 관련하여 혹자는 '하나님이 에덴동산에 선악과를 두신' 의미에 관해 자문해보았을 것이다. 필자가 보건대, 이는 『중용』이 인간의 마음을 본연지성과 기질지성으로 나누어 설명하는 논리와 유사점을 갖는다. 인간의 인식능력으로는 모든 것을 단지 이분법적 논리를 경유해서만이 이해할 수 있으며, 그렇게 보자면 선악과의 비유는 현상세계를 설명하기 위한 논리적 장치로서 수용되었을 것이다.

34 「반야심경」의 다음 구절이 위의 가설을 적절히 부연 설명해준다(無無明, 亦無

을 유지하는 것이 중요하다. 이러한 논의에 기초하여 앞서 제기한 인심/도심의 배후에서 양자를 '지켜보는' 인식주체와 관련된 잠정적인 답변을 제공할 수 있을 것이다. 보는 자와 보이는 자는 인식론적으로는 분리 가능하나, 존재론적으로는 **상호 분리될 수 없다.** 산은 돌과 흙으로 만들어진 것이지만, 돌과 흙이 그 자체로 산이다. 어쩌면 이 단순한 명제 속에 『중용』의 요체가 감춰져 있을 것이다.

無明盡). 부연하자면, 무명이란 실체가 없으며, (무명의 실체가 없으니) 그것이 다함도 없다는 논리이다.

마원(馬遠)의 「답가도(踏歌圖)」

宿雨清畿甸

朝陽麗帝城

豐年人樂業

壟上踏歌行

제 2 장

배움[學]의 목적

공명(共鳴)의 원리

앞 장에서는 신유학이 바라본 인간 마음의 문제를 개략적으로 살펴보았다. 특히 「중용장구서」는 마음의 본질을 가장 인간적으로 해석하고 있다. 주자의 말을 빌리면 '최상의 지혜를 가진 사람이라도 인간적 욕망이 없을 수 없고, 범부라고 해서 도심이 없는 것이 아니다.'[1] 달리 말해 순정무구(純淨無垢)한 절대 선은 일종의 이상론적 경계일 뿐이다. 의미가 없다고 함은 의미의 부재를 말하는 것이 아니라, 지시되는 바가 없다는 말이다. 이를 단적으로 드러내는 구절이 『중용』 20장에 등장한다.

> 진실함은 하늘의 도리이고, 진실하고자 하는 것은 사람의 도리이다.[2]

---

1 雖上智, 不能無人心, 亦莫不有是性故, 雖下愚, 不能無道心 (「중용장구서」)

여기서 '하늘'은 어떤 대상을 가리키는 것이 아니라, 사유의 길이 끊어진 지점을 암시한다(즉, '말'이면서 말을 넘어서 있다). 이에 반해 인간의 길은 간단없이 하늘의 도와 합치되기 위해 노력하는 것이다. 이로부터 하학상달(下學上達)의 의미가 좀 더 명료해진다. 인도의 핵심은 '학'이며, 학은 「배움」이 아니라 **배워가는 과정**이다. '상달' 또한 하늘에 도달함이 아니라, 자기를 **알아가는 과정**이다.[3] 여기서 필자가 강조하고자 하는 것은 **동사적 사고**이다. 존재의 본질을 '과정'으로 설정하게 될 때, '완성'이란 개념은 큰 의미가 없다. 이는 사계절의 순환에서 겨울이 한 해의 완성이 아닌 것과 같은 논리이다. 그럼에도 불구하고 동사적 사고 속에는——역설적이지만——이미 완성의 개념이 내포돼 있다. 『대학』의 '명명덕'이 이러한 추론을 방증하는 좋은 사례이다. '밝은 덕'을 밝힌다는 것이 '완성'과 '완성을 향해 나아가는 행위'를 동시적으로 보여주는 사례가 아니겠는가.

유사한 논리로 본서에서 분석하는 『중용』의 세계관도 이 같은 패러다임을 따르고 있다. 비근한 예로 중/용이라는 서명을 체/용적 관점에서 파악하는 것이 가능할 것이고, 이를 비유적으로 말하자면, 현실 속의 '나'는 시시각각 다른 모습으로 주변과 구체적 관계를 맺지만, 변화하는 가운데 변화하지 않는 어떤 것에 대한 전제가 이미 깔려 있는 것이다. 필자는 『논어』「이인편」에 등장하는 "조문도 석사가의(朝聞道 夕死可矣)"를 이러한 맥락에서 해석한다. 『중용』의 논리로 보자면, 전술한 공자의 탄식은 '아침에 도를 들으면 저녁에 죽어도 좋다'는 의미

---

2 誠者, 天之道也, 誠之者, 人之道也. (『중용』 20장)

3 이를 『논어』「요왈」에서 말하는 '지(천)명(知(天)命)'의 의미로 이해하는 것이 타당해 보인다.

프란체스코 살비아티(Francesco Salviati)의 「카이로스」(Kairos)

가 아니라, 도를 깨치면 생멸의 지배를 벗어난다는 존재의 본질에 대
한 선언에 가깝다. 물론 후자가 기독교적 의미의 영생 혹은 불교적 의
미의 해탈을 의미하는지는 확언할 수 없으나, 적어도 '죽음'이라는 시
간의 폭력에서 해방되는 카이로스(kairos)적 순간을 암시하는 것임에
는 분명하다.

인생의 의미를 목적론적 관점에서 볼 것인지, 혹은 지금-여기 '나'에게 주어진 책임과 역할에 최선을 다하는 것에 방점을 둘 것인지는 쉽사리 판단할 문제가 아니다. 그러나 아마도 유교는 양자를 서로 상반된 관점에서 보고 있지 않는 듯하다. 미래도 결국 그 시점에서 성격을 규정하게 되면, '현재'의 시간이기 때문이다. 『중용』에 등장하는 아래 구절도 이러한 관점에서 읽어나갈 때 훨씬 그 함의가 풍부해질 수 있다.

> 군자는 처지에 알맞게 행동하고
> 그 밖의 것은 원하지 않는다.
> 부귀한 처지에 있으면
> 부귀함에 맞게 행동하고,
> 빈천한 처지에 있으면
> 빈천함에 맞게 행동하고.[4]

인용문을 단선적으로 읽으면 자칫 과도한 운명 순응적 맥락에서 해석될 수 있다. 그러나 현재와 미래를 연속선상에서 바라볼 때, 이 간략한 서술에서 여러 심오한 인생관이 서로 착종돼 있음을 발견할 수 있다. 즉, 현재를 충실히 사는 것이 어쩌면 미래를 가장 적극적으로 대비하는 것이다. '미래'라는 불확정적 시공간을 인간이 효율적으로 대비할 수 있는 방법은 지금-여기에서 자신에게 주어진 역할에 최선을 다하는 것이다. 나에게 군주의 역할이 주어진 이상 나는 군주로서의 책임과 의무를 다할 것이며, 나에게 신하의 역할이 주어진 이상 나는 신하로서의 책임과 의무를 다할 것이다.

---

4 君子, 素其位而行, 不願乎其外, 素富貴, 行乎富貴, 素貧賤, 行乎貧賤. (『중용』14장)

이러한 입장은 국가체제를 공고히 구축하는 순기능으로 작용함과 동시에, 개별 구성원이 사회에서 자신의 주어진 책무에 최선을 다할 수 있도록 권면하는 도덕적 장치가 될 수 있다. 더불어 '미래'라는 추상적 개념을 현실의 구체적 시공간에서 논하는 것은 유교를 규정하는 '실용이성'적 측면을 단적으로 드러낸 사례라 아니할 수 없다. 물론 이것이 미래에 대한 즉각적 부정으로 이어지지는 않을 것이다. 단지 상기 인용문은 내가 지금-여기서 최선을 다해 살면, 그 연장선상인 미래도 우리가 적극적으로 껴안을 수 있을 것이라고 보았다. 어찌 보면 이것이 유교가 강조하는 '안분자족(安分自足)'의 이데올로기적 함의이며, 이를 통해 우리는 소극적 능동성이라는 일종의 모순어법(oxymoron)에 도달하게 된다.

한편『중용』의 첫 구절이 '천명지위성(天命之謂性)'으로 시작하는 이유를 배움, 특히 공명(共鳴)의 원리로 풀이해보는 것이 가능해 보인다. 『중용』 전편의 내용을 압축적으로 드러낸 이 구절은 공맹유교[先秦儒敎]로 대변되는 윤리적 지평을 우주론적으로 확장했다는 평가를 받기에 충분하다. 의미상 이 구절은 천(天)과 성(性)이라는 두 개의 상이한 층위를 '명(命)'을 통해 상호 매개하고 있는 양상이다. 즉, 하늘과 인간이 근본에 있어 상호 비분리적으로 맞물려 있다.『중용』의 하늘은 단순한 경이원지(敬而遠之)의 대상이 아니라, 나와 함께 있고, 내 속에 있으며, 심지어 나는 하늘의 사업에 참여할 수 있다.[5] 이 같은『중용』의 천관(天觀)을 기독교적 관점에서 보자면 자칫 신성모독의 사례로 오독

---

5 唯天下至誠, 爲能盡其性, 能盡其性則能盡人之性, 能盡人之性, 則能盡物之性, 能盡物之性, 則可以贊天地之化育, 可以贊天地之化育, 則可以與天地參矣. (『중용』 22장)

될 수 있을 것이다. 그러나 『중용』이 강조하고자 하는 것은 하늘의 신성성을 해체하고자 함이 아니라, 하늘에 내재된 양면적 층위를 드러내기 위함이다.

본 장의 후반부에서 다시 언급하겠으나, 하늘은 '일(一)'이며 인간은 '다(多)'이다. 여기서 '하나'는 절대와 연결된다. 절대는 문자 그대로 비교가 끊어진 것이니, 그것을 형용할 수도, 인식할 수도 없다. 그럼에도 불구하고 인간을 알고자 한다면 필히 '하늘'을 알아야 함을 『중용』은 역설한다.

> 그러므로 군자는 몸을 닦지 않을 수 없으니,
>
> 몸을 닦고자 생각한다면
>
> 어버이를 섬기지 않을 수 없고,
>
> 어버이를 섬기고자 생각한다면
>
> 사람의 도리를 알지 않을 수 없고,
>
> 사람의 도리를 알고자 생각한다면
>
> 하늘의 이치를 알지 않을 수 없는 것입니다.[6]

여기서 '하늘을 안다'라고 함은 하늘의 이치[天理]를 깨치는 것을 시사하고 있는 듯하다. 그러나 이는 엄밀한 의미에서 일종의 순환논법이다. 왜냐면 하늘의 이치는 내 본성에 대한 자각을 통해 드러나기 때문이다. 인용문에서 저자는 '수신'의 과정이 자아의 확장과 상호 연결돼 있음을 암시한다. 달리 말해 '나'에 대한 성찰이 깊어질수록 인

----

6 故, 君子, 不可以不修身, 思修身, 不可以不事親, 思事親, 不可以不知人, 思知人, 不可以不知天. (『중용』 20장)

간은 점점 더 나의 본질이 우주적 상태로 확장돼 있음을 직감하게 된다. 가령 '수신을 생각함에 어버이를 섬기지 않을 수 없다'고 함은 수신에서 사친(事親)으로 행위의 내용이 전환됨을 암시하는 것이 아니라, 수신을 에워싼 원주(圓周)의 확장을 의미한다. 달리 말해 '수신'의 외형적 확장은 수신의 본질을 더욱 심화시키는 계기와 서로 맞물려 있다.

그러나 한편에서 보자면, 수신이라는 유교의 핵심 개념 자체가 다분히 문제적이다. 도대체 '내 몸과 마음을 (바르게) 닦는다'는 것이 무엇을 의미하는가? 엄밀한 의미에서 심신을 바르게 연마하는 것은 결국 타인과의 관계성을 통해 구현될 수 있는 실천적 명제가 아니겠는가? 이렇게 문제의 핵심에 접근해 들어갈 때, 수신이 본(本)이 되고, 제가-치국-평천하가 말(末)이 되는 것은 지당하다. 물론 여기서의 본말 개념은 본에 말이 종속됨을 의미하기보다, 후자를 통해 전자가 자신을 드러낼 수 있음을 암시하는 측면이 강하다. 이는 흡사 땅 위로 드러난 가지와 잎을 통해 땅속 깊이 모습을 감춘 뿌리의 존재를 추정할 수 있는 것과 유사한 논리이다. 설명이 다소 장황했으나, 다시 원래의 논의로 돌아가자.

인용문을 보면 수신→사친→지인(知人)→지천(知天)의 순서로 논의가 구성돼 있다. 앞서 언급한 것처럼 '지천'에서 하늘의 이치가 상대성이 끊어진 것이라면, 이와 관련해 두 개의 상호 이율배반적인 전제가 추론 가능하다. 하나는 우주 삼라만상에 존재하는 두두물물(頭頭物物)이 모두 자신의 개체성을 내포하고 있다는 의미에서 '절대'를 상정해볼 수 있고, 다른 하나는 모든 개체성의 근원적 부정이라는 관점에서 논의를 확장해보는 것도 가능하다. '나'라는 생각, '남'이라는 생각이 끊어지면 결국 남는 것은 주객미분의 비어 있음이다(아래「주자태극

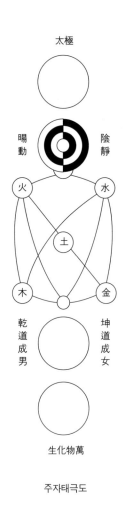

太極

陽動　陰靜

火　水

土

木　金

乾道成男　坤道成女

生化物萬

주자태극도

도」참조).[7] 이를 굳이 언어적으로 표현하기 위해 '천'이라 하기도 하고, '하나'라고 부르기도 한다.

이쯤에서 '천명위지성'의 의미를 다시 떠올려본다. 무엇이라 지목할 수 없는 주객미분의 일원상(一圓相)이 내 본성 속으로 들어와 있다. 갑은 을이 아니며, 사람은 소나 말이 아니다. 즉, 모든 존재는 그 자체로 완전한 하나의 개체다. 그러나 동시에 모든 개체는 서로 분리되지 않고 무수한 동심원을 그리며 전 우주를 가득 채우고 있다. 이 같은 형국을 무량무변한 개체의 총합으로 불러야 할지, 아니면 하나가 자기분화되어 무한으로 현전했다고 명해야 할지 난감하다. 그러나 잠깐 머뭇거리는 순간 벽력같은 금강철퇴가 뇌리를 후려쳐버린다. 시방세계는 여여부동이다. 단지 내 마음이 잠깐 요동쳤을 뿐이다.

유교는 땅에 두 발을 굳건히 딛고 뿌리(머리)는 하늘을 사모하는 사상이다. 임금과 신하, 아버지와 아들, 남편과 아내, 노인과 젊은이 등의 다양한 인간관계를 끊어버리고 절대자 앞에 홀로 선 '나'를 상정하는 것이 유교적 관점에서는 마뜩치 않

---

7 「주자태극도」는 북송 시기 신유학의 거장이었던 주렴계(周濂溪, 1017~1073)가 완성한 것으로, 그는 도교 및 불교에도 해박한 지식을 가지고 있었다고 전해진다.

다. 이는 단지 인간관계에만 국한되는 것은 아니다. 인간의 마음을 본연지성(A)과 기질지성(B)이 공존하는 것으로 파악하는 부분에서도 이러한 면모를 읽을 수 있다. 물론 A와 B가 상호 분리된 것인지 아니면 양자가 비분리적인지, 만일 후자라면 본연지성이 기질지성 속에 포함된 것인지 혹은 그 반대인지 등 여러 가지 경우를 상정해볼 수 있다.[8] 이러한 부분은 순수하게 유교 심성론의 관점에서 고찰해볼 수 있겠으나, 인간을 관계 속의 존재로 파악하는 측면에서는 특정한 해석의 배후에 특정 이데올로기가 작동하고 있음을 전제해보는 것도 가능할 것이다.[9]

물론 여기서 이와 관련된 세부적 논의를 진행하는 것은 본서의 논점을 흐릴 개연성이 있어 생략하기로 한다. 단 『중용』이 인간의 마음을 본연지성과 기질지성의 맥락에서 논하고 있음은 주목할 필요가 있을 것이다. 『중용』의 전체적 구도는 성수불이지학(性修不二之學)이라는

---

8 유교의 심성론과 관련해서는, 본연지성이 기질지성에 속해 있다고 보는 것이 좀 더 설득력이 있어 보인다. 전술한 가정 하에 기질지성이 맑으면 본연지성이 잘 드러나지만, 기질지성이 흐리면 본연지성이 잘 드러나지 않을 것이라는 가설을 구축해볼 수 있다.

9 이와 관련된 대표적인 사례로 조선시대의 이기론(理氣論) 논쟁을 꼽을 수 있겠다. 가령 퇴계 이황의 경우 사단(四端)과 칠정(七情)을 이와 기로 해석하면서, 그의 「성학십도(聖學十圖)」에서는 '사단리발이기수지/칠정기발이리승지(四端理發而氣隨之/七情氣發而理乘之)'를 주장하였다. 여기서 사단과 칠정을 선/악, 군자/소인 등의 문제로 확대 해석한다면, 퇴계는 양자가 명확히 분리됨을 주장한 반면, 율곡은 이와 기를 불상리/불상잡(不相離/不相雜)의 불이(不二)적 관점으로 파악하면서 퇴계의 '이기호발설(理氣互發說)'과는 구분되는 입장을 견지하였다. 여기서 관건은 이의 능동적 작용성을 인정할 것인가의 문제인데, 퇴계가 '이발(理發)'을 주장한 배후에는, 도덕적 엄정성을 강조하는 그의 이데올로기적 세계관이 자리하고 있었음을 추론해보는 것이 가능할 듯하다.

동양사상의 기본 전제를 차용하고 있다. 성수불이지학의 근거는 하늘로부터 품부 받은 '성'이 그 자체로 작동할 수 없고, 기질에 의지해 발현한다는 것이다. 그렇다면 장삼이사(張三李四)의 관점에서 정작 중요한 것은 하늘로부터 부여받은 성이 아니라, 상황에 부합되게 우리의 기질이 작동될 수 있도록 끊임없이 노력을 경주하는 것이다.『중용』이 신독(愼獨)을 강조하는 이유도 아마 여기에 있었을 것이다. 필자의 입장에서 보건대 신독은 희로애락으로 발현한 이발지화(已發之和)가 미발지중(未發之中)에 바탕하고 있음을 깨치기 위한 방편이다. 어찌 보면 신독 공부를 통해 학인은 무언가를 얻기보다, 무엇을 얻고자 하는 사욕으로부터 좀 더 자유로워질 수 있을 것이다. 사욕으로부터 자유로워진 이상, 성인이 되고자 하는 유학의 궁극 목표마저 공허한 기표로 전락할 수밖에 없다.

그럼에도 불구하고 유교사상의 역설성은 다음과 같은 논리를 통해 설명이 가능할 것이다. 전술한 것처럼 유교 수양론에서 수신이 본이 되고 제가-치국-평천하가 말이 되는 것이 사실이나, 실제적으로 수신의 내용은 제가-치국-평천하를 통해 채워질 수밖에 없다. 공부 방법론의 차원에서 보건대 유교가 상대적으로 위기지학(爲己之學)을 강조하나, 위기지학이 구현되는 양태는 위인지학(爲人之學)의 형태를 갖는다. 이는 자칫 모순적으로 비쳐질 수 있으나, 유교가 규정하는 학의 본질을 심층적으로 살펴보면 납득이 가지 않는 것이 아니다.

기본적으로 신유학은 천지자연을 일종의 도덕적 관점에서 조망하였다. 자연은 단지 물질현상에 의해 지배되는 장이 아니며, 자연을 도덕적 관점에서 재해석하기 위해서는 일정 부분 인간의 잣대를 자연현상에 투사하는 것이 불가피하다. 이 과정에서 핵심적으로 대두되는 문제가 '나'와 '우주'의 관계성을 설정하는 것이다. 주지할 것은 외견상 무관한 두 개의 사태가 어떤 의미로든 상호 매개되지 않는다면, 우주적 현상을 인사의 영역으로 가져오는 것은 불가능하다. 기실 우리는 이와 관련된 단초를 '학'에 대한 공자의 가장 원초적 성찰에서 발견할 수 있다.

> 배우고 또한 익히니 즐거운 일이 아닌가.
> 벗이 멀리서 찾아오니 즐거운 일이 아닌가.
> 남이 나를 알아주지 않더라도 원망하지 않으니 또한 군자가 아닌가.[10]

우리에게 너무나 익숙한 『논어』의 첫 구절은 인간 내면의 진실된 기쁨을 추동하는 그 근원이 '학'에 있음을 천명한다. 물론 여기서의 '학'은 본질상 '위기지학'을 지칭한다. 그러나 '내가 누구인가'를 알아가는 고독한 과정은 개인적 행위로 끝나지 않는다. 다소 신비주의적 발상일 수 있으나, 학에 대한 추구가 경건할수록 내면의 진실됨이 전 우주에 파장(resonance)을 일으킨다. 그 사례를 비유적으로 암시하는 것이 인용문의 두 번째 구절이 될 것이다. 홀로 '나'를 찾아가는 고독한 여정에 감응한 도반들이 천리 밖에서 나를 찾아온다. 주역의 개념으로 치환해 말하자면 '동성상응(同聲相應)'이며 '동기상구(同氣相求)'[11] 가 되는 셈이다. 물론 난세에는 천하가 나의 정성에 감응하지 않을 수도 있다. 그렇기 때문에 군자는 다시 학문의 근본 목적을 스스로 되새긴다. '인부지이불온(人不知而不慍)'이 거기에 해당할 것이다. 한편 『중

---

10 子曰, 學而時習之, 不亦說乎. 有朋自遠方來, 不亦樂乎. 人不知而不慍, 不亦君子乎. (『논어』 「학이」)
11 『주역』 「중천건 괘(䷀)」.

용』은 '공명'의 개념을 좀 더 추상적인 문맥으로까지 확장한다. 인간
이 지극히 진실한 경지에 도달할 때 급기야는 미래의 시간을 선취(先
取)할 수 있게 되는 것이다.[12] 말하자면 과거-현재-미래가 공명을 통
해 '하나의 시간[一時]'으로 통합되는 경지이다.

유교의 학은 항상 지금-여기에서 출발한다. 탄생에서 죽음에 이르
기까지 단 한순간도 내 곁을 떠난 적이 없지만, 우리 인식의 층위를 넘
어서 있는 '신성(神性)'에 대한 사유. 그러나 '그것'이 불가지론으로 끝
나면 이는 더 이상 유교가 아니다. 그리하여 숙명적으로 유교는 공명
을 말하지 않을 수 없다. 『중용』이 구체적으로 이를 언급하는 사례는
여러 곳에서 발견된다.

> (1) 중과 화를 지극히 하면
>   천지가 제 자리를 잡고,
>   만물이 잘 길러지게 된다.[13]

> (2) 『시경』에 말하기를, "네가 방안에 있을 때를 보더라도, 옥루에게
>   조차 부끄럽지 않아야 한다"라고 하였으니, 고로 군자는 움직이
>   지 않더라도 공경을 받고, 말하지 않더라도 사람들이 신뢰한다.[14]

먼저 첫 번째 인용문을 살펴보자. '치중화(致中和)'는 『중용』의 핵심
이다. 이를 개략적으로 풀이해보자면, 군자가 힘써 근면하여 내적으

---

12 至誠之道는 可以前知. (『중용』 24장)
13 致中和, 天地位焉, 萬物育焉. (『중용』 1장)
14 詩云 相在爾室, 尙不愧于屋漏, 故, 君子, 不動而敬, 不言而信. (『시경』 「대아·억」)

로는 마음의 평정을 이루고 외적으로 치세에 전념할 때, 천지가 모두 제 자리를 잡고, 만물이 잘 길러지게 된다는 의미이다. 여기서 '치중화'의 주체는 응당 인간이 되어야 한다. 즉, 인간이 자신의 도리를 다할 때——좀 더 구체적으로는 내성(內聖)의 도를 이룰 때——그 파장이 우주로 퍼져나간다. 달리 말해 인간이 자신을 미루어 극진히 하게 되면 남을 알게 되고[推己及人], 드디어는 천지조화에 동참할 수 있다는 의미이다. 여기서 '자신을 미루어 극진히 함'이란 부분은 여러 가지 의미로 해석이 가능하다. 『대학』으로 말하자면 '명명덕(明明德)'이 될 것이고, 『중용』적 맥락에서는 '성지(誠之, 성실함에 다다르고자 함)'가 될 것이다. 혹은 좀 더 보편적 맥락에서는 타인과의 관계 속에서 오륜, 오덕의 원리를 실천하는 것으로 해석해볼 수도 있다. 단 핵심은 천지만물이 나와 동체며, '나'의 에너지는 전 우주로 방출된다는 의미이다.[15] 이는 모든 개인이 자신에게 부여된 책임과 의무를 성실히 수행할 때, 천하가 태평해진다는 논리와도 다르지 않다. 이렇게 보자면 일견 추상적으로 보이는 이 명제가 딱히 실용이성의 범주를 넘어서 있는 것도 아니다.

전술한 장황한 설명에도 불구하고 '치중화'와 관련해서는 여전히 모호한 구석이 남아 있는 것이 사실이다. '중과 화를 극진히 함'이라

---

15 문학 텍스트 분석의 차원에서 '공명'의 원리를 적용해보는 것도 흥미로운 주제가 될 것이다. 가령 시 비평에서 흔히 사용하는 '감정이입(empathy)'의 경우, 시인이 응시하는 대상에 자신의 감정을 투사하는 것은 서정성(주관화)의 발로이다. 반면 공명의 원리로 감정이입을 규정하자면, 시인이 자신이 응시하는 대상에 감정을 이입하는 것은 주객이원의 구도가 해체되었을 때 가능하다. 달리 말해 '보는 자'와 '보이는 대상'이 하나의 마음[一心]속에 존재하고 있음을 전제할 때, 시인은 비로소 대상에 자신의 감정을 투사할 수 있다. 이는 왕양명이 말하는 '심외무물(心外無物)'의 논리와도 상통한다.

는 것이『중용』의 핵심이요, 유교의 철학적 근간이 될 터인데, 이를 사변적 해석으로부터 여하히 실천적 맥락으로 가져올 수 있을 지는 여전히 문제적이다. 이와 관련하여 리하르트 빌헬름(Richard Wilhelm, 1873~1930)은 '시간에서 멀어지기보다 정중앙의 관점에서 시간의 대립을 포함하여 시간을 경험하게 된다면 (…) 우리는 영속물로서의 시간을 경험하게 되는데, 이는 엄밀하게 따져서 조화를 이루는 시간에 달려 있다'[16]라고 지적한다. 리하르트 빌헬름의 이 같은 통찰은 '치중화'의 의미를 구체적으로 이해함에 있어 매우 유익하다.

즉, '중'을 이루는 것은 주변세계와의 '조화'를 통해 성취된다. 그럼에도 불구하고 '치중'과 '치화'를 시간의 선후관계로 설정할 수는 없다. 왜냐면 '조화를 이룬다'라고 함은 빌헬름이 말하는 '정중앙'의 관점을 벗어나지 않음을 이미 전제하는 것이기 때문이다. 중심이 온건히 자리매김할 때 삼라만상은 비로소 각자의 자태를 드러내기 시작한다. 즉, 시간경험과 공간인식은 다름 아닌 '세계'의 형태로 현전하는 것이다. 물론 '치중'을 일련의 지속되는 과정으로 볼 것인지, 혹은 고정된 상태로 파악할 것인지는 여전히 논쟁의 소지가 있다. 그러나 앞서 언급한 '성수불이'적 관점을 상기하면 양자의 대립은 쉽게 절충될 수 있다.

'치중화'의 논리를 우주론적 맥락으로 확대해보자면, 이는 '만물이 질서, 즉 예(禮)를 회복하는 사태'로 이해하는 것도 가능해 보인다. 여기서 '중'이 본체적 개념이라면, '화'는 중이 자신을 드러낸 상태, 즉 용의 개념으로 파악해도 무방하다. 논지의 전개를 위해 양자를 불교적 논리와 연결시켜보자면, '중화'는 '성상(性相)'의 개념과도 흡사하

---

16 리하르트 빌헬름, 진영준 옮김.『주역강의』(서울: 소나무, 1996). 32쪽.

리하르트 빌헬름

다. 부연하자면, 우리가 상(相)을 통해 성(性)을 볼 수 있듯이, '파도를 떠나 물을 구할[離波求水]' 수는 없다. 이제 이러한 논리를 통해 '천지위 언, 만물육언(天地位焉, 萬物育焉)'의 의미를 좀 더 심층적으로 살펴보자. 아래 구절은 『주역계사상전』에서 인용한 것으로 『중용』의 내용과 상호텍스트 적으로 비교·고찰해보는 것이 가능해 보인다.

하늘은 높고 땅은 낮으니 건과 곤이 정해졌고,
낮고 높음으로써 베풀었으니 귀하고 천한 것이 자리했다.[17]

상기 인용문의 내용은 아마도 천지의 운행이 시작됨을 주역적 맥락에서 서술한 듯 보인다. 우선 하늘과 땅이 공간적으로 서로 마주하니, 음양의 우주론적 기운에 의해 양자가 시간적으로 상호 마찰을 일으키며 천지가 교감한다. 이 같은 함의는 『중용』이 말하는 '천지위언, 만물육언'의 논리와도 정확히 일치한다. 그런데 음양의 교역(交易)작용이 일어나면서 만물이 길러지게 되는 배후에는 '치중화'가 우선적으로 전제돼야 한다. 이 같은 지적과 관련하여 필자는 '치중화'를 주자가 「중용장구서」에서 언급한 '계천입극(繼天立極)' 사상과 연결시키고자 한다. 달리 말해 인간이 인식할 수 있는 제반 현상이 수면 위로 떠오르기 위해서는, 무엇보다 시공간적 좌표가 마련되어야 한다. 이렇게 보자면 '치중화'는 하늘과 땅 사이의 기운을 소통하게 하는 일종의 토대적 개념이 될 것이다.[18]

사족이지만, 공자는 이를 '극기복례'로 지칭하였고, 『주역』「천택리」 괘(☲)는 『주역계사하전』에서 '리(履)'를 통해 '예(禮)'의 본질을 드

---

17 天尊地卑, 乾坤定矣, 卑高以陣, 貴賤位矣. (『계사상전』 1장)

18 하늘과 땅이 마주함은 '공간'적 질서가 확립됨이요, 이와 동시적으로 음(땅)-양(하늘)의 에너지가 천지간에 퍼져나감은 '시간'의 계기가 동시적으로 수반됨을 암시한다. 이와 관련해서는 '산택통기(山澤通氣)'의 이론적 토대가 되는 택산함 괘(☶)를 전술한 논의에 대입해 보는 것도, "致中和 天地位焉 萬物育焉"의 논리를 심층적으로 이해함에 있어 유용한 참조체계가 될 수 있을 것이다.

러내었다. 여기서 리(履) 괘의 괘상은 '하늘이 위에 있고, 연못이 아래에 있는 형국'으로, 전체적으로는 높고 낮음이 제자리를 차지한 '천지조화'의 형국을 표상한다. 『주역계사하전』이 말하는 '리가 덕의 기초'[19]라 함도 엄밀히 말하자면, '(예를 이행함이) 덕의 기초'라는 의미이다. 결국 '극기복례'의 철학적 함의는 사욕을 극복하고 예(禮)——우주의 질서와 하나 됨——의 본질을 회복하는 것으로 읽어도 하등 무리가 없다. 논의가 다소 장황해졌지만, 이렇게 보자면 "치중화 천지위언 만물육언"에 대한 해석은 '천지로 상징되는 시공간적 푯대가 마련되면, 하늘과 땅 사이에서 만물이 잘 길러지게 된다'는 보편적인 해석이 가능해 보인다.[20]

두 번째 구절은 『시경』에서 인용한 것으로, 아무도 보지 못하는 곳에 있을지라도 스스로에 부끄럼이 없어야 한다는 의미이다. '아무도 보지 못하는 곳'은 집안의 후미진 공간을 지시할 수 있지만, 동시에 자기만이 보고 느낄 수 있는 '마음'에 대한 비유일 수도 있다. 어떤 경우이든 이는 수신이 극치에 이르렀을 때 가능할 것이다. 그러나 수신의 극치가 '나'의 문제로만 국한되지는 않으며, 이는 자연스럽게 인간으로서 도달할 수 있는 최고의 경지로 이어진다. '부동이경, 불언이신(不動而敬, 不言而信)'은 '우레와 같은 침묵'이며 이는 전장에서 서술한 '대덕돈화(大德敦化)'의 구체적 사례이다.

『중용』의 논리는 자신을 미루어 극진히 하여, 궁극에는 남을 알고

---

19 履, 德之基也. (『주역계사하전』 7장)

20 주자의 경우 '천지인이 본시 동체(同體)이니, 인간이 '치중화'를 이루면 천지가 자리를 잡게 된다'는 다소 신비주의적 해석을 제시한다(蓋天地萬物, 本吾一體, 吾之心正(致中), 則 天地之心, 亦正(天地位)矣). 『중용』, 김수길 옮김 (서울: 대유학당), 176쪽.

드디어 천지조화에 동참할 수 있다는 것이다. 비유적으로 말하자면, 존재하는 모든 것은 **자기부정**을 통해 전 우주로 퍼져나간다. 봄은 스스로에 집착하지 않고 겨울을 향해 나아가며, 여름은 가을로, 가을은 봄으로, 겨울은 여름으로 향하며, 이를 통해 사계가 끊임없이 운행됨을 보여주는 것이 하도(河圖)의 상징이 아니었던가. 하나의 기운이 다른 기운과 공명하여 전 우주적으로 퍼져나가기 위해서는 '나라는 생각[我相]'으로부터의 자유가 전제돼야 한다. 그럼에도 불구하고 무아에 대한 자각이 '나'로부터 비롯될 수밖에 없음은 자명하다.

『중용』 15장은 군자의 도를 말하면서 '먼 곳을 가기 위해서는 필히 가까운 곳에서 출발해야 하고, 높은 곳에 오르기 위해서는 필히 낮은 곳에서 시작해야' 함을 역설한다. 같은 장에서는 뜻을 거듭 밝히기 위해 '처자화합, 여고금슬(妻子好合, 如鼓琴瑟)'이라는 『시경』「소아·상체」편을 인용하는데, '금슬'은 『중용』의 핵심 사상인 화의 본질을 문학적으로 드러내기 위한 모티프다. 거문고와 비파를 의미하는 금슬이 서로 어우러져 아름다운 화음을 내기 위해 각자는 자기를 잊고 상대의 소리에 주목해야 한다. 이상의 논의를 요약컨대. 위기지학과 극기복례는 공히 '나[己]'를 토대로 구축된 개념이다. 그러나 양자가 지향하는 것은 '나'를 넘어서 있다. 유교의 내성(內聖)사상이 외왕(外王)으로 이어질 수 있는 사상적 연고가 여기에 있을 것이다.

인간이 되기 위한 배움[學做人]

유교는 현실에 바탕을 두고서 궁극적으로는 천도와의 합일을 추구하는 사상이다. 그런데 『중용』의 내용을 자세히 살펴보면 다소 의문이

제기될 수 있다. 무엇보다 『중용』이 말하는 인간의 본질은 그 자체로 이미 하늘에 뿌리를 두고 있는 것이다. 사상사적 측면에서 보더라도 유교의 핵심 주제가 외형적으로는 인사의 문제를 주로 논하고 있으나, 신유학에 이르면 인간에 대한 해석 자체가 훨씬 더 복잡하고 풍부해진다. 실제로 『중용』 1장은 하늘과 인간이 본질적으로 상호 연결돼 있음을 시사한다. 그렇게 보자면, 유교가 단지 인간의 윤리나 도덕문제만을 집중적으로 탐구하는 사상이라고 단정 짓는 것은 무리가 있어 보인다. 이 같은 측면을 감안하여, 여기서는 우선적으로 '배움'과 '인간(됨)'의 상관관계를 중용적 맥락에서 고찰해본다.

유교에서 학은 인간이 되기 위한 유일한 방법이다. 이로부터 '배움을 통해 인간으로 고양됨'이라는 '학주인'의 축자적 의미를 추론해볼 수 있다.[21] 물론 이 자체는 지극히 유교적인 발상이다. 그러나 이러한 명제는 그 자체로서 자기 모순성을 내포하는 듯 보인다. 우리가 이미 인간의 육신을 받고 태어났을진대, 또 다시 인간이 된다는 것이 과연 무엇을 의미하는 것인가? 일견 우문처럼 보이나, 이를 통해 우리는 신유학이 특정한 맥락에서 '인간'을 규정하고 있음을 어렵잖게 추정할 수 있다. 『중용』의 근본 명제가 하늘이 개별 인간에게 부여한 '본연지성'을 회복하는 것이라면, 아마도 배움은 그러한 목표에 도달하기 위한 방편이 될 것이다. 『중용』 1장은 성, 도, 교를 함께 논하고 있는데, 성과 도는 교와의 관계 속에서 상대적으로 추상적인 개념이며 이것이 인사에서는 예악(禮樂)이라는 구체화된 형태로 드러난다. 이렇게 보자면 일정 부분 '교'를 예악과 연결시켜 사유하는 것이 가능할 것이다.

---

21 『중용』 20장은 이러한 '학'의 의미를 좀 더 구체적 맥락에서 언급한다(或生而知之, 或學而知之, 或困而知之, 及其知之, 一也).

그렇다면 유교는 성과 도로 대변되는 추상의 영역을 어떠한 관점에서 '배움'이라는 일상사적 행위와 연결시키고 있는가.

알다시피 유교가 강조하는 것은 **관계 속**의 인간이다. 달리 말해 '나'라는 개념 자체가 이미 관계성을 전제하는 것이며, 나는 관계를 떠나 홀로 존재할 수 없다. 오륜이 강조하고자 하는 것도 결국은 다양한 관계망 속에서 인간이 올바르게 행동하는 법도를 가르치고자 하는 것이다. 그렇게 보자면, 배움의 궁극적 목표는 자기규정의 영역을 끊임없이 확장해가는 것이다. 다소 역설적 명제가 되겠지만, '수신'의 핵심은 홀로 선 개인으로 거듭나는 것이 아니라, '나' 중심적 세계관으로부터 자유로워지는 것이다. 공자는 이를 '극기'라는 개념으로 표현하고 있다며, 『대학』의 삼강령 팔조목을 보더라도 '수신'의 핵심 과제는 개인의 한계를 넘어서는 것이다. '명명덕'이 단순한 자기완성을 넘어 '신민(新民)'으로 이어지는 것이나, 수신이 제가-치국-평천하로 연결되는 논리가 전술한 주장을 뒷받침할 수 있는 사례이다.

그런데 여기서 약간의 논쟁적 지점이 발생한다. 배움을 인사적 관점에서 논할 때 명명덕과 신민을 시간적인 선후관계로 보는 것이 적합할지, 아니면 양자를 상보적 관점에서 보는 것이 적합할지는 다소 모호하다. 물론 본말종시(本末終始)의 관점에서 보자면, 명덕이 본이고 신민을 말로 규정하는 것이 타당하다. 그러나 현상론적 차원에서 양자는 동시적이다(이는 사물과 그림자가 동시인 것과 같은 논리이다). 유교적 입장에서는 세계와 분리되어 홀로 대오각성을 성취한 학인이, 연후에 인간세계로 다시 돌아와 중생을 제도하는 법이 없다. 이러한 논리가 가능하기 위해서는 '현실'과 분리되어 독자적으로 존재하는 관념론적 진리관이 전제되어야 한다. 그러나 알다시피 유교는 늘 관계 속의 진리를 주장할 뿐이다. 달리 말해 『중용』의 '중'도 엄밀히 말하자면, '시간 속의 진리[時中]'다.

추상성과 일상성의 문제와 관련해서는 '격물'에 대한 몇 가지 해석학적 입장을 살펴보는 것이 도움이 될 것이다. 가령 주자의 경우 우주에는 고정된 이치가 있다고 보았으며, 이를 토대로 도덕적 엄숙주의를 주장하는 측면이 강하다. 반면 주자학을 비판하면서 등장한 양명학의 경우 주자가 말한 '리'를 개개인의 마음속에 내재된 것으로 보았다. 이러한 해석학적 차이로 인해 사물에 나아가 이치를 탐구한다는 주자의 격물개념은 왕양명(王陽明, 1472~1528)에 이르러 '양지(良知)' 개념으로 재규정된다. 즉, 개개인의 마음속에는 모두 리가 내재돼 있으며, 따라서 마음 밖에서 별도의 이치를 구하는 것은 오히려 성인이 되기 위한 학의 목적에 어긋나는 것이라고 양명은 주장한다.[22]

알다시피 주자의 경우 성즉리(性卽理)를 주장하면서, 마음(心)을 성(性)과 정(情)으로 구분하고, 여기에 체용 개념을 적용하여 마음의 체를 성으로, 마음의 용을 정으로 분류했다. 즉, 심(心)은 성과 정을 통괄하는 개념이며, 주자학의 목표는 궁극적으로 정을 **억제**하고 성으로 돌아가는 것이다. 이것이 성즉리 사상의 핵심이다. 반면 왕양명은 성과 정의 구분에 천착하지 않고, 그보다는 양자(성/정)를 포괄하는 심 자체가 천리와 합치된다고 보았다. 이로 인해 왕양명의 경우는 인간의 감정작용을 보다 적극적으로 긍정한 측면이 강하다. 나아가 왕양명은

---

22 양명의 입장에서 볼 때, 주자학에 내재된 문제는 마음과 사물을 분리시켜보고 있다는 것이다. 양명학의 논리에 따르면 사물에서 이치를 구하려 해도 구해질 수 없으며, 나아가 마음과 사물을 분리한 후 이 둘을 다시 합하려 해도 결코 합해질 수 없다. 이러한 전제하에 양명은 마음에 한 생각이 일어나면, 그것이 물(物)과 연결된다고 보았다. 고로 매순간 우리 마음속에서 '사욕을 제거하는[去人欲]' 것이 양명학에서의 수양론으로 제시된다.

왕양명

마음 밖에서 사물의 이치를 구하는 것이 마음과 세계를 둘로 나누는 결과를 초래하므로, 이러한 방식으로는 결코 진리에 도달할 수 없다고 역설했다. 이 같은 이론적 토대 위에서 왕양명은 격물의 의미를 '심의 발동의 부정(不正)을 바로잡는 것'[23]으로 해석했으며, 이는 기존 주자학에서 격물을 '물에 나아가다'로 해석한 것과 현격한 대조를 보인다. 요약컨대 진리도 마음속의 진리이고 사물도 마음속의 사물이라면, 마음의 안팎을 구분하는 것은 무의미해 보인다. 그보다는 사물의 독자성을 인정하면서 이와 동시에 이들 개별성을 보편의 층위로 가져오는 것이 관건이 될 것이다.

다소 논의가 장황해졌으나, 주자학과 양명학의 '격물' 개념을 비교하는 것은 보편성과 일상성이라는 두 개의 개념을 성찰함에 있어서 많은 시사점을 제공한다. 만일 주자의 해석처럼 우주에는 하나의 객관적 진리가 존재하고 '학문'의 목적이 거기에 도달하기 위한 것이라면, 개별적 다양성이 인정될 수 있는 개연성은 희박하다. 반면 왕양명의 '심즉리' 사상은 일정 부분 주관주의적 진리관을 수용할 수 있을 듯 보인다. 그러나 앞서 지적했듯이 꽃도 내 마음 속의 꽃이요, 바위도 내 마음의 바위라면, 천지 삼라만상은 결코 나와 분리될 수 없다. 결국 존재론적으로는 여럿[多]이지만, 본질에서는 하나의 마음일 뿐이다.

이렇게 논의를 정리해보면, 결국 앞서 말한 『대학』 삼강령의 명명

---

23 왕양명은 '분별지심[物을 바로 잡음[格]'을 '격물'의 본질로 보았으며, '치지(致知)'의 경우 '양지(良知)를 확충하고 실현하는 것'이라 풀이했다. 특히 신민(新民)에 상대하여 친민(親民)적 태도를 강조하면서, 이에 근거하여 백성의 원리에 따라 통치해야 할 당위성을 주장한다. 이를 통해 개별체의 다양성을 일정 부분 인정하게 되고, 이는 객관적 보편성을 상대적으로 강조했던 주자학의 논리와는 상충된다.

덕과 신민은 결국 둘이면서 하나이다. 왜냐면 '새롭게 할 백성' 또한 결국 내 마음속 백성이기 때문이다. 내 마음속 백성을 '내 마음'과 분리할 수 없을진대, 새삼 명명덕과 신민을 본말종시[24]로 나눌 필요가 있을 것인가. 명명덕이 신민이요, 신민이 명명덕임을 깨치는 것이 결국은 '지극한 선에 머무르는' 것이 아니겠는가(물론 이렇게 보자면 지어지선이 명명덕과 신민을 떠나 있는 별도의 명제가 아님은 자명하다).

『중용』의 도는 '솔성'이다. 그런데 여기서 '성'이 실체론적 진리로 해석돼버리면, 『중용』의 정교한 논리는 와해된다. 『시경』이 암시하고 있듯이 "솔개 하늘 높이 치솟고, 물고기가 물속에서 펄떡이는" 그 모든 것이 도의 드러남이다. 필자가 보건대 이 같은 문학적 상징의 배후에 감춰진 중요한 메시지는 '화육(化育)'이다. 만일 인간이 세계와 분리되어 홀로 선 존재가 아니라면, 인간 또한 이 위대한 자연의 화육에 동참해야 한다. 그렇다면 인간이 가장 **인간답게** 화육에 동참하는 방법이 무엇인가? 유교의 맥락에서 보자면 인간이 자기중심성을 넘어서서 하늘의 이치와 하나 되는 것이다. 물론 자기중심성은 '위기지학', 즉 수신을 통해 극복될 수 있다.

「중용장구서」에서 주자가 밝혔듯이, 인간은 배움과 실천을 통해서만이 '인간다움'에 가까워질 수 있다. 인간다움이란 '나'가 일상에서 시중의 도를 실현하는 것이며, 이를 통해 '사람'은 사람이 **된다**. 유교가 인간의 본질을 위인(爲人)으로 규정하는 근거도 여기에 있다(달리 말해, 유교의 인간은 동사형이다). 물론 여기서 '인간 됨'의 본질은 실천성에 방점이 놓여 있다. '중용'이 중의 도리를 일상에서 실천하는 과정이

---

24 기실 유교에서의 본말 개념은 음양론적 모델에 근거한 것으로 양자가 상보적임을 인식하는 것이 필요할 것이다.

듯, 인간도 인간답게 되어가는 과정이다. "땅은 한 줌 흙들이 모인 것에 불과하지만, 그 넓고 두터움에 이르면 화악(華嶽)을 싣고도 무겁게 여기지 않는다."[25] 인용문이 암시하는 것은, 설령 화악과 같은 거대한 산이라 한들, 결국은 한 줌 흙들이 쌓여 만들어진 잠정적 결과라는 것이다. 즉 흙이 산이요, 산이 곧 흙이다. 그럼에도 불구하고 산은 흙이 쌓여가는 과정이다. 이러한 원리는 '나'에게도 고스란히 적용된다. 나는 항상 나이지만, 동시에 나는 끊임없이 내가 되어가는 과정이다.

이 같은 논리를 토대로 『중용』은 여기서 한 걸음 더 나아간다. 즉, 인간다움이라는 개념은 하늘이 '나'에게 품부한 '성'에 순종하고, 나아가 거기에 상응하는 소임을 다하고자 하는 의지가 전제되고 있다. 이는 자연의 거대한 생태계에서 인간을 소위 만물의 영장으로 규정하는 세계관과는 배치되는 것이다. 두웨이밍(杜維明)이 적절히 지적하고 있듯이, 나는 지금-여기 인간으로 존재하고 있으니 인간으로서의 소임을 다할 뿐이며, 거기에는 우주 속 다른 생명체로부터 스스로를 구분 짓고자 하는 종(種)적 우월의식이나 인간중심주의적인 관점이 개입될 소지가 없다. 그보다는 천명을 깨닫고 이에 상응하는 책무를 다하는 것이 『중용』의 가르침이다. 그렇게 보자면 인간으로서 인간의 소임을 완수하여 궁극에는 하늘의 이치에 부합되는 삶을 사는 것이 지선(至善)이며, '배움'은 이를 깨치고 실천할 수 있는 유일한 방편이다. 이로 인해 공자도 일찍이 "열 가구의 마을에도 충신이 나만한 사람이 반드시 있을 것이나, 학문을 좋아하는 일에 있어서는 내게 미치지 못하리라"[26]라고 토로하지 않았던가.

---

25 今夫地一撮土之多, 及其廣厚, 載華嶽而不重. (『중용』 26장)
26 子曰, 十室之邑, 必有忠信如丘者焉, 不如丘之好學也. (『논어』 「공야장」 5:28)

제 3 장

유교의 시공관념

삼세관(三世觀)

종교나 철학에서 '삼세'라고 함은 과거-현재-미래를 지칭한다. 유불
도의 시간관념과 관련하여 혹자는 유교를 복고주의적으로, 도교를 시
간과의 동보성(同步性)으로 그리고 불교를 초시간적 사상으로 규정한
다.[1] 특히 유교를 복고주의적으로 규정한 전례는 오사운동 시기 여러
지식인에 의해 지적된 바 있다. 천두슈(陳獨秀, 1879~1942) 같은 논자는
중국이 서양에 비해 낙후된 원인을 '옛것을 존중하고 지금 것을 멸시

---

[1] Robert E. Hegel, "An Exploration of the Chinese Literary Self," in Robert
E. Hegel and Richard C. Hessney (ed), Expressions of Self in Chinese
Literature (New York: Columbia University Press, 1985). See "To the extent
that self is based on the past in the Confucian view (…) Taoists who would
follow Chuang Tzu's example would focus on the forward flow of time;
they would "concur" with it (…) Buddhism, "no longer in" time.

천두슈

하는' 유교의 복고주의적 경향에서 찾고자 하며, 상대적으로 서양문화는 미래지향적이고 창의적임을 역설하고 있다.[2] 물론 이 같은 주장을 뒷받침할 수 있는 사례들을 유교경전에서 발견하는 것은 어렵지 않다. 우선 『논어』에 등장하는 몇 가지 구절을 살펴보자.

(1) 공자가 말씀하시기를, "옛것을 전술하되 만들어내지는 말며, 옛것을 믿고 좋아함을 나는 가만히 노팽에게 비기어 보노라."[3]

(2) 공자께서 말씀하셨다. "옛날 학자는 자기 자신을 닦기 위해 학문을 했는데, 요즈음 학자는 남에게 과시하기 위해 한다."[4]

첫 번째 인용문은 우리에게 널리 알려진 '술이부작(述而不作)' 사상이 등장하는 구절이다. 술이부작을 기존의 보편적 해석처럼 '과거 성현의 말씀을 기록하되 스스로의 생각을 내세우지 않음' 정도로 풀이하면, 그 다음에 등장하는 '신이호고(信而好古)'를 '시간적으로 옛것을 좋아함'이라는 복고주의적 개념과 등치시키는 것이 어느 정도 적절해보인다. 그런데 다른 한편에서는 '술이부작'의 본질적 함의가 진리의 항상성(恒常性)에 좀 더 방점을 두고 있는 것 같은 느낌도 지울 수 없다. 달리 말해 천지만물의 근본 이치는 개인이 사사로이 발명할 수 있는 대상이 아니라는 의미이다. 이렇게 보자면 '호고'의 의미는 전혀

---

2 천두슈, 「문학혁명론」, 김의진·심혜영·성민엽 옮김, 『문학과 정치』 제1권(1989), 31~35쪽.

3 子曰, 述而不作, 信而好古, 竊比於我老彭. (『논어』 「술이」 7:1)

4 子曰, 古之學者爲己, 今之學者爲人. (『논어』 「헌문」 14:25)

다른 차원으로 전이돼버린다. 실제로 공자는 자신을 도의 전수자로 간주했던 듯하다. 이 같은 추론은 그의 역사관과도 연결된다. 공자의 경우 자신이 사는 세계는 이미 수천 년의 전통이 축적된 시공간임을 알았으며, 그는 스스로의 역할이 축적된 전통을 복고창신(復古創新)하는 것이라고 굳게 믿었다. 사족이 될 수 있겠으나 공자가 생전에 가장 흠모했던 인물이 자신과는 500년이나 떨어져 살았던 주공(周公)이 아니었던가. 이를 통해 우리는 공자가 과거를 현재와 단절된 입장에서 바라보지 않았음을 상정해볼 수 있다.

한편 전술한 복고창신의 개념은 과거라는 시간이 화석화된 상태로 존재하는 것이 아니라, 항시 인간에게 새로운 의미로 다가옴을 전제한다. 그렇게 보자면 과거도 사실은 현재 속에 내재해 있다. 이처럼 과거-현재-미래가 '현재'의 시간으로 압축될 때, 도덕적으로나 사회규범적으로 어떠한 현상이 수반될 것인가. 무엇보다 주어진 현재의 상황에 부합되는 삶을 살고자 하는 동기부여가 강화될 것이다. 미래의 '나'는 현재의 '나'가 아니다. 단, 지금-여기서 최선을 다해 살면, 그 연장선상인 미래도 긍정적으로 우리 목전에 다가올 것이며, 나아가 주어진 현재의 상황에 대한 나의 책임감은 한층 강화될 것이다. 내가 왕으로 태어났든 신하로 태어났든 그것은 내 의지의 소관이 아니지만, 나는 지금 자신에게 주어진 직책에 부합되는 삶을 살기위해 최선을 다할 뿐이다. 이것이 유교가 강조하는 정명(正名)사상이다. 물론 이러한 논리는 당위적 관점에서 서술한 것이며, 이는 유교사상이 이데올로기적으로 전유될 수 있는 지점을 지적하는 것이기도 하다.

두 번째 인용문은 이 같은 추론을 좀 더 공고히 하는 측면이 있다. 외견상으로는 과거와 현재의 대비를 통해 학인들의 학문하는 올바른 자세를 설파하는 것이 본 절의 요지가 되겠으나, 고/금이라는 수식어는 단지 위기지학과 위인지학을 상대적 관점에서 규정하기 위한 방편으로 보인다. 기실 '고지학자'와 '금지학자'가 딱히 어느 시점을 지시하는지는 명확하지 않으며, 그보다는 고와 금이라는 수식을 통해 '위기지학'에 **가치론적 우위**를 부여하고자 한 저자의 숨은 의도를 부인하기는 어려울 듯하다.[5]

여상의 논의를 요약하자면, 공맹유학이든 신유학이든 실천론적 차원에서는 '현재'라는 시간에 방점을 두고 있는 것에 이견이 없어 보인다. 그런데 전술한 논의에서 '과거'를 일종의 가치개념과 연결시켰듯이, 현재라는 시간 또한 그것을 유교사상의 맥락에서 재약호화하기 위해서는 논지를 뒷받침할 수 있는 문헌적 근거를 제시하는 것이 필요할 것이다.

(1) 공자께서 냇가에서 말씀하셨다. "흘러가는 것은 모두 이와 같은가? 밤낮으로 쉬는 일이 없구나."[6]

(2) 계로가 죽은 이의 영을 섬기는 것을 여쭈어보았다. 공자께서 말씀하셨다. "살아 있는 사람도 능히 섬길 수 없는데 어찌 죽은 이의 영을 섬길 수 있겠느냐?" "감히 묻사오니 죽음이란 무엇입니까?" "아직 삶도 모르는데 어찌 죽음을 알 수 있겠느냐?"[7]

---

5 『논어』에 등장하는 다음 구절은 이 같은 추론을 일정 부분 뒷받침하는 듯 보인다. 子曰, 君子求諸己, 小人求諸人. (「위령공」) 즉, 소인/군자라는 가치론적 개념이 위인/위기(爲人/爲己)라는 명제와 연결되고, 이를 본문에서 인용한 고/금의 개념과 연결시키는 것은 어렵지 않다.

6 子在川上曰, 逝者如斯夫! 不舍晝夜. (「자한」)

7 季路問事鬼神. 子曰, 未能事人, 焉能事鬼? 曰, 敢問死. 曰, 未知生, 焉知死? (「선진」)

(1)의 경우 공자가 시간을 '시각화'시켰다는 점에 주목할 수 있다. 시간에 대한 객관적 상관물(objective correlative)은 '강물'이다. 즉, 공자는 시간을 추상적 개념으로 파악한 것이 아니라, 끊임없이 변화하는 일련의 과정으로 규정한 것이다. 달리 말해 '일련의 과정'이라 함은 시간의 연속성을 말함이요, 그렇게 보자면 시간은 단지 하나의 시간일 뿐이며, 이를 과거-현재-미래 등으로 구분하는 것은 관념의 유희일 뿐이다. 조금 더 논리적으로 설명하자면, 과거는 현재 속에 녹아있고, 미래는 현재의 잠재태로 존재한다. 즉, 삼세개념은 다분히 사변적 사유의 결과로 잉태된 것이다. 일례로 우리가 과거의 사건을 고찰하는 경우에도 과거의 시간은 '현재'의 맥락 속에서만 새로운 생명력을 부여받는 것이다. 이러한 논의의 연장선상에서 (2)의 함의를 분석하는 것이 가능할 것이다.

이와 관련하여 우리가 먼저 주목할 부분은 공자와 계로의 대화형식이다. 계로는 스승에게 계속 질문하고 있으나, 공자는 답변 대신 또다른 질문으로 핵심을 비껴간다. 인용문에서 계로가 관심 가졌던 '귀신'이나 '죽음'은 모두 형이상적 영역이다. 반면 '산 사람 섬기는 것'이나 '이승에서의 삶'은 모두 현상적 영역에 속한다. 그렇다면 이 같은 구분을 근거로, (알 수 없는) 형이상적 영역에 대한 탐문으로 '밤낮없이 흘러가는' 소중한 시간을 낭비하기보다 **현재**의 주어진 삶에 충실하라는 의미로 상기 인용문을 해석하는 것이 적절할 것인가? 물론 이러한 문제를 옳고 그름의 이항대립적 관점에서 접근하는 것은 적절치 않아 보인다. 그보다는 삶과 죽음에 대한 유교사상의 통찰력을 십분 드러낼 수 있는 행간의 뜻을 모색해보는 것이 좀 더 생산적일 듯하다.

다소 에둘러가는 모양새가 될 수 있으나, 논의를 심화시켜나가는 차원에서 「제물론」의 한 구절을 살펴보자.

육합(六合)의 밖에 대해서는 성인은 그냥 두고 논하지 아니하고, 육합의 안에 대해서는 성인은 논하기만 하고 시비를 따지지 않는다. 『춘추』에 나타난 경세에 대한 선왕들의 기록에 대해서는 성인은 시비를 따지기는 하되 공과를 나누어 차별하지는 않는다. 고로 나누는 것은 나누지 않음이다.[8]

인용문에서 '육합지외(六合之外)'는 철학적으로는 현상계에 대비되는 형이상적 영역을 지칭한다. 이에 대해 장자는 형이상적 영역을 '존이불론(存而不論)'으로 묘사한다. 이는 앞선 『논어』의 인용문과 유사한 의미를 내포하고 있으며, 외견상으로는 '우리가 사는 세상만 논하면 된다'는 의미이다. 그런데 여기서 정작 중요한 것은 '**존**'의 함의이다. 즉, 성인은 형이상적 영역을 **부정하는 것이 아니라**, 그에 대해 논하지 않는다는 것이다(참고로 여기서 '육합'은 동서남북상하를 지칭하는 것으로, 시공간의 좌표 속에서 인간의 인식활동이 가능한 영역을 지칭한다). 반면 '육합지내'의 사태들에 대해 성인은 때로는 논하기도 하고 때로는 시비를 따지되, 주어진 사태에 대해 가급적 (논자의) 사견을 개입시키지 않는다.

인용문의 핵심은 말미에 드러난다. 즉 현상계에 발생한 사건에 시비 등의 견해를 표명하는 것이 역사를 기록함에 있어 필요할 수 있겠으나, 본질론적 관점에서 보자면 시비는 단지 상황에 의해 처방된 것일 뿐이다. 달리 말해 성인은 고정된 관점이 없으며, 단지 권도(權道)를 행할 뿐이다. 이렇게 보자면 육합지외와 육합지내는 개념적 구분일 뿐이고, 성인의 관점에서 양자는 하나로 통합된다. 즉 말하되 말하

---

8 六合之內, 聖人論而不議, 春秋經世先王之志, 聖人議而不辯, 故分也者, 有不分也.
  (「제물론」)

지 않는 것이며, 침묵하되 침묵하지 않는 것이다. 「반야심경」의 논법으로 말하자면, 구분의 본질은 구분하지 않은 것과 같고, 구분하지 않은 것은 구분적 형상으로 현전한다. 이것이 '분야자, 유불분야(分也者, 有不分也)'의 함의이다.

한편 이러한 논의를 통해 「제물론」에 등장하는 성인을 공자와 오버랩시키는 것이 어느 정도 가능하다. 알다시피 『춘추』는 공자가 노(魯)나라의 역사를 기록한 역사서이며, 주어진 인용문은 춘추필법의 사례를 비교적 사견 없이 설명하고 있기 때문이다.[9] 전술한 「제물론」 인용문의 논의를 토대로 계로와 공자의 문답의 의미를 추론해보자. "미능사인, 언능사귀(未能事人, 焉能事鬼)"의 함의는 '죽은 사람을 섬기는 것을 산 사람을 섬기는 것처럼 하라'는 의미로 해석하는 것이 가능할 것이다. 즉, 산 사람을 섬기는 것과 별도로, 죽은 사람을 섬기는 법이 따로 있는 것이 아니다. 이로 인해 『중용』에서는 "재계하고 깨끗이 하여 의복을 성대히 갖추어 입고/제사를 받들게 하니/넘실넘실 가득 차 마치 그 위에 계신 듯하고/마치 그 좌우에 계신 듯하다"[10]라고 말한다. 이는 제례를 주관하는 제주(祭主)의 마음상태를 서술한 것이다.

재계(齋戒)는 마음에 망령됨이 없게 하여 천지신명과 하나 되는 성지(誠之)의 경지를 상징한다. 귀신은 있고 없고의 문제가 아니며, 제례에서 중요한 것은 정성이다. 『중용』은 제례를 통해 인간이 자연스럽게 성지(誠之)를 실천할 수 있게 되며, 이를 통해 인·귀·생·사(人·鬼·生

---

9 물론 장자가 상기 인용문에서 '성인'이라는 불특정적 인물을 통해 공자를 암시했다고 반드시 가정할 필요는 없다. 오히려 그와 같은 해석은 신비평에서 흔히 말하는 '의도의 오류(intentional fallacy)'를 범하는 사례가 될 것이다.

10 齊明盛服, 以承祭祀, 洋洋乎如在其上, 如在其左右. (『중용』 16장)

·死)의 구분을 넘어설 수 있음을 암시한다. 이렇게 보자면, 공자와 계로의 문답에서 공자는 제자의 물음에 가장 훌륭한 방식으로 답변하였다. 알 수 없는 것과 알 수 있는 것은 서로 연결된 것이나, 학인의 태도로서 언제나 알 수 있는 것을 알고자 힘쓰는 것이 바람직함을 인용문(2)는 암시한다. 즉, 생에 대한 고차원적 자각이 사에 대한 앎으로까지 이어질 수 있는가의 문제가 아니라, 여기서는 사람과 귀신, 생과 사가 **둘이 아님**을 깨치는 것이 관건이다. 공자가 은연중 드러내고자 하는 '언외지의(言外之意)'를 여기서 논하는 시간성의 문제와 연결시켜보자면, 과거[鬼]와 미래[死]는 모두 지금-여기로 통합됨을 알 수 있다.

철학적으로나 논리적으로 우주의 시작을 규명하는 것은 불가능하다. 아무리 아득한 과거를 사물의 시원으로 설정하더라도, 그 즉시 우리는 **시작 이전**을 떠올릴 수 있기 때문이다. 이로부터 우리는 두 가지 가설을 제시해볼 수 있다. 첫째는 시간개념이 우리 인식과 밀접하게 연결돼 있다는 사실이다. 둘째로 이 같은 '연결' 개념은 시간의 토대 위에서 발생하는 사건의 본질과도 무관하지 않다. 자연 속에 존재하는 모든 사물이 서로 연결돼 있듯이,[11] 사물 상호간의 관계로부터 발생하는 사건 또한 모두 서로 연결돼 있다. 우주 내에 발생하는 모든 사건은 그 자체로 하나의 원인이자 결과이다. 이러한 추론은 결국 세상에서 독립적으로 분리된 사건은 존재하지 않음을 암시하는 것이다. 그렇게 보자면, 시간은 인식의 대상이 될 수 없으며, 인간은 단지 현재

---

11 가령 물을 가리키는 화학식(H_2O)이 수소와 산소원자의 결합을 의미하듯이, 불교에서는 우리 몸도 지수화풍, 사대(地水火風 四大)로 구성돼 있다고 간주한다. 달리 말해 존재하는 모든 사물은 '여러 가지가 어우러져' 이뤄진 것이다. 노자는 이를 "유물혼성(有物混成)"(『도덕경』 25장)이란 말로 표현했다.

의 순간을 즐기고 주어진 일에 최선을 다할 수 있을 뿐이다. 공자는 일찍이 '배우고 때로 익히면 또한 기쁘지 아니한가'라고 하였는데, 정작 그 배움의 '기쁨'은 내 마음에서 솟구쳐 나오는 것인가 아니면 '배움'이라는 외재적 사건으로부터 주어지는 것인가? 만일 안도 아니고 바깥도 아니라면, 안과 밖의 '가운데'는 어디인가? 이러한 관념의 유희로부터 우리는 부득불 시중개념에 대한 학적 고찰로 이행하게 된다.

왜 시중(時中)인가?

『중용』은 사서 중 가장 난해한 경전이다. 설령 수십 독을 할지라도 경전의 핵심을 파악하는 것이 쉽지 않은 것은 여러 가지 이유가 있겠으나, 필자의 입장에서는 무엇보다 『중용』에 등장하는 다수의 추상적 개념들을 의미론적으로 상호 연결시키고 이를 통해 경전의 종지를 도출해내는 작업이 지극히 난해하기 때문이라 판단한다. 『중용』은 진리를 직접적으로 설명하지 않는다. 물론 『중용』이 말하고자하는 진리가 감춰진 것은 아니지만, 추상적 개념들을 어떠한 방식으로 연결시키느냐에 따라서 경전에 대한 해석은 매우 상이한 결과로 나타날 수 있다. 가령 "희로애락이 아직 발동하지 않았을 때를 중이라 하고, 발해서 절도에 맞는 것을 화라고 한다"[12]에서 중과 화의 관계를 설정하는 것은 간단한 문제가 아니다.

주자의 경우 "성정으로써 말하면 중화라 하고, 의리(義理)로써 말하면 중용이라 한다"[13]고 하였으니 일견 타당성이 있다. 이와 더불어

---

12 喜怒哀樂之未發, 謂之中, 發而皆中節, 謂之和. (『중용』 1장)

'중용'과 '중화'를 별도로 구분하지 않으며, 특히 시중(時中)을 '화이불류(和而不流)'의 화(和) 개념과 연결[14]시키는 사례도 주목할 만하다. 한편 미발지중과 이발지화를 '중'의 체와 용이라는 관점에서 상호 연결시키는 것도 가능해 보인다. 특히 이발지화의 경우 '발이개중절(發而皆中節)'을 전제하고 있는데, 이를 보편적 용어로 치환해 말하자면 전술한 시중지도(時中之道)가 될 것이다. 특히 왕양명의 수양론은 주자의 '정리(定理)'에 대비되는 '조리(條理)'를 강조하면서, 일상에서 심신을 연마할 수 있는 '사상마련(事上磨鍊)'[15] 개념을 제시하였다. 물론 이 같은 다양한 논의가 단지 개념적 유희의 차원에서 고찰된다면 큰 의미가 없다. 그보다는 『중용』이라는 텍스트 속에서 특정 개념이 다른 개념과 어떻게 유기적으로 연결되고 있는가를 밝히는 것이 학적 탐구의 과제로는 훨씬 절실해 보인다.[16]

　『중용』의 전반부에 등장하는 천, 성, 도는 모두 추상적 개념인데, 이들과의 관계성 속에서 '중(中)'의 함의를 파악해보자면, 만물의 성이 모두 다르지만, 이들을 하나로 포섭할 수 있는 근거를 '중'의 개념으로 상정해볼 수 있다. 가령 감산스님의 『중용직지』에 따르면, "중(中)은 사람의 본성(本性)의 전체이며 (…) 한 물건도 이 본성 밖으로 벗어

---

13 『朱子語類』 참조.

14 감산, 위의 책, 101~102쪽.

15 양명의 이 같은 논리를 확대해보자면, 모든 계층의 인간이 스스로가 종사하고 있는 생업의 선상에서 심신을 연마하여, 성인으로 발돋움할 수 있는 것이 가능하다. 이는 수평적 관점에서 개개인의 존엄성을 인정했다는 측면에서 큰 의미가 있다고 하겠다.

16 『중용』에 등장하는 여러 개념들에 대한 사상사적 고찰과 관련해서는 아래 책을 참고하면 좋을 듯하다. 문광 지음, 『한국과 중국 선사들의 유교중화담론』(서울: 불광미디어, 2020).

날 수 없으므로 중이라 칭한다"[17]라고 밝히고 있다. 달리 말해 인간이 성을 벗어날 수 없는 그 경지에 주목해서 붙인 말이 '중'이 될 터인데, 그렇다면 중이라는 말 속에는 성이라는 개념이 들어 있으면서, 동시에 인간이 성을 떠날 수 없다는 의미도 담고 있는 것으로 해석함이 가능할 것이다.

한편 중을 시중의 개념으로 확장시켜 논할 때, 일반적으로는 이를 이발지화와 유사한 개념으로 규정해도 무리가 없을 것이다. 신유학, 특히 주자의 해석에 근거하면, 우리 마음(心)은 성과 정으로 구성돼 있다. 그런데 성정론(性情論)의 맥락에서 마음의 구조를 파악할 때, 정작 주자가 강조하는 '성'은 분석의 대상이 될 수 없다는 것이다. 같은 논리로 미발지중이 이발지화를 포괄하고 있다고 규정함에도 불구하고, 결국 우리는 이발지화를 통해 미발지중으로 향해갈 수밖에 없다. 나아가 미발지중으로 미발지중을 파악하는 것은 체로서 체를 보고자 함이니, 이는 죽은 체가 돼버린다. 그렇다면 명대 감산스님 등 많은 선학들이 강조한 '복성(復性)'의 화두를 어떻게 이해해야 할 것인가?[18] 이 문제에 답하기에 앞서 아래의 두 구절을 살펴보자.

> (1) 자로가 강함에 대하여 물었다. 공자가 말씀하셨다. 남쪽 사람들의 강함인가, 북쪽 사람들의 강함인가, 아니면 너의 강함인가. 너 그렇고 부드럽게 가르쳐주며 무도함에 대해 보복하지 않는 것은 남쪽 사람들의 강함이니, 군자는 이렇게 처신한다. 무기와 갑옷

---

17 中者, 人人本性之全體也 (…) 無一物, 出此性外者, 故云中也. 감산스님, 같은 책, 12쪽.

18 乃聖人, 尊性德而由學問工夫, 做到復性之極處. 감산스님, 위의 책. 103쪽.

을 깔고 누워 죽게 된다 하더라도 싫어하지 않는 것은 북쪽 사람들의 강함이니, 강한 사람은 이렇게 처신한다. 고로 군자는 조화를 이루되 휩쓸리지 않으니 강하도다 굳셈이여![19]

(2) 수보리야 어떻게 생각하느냐. 여래가 아녹다라삼먁삼보리를 얻었느냐. 여래가 설한 바 법이 있느냐. 수보리가 말씀드리기를, 제가 부처님께서 말씀하신바 뜻을 이해하기에는 아녹다라삼먁삼보리라고 이름할 수 있는 **정해진 법이 없으며**, 여래가 가히 설할 정해진 법이 없다는 것입니다.[20]

(1)의 경우 공자는 자로와의 문답에서 '강함'의 의미를 논하고 있다. 흥미로운 것은 남방과 북방은 강함은 두 지역의 풍토와 기질에 의해 발현된 것이니, 이는 가히 상찬할 부분이 있으나 중용의 도리에는 부합되지 않는다. 이에 반해 공자가 말하고자 하는 강함은 '화이불류(和而不流)'라는 말로서 압축된다. 화이불류는 남방/북방의 강함에 대비되는 제3의 특정한 강함을 묘사하는 말이 아니다. 단지 공자는 이를 통해 중용의 도리를 에둘러 말하고자 하였다. 즉 '화'는 용이요, '불류'는 중이니 이는 중용을 거듭해서 말한 것에 불과하다. (2)는 『금강경』

---

19 子路問强, 子曰, 南方之强與, 北方之强與, 抑而强與, 寬柔以敎, 不報無道, 南方之强也, 君子居之, 金革, 死而不厭, 北方之强也, 而强者居之. 故, 君子, 和而不流, 强哉矯, 中立而不倚, 强哉矯, 國有道, 不變塞焉, 强哉矯, 國無道, 至死不變, 强哉矯. (『중용』10장)

20 須菩提, 於意云何, 如來, 得阿耨多羅三藐三菩提耶. 如來, 有所說法耶, 須菩提言, 如我解佛所說義, 無有定法名阿耨多羅三藐三菩提, 亦無有定法如來可說. (「無得無說分」)

에서 인용한 구절로서, 부처는 수보리와의 문답을 통해 '절대적 깨달음(아뇩다라삼먁삼보리)'의 실체가 될 수 있는 어떤 정해진 법이 있지 않음을 시사한다. 유교와 불교라는 사상적 차이에도 불구하고, 상기 인용문은 공통적으로 진리의 실체를 적시하지 않는다. 물론 진리의 비실체성이라는 개념은 진리의 존재 자체를 부정한다기보다, 진리가 **사유의 대상이 될 수 있는가**의 문제를 반문하는 것이다.

진리라는 개념 자체가 동양적 사유에서는 다소 생경하지만, 그것을 어떻게 명하든 이는 결국 관념의 유희다. 『중용』과 『금강경』은 공히 도식화되고 제도화된 진리를 부정한다. 무엇보다 특정한 가르침이 절대 진리가 되는 것은 진리의 **물화**(reification)이며, 물화된 진리는 그 자체로 위대한 가르침의 본질을 은폐하고 파편화시킨다. 역설적이지만, 말과 이름으로 구성된 마야(maya)의 상징계로부터 자유로워질 때 우리는 비로소 아무런 매개 없이 우주와 만날 수 있다. 비근한 예로 '나'는 결국 내가 나에 대해 갖는 생각일 뿐이라면, 우리 일상의 모든 행위를 주관하는 '생각'이야말로 그 어떤 궁극적 실재로부터 '나'를 분리시키는 일종의 가림막과 같은 것이 아니겠는가.

이와 관련하여 『중용』은 "보지 못하는 것에 경계하고 근신하며, 듣지 못하는 것에 두려워하라"[21]고 가르친다. 물론 여기서 『중용』의 저자로 알려진 자사(子思, 기원전 483?~기원전 402?)는 '기소부도(其所不睹)'와 '기소불문(其所不聞)'이 나의 본질임을 암시하고 있다. 이에 덧붙여 유식(唯識)의 논리에 비추어 논하자면, 보여지는 것[所見]과 보는 것[能見]은 단지 하나의 마음이며, 동일한 논리로 인심/도심도 결국은 하나의 마음일 뿐이다.[22] 그런데 만일 양자가 한 마음의 두 가지 작용이라

---

21 戒愼乎其所不睹, 恐懼乎其所不聞. (『중용』 1장)

면, 인심을 제거(억압)하고 도심을 회복한다는 것은 실제적으로 불가능하다. 인심이 설령 도심으로 스스로를 가장한다 할지라도, 도심의 본질이 결단코 인심과 분리될 수 있는 것은 아니지 않겠는가. 이렇게 볼 때 '군자중용(君子中庸)'의 방법은 '성을 이루고자 하는 일련의 과정[誠之]'이다. 물론 성을 이루어가는 데는 마음을 비우는 것보다 좋은 게 없다. 불교나 장자 식으로 말하자면 성(誠)하고자 하는 마음조차 사라지는 상태가 성지(誠之)이다.[23]

여상의 논의를 요약하면, 『중용』의 '중'은 실천적 명제이다. 그렇지 않고 이를 명사적 개념으로 파악하게 되면, '천명성'과 '솔성도'의 근거가 모두 허물어져버린다. 나아가 『중용』의 맥락에서 '나'는 현실과 괴리되어 홀로 존재하는 추상적 존재가 아니며, 나로부터 야기되는 제반 행위는 구체적인 시간과 공간이라는 특정 좌표에서 다르게 발현된다. 그렇다면 중용의 진리는 시시각각 변화하는 다양한 양태를 모두 포괄하는 개념인가? 여기서 철학적으로 하나의 문제에 봉착한다. 즉, '천명성'으로 상징되는 진리가 시중의 다양성으로 발현될 때 일(一)과 다(多)의 관계를 어떻게 설정할 것인가의 문제이다.

일즉다/다즉일이라는 동양적 접근방식은 다소 직관적이며, 분석적 사유에 익숙한 현대인의 심성에는 잘 와 닿지 않는다. 이와 관련하여 무극/태극에 대한 주렴계(周濂溪)[24]의 통찰은 참고할 만하다. 「태극도

---

22 군자는 가만히 있어도 늘 바쁘다. 왜냐면 항시 자기 마음을 주시하기 때문이다. 그렇게 보자면 자신의 내면을 응시하는 그 마음을 일컬어 도심(道心)이라 명해도 무방할 것이다. 나아가 '응시하는 마음'과 '보여지는 마음'이 결국은 한 마음의 두 가지 측면이라고 한다면, 미발과 기발은 서로가 서로를 포섭하고 있다고 말해도 큰 무리는 아닐 듯하다.

23 장자는 「인간세」에서 이를 '심재(心齋)'라 명했다.

설」(太極圖說)의 대의에 따르면, 무극과 태극은 우주의 본질을 두 가지 다른 관점에서 설명한 것이다. 즉, 무극은 우주의 작용인(作用因)이 실체가 없음을 밝힌 것이고, 태극은 그 작용인으로서의 무극이 허무공적(虛無空寂)이 아님을 지적하는 개념이다. 이로부터 무극이면서 태극이고 태극이면서 무극이라는 논리가 성립되는 것이다. 무극/태극과 관련해서는 주자와 육상산(陸象山, 1139~1192)[25]의 논쟁에서 정점을 이룬다. 주자는 육상산과의 논쟁에서 무극이 필요한 근거를 밝힌다.

> 무극을 말하지 않으면 태극이 일물(一物)이 되어
> 만물조화의 근본이 되기에 족하지 않고,
> 태극을 말하지 않으면 무극 자체는 하나의
> 공허한 무로 전락하여
> 만물조화의 근본이 될 수 없다.[26]

이제 '하나 없는 하나'[27]가 변화하는 시공간 속에서 음양과 오행으로 만물을 주재하니 천지 간에 존재하는 사사물물로서 일태극의 현전한 모습

육상산

---

24 주렴계/주돈이(周敦頤, 1017~1073)는 북송의 관리이자 유학자이자 문학가로, 자는 무숙(茂叔)이다.

25 육구연(陸九淵, 1139~1192)의 자는 자정(子靜)이고, 호는 상산(象山)이다.

26 不言無極, 卽太極同一物, 而不足萬化之根本, 不言太極, 卽無極淪空寂, 而不能萬化之根本.

27 하나, 즉 순수일자는 주객미분의 상태이니, 이는 인식을 넘어선 경계를 지칭하면, 따라서 '순수일자(純粹一者)'는 '무(無)'라는 논리가 가능하다.

아닌 것이 없다.

이러한 우주론적 패러다임을 『중용』의 구성체제와 대비시켜볼 경우, (1) '천명성'으로 시작하여 (2) 인사와 천도를 두루 포괄하여 말하다가 (3) '무성무취(無聲無臭)'의 지극함으로 마무리되는『중용』의 구조는 외형상「태극도설」의 내용과 닮아 있다. 단,『중용』에 있어 본질과 현상을 매개하는 것은 실천성이다. 실천, 즉 행위는 언제나 시공간과 괴리될 수 없다. 중용의 도는 고정된 사변적 진리가 아니며, 이는 인간과 인간의 관계, 사물과 사물의 관계 그리고 인간과 하늘의 관계 속에서 드러나는 것이다.

> 시경에 말하기를
> 솔개 날아 하늘에 이르고
> 물고기는 연못에서 뛰어오르니
> (진리가) 아래위에서 훤히 **드러남**을 이른 것이라.[28]

천지조화의 이치가 훤히 드러난다고 함은 진리의 현재성을 말하는 것이다. 달리 말해『중용』의 진리관은 서구의 목적론적 사유와는 배치된다. 어떠한 목표를 사변적으로 설정하고, 이를 향해 일도 매진하는 것은 천지의 도리와도 부합될 수 없다. 사계의 순환을 통해 보여지듯이, 봄은 겨울을 향하고 겨울은 새로운 봄을 예비하지만, 어느 하나도 다른 것의 **목적**이 될 수는 없다. 봄은 봄으로서, 겨울은 겨울로서 공히 자연의 이치를 완연히 드러낼 뿐이다.

일반화의 오류가 수반될 수 있겠으나 고대 서구철학은 시간 밖의

---

28 詩云, 鳶飛戾天, 魚躍于淵, 言其上下察也. (『詩經』「大雅 旱麓篇」)

불변을 추구한 측면이 있다.[29] 반면 동양의 상도(常道)는 간단없는 변화를 통해 항상함을 추구한다. 소위 말하는 능변여상(能變如常)의 도리인 셈이다. 늘 변화하면서 동시에 여여부동(如如不動)하다는 신유학의 이러한 논리를 어떻게 사유해야 할 것인가. 필자는 이 부분을 순수이성이 실천이성으로 전이되는 지점으로 파악한다. 중용의 본질은 **중용을 행하는 것**이다. 중용은 늘 나와 함께 있다. 그리하여 『중용』은 '솔성도'를 말하면서 "도는 잠시라도 (나와) 분리될 수 없는 것이니, 분리될 수 있으면 도가 아니다"[30]라고 하였다.

물론 이 문장의 의미는 중층적이다. 앞 구절에서는 도의 본질이 (나와) 분리될 수 없음을, 뒤 구절에서는 (그럼에도 불구하고) '솔성'을 벗어난 삶을 인간이 살아갈 수 있음을 암시한다.[31] 물론 내가 눈을 감고 천상의 달을 보지 않는다고 달이 진실로 사라진 것은 아니다. 이제 문제의 소재가 내게로 전가되었다. 소위 말하는 '군자중용'은 하늘에 훤히 떠오른 달을 쳐다보는 것만큼이나 쉬운 일일진대, 이처럼 단순한 행위가 필부와 성인 모두의 종신대사가 돼버렸다. 『중용』은 그 역설적 사실을 지적할 뿐, 중용하는 방법을 제시하지는 않는다. 이는 아마도 중용이 시간 밖의 불변의 진리가 아니라, 시중지도인 까닭일 것이다.

---

29 예를 들어 플라톤의 이데아론에 의거하면, 인간 마음속에 내재된 개념으로서의 '삼각형'은 종이에 그려진 삼각형보다 훨씬 더 실재적이다.

30 道也者, 不可須臾離也, 可離, 非道也. (『중용』 1장)

31 '솔성지위도'의 관점에서 보면, '도야자, 불가수유리야(道也者, 不可須臾離也)'는 존재론적 측면을 지적한 듯하고, 이어지는 부분[可離, 非道也]은 인간이 그 천하의 이치로부터 스스로를 소외시킬 수 있음을 암시하는 듯하다. 어쩌면 이것이 자사가 『중용』을 집필한 동기가 아니었을까.

이경윤(李慶胤)의 「관월도」(觀月圖)

제 4 장

근원으로 나아가다

실용이성은 형이상학의 부정인가?

우리가 유교의 특징을 규정할 때 흔히 '실용이성'이라는 서구철학적 개념을 사용한다. 물론 유교가 강조하는 상보적·관계론적 사유 등을 고려할 때, 이 같은 개념 규정이 전혀 부적절한 것은 아니다. 그럼에도 불구하고 '실용이성'의 내포와 외연을 유교적 맥락에서 체계적으로 고찰해보는 작업은 필요할 것이다. 무엇보다 우리가 유교와 관련된 학술논의에서 거의 무비판적으로 사용하는 실용이성이란 개념이 무엇을 지시하는지, 나아가 보다 근본적인 차원에서 실용이성이란 개념을 주체적으로 규정하는 것이 가능할 것인지를 본 장에서 세밀하게 탐구해볼 것이다. 한편 논의를 생산적으로 진행해나가기 위한 방편으로 서구철학에서 사용되는 형이상학(metaphysics)의 개념을 빌려온다. 이는 유교적 맥락에서의 '실용이성' 개념을 재약호화 하기 위한 일종의 서사전략이다.

영어에서 'meta'는 그리스어로 '넘어서/위에 있는/초월하는' 등의 의미를 지닌 접두사인데, 가령 'metaphysics'의 경우 축자적으로는 '자연을 초월하는 그 무엇'을 의미한다.[1] 이에 대비되는 개념으로 '형이하학'을 떠올릴 수 있는데 영어로는 흔히 'physical science' 정도로 번역할 수 있을 것이다. 학술적 차원에서는 형이상학의 의미를 '**현상** 너머의 **본체**를 탐구하는 학문'으로 규정하는 것이 가능하겠지만, 기실 현상과 본체의 개념 또한 시대와 논자에 따라 일정하지 않으므로, 형이상학이란 포괄적 개념을 사용하는 것이 그 개념적 모호성에도 불구하고 논쟁의 소지를 줄일 수 있으리라 판단된다. 한편 형이상학에 대비되는 '현상계'는 우리의 안이비설신(眼耳鼻舌身)을 통해 인식 가능한 영역으로 잠정 설정하고, 나아가 여기서 다루고자 하는 실용이성 개념을 현상계와 연결시켜 논해보고자 한다.

형이상/형이하라는 한자어는 근대기 서양의 문물이 동아시아로 대거 유입되면서 이를 번역하는 과정에서 만들어진 개념이다. 그러나 다른 많은 근대 신조어들이 그러하듯 형이상/형이하라는 명칭은 문헌학적 근거를 가지고 있는데, 『주역계사전』에서는 양자를 도/기(道/器) 개념과 연결시켜 사용하고 있다.

이런 까닭으로 형체 너머에 있는 것을 도라 이르고

---

1 이는 기원전 1세기경 그리스 철학자 안드로니코스(Andronicos)가 아리스토텔레스(Aristoteles)의 철학을 정리하면서 만든 용어다. '메타' 개념은 제반 인문학 담론에서 빈번히 사용되는데, 예를 들어 바흐친의 경우 순수언어학(pure linguistics)에 대비되는 개념으로 메타언어학(metalinguistics)란 개념을 사용하고 있으며, 헤이든 화이트(Hayden White)는 자신의 역저인 Metahistory (Johns Hopkins University Press, 1973)에서, 역사 서술 넘어 존재하는 일종의 원리를 설명하고 있다.

형체 아래에 있는 것을 기라 이르니[2]

인용문에서 '형체 너머(형이상)'와 '형체 아래(형이하)'라는 말이 구체적으로 무엇을 지시하는지는 알 수 없으나, 도/기[3] 개념을 통해 개략적으로나마 그 의미를 추론해볼 수 있을 것이다. 흥미로운 것은 형이상과 형이하가 모두 접속어 '이(而)'를 내포하고 있는데, 그렇게 보자면 '형이상'의 경우 형상과 분리되지 않은 차원에서의 '너머'이다. 여기서 굳이 '이'를 지목하는 이유는 '형체 너머'가 형체를 떠나 있지 않음을 지적하기 위해서이다.

전술한 형이상/형이하의 축자적 의미는 『중용』의 진리개념을 이해함에 있어 유익한 참조체계가 될 수 있다. 즉, 『중용』은 일상을 떠나지 않은 관계 속의 진리를 말하지만, 그럼에도 불구하고 그것이 궁극적으로 밝히고자 하는 것은 인간이 지적(知的)으로 알 수 없는 영역이다. 이로 인해 자사는 "중용의 도리가 널리 드러나 있지만, 그 지극함에 이르러서는 비록 성인이라 하더라도 알지 못하는 부분이 있다"[4]라고 말한다. 그런데 필자가 여기서 주목하고자 하는 것은 '지'의 함의이다. 바꾸어 말하자면 '알지 못하는 그것이 무엇인가'가 논의의 관건이 아니라, '알지 못함[不知]'이라는 것이 유교적 맥락에서 **어떻게** 해석돼야 할 것인가의 문제이다. 이러한 전제하에 우선적으로 '앎'의 의미에 대해 고찰해보자.

---

2 是故, 形而上者 謂之道, 形而下者 謂之器. (『주역계사상전』)

3 도/기(道/器) 개념의 연장선상에서 '기세간(器世間)'은 현상세계를 지칭하는데, 이는 우리가 사는 세계가 산천초목을 담는 그릇이라는 의미이다.

4 君子之道, 費而隱 (…) 及其至也, 雖聖人, 亦有所不知焉. (『중용』12장)

자사

철학적으로 앎을 규정하는 가장 효과적 방법 중의 하나는 귀류법(歸謬法)이다. 일반적으로 귀류법 논증의 기본구조를 보자면, (1) 자신이 주장하고자 하는 명제의 부정을 가정하고, (2) 그 가정이 모순적임을 드러낸 연후, (3) 이 사실로부터 자신의 처음 명제가 참임을 보여주는 방식이다. 이제 이러한 논리를 『중용』에 적용해본다.

(예 1) 형이상의 부정의 오류(『중용』에서 형이상의 전형적 사례는 '미발지중'임)

1. '미발지중'은 인식할 수 없는 영역이므로, 이것의 존재 자체를 부정한다.
2. 그런데 '미발지중'을 부정하면, '이발지화'의 개념이 성립될 수 없다.
3. 고로 '미발지중'은 부정될 수 없다.

(예 2) 형이하의 부정의 오류

1. 세계는 물질이 아니라 순수 관념이다.
2. 관념이 형상으로 드러나지 않으면, 죽은 관념이 된다. 가령 '동그라미'는 관념이지만, 그것이 현실에서는 수많은 다양한 크기와 형태의 동그라미로 현전한다.
3. 고로 세계를 순수 관념으로만 사유하는 것이 적절하지 않다.

일단 위의 예시를 통해 형이상과 형이하는 공히 (적어도) 논리적으로 유효한 개념임을 증명하였다. 그러나 관건은 양자의 상호관계성을 유교사상의 맥락에서 규명하는 일이다. 이와 관련하여 몇 가지 사유들을 예시해보자. 먼저 「반야심경」은 이러한 형이상/형이하로 대변되는 양극단으로의 치우침을 부정하면서 다음과 같은 중도적 명제를 제시한다.

> 색이 공과 다르지 않고, 공이 색과 다르지 아니하며, 색이 곧 공이고,
> 공이 곧 색이니.[5]

상기 인용문은 인구에 회자되는 대승불교의 핵심 명제이다. 한자어의 색과 공은 각각 'rūpa'와 'sunyata'에 대한 한문 번역어인데, 굳이 색을 '물질'로 번역하지 않은 이유는 산스크리트어의 경우 물질에 상응하는 'matter'라는 표현이 없기 때문이다. 달리 말해 존재하는 모든 것은 형상(form)일 뿐이며 거기에는 고정된 실체가 없다. 이러한 논리로서 색의 부정이 공이 아니라, 색 자체가 공이다. 물질이 아닌 형상 개념은 변화를 전제하는 것이며, 변화의 본질은 모든 것을 궁극에 있어 하나로 귀속시키는 것이다. 이 같은 문화적 패러다임 속에서는 형이상과 형이하, 본체와 현상 등의 이원론적 사유가 들어설 자리가 없다.

「반야심경」의 논리와 유사한 사례를 『중용』에서도 쉽게 찾아볼 수 있는데, 비근한 예가 도와 관련된 설명에서 잘 드러난다.

> 도라는 것은
> 잠시라도 떨어질 수 없는 것이니,
> 떨어질 수 있으면
> 도가 아니다.[6]

---

5 色不異空, 空不異色, 色卽是空, 空卽是色.
6 道也者, 不可須臾離也, 可離, 非道也. (『중용』 1장)

인용한 문장에서 전반부와 후반부는 다소의 논리적 모호함을 내포하고 있다. 전반부에서 자사는 도가 '나'로부터 잠시라도 분리될 수 없음을 명시한 연후, 후반부에서 다시 '가리비도야(可離非道也)'를 언급한다. 그렇다면 의미론적 차원에서 '가리비도야'는 앞 문장의 '도야자, 불가수유리야(道也者, 不可須臾離也)'에 대한 동어반복으로 파악해야 할 것인가. 물론 문장의 전체 맥락에 비춰보면 전술한 것처럼 해석하는 것이 타당할 것이나, 『중용』처럼 언어가 극도로 절제된 경서에서 동일한 말이 특정한 의도 없이 중언부언된다고 가정하는 것은 설득력이 떨어진다. 그보다는 동어반복을 통해 저자가 말하고자 하는 함의를 찾아내는 것이 필요할 것이다.

행간의 뜻을 살펴볼 때 인용문은 무엇보다 도를 대상화시키고자 하는 충동을 경계하는 듯 보인다. 즉 '도'가 개념적으로 사유될 때, 인간은 얼마든지 스스로를 도와 분리시킬 수 있다. 물론 인식작용이 일어나기 위해서는 특정한 조건이 충족되어야 하며, 이를 위한 기본 토대는 주객 이원론이다. 이에 반해 자사가 암시했던 것은 아마도 도의 본질이 상대성을 넘어서 있음을 말하고자 했던 듯하다. 이렇게 보자면 '도야자, 불가수유리야'의 중요한 철학적 의미는 도가 우리의 인식대상이 될 수 없음을 암시하는 것이다. 기실 도의 본질이 '솔성'이고, 성이 이미 내 존재의 근원으로 자리하고 있는데, 솔성으로서의 '도'와 내가 어찌 분리될 수 있겠는가?

한편 인식 너머의 도를 『중용』은 어떻게 말로써 담아내는가? 이와 관련해서는 『중용』이 반복적으로 사용하는 몇 가지 개념에 주목해볼 필요가 있다. 그중 하나가 '독(獨)'의 함의이다. '독'은 '신독'의 개념을 통해 잘 드러나고 있으나, 그 외에도 '옥루(屋漏)', '무성무취(無聲無臭)' 등 문학적 비유로서 표현되기도 한다. 이들 모든 경우에 있어 『중용』

이 역설하고자 하는 것은 비교가 끊어진 '절대'의 경지다. 결국 도는 상대가 끊어진 경지를 지칭하는 것이니 자-타가 성립될 수 없고, '절대'를 상대적 관점에서 바라보는 것은 도가 될 수 없다는 의미이다.

이제 이러한 관점에서 "군자가 중용을 실천하는 것은 군자의 덕을 갖추어서 시중의 도를 행하는 것"[7]이라는 구절의 함의를 재해석해볼 수 있다. 즉 '시중'의 의미는 '중'이 한순간도 나를 떠나 있지 않다는 것이다. 이를 불교적 논리로 풀어보자면, 마음이 곧 부처이니 '행주좌와어묵동정(行主坐臥語默動靜)'에 불법을 실천하지 않음이 없다는 것이다. 이는 광의에서 체용불이(體用不二)적 사유를 지칭하며, 체용불이라 함은 일상성(형이하)와 초월성(형이상)의 겹쳐짐, 나아가 실용이성이 형이상학의 부정이 아님을 간접적으로 암시하는 것이다.

여기서 논의를 좀 더 심화시키기 위해서는 '부지(不知, 알 수 없음)'의 유교적 함의가 규명돼야 할 것이다. 무엇보다 『중용』이 말하는 '부지'는 서구철학적 개념인 '불가지(agnosticism)'와는 미묘한 차이를 내포한다. 후자의 경우 신의 존재나 절대적이며 완벽한 진리를 알 수 없다는 회의에서 비롯되는데, 이로 인해 불가지론은 흔히 교조주의의 반대개념으로 사용되고 있다. 반면 유교는 진리나 인식의 궁극처의 존재 여부에 대해 침묵하며, 이때의 침묵은 발화보다 훨씬 더 강력한 언술행위이다.[8] 유교는 알 수 없는 것에 대해 침묵하며, 이때의 알 수 없음은 '무지(無知)'이다. 단 무지는 불가지가 아니며, '무지이무부지(無知而無不知)'의 상태를 의미한다. 즉, '알지 못함'이 '알지 못함이 없음'

---

7 君子之中庸也, 君子而時中. (『중용』 2장)

8 『논어』에서 공자가 제자들에게 '하늘이 말하더냐(天何言哉)'라는 구절은 하늘이 침묵함을 의미함이 아니라, 하늘이 모든 것을 보여주고 있음을 암시한다.

과 상호 연결되는 것이다. 전자가 형이상이면 후자가 형이하이며, 전자가 '감춰짐[隱]'이면 후자는 '드러남[費]'이다. 이러한 논리가 정치미학화될 때, "(성인이) 움직이지 않더라도 백성이 공경하고, 말하지 않더라도 백성이 신뢰하는"[9], 이름하여 무위지치(無爲之治)의 개념이 성립되는 것이다.

여상의 논의를 좀 더 일상화된 맥락에서 말해보자. 『중용』 4장은 흔히 '지미장(知味章)'으로도 명명되는데 여기서 공자는 도를 음식에 빗대어 말한다.

> 사람이 살면서 마시고 먹지 않을 수 없지만
> 맛을 잘 아는 사람은 드물다.[10]

인용문에서 '지미'는 중층적 의미를 내포하는 비유이다. 즉, 사람이 동일한 음식을 먹더라도 그로부터 느끼는 맛은 모두 같지 않다. 이로부터 '하나'의 맛이 사람에 따라 '여럿'으로 드러난다고 말할 수 있을 터인데, 이를 주자의 용어로 말하자면, 본연지성이 기질지성으로 인해 서로 다른 형태로 발현되는 것과 유사한 맥락이다. 그러나 이와는 다소 다른 맥락에서 '지미' 개념을 중용의 논리와 연결시키는 것이 또한 가능하다. 관계론적 측면에서 말하자면, 맛에 대한 의식은 사람의 미각[舌根]이 음식을 섭취하는 과정에서 (조건적으로) 생성된다. 즉, 내가 소금을 먹는 순간 '짠맛'이 발생한다.[11] 그러나 이를 앞서 말한

---

9 不動而敬 不言而信 (『중용』 33장)
10 人莫不飮食也, 鮮能知味也. (『중용』 4장)
11 이는 소금 속에 '짠맛'이 실체론적으로 내재해 있다는 가설과는 상이한 논리이다.

'유정유일'의 수양법으로 지켜보노라면, 짠맛이 점차적으로 소멸되는 것을 **본다**. 짠맛이 소멸된다 함은 맛의 실체가 없다는 것이니, 이렇게 보자면 잠깐 드러난 짠맛은 무미가 상황에 의존해서 발현된 것이라 명할 수 있을 것이다.

그렇게 보자면 이 같은 단순한 일련의 과정이 미발지중과 이발지화의 구체적 사례가 아니고 또 무엇이겠는가? 그러나 대다수 사람들은 조건적 맥락에서 드러난 맛을 음식에 내재된 맛의 본질로 간주한다. 이는 흡사 우리가 흰 종이에 그려진 그림을 보면서, 정작 그 바탕이 되는 흰 종이는 보지 못하는 것과 동일한 오류이다. 일반적으로 말해서 『중용』은 다른 유교경전과는 달리 내용상 추상적 성격이 강하며, 전술한 '지미' 부분은 불교의 관수행과도 상당히 유사한 측면이 있다.[12] 그럼에도 불구하고 『중용』을 유교사상의 핵심으로 볼 수 있는 근거가 무엇일까. 이에 대한 답변을 우리는 『중용』 20장을 통해 확인할 수 있다.

『중용』 20장은 그 논의의 초점이 인사에 집중돼 있는데, 그럼에도 불구하고 앞 장의 추상적이며 고도로 사변화된 논의의 기조가 흐트러지지 않는다. 바야흐로 천리와 인사가 절묘하게 결합되는 것이다. 좀 더 구체적으로 보건대 『중용』 20장은 추상성이 세상에서 구현될 때 구체화된 양상으로 드러남을 말하며, 이를 주로 사회규범적 관점에서 말한다. 즉, 중용의 추상적 개념이 실천윤리학적 맥락에서 새롭게 논의되는 것이다. 그 대표적 사례가 군신, 부자, 부부, 곤제, 붕우로 대표되는 천하지달도(天下之達道)와 그것을 행하게 하는 지·인·용(智·仁·勇)

---

12 사실 지미(知味) 개념을 좀 더 근원적 차원에서 논하자면, 짠맛은 혀에도 소금에도 존재하지 않는다. 가령 미각이 상실된 상태에서는 설탕을 먹든 소금을 먹든 아무런 맛을 느낄 수 없을 것이다. 이는 불교에서 말하는 공(空)사상의 전형적 사례이다.

세 가지 원칙 그리고 이 모든 것의 토대가 되는 하나의 원리, 즉 성(誠)을 말하고 있다.

더불어 이러한 행위를 실천하기 위한 방안으로 『중용』은 택선고집(擇善固執)을 제시하며, 여기에 이르게 할 수 있는 다섯 가지 공부 방법론[13]을 제시한다. 이 같은 논의는 매우 현실적이고 구체적이다. 기본적으로 유교가 강조하는 윤리적 행위규범은 '분별'이다. 분별은 다양한 인간이 공존하는 사회에서 질서와 조화를 구축하기 위한 중요한 요소이며, 이와 관련된 행위의 준칙으로 『중용』 20장에서는 '친친지쇄(親親之殺)'와 '존현지등(尊賢之等)'을 예로 들고 있다. 친친지쇄는 부모, 친척 등 가까운 사람을 사랑함에 있어 차등을 두는 것을 말하며, 존현지등은 어진 이를 높임에 있어 등급을 두는 것으로, 『중용』은 이러한 분별로부터 예절이 성립된다고 지적한다. 달리 말해 예(禮)는 천리를 세간에서 실천하는 현실적 방안인데, 전술한 '예' 개념을 굳이 유교적이라 규정하는 근거는 상대적으로 불교나 기독교 등의 사상에서는 구분 없는 사랑을 역설하기 때문이다.

이상을 요약해보자면, 『중용』은 사람과 사람 간의 관계성을 통해서 도가 구현됨을 역설한다. 즉 도는 관계성 속에서 발현되는 것이지, 추상적 개념으로 홀로 존재하는 것이 아니다. 그렇게 보자면, 세상을 잘 살기 위해서는 오륜을 충실히 행해야 하며, 이를 위해서는 지인용 삼덕을 갖춰야 한다. 그리고 이 모든 것의 저변에는 성(誠)이 있다. 여기까지의 논의에 국한하면, 『중용』 20장은 전적으로 인사의 영역에 방점을 두고 있는 듯 보인다. 그런데 인륜과 정사(政事)를 논하는 맥락에

---

13 본문에서 말한 다섯 가지 공부 방법론은 '박학(博學), 심문(審問), 신사(愼思), 명변(明辨), 독행(篤行)'으로 요약될 수 있다. (『중용』 20장)

서 『중용』은 다시 '하늘'을 언급한다.

> 몸을 닦고자 생각한다면 어버이를 섬기지 않을 수 없고, 어버이를 섬
> 기고자 생각한다면 사람의 도리를 알지 않을 수 없고, 사람의 도리를
> 알고자 생각한다면 하늘의 이치를 알지 않을 수 없다.[14]

인용문은 외견상 위계적 관점에서 수행점차를 논하고 있다. 그럼
에도 불구하고 "사람의 도리를 알려면 하늘의 이치를 알아야 한다"는
구절은 의미심장하다. 도대체 이 구절을 통해 『중용』이 암시하고자 하
는 것은 무엇일까. 필자의 입장에서는 '사람을 공경하고 섬기는 것이
모두 하늘의 도리이며, 나아가 인도와 천리가 서로 분리되지 않음'을
시사하고 있는 것으로 보인다. 하늘은 알 수 있는 대상이 아니지만, 동
시에 하늘은 인간과 분리된 불가지한 대상도 아니다. 왜냐면 하늘의
이치가 바로 내 본성으로 들어와 있기 때문이다. 이러한 철학적 성찰
을 토대로 『중용』 사상 특유의 인간중심주의적 사유가 제시된다.

> 그 사람이 있으면
> 그 정치가 펼쳐지고,
> 그 사람이 없으면
> 그 정치도 사라지는 것이다.[15]

즉, 정치에서는 제도나 관습과 같은 기본 인프라를 구축하는 것이

---

14 思修身, 不可以不事親, 思事親, 不可以不知人, 思知人, 不可以不知天. (『중용』
　 20장)

15 其人存則其政擧, 其人亡則其政息. (『중용』, 같은 장)

필요하다. 그러나 (중용의 논리를 따르면) 아무리 훌륭한 제도가 존재해도 그것을 행할 수 있는 사람이 없으면 훌륭한 정치를 기대할 수 없다. 모든 것은 사람이 행하는 것이며, 어쩌면 그로 인해『중용』은 내가 알지 못하는 그 '나'를 찾으라고 종용하는지 모른다. 자사는 중용을 실천하는 것이 어려운 연고를 사람들이 '중용'을 하나의 개념으로 인식하기 때문이라 보았다. 반면 군자는 중용을 자신의 삶과 합치시킨다.

이상에서 보았듯이『중용』에서 말하는 '알 수 없음'은 나와 분리된 초월적 대상이 아니다. 오히려 늘 나와 함께 있으며 나와 분리될 수 없는 연고로,『중용』이 사용하는 성(性), 도(道), 성(誠) 등은 역설적이지만 인식의 대상이 될 수 없다. 눈이 눈을 볼 수 없고, 손가락 끝으로 그 손가락 끝을 만질 수 없다는 것은 궤변이 아닌 진실이다. 그러나 한편에서 내 눈앞에 펼쳐진 것으로 내 눈—보다 엄밀히는 마음—아닌 것이 없다. 왜냐면 내가 보고 있는 것은, 논리적으로 보자면, 내 눈의 망막에 맺힌 잔상이기 때문이다. 이제 본 절의 결론을 말하기에 앞서 공자가 말한 '앎(知)'의 의미를 음미해보자.

> 공자께서 말씀하셨다. "유야, 너에게 안다는 것이 무엇인지를 가르쳐주고자 한다. 아는 것을 안다고 하고 모르는 것을 모른다고 하는 것, 그것이 곧 아는 것이니라."[16]

위에서 공자는 '앎'에 대해 논하는 지점에서 '알지 못함'을 말한다. "아는 것을 안다고 하고, 모르는 것을 모른다고 함"이라는 두 구절은 외형상 형이하와 형이상의 상반된 두 영역을 지시하는 것으로 보인

---

16 子曰, 由! 誨女知之乎! 知之爲知之, 不知爲不知, 是知也. (『논어』「위정」)

다. 그러나 다른 한편에서 양자는 문장 마지막에 등장하는 '지(知)'에 의해 공히 포섭된다. 여상의 논리를 추론해볼 때, 공자는 지와 부지가 존재의 본질을 규정할 수 있는 동면의 양면으로 파악한 듯하다. 즉, 모든 사태는 앎의 영역과 알 수 없음의 영역을 동시적으로 내포하고 있다. 그러나 양자의 관계는 상호 배타적이라기보다 상보적 측면이 강하다. 부지(不知)가 지(知)를 통해 자신을 드러낼 수 있듯이, 지의 궁극적 본질은 부지이다.

이제 본 절의 주제였던 실용이성과 형이상학의 관계를 해석학적 논거를 토대로 규명하는 것이 어느 정도 가능해 보인다. 『중용』은 '실용이성' 개념을 실천윤리학적 차원에서 일목요연하게 제시하고 있다. 전술한 논의에서 보았듯이 실용이성은 형이상학의 부정이 아니며, 오히려 실용이성이 형이상학과 결합되면서 전자의 실천적 당위성이 강화되는 측면이 있다. 주목할 지점은 형이상과 형이하를 관념론적으로 규정하기보다 양자가 인식의 대상이 될 수 있는가에 초점을 경주하는 것이다. 그런데 앞선 논의에서 밝혔듯이 유교사상에서 '알 수 없음'은 추상이나 절대의 개념을 가리키기보다 패러다임의 전환을 촉구하는 측면이 강하다. 즉, 지와 부지에 대한 논의는 '앎(knowing)'의 영역이 '됨(becoming)'의 영역으로 전환돼야 할 철학적 근거를 비유로서 암시하는 것이다.

『중용』에는 두 부류의 군자가 등장한다. 하나는 '준도이행(遵道而行)'하는 무리요, 다른 하나는 '의호중용(依乎中庸)'하는 무리다. 공자에 따르면 전자는 도를 행하다가 중도에 그만두나, 후자는 남이 알아주지 않아도 중용하기를 게을리 하지 않는다. 양자는 외견상 서로 유사한 듯하나 결과는 판이한데, 이 같은 사례는 우리가 유교를 규정하는 실용이성의 의미를 진지하게 성찰해야 할 사상적 근거가 될 것이다.

성(誠)에 대한 고찰

『중용』 전반부의 내용이 성(性), 중(中), 화(和) 등의 개념을 중점적으로 논했다면, 후반부, 특히 '귀신장' 이후의 핵심은 성(誠)으로 초점이 모아진다. 그렇게 보자면, 『중용』에서 논하는 성(성실)의 의미를 자세히 고찰하는 것이 본서를 이해함에 있어서 매우 중요해 보인다. 우선 주자학에서 성을 개념적으로 분류하는 방식을 개략적으로 살펴보자. 주자는 성(性)이 성(誠)과 명(明)을 포괄하는 것으로 보았으며, 다른 한편에서는 성(性)과 성(誠)을 체용관계로 보기도 하고, 어떤 부분에 이르러서는 성(誠)이 성(性)의 본체라고 규정하기도 한다. 성(性)과 성(誠)을 도와의 관계성 속에서 바라볼 때는 전자가 체가 되고, 후자가 용이 되며, 이 경우 도는 실천성을 강조하는 개념으로 사용된다.

물론 전술한 주자의 해석과는 상이한 관점에서 성을 해석한 경우도 존재한다. 대표적으로는 명대 감산스님의 『중용』 해석인데, 이에 따르면 성(性)과 중(中)은 불교의 본성자리에 상응하므로, 이는 분석의 대상이 될 수 없다. 단지 학인이나 수행자의 입장에서는 성실함으로 나아가는 것에 그 핵심을 두어야 한다. 이러한 전제하에 감산스님은 '치중화(致中和)'의 중요성을 강조하며, 주자가 중화(中和)와 성(誠)을 개별적으로 분석하는 입장을 수정하여 '치중화'의 개념 속에 성과 중화를 모두 녹여낸다.[17]

한편 『중용』 전체의 맥락에서 보자면, '성실'이라는 개념이 귀신을 논하는 장에서 최초로 등장한다. 이를 통해 우리는 자사가 귀신의 개념을 통해 성실의 중용적 함의에 대한 사상적 토대를 제시하는 것으

---

17 이와 관련된 세부적 논의는 전술한 문광, 『한국과 중국 선사들의 유교중화담론』 참조.

로 추론해볼 수 있다. 귀신은 광의로는 천지조화의 현상을 암시하는데, 주자의 논리에 따르면 음과 양의 합하고 흩어짐을 보장해주는 것을 성실이라고 이른다. 한편 이러한 논의에 기초하여 '나'를 설명하는 것도 가능할 것이다. 즉 성(誠)은 우주적 자아로서의 '나'의 작용적 측면을 지칭하며, 성은 동일한 맥락에서 '나'의 본질적 측면을 강조한 것으로 해석하는 것이 적절해 보인다. 그러나 인간은 항시 우주에서 부여받은 성실에 입각해서 행위하지 않는다. 이로 인해 유교는 '택선고집'을 통해 천도와의 합일을 위한 인간의 노력을 강조한다.

요약하자면, 우주를 작동시키는 어떤 원천적 핵심이 성실이다. 달리 말해 천지 삼라만상을 만드는 우주의 마음을 성(誠)이라 규정하는 것이 가능할 것이다. 이에 반해 '성실하고자 노력하는[誠之]' 것은 인간의 도리이다. 그런데 이 부분을 잘못 이해하면, 하늘과 인간이 둘로 나눠져버린다. 그러나 『중용』의 본의는 '인간이 이미 그 속에 하늘의 성품을 간직하고 있으니, 이를 발현하고자 끊임없이 노력하라'는 뜻일 것이다. 일견 모순적으로 비춰질 수 있는 이러한 명제가 사실은 모든 위대한 종교나 사상의 핵심이다. 이러한 사례를 일일이 나열할 수는 없으나, 몇 가지만 예를 들어보자.

> (1) 내가 이미 얻었다 함도 아니요, 온전히 이루었다 함도 아니라. 오직 내가 그리스도 예수께 잡힌바 된 그것을 잡으려고 달려가노라.[18]

> (2) 부처님이 수보리에게 말씀하셨다. (온갖 중생을) 내가 모두 제도

---

18 「빌립보서」 3:12.

(濟度)하여 무여열반(無餘涅槃)에 들도록 할 것이다. 이렇게 한량 없고 끝없는 중생을 제도했으나 실제로는 한 중생도 제도를 받은 이가 없느니라.[19]

첫 번째 인용문은 (필자의 사견으로는) 기독교의 대속사상을 가장 극적으로 보여주는 구절이다. 모든 인간은 **그 한 분**으로 인해 모두 구원을 받았다. 즉, 구원은 이미 완료된 사건이다. 그러나 인간은 다른 한편에서 '잡힌바 된 그것을 잡으려고' 달려가야 한다. 사람이 스스로 자기 머리를 잡아당겨 하늘에 닿게 할 수 없다면, 구원이라는 것이 어찌 내 스스로가 주체적으로 행할 수 있는 문제이겠는가. 단지 예수의 십자가 사건이 인류를 원죄에서 조건 없이 해방시켜주었으니, 인간은 오직 절대자에 대한 찬양을 통해 그 은총을 감사함으로 받아들이면 된다. 기독교는 '은총'의 종교이며, 그렇게 보자면 '잡으려고 달려간다'라는 표현은 수동적 행위로 해석함이 적절해 보인다. 그런데 여기서 빌립보의 고백을 중용적으로 해석하자면, '구원'이라는 무가지보(無價之寶)를 의심 없이 받아들이는 행위보다 어려운 것은 없다. 모든 위대한 사상에 공통된 딜레마가 여기에 있는 것이다.

『금강경』에서 인용한 구절은 양가적 해석이 가능하다. 먼저 구원의 주체가 아상을 여의지 못하고, '내가 중생을 제도했다'는 알음알이를 내게 되면 이는 진정한 보살이 아니라는 의미이며, 둘째로는 모든 중생이 본래 부처이니 새삼 제도된 적이 없다는 의미이다. 유교, 기독교, 불교의 담론체계가 서로 상이하니 삼자를 선불리 등치시키는 것은 무

---

19 佛告 (⋯) 我皆令入無餘涅槃, 而滅度之, 如是滅度無量無數無邊衆, 生實無衆生得滅度者. (『금강경』 「大乘正宗分」)

리가 있겠으나, 인간의 본질을 바라보는 기본 입장은 비교사상적 차원에서 충분히 논할 가치가 있어 보인다.

다시 『중용』에 등장하는 성실의 문제로 돌아와 보자. 『중용』 21장은 성실의 문제를 이론적으로 추론해볼 수 있는 중요한 단초를 제공한다.

> 진실함으로부터 밝아지는 것을
> 본성의 발현이라고 하고,
> 밝아짐으로부터 진실해지는 것을
> 가르침이라고 한다.
> 진실하면 밝아질 것이고
> 밝아지면 진실해질 것이다.[20]

아주 간결한 내용이나 여기엔 많은 의미가 함축돼 있다. 첫 번째 구절은 **성실, 즉 진실무망함으로 인해 밝은 것을 본성의 발현으로 파악한다.** 그런데 성(誠)과 성(性)은 모두가 나면서 부여받은 것이니, 어떤 인위적 노력을 필요로 하지 않는다. 반면 두 번째 구절에서는 **밝음으로부터 진실무망함에 이르는 것을 교라고 규정한다.** 여기서의 교는 실천성을 내포한다. 즉 앎의 차원에서 실천적 영역(성실)으로 나가기 위해서는 매개가 필요하며, 『중용』에서는 그 매개를 '교'로 지칭하는 것이다. 문헌학(philology)적 관점에서 보자면, 양자는 유교사서인 『대학』과 『중용』이 상호 표리관계를 구축하고 있음을 암시한다. 『대학』의 경1장에 나오는 삼강령의 첫 구절이 '명명덕'임을 환기해본다면, 이 같은 추론은 충분히 설득력이 있다. 『중용』 32장은 성실의 의미를 가장 철학적

---

20 自誠明, 謂之性. 自明誠, 謂之敎. 誠則明矣, 明則誠矣. (『중용』 21장)

으로 서술한 장이다.

> 오직 세상에서 가장 지극한 진실함이라야
> 천하의 큰 준칙을 경륜할 수 있으며,
> 천하의 큰 근본을 세울 수 있으며,
> 천하의 화육을 알 수 있으니,
> 어찌 의지하는 바가 있으리오.[21]

　인용문에서 '지성'은 성인을 지칭하고 있는 것으로 보인다. 유교에서 성인은 '나'의 본질을 깨친 자로 그 정신의 깊이가 하늘과 닿아 있다. 특히 '부언유소의(夫焉有所倚)'가 암시하는 바는 어찌 보면 유교의 논리를 넘어서 있다. 알다시피 유교는 기본적으로 인간을 관계적 존재로 파악한다. 이러한 사례는 오륜, 예법, 치국 등을 논하는 장에서 쉽게 발견할 수 있다. 그런데 32장의 내용은 인도를 천도와 일정 부분 합치시킨다. "천지간의 화육을 알 수 있다"라고 함은 인간이 스스로에 부여된 상황에 의거하여, 화육의 과정에 참여할 수 있음을 암시한다.[22]

　천리와 인사는 앞 장에서 논의한 것처럼 양자가 체용적 관계를 가진다. 상기 인용문의 논리는 인간을 '하늘'의 관점에서 해석한 것이다. 하늘은 그 자체로 절대이며 무엇에도 의지하는 바가 없다. 봄은 봄으로서 완전하며, 가을은 가을로서 완전하다. 이 같은 시간적 개념

---

21 唯天下至誠, 爲能經綸天下之大經, 立天下之大本, 知天地之化育, 夫焉有所倚. (『중용』 32장)

22 한자에서 '지(知)'는 '주관하다'라는 의미를 내포한다.

을 윤리적으로 치환한 것이 성(誠)이다. 그런데『중용』이 밝히고자 한 것은 이 같은 우주자연의 성(誠)이 나의 본질과 맞닿아 있다는 것이다. 유교의 하늘은 나와 분리돼 있지 않으며, 내 속에 들어와 있는 하늘을 '나'로 인식할 수 있는 존재가 성인이다.『중용』32장이 제시하는 성인의 형상은 인간을 떠나 있지 않지만, 다른 한편에서 인간을 넘어선 존재이다. 요약하자면 인간을 관계 속 존재로 보는 것은 현상론적[用]적 측면이며, 개인 속에는 그 개인이 살아갈 수 있는 모든 원리가 갖춰져 있다고 보는 것은 존재론적[體]적 관점이다. 나의 본질이 나를 넘어선 것에 있다는 이러한 원리를 깨치지 못하면, 중용사상은 논리적 아포리아(aporia)에 봉착할 수밖에 없다.

이제 주자학의 기본 명제로 돌아와 보자. 주자의 '성즉리' 사상에서 성(性)은 그 자체가 주도적으로 움직일 수 없으며, 필히 기질에 의탁하여 기질의 성으로서 발현한다.[23] 이러한 관점에서 보자면 우리가 주목할 부분은 '성'이라는 추상적 개념이 아니라, 성이 특정한 사태 속에서 어떠한 방식으로 발현되는가의 문제일 것이다. 전자가 성(誠)이라면 후자는 성지(誠之)이다. 이러한 논의를 거쳐 우리는 중용의 논리에 좀 더 가까이 다가갈 수 있다.

『중용』16장에 등장하는 '귀신'은 성(誠)을 소개하기 위한 예비적 개념일 수 있지만, 한편에서는 귀신이 곧 성이다. 귀신, 즉 천지의 조화를 떠나 별도로 성이 존재하는 것이 아니다. 알다시피 음양은 일태극의 작용성을 지시하는 것이다. 그렇다면『중용』이 사용하는 모든 개념은 동사(動詞)적 사건으로 파악하는 것이 합당하다. '하늘'은 맑고

---

23 이는『대승기신론』에서 마명보살이 심진여(心眞如)를 심생멸(心生滅)의 관점에서 논하는 것과 유사한 논리이다.

가벼운[輕淸] 양의 기운이 계속적으로 쌓여가는 과정을 지칭하는 것이며, '땅'은 무겁고 탁한[重濁] 음의 기운이 누적되는 사태를 지칭하는 것이다. 『중용』은 시작과 끝이라는 개념을 전제하지 않으며, 이는 전술한 우주론에 입각하고 있다. 그렇게 보자면 내 속에는 이미 하늘이 들어와 있으나 나는 단지 하늘을 닮고자 노력할 뿐이며, 인간은 관계를 떠나 결코 홀로 존재할 수 없지만 그 본질은 이미 인간을 넘어서 있다. 이 상반된 두 개의 명제를 떠난 별도의 묘처(妙處)가 『중용』에 있겠는가.

인간의 길

유교의 핵심은 인륜이며, 이는 인간을 관계 속에서 파악하는 것이다. 달리 말해 유교에서 인간(人間)은 사이-존재이며, 집단이나 관계에서 분리된 인간은 상상하기 어렵다. 반면 기독교나 불교의 경우 '끊음의 도리'를 실천하는 것이 구도의 출발이다. 불교의 경우 수행자는 출가에 앞서 세상과의 모든 인연을 끊어야 하며, 기독교도 하나님과의 관계 회복을 위해 먼저 세간에서 끊음의 도리를 실천해야 한다.[24] 물론 전술한 외견상의 차이를 토대로 상이한 종교나 사상 상호간의 우열을 논하는 것은 다분히 어폐가 있겠으나, 이러한 비교를 통해 **유교적 특성**이 부각되는 것은 사실이다.

　이처럼 관계성을 강조하는 유교전통은 동아시아 사회에서 개체성

---

24 『구약』에서 하나님이 아브라함에게 그의 사랑하는 독자였던 이삭을 번제로 바치라고 명하신 것도 유사한 맥락에서 해석해볼 수 있을 것이다.

(individuality) 개념이 성립될 수 없었던 중요한 요인으로 작용하기도 했으며, 나아가 인간론의 핵심이 형이상학적 측면을 비껴갔던 측면이 있다. 반면 이러한 공맹유교의 특성을 신유학이 보충하고자 한 부분을 간과할 수 없는데, 특히 신유학은 세속을 떠나지 않으면서도 성인이 될 수 있는 방식을 제시하고자 하는 것이다. 유교가 강조하는 인간관계의 특징은 항시 현실에서 이상으로, 가까운 것에서 광대한 것으로 나아가는 것이다.

유교의 '관계성'과 관련해서는 두 가지 관점이 존재한다. 하나는 인간관계를 노동분업의 차원에서 보는 것이다. 다시 말해 정치를 도덕화하는 것인데, 이럴 경우 백성은 위정자에 대한 봉사를 강요받게 되며, 특히 유교가 (현재의) 사회주의적 맥락에서 전유될 때 인민이 공산당을 위해 복무하는 것이 도덕적으로도 정당화된다. 다른 하나는 자연과 우주가 윤리적 관점에서 재해석되는 것이며, 이는 앞부분에서 이미 여러 차례 언급한 바가 있다. 다만 후자와 관련해서 한 가지 주목할 것은 선진유교에서의 인간과 인간 간의 관계론적 개념이 인간과 자연, 인간과 하늘로까지 확대되고 있다는 점이다. 이는 어떤 의미에서 인간을 규정하는 시야가 확장되었음을 간접적으로 시사한다.

관계성의 문제와 관련하여 한자에서 인(人)은 두 사람이 상호 의존하는 형태를 상징하며, 세상에서 홀로 존재하는 것은 없다. 이는 불교의 연기(緣起) 개념과도 유사한데, 가령 우리가 생각하는 '빨간색'은 빨간색 하나가 아니라 여러 색의 조합이라는 것이다. 이러한 논리는 특수와 보편의 문제로도 이어질 수 있다. 예를 들어 홍길동(특수)은 한국인(보편)의 특성을 어떤 의미로든 표상하고 있다. 그럼에도 불구하고 여기서 개인(홍길동)과 전체(한국인)의 관계를 밝히는 것은 별도의 문제이다. 유교경전에서는 '한 사람'의 모티프가 여러 차례 등장하는데,

『대학』의 사례를 인용해보자.

> 한 집안이 사양(辭讓)하면
> 한 나라에 사양하는 기풍이 일어나고,
> 한 사람이 탐욕스럽고 (도리를) 어기면
> 한 국가에 난리가 발생한다.[25]

위의 인용문에서 '한 사람'은 위정자를 지칭하는 것으로 해석되고 있으나, 유교사상의 전반적인 맥락에서 볼 때 이를 불특정 개인으로 이해해도 큰 무리는 없을 것이다. 특히 후자의 방식으로 해석할 경우, 한 사람 속에 인류 전체의 모습이 담겨져 있음이 전제돼야 한다. 이는 위에서 언급한 '인간 규정'의 문제와도 무관치 않으며, 이 같은 가설이 성립되기 위해서는 한 사람 속에 인류 전체의 모습이 간직돼 있음을 존재론적으로 밝히지 않으면 안 된다.

유교의 사상적 특징 중 하나는 '색은행괴(索隱行怪)'[26]와 '괴력난신(怪力亂神)'[27]을 멀리하는 것이다. 이러한 맥락에서 부모와 자식 간의 사랑이나 형제간의 우애 등과 같은 평범한 행위가 가장 숭고한 것으로 존중되는 것이다. 이는 어찌 보면 농경사회의 특성과도 무관하지 않다. 즉 개인은 과거의 전통으로부터 경험을 도출하며, 이를 통해 미래에 대한 지혜를 획득하는 것이다. 그런데 이 같은 관계론적 특성과 외견상 정확히 대척지점에 서 있는 사상적 특성을 『중용』에서 발견한다.

---

25 一家讓, 一國興讓, 一人貪戾, 一國作亂. (『대학』 제9장)
26 '은밀한 이치를 찾고 괴이한 일을 행하는 것'을 지칭한다. (『중용』 11장)
27 공자께서는 괴변과 완력, 배덕, 귀신에 대한 말씀은 제자에게 하지 않으셨다. (『논어』 「술이」)

물론 양자를 A와 not-A의 관점에서 볼 것인지 혹은 동전의 양면으로 파악해야 할 것인지는 좀 더 많은 고민이 필요할 것이다. 이와 관련하여 먼저 『금강경』 「일상무상분」에 등장하는 다음 구절을 음미해보자.

> 세존이시여! 제가 만일 '내가 아라한도(阿羅漢道)를 얻었다'고 생각한다면 세존께서는 '수보리는 아란나행(阿蘭那行)을 기꺼워하는 자'라고 말씀하시지 않았을 것입니다. 수보리가 실로 행한 바가 없으므로 수보리를 이름하여 '아란나행을 즐긴다'고 하신 것입니다.[28]

인용문에서 아라한도는 원시불교와 부파불교에서의 최종적 수행 단계를 지칭한다.[29] 즉, 번뇌가 다하였으며 윤회에서 해탈하여 열반에 들어갔다고 생각한 단계가 아라한도이다. 그런데 『금강경』에서는 아라한과(阿羅漢果)[30]에 대한 집착이 끊어진 상태를 '아란나행'이라 명하였다. 여기서 '아란나'는 숲이란 뜻이고, 따라서 '아란나행'은 '숲속에서 고요히 수행하는 행위'를 지칭한다. 사실 이러한 관습은 힌두전통에도 존재했으며, 힌두교에서는 이 같은 남성 출가자를 산야신(sannyasin), 여성 출가자를 산야시니(sannyasini)라고 명했다. 다소 문화적 맥락은 다를 수 있으나, 실존주의 철학자였던 키르케고르 또한 인간이 맞이할 실존적 경험으로서의 '신 앞에 홀로 선 존재'를 얘기한다. 인간은 삶의 대부분의 시간을 타인과의 관계 속에서 살아가지만, 누

---

28 世尊 我若作是念 我得阿羅漢道 世尊 卽不說 須菩提 是樂阿蘭那行者. 以須菩提 實無所行 而名須菩提 是樂阿蘭那行. (『금강경』 「一相無相分」)

29 일반적으로 원시불교의 수행단계를 4과(四果)로 약칭하며, 이는 (1) 수다원(須陀洹), (2) 사다함(斯陀含), (3) 아나함(阿那含), (4) 아라한(阿羅漢)으로 분류한다.

30 阿羅漢果는 阿羅漢向(아라한이 되기 위해 수행해가는 단계)의 결과이다.

키르케고르

구나가 예외 없이 일생에 적어도 한 번은 신 앞에 홀로 서게 된다. 강상림의 지적처럼 '하나님 앞에 홀로 선다는 것은 지극히 고독한 일이며, 그것은 무리를 거슬러 진실된 자기의 모습으로 되돌아감'[31]을 뜻하는 것이다.

힌두의 산야신이나 키르케고르의 '단독자' 개념은 어찌 보면 이데올로기적으로 조건 지워진 삶을 넘어선 것이다. 관계 속에서의 '나'는 자식, 부모, 학자, 사업가 등 상황적으로 주어진 역할을 수행해나가야 하며, 이는 자신의 정체성을 구축하는 근거가 되지만, 동시에 이는 '나'를 구속하는 족쇄가 되기도 한다. 사회적 관습이나 규범에 내재된 이 같은 양가성을 전제하면서 『중용』의 다음 구절을 재삼 숙고해볼 필요가 있을 것이다.

> 오직 세상에서 지극한 진실함이라야
> 천하의 큰 준칙을 경륜할 수 있으며,
> 천하의 큰 근본을 세울 수 있으며,
> 천하의 화육을 알 수 있으니,
> 어찌 의지하는 바가 있으리오.[32]

앞선 논의에서 언급한 바 있으나 '부언유소의(夫焉有所倚)'는 힌두의 산야신이나 키르케고르의 단독자와 일정 부분 비교가 가능하다. 무엇보다 '부언유소의'에서 인간의 본질에 대한 일종의 질적 변화가 발생

---

31 강상림, "단독자 개념에 대하여", 2005년 4월, 한국기독교장로회 향린교회 열린게시판 투고 논문에서 인용.

32 唯天下至誠, 爲能經綸天下之大經, 立天下之大本, 知天地之化育, 夫焉有所倚.
  (『중용』 32장)

하는 것이다. 즉 인간을 '관계 속 존재'로 보는 것은 '나'의 의미가 타인과의 관계성 속에서 사후적으로 부여되는 것을 암시하는데, '부언 유소의'는 내가 (무엇인가에) 의지하는 바가 없음을 천명하는 것이다. 달리 말하자면, 모든 개인 속에는 그 개인이 살아갈 수 있는 원리가 갖춰져 있다는 것이다. 기실 상기 인용문에 대한 이 같은 해석의 근거는 『중용』 1장에서도 일정 부분 암시된다. 절대인 하늘은 이미 내 속에 성(性)의 형태로 들어와 있으며, 그 성을 따라서 사는 것이 도이다. 혹은 천지조화의 현상이 내게 심어져 있으며, 그것이 나의 본질일 수 있다. 그러나 어느 경우이든 나의 본질은 천지와 비분리적이다. 이제 관건은 관계적 존재로서의 '나'와 절대적 존재자로서의 '나'를 어떻게 매개시킬 수 있을 것인가의 문제이다.[33]

『중용』의 인간론은 미묘하다. 그것의 본질에 다가서는 것은 마치 산속에서 자연의 소리를 벗 삼으며 홀로 악기를 연주하는 것과 같다. 내 악기의 소리가 너무 크면 자연의 속삭임을 망쳐버릴 것이요, 너무 미세하면 자연 속에 묻혀버릴 것이다. 『중용』의 성(性) 자리는 내 안에 있지만, 나를 넘어선 것이다. 유교의 하늘은 무소부재하고 전지(全知)하며, 그런 하늘이 인간의 본성에 들어와 있다. 따라서 존재론적 관점에서 보건대 인간은 초월적이며 『중용』이 지적하듯 천지의 화육에 참여할 수 있다. 그러나 현실에서 나는 사회적 규범과 관습의 틀을 벗어날 수 없으며, '성실하기 위해[誠之]' 부단히 노력할 따름이다.

'성지'라고 하는 동사적 개념에 좀 더 주목해보자면, 내가 생각하는 '나'는 '나'의 여러 잠재태 중 하나이다. 달리 말해 어떤 것도 진실된 내가 아니지만, 역설적으로는 어떤 것도 나 아닌 것이 없다. 굳이 중

---

33 혹자는 이를 '내재적 초월(immanent transcendence)'이라고 규정한다.

용 철학을 빌려 말하지 않더라도 나의 존재는 생태학적 관점에서 이미 우주의 움직임과 연동돼 있는데, 비유로서 말하자면 이는 망망대해 위에 파도가 이는 것이 파도 자체의 독립된 행위가 될 수 없음과 동일한 이치이다. 인식론적으로 보자면, 생명활동과 관련된 제반 행위가, 전적으로 내 (현재) 의식의 소관인가를 고려해보는 것도 도움이 될 것이다. 이런 관점에서 '앎'은 중용사상에서 매우 미묘한 위치를 점하고 있다. 한편에서 나는 스스로를 알지 못하므로 본성에 위배된 일을 지속적으로 행한다. 반면 (내가) 내 삶을 전적으로 에고의 불완전한 판단에 맡긴다면, 이는 나를 점점 더 우주론적 자아로부터 멀어지게 할 것이다.

힌두교에서는 세계를 '환영(maya)'으로 간주하는데, 이는 존재의 본질이 인간의 오관인식을 넘어 있음을 암시하는 것이다. 기실 현상세계에 대한 이러한 통찰은 힌두뿐 아니라 중국사상에도 유사한 형태로 존재한다. 그렇다면 환영의 본질은 무엇이며 그 배후에 감춰진 것은 무엇일까. 이와 관련하여 주역철학은 상당히 의미 있는 단초를 제시한다. 즉, 현상계와 관련된 '만물화생'의 계기는 '팔괘가 서로 뒤섞이면서[八卦相盪]' 성립되는데, 현대적 관점에서 '팔괘상탕'의 본질을 재약호화하자면 이는 삼라만상이 '개념'의 외피[34]를 입고 일종의 거대한 우주론적 틀 속에서 해석되어지는 것과 무관하지 않다. 달리 말해 형이상(形而上)이 개념을 넘어선 본질의 영역을 지시한다면, 기세간(器世間)에 해당하는 현상세계는 말과 이름에 의해 작동되는 형이하(形而下)와 상응한다. 그렇게 보자면 실재란 결국 '개념의 해체'라는 사건과

---

34 이와 관련해서는 팔괘(八卦)가 각기 우주적 운동의 다양한 계기들을 여덟 가지 개념으로 파악하고 있음에 주목해보는 것이 필요할 것이다.

무관하지 않다.

유교에서 최상의 덕은 인(仁)으로, 이는 '두 사람이 조화롭게 어우러진 상태'를 암시한다. 여기서 필자가 주목하고자 하는 것은 인이 절대 선을 의미하는 것이 아니며, 오히려 종교적 맥락에서 보자면 성속불이(聖俗不二)적 측면이 강하다. 전술한 논리에 의거하면, 선(善)은 필경 악(惡)과의 관계 속에서 선이다. 달리 말해 선-악은 공히 잠정적인 것이며, 어느 것도 스스로를 절대화시킬 수 없다. 오히려 자신을 절대선으로 주장하는 순간 스스로가 선-악 이원론으로 자기분열을 초래하게 될 뿐이며, 이것이 유교적 맥락에서의 '마야(maya)'의 의미이다. 그렇다고 유교의 성인들이 절대 선의 존재 자체를 부정했다고 보는 것은 어폐가 있다. 단지 실용이성적 차원에서 유교는 절대 선의 문제를 역사에 일임했다고 보여진다.

한편 성속불이사상은 유교의 이상적 인간형인 성인(聖人)의 본질을 설명하기에 가장 적합한 개념이다. 『중용』이 제시하는 성인의 전범은 순임금으로, 그를 간결하면서도 가장 본질적으로 서술한 구절이 '호문이호찰이언(好問而好察邇言)'[35]이다. 즉『중용』은 순임금이 성군이 된 비결을 출세간적 혹은 태생적인 비범함에서 찾기보다, 오히려 '남에게 묻기를 좋아하고 주변의 말을 경청하기를 좋아 했던' 평상의 도리를 통해 규명하고 있다. 어찌 보면 이 같은 순임금의 인물묘사는『십우도』[36]의 제10도가 '입전수수(入廛垂手)'로 마감하는 것과 묘한 공감

---

35 이 구절에서 '이찰'은 '주변 사람의 말을 경청하다' 혹은 '(순임금 자신의) 내면의 소리를 듣다'라는 이중적 의미로 해석하는 것이 가능하다. (『중용』 6장)

36 「십우도(十牛圖)」는 12세기 후반 북송 때 곽암(廓庵) 선사가 지은 것으로 알려져 있다. 이에 대한 구체적 내용은 다음 책을 참조. 정진배, 『탈현대와 동양적 사유논리』 (서울: 차이나하우스, 2008), 57~70쪽.

대를 형성한다. 깨달은 부처가 다시 사바세계로 돌아와 저잣거리에서 중생들과 동사섭(同事攝)[37]하는 모습에서 부처의 성스러움이나 근엄한 자태는 찾아볼 수 없다. 달리 말해 선종이 역설하는 깨달음의 궁극처는 깨달음에 대한 모든 아우라가 **사라진** 경지이다. 이를 통해 우리는 『중용』이 순임금의 평상적 덕목을 통해 그의 성인됨을 드러내고자 한 의도를 추론해볼 수 있다.

이제 『금강경』에서 인용한 '아란나행'의 함의를 통해 유교가 제시하는 두 가지 상반된 인간론의 진의를 드러내보자. 위에서 밝혔듯이 '아란나행'은 축자적으로 '숲속에서 고요히 수행하는 행위'를 의미하며, 『금강경』의 맥락에서 보자면 '아란나행'은 '보살·마하살이 자신들이 성취한 모든 수행의 결과에 대한 집착이 끊어진 상태', 즉 아상의 소멸을 암시한다. 이러한 관점에 의거하면, '아란나'가 의미하는 '숲속'의 철학적 함의도 좀 더 폭넓게 재해석되어져야 할 것이다. 앞서의 논의에 기초하면 숲은 (1) 인간의 무리를 벗어나 홀로 선 자아의 실존적 상황을 상징하며, 나아가 (2) 현상세계에 대한 온갖 집착이 끊어진 상태를 의미하는 것으로 확대해석해볼 수 있다.

한편 이를 통해 필자가 지적하고자 하는 것은 '숲'이 정신수양의 지평과 연결된다는 것이다. 달리 말하자면 『금강경』에서의 공간개념은 마음의 상태를 표상하는 객관적 상관물로 사용되고 있으며, 이와 유사한 사례를 우리는 『중용』 33장에서 찾을 수 있다.

시에 이르되,
"네가 방안에 있을 때를 보더라도

---

37 불교 용어로 '중생과 희로애락을 함께한다'는 뜻이다.

옥루에도 부끄럽지 않다"하였으니[38]

　『시경』의 옥루는 원래 물시계를 지칭하는 말이었으나 여기서는 '아무도 없는 조용한 공간'을 가리킨다. 주목할 것은 인용문에서 "옥루에 부끄럽지 않다"고 서술하는 부분이다. 추측컨대 이는 우리 내면에서 인심-도심의 분열이 발생하지 않으며, 이를 통해 나의 본성자리와 온전히 하나 된 상태를 지칭하는 듯하다. 그렇다면 『중용』 전반부의 '신독'은 옥루에 도달하기 위한 수행방편이 될 것이다. 옥루는 '홀로 있음'의 다른 이름이며, 이는 우주론적 자아로의 영적 확장을 암시한다. 이제 다음 단계는 주변과의 관계 속에서 중용의 도리를 실천하는 것이다. 신독을 통해 우리의 내적 자아가 극기복례를 성취한 이상, 우리가 공간적으로 어디에 거하든 문제될 것이 없다. "부귀한 처지에 있으면 그에 맞게 행동하고, 빈천한 처지에 있으면 그에 맞게 행동할 따름"[39]이다. 심지어 죽음을 맞이해서는 기꺼이 죽음과도 하나 될 수 있다. 이 같은 논리를 통해 인간본질에 대한 유교의 두 가지 상반된 양태는 극적으로 통합되는 것이다.

---

38 詩云 相在爾室, 尙不愧于屋漏, 故, 君子, 不動而敬, 不言而信. (『시경』 「大雅·抑」)

39 素富貴, 行乎富貴, 素貧賤, 行乎貧賤. (『중용』 14장) 참고로 명대 지욱대사는 『대학』의 삼강령(三綱領)을 '명덕' 하나로 해석했으며(즉, '명명덕' 속에 '신민(新民)'과 '지어지선(止於至善)'이 포함된다는 의미), 나아가 위정자가 백성을 통치하는 일[用人]과 나라의 재물을 축적하는 사업[用財]도 명덕의 일부분으로 풀이했다.

단상

『중용』은 천지인 삼재(三才)의 회통을 세밀하면서도 웅대하게 설하고 있지만, 보다 구체적인 차원에서 『중용』의 총괄적 주제를 논하자면, 결국 '인간이 무엇인가'에 대한 성찰로 그 내용이 귀결될 수 있을 것이다. 새는 새로서, 물고기는 물고기로서 하늘의 도리에 어긋남이 없이 솔성하고 있다. 이처럼 모든 미물도 자기의 본분사(本分事)[40]를 실천하고 있는데 소위 만물의 영장이라는 인간은 과연 솔성의 삶을 살고 있는가? 『중용』의 독자라면 누구나 이런 문제로 한번은 고민해본 적이 있을 것이다.

인간의 솔성은 무엇인가? 물론 순환논리가 되겠으나 솔성의 도를 행하기 위해서는 무엇보다 인간의 성(性)이 무엇인지를 알아야 한다. 즉, 인간으로서 하늘이 부여한 성을 알지 못하면 인간이 될 수 없을 것이다. 그런 관점에서 보자면, 『중용』은 인간이 무엇인가를 탐구하고 우리에게 가르쳐주는 책이라 할 수 있다. 특히 이 부분과 관련하여 『중용』은 인간의 위대함을 전편에서 역설하고 있다. 그러나 또 다른 관점에서 중용사상의 인간론을 추론해보자면, 인간이 스스로를 만물의 영장이라고 뽐낼 수 있는 근거가 하등 없다. 인간이 생태계의 꼭대기에 자기를 위치시키고, 나아가 자연을 정복하고자 하는 것은 스스로가 누구인지를 알지 못하기 때문이다.

적어도 신유학의 관점에서 삼라만상은 어떠한 차등도 없이 그 자체로 우주의 잠재태가 현전한 것이다. 나아가 천리와 인간존재의 관

---

40 선(禪)에서 즐겨 쓰는 말로, 주로 깨달음을 위해 전심전력하는 것을 지칭하는데, 여기서는 '솔성'의 도리를 행한다는 의미로 해석 가능하다.

팔대산인(八大山人)의 「이응도」(二鷹圖)

계선상에서 우리가 인간으로 태어난 것은 스스로가 결정한 것이 아니다. 단지 인간으로 태어난 이상은 인간으로서의 책임을 다해야 한다. 오직 이러한 맥락에서 인간은 때로 자연의 생태질서 속에서 만물의 영장으로 처신해야 할 순간들이 있을 것이다. 그것이 유교의 정명사상이 강조하는 '~ 답게'의 논리이다. 인간의 지적 능력을 넘어선 일에 『중용』은 관심을 경주하지 않는다.[41] 단 목전에 존재하는 현실을 있는 그대로 받아들이고, 그 상태에서 시중(時中)의 도리를 행하는 것이 중용사상의 핵심이다.

솔개가 알에서 깨어 나와 때가 되면 저절로 하늘을 날며, 꽃은 시절 인연을 만나면 저절로 향기를 풍긴다. 이 모든 것이 무심(無心)의 경지인데, 『중용』의 논리처럼 '태산도 한 줌의 흙이 모여서 이뤄진 것'이라면, 역설적이지만 한 줌의 흙이 쌓여 궁극적인 '태산'을 만드는 그런 사태는 도래하지 않을 것이다. 한 줌의 흙이 쌓여가는 과정이 태산이며, 나아가 한 줌의 흙 자체가 이미 태산인 것이다. 『중용』은 이 같은 실천적 수행과정의 양가성을 '수도지위교(修道之謂敎)'의 명제를 통해 미묘하게 드러내고 있다.

---

41 비교사상사적 맥락에서, 불교의 윤회론은 '내가 왜 인간으로 태어났는가?'의 문제를 형이상학적 맥락에서 설명하고자 한다.

팔대산인의 「수국(水菊)의 가지」(Branch of Hydrangea)

제 5 장

죽음 속에 죽음은 없다

세상에서 가장 신비로운 것이 '나'라는 개념이다. 우리는 하루에도 셀수 없이 '나'를 말하지만, 정작 그 '나'가 무엇인지를 알지 못한다. 보편적 맥락에서 모든 사람은 '나'이지만, 나의 관점에서는 지구상의 어느 누구도 내가 될 수 없다. 본 장에서는 '나'와 관련된 인식론적·실존적 문제가 필경 죽음의 문제를 사유함에 있어 일정한 통찰력을 제공할 수 있으리라는 믿음 하에 논지를 전개해나간다. 물론 논의의 초점이 『중용』을 비켜가지는 않을 것이나, 논지와 가설을 강화하는 차원에서 불교 및 여타의 관련 자료를 적절히 인용할 것이다.

동서양의 생사관을 개괄적으로 논하건대, 서양, 특히 기독교의 경우, 육신의 생명이 끝나면 다른 세계로 간다는 믿음이 강하다. 이에 반해 동양의 경우는 어떠한가? 이 문제를 심도 있게 논하기 위해서는 우선적으로 인간이 죽음을 사유하는 메커니즘을 밝히는 것이 필요할 것이다. 앞 장에서 지적했듯이 유교는 사람 간의 관계성과 절대적 단독자의 개념을 동시적으로 사고하는 독특한 사상이다. 특히 '단독자[獨]'

개념은 자기부정이라는 카이로스적 경험[1]이 전제된 것이다. '자기부정'과 관련해서는 노장이나 불교가 무아사상을 강조하고 있는 반면, 유교의 경우는 주로 극기(克己)를 강조하고 있다. 가령 『논어』「자한편」의 경우 '네 가지를 금함[四絶]'[2]에 대해 말하고 있는데, 이는 모두 아상의 부정과 관련된 것이다. 유불도에 공통적으로 내재된 이 같은 사상적 특성을 고려할 때, 무아 혹은 극기가 정신적 깨달음의 문제와 어떻게 연결되는지를 살펴보는 것이 필요해 보인다.

심리학적으로 에고의 부정은 (역설적이지만) 절대적 체념의 상황과 무관하지 않을 것이다. 알다시피 현실에서 에고의 기능은 '나'를 내세우는 것이다. 반면 인간이 극한의 상황에 봉착할 때 에고를 지탱하던 모든 구조물이 붕괴된다.[3] 사람들은 개인에 따라 일생에서 여러 번 이러한 사태를 경험할 수 있겠지만, 생명을 가진 인간으로 세상에 태어난 이상 적어도 한 번은 필연적으로 그 체념의 순간에 봉착한다. 우리가 임종을 맞이하게 될 때, 자신이 살아온 삶의 궤적이 어떠했든, 더 이상 무엇을 고집하고 무엇을 자랑하려 할 것인가? 이렇게 보자면, 체념은 의식이 질적 변화를 경험하는 순간이다. 그렇다면 체념에 의해 질적 변화가 수반되는 '의식'의 본질이 무엇인가.

호수에서 유유히 헤엄치는 물고기는 정작 자신이 물속에 있는 걸 알지 못할 것이다(왜냐면 물고기가 알에서 깨어난 후로 단 한 번도 물 밖을 나가본 적이 없기 때문이다). 물고기에게 물은 생명의 원천이자 동시에 카

---

1 『논어』「이인」의 "朝聞道, 夕死可矣"가 일례가 될 수 있다.
2 『논어』「자한」의 다음 구절을 참고. "子絶四, 毋意, 毋必, 毋固, 毋我"
3 이러한 가설과 관련하여, 초기 불교의 '사성제(四聖諦)'에서 제1제(第一諦)가 '고통에 대한 자각'임을 떠올려보는 것도 도움이 될 것이다.

주동경(周東卿)의 「어락도」(魚樂圖)(부분)

르마에 의해 부과된 (보이지 않는) 감옥이다. 이제 물고기와 물의 관계를 인간에 대입해본다면, 과연 인간을 옥죄는 창살 없는 감옥의 실체가 무엇인가. 이를 마음의 문제와 연결시켜 생각해보자면, 인간은 자기의식의 밖을 알 수 없다. 근대 서구철학의 시조인 데카르트가 인간의 본질을 사유행위(앎)와 연결시키고 있음에도 불구하고, 필자가 생각건대 사유하는 인간은 **사유함**을 사유할 수 없다(대상을 보는 '눈'이 눈을 볼 수 없음과 같은 논리이다). 전술한 '물고기'의 비유로 말하자면, 사람은 일생동안 자기의식의 울타리에 갇혀 있다. 의식은 본질상 파편적이지만, 적어도 우리 인식체계 내에서는 일련의 흐름으로 나타난다.[4]

여상의 논의를 바탕으로 본 장의 주제인 죽음의 문제를 고찰해볼 때, 몇 가지의 논리적 한계에 봉착한다. 무엇보다 죽음은 명백한 개념이며, 그 개념은 표류하는 우리 의식이 만들어낸 산물이다. 그렇다면 죽음과 의식작용 상호 간의 연결고리를 어떻게 상정해야 할 것인가. 이와 관련하여 우선적으로 주목할 것은 죽음은 사유의 대상일 수 있지만, 그 실체가 없다는 것이다. 불교 유식(唯識)의 학설에 기초해보자면 '죽음'은 전적으로 독두의식(獨頭意識)[5]의 산물이며, 나아가 변계소

---

4 불교 유식학의 논리로 설명하자면, 이는 제7 말나식(末邪識), 즉 상속식(相續識)의 작용 때문이다.

5 유식에서는 안식(眼識), 이식(耳識), 비식(鼻識), 설식(舌識), 신식(身識)—이상 전오식(前五識)—은 안이비설신 오근(五根)에 의지해 일어나는 심식(心識)이다. 한편 제6식(第六識)인 의식(意識)은 뜻, 생각, 개념 등에 반연(攀緣)해 활동한다. 의식작용의 이 같은 토대 위에서 오구의식(五俱意識)은 전오식과 동시에 일어나는 의식을 지칭하며, 불구의식(不俱意識)은 전오식과 함께 일어나지 않고 의식만이 홀로 발생하는 것을 지칭한다. 불구의식의 하나가 독두의식인데, 이는 전오식과 관계없이 홀로 일어나는 것이다. 독두의식의 경우, 미래에 대한 사념이나 근거 없는 불안 등 망상이 주를 이룬다.

집성(遍計所執性)[6]의 전형적 사례가 될 수 있다. 그렇게 보자면 죽음의 본질을 규명하기 위한 제반 담론은 엄밀한 의미에서 망상에 망상을 더하는 것이다. 장주가 꿈에서 나비가 되어 날아다녔든 물고기가 되어 물가에서 헤엄치며 놀았든, 장주가 경험한 '몽중형상(夢中形狀)'을 논하는 것이 무슨 의미가 있겠는가. 이러한 전제하에 본 장의 논의 또한 죽음이라는 개념이 스스로 자기해체되는 과정을 노정하고자 하며,[7] 이를 통해 역설적으로는 '죽음'에 대한 철학적·종교적 통찰을 얻고자 한다. 중용철학은 이러한 학적 시도를 위한 유용한 참조체계가 될 수 있을 것이다.

주제를 심화시키는 차원에서 먼저 인간의 심성과 관련된 「중용장구서」의 관련 구절에 주목해보자. 주자는 마음의 구조를 논하는 부분에서 "인심과 도심이 차이가 있는 것은, 어떤 것은 형기의 사사로움에서 나오고 어떤 것은 성명의 바름에 근원함으로 인해, 알고 깨닫는 것이 다르기 때문이다. (…) 그러나 사람은 모두 형체를 가지고 있기 때문에 지혜로운 사람이라도 인심이 없을 수 없고, (나아가) 본성이 없는 사람이 없기 때문에 어리석은 사람이라도 도심이 없을 수 없다"[8]라

---

6 '변계소집'이란 주변을 계산하고 구분하여 집착하는 것이며, 일례로 '토끼의 뿔'처럼 존재하지 않는 것을 분별망상으로 존재한다고 믿는 것을 지칭한다.

7 기실 앞선 논의에서 여러 차례 밝혔듯이, 본서의 목적은 죽음의 본질을 논하는 것이 아니며, 따라서 죽음 자체는 어떠한 의미로든 논의의 대상이 될 수 없다. 단 중국사상에서 죽음의 문제를 어떻게 서사화하고 있는가를 밝히는 것이 본서의 주된 관심사이다. 물론 이를 통해 우리는 '죽음'이라는 가장 실존적인 사건에 대한 통찰력을 얻을 수 있게 될 것이다.

8 而以爲有人心道心之異者, 則以其或生於形氣之私, 或原於性命之正, 而所以爲知覺者 不同 (…) 人莫不有是形故, 雖上智, 不能無人心, 亦莫不有是性故, 雖下愚, 不能無道心.

고 인간의 마음을 파악하는 것이 주자학의 핵심이다. 이를 위한 실천적 방법론으로 주자는 '찰(察)'의 개념을 제시하는데 이를 현대 심리학적 용어로 치환하면 '지켜봄'이다. '지켜보기'는 불교의 관수행[9]과 방법론적으로 매우 유사하며, 그 핵심은 먼저 우리 마음을 '보는 마음'과 '보이는 마음'으로 구분하고, 연후 양자가 뒤섞이지 않도록 '보는 마음'이 늘 깨어 있으면서 '보이는 마음'을 지켜보는 것이다.[10] '찰'은 도심이 인심을 인위적으로 억압하는 상태는 아니지만, 적어도 지켜보기를 통해 '감정자아(인심)'가 내 일신을 지배하지 못하도록 하는 효과를 꾀할 수 있다. 그런데 이 같은 논리의 이면에는 은연중 희로애락 등의 감정기류 어디에도 속하지 않는 순수본연의 '나'가 있음이 전제되고 있다. 이 같은 논의를 토대로 몇 가지의 추론이 가능하다.

먼저 '보이는 마음'은 대상과의 관계성 속에서 끊임없이 요동치는 마음이며, '보는 마음'은 그 자체가 어떤 감정적 양태를 가지고 있지 않다. 달리 말해 우리의 인식작용에서 지각의 대상이 되는 '보이는 마음'은 끊임없이 천류(遷流)하며, 그 본질이 무상하다. 결과론적으로 말하자면, '지켜보기'는 한편으로 '무상'으로서의 마음의 본질을 환기시키면서, 이를 통해 인심과 도심이 뒤섞이는 누를 방지할 수 있게 한다. 이러한 「중용장구서」의 대의를 수행실천적 차원에서 다음과 같이 재구(再構)해볼 수 있을 것이다.

---

9 범어로는 위파사나(Vipassanā)라고 칭한다. 한편 '제(察)'에 대한 해석과 관련해서는 전술한 이영호 교수의 『중용』 강의를 참고하였다.

10 사족이나 기독교에서 "늘 깨어 있으라"(「누가」 21:36)라고 하는 구절이 위의 서술내용과 유사한 맥락인지를 고찰해보는 것도 흥미로운 비교사상적 주제가 될 수 있을 듯하다.

(1) '보는 마음'은 인식의 대상이 될 수 없으나 그렇다고 그것이 공(空)하지도 않다. 즉, '허령불매(虛靈不昧)'이다.

(2) 인심이 득세할수록 '보는 마음'은 세력이 미약해지며 잠재태로 존속한다.

(3) '지켜보기'는 도심이 인심을 주재하게 할 수 있는 중요한 방편이다.

(4) '보는 마음'은 구체적인 감정적 양태로부터 자유로우며, 이는 도심과 연결된다. 반면 '보이는 마음'은 인심과 등치시키는 것이 논리상 합당할 것이다.

(5) 인심/도심으로 우리 마음을 구분한다 할지라도 이는 마음의 작용적 측면을 설명하기 위한 방편이며, 따라서 실제로 하나의 마음이 두 개로 나눠져 있다고 말하는 것은 부당하다.

(6) 단 (5)번의 가설이 성립되기 위해서는 마음이 항시 (선-악) 이분법적 차원에서 작용할 수밖에 없으며, 그렇지 않으면 마음의 작용이 일어날 수 없다.[11]

(7) 이러한 측면을 감안한 듯, 주자도 도심이 인심을 주재하는 마음의 상태를 강조할 뿐, 인심을 없이하고 도심만이 남게 되는 상태를 상정하지 않는다.

(8) 결론적으로 인간의 마음은 인심-도심의 상호관계성을 통해 작동하나 마음의 본질은 여전히 이분법적 구분을 떠나 있다.

이제 이러한 논리를 '죽음'의 문제와 연결시켜보자면, 죽음은 삶과

---

[11] 이러한 논리의 연장선상에서 하나님이 에덴동산에 선악과를 심어두신 연고를 측량해볼 수 있을 것이다.

의 관계성 속에서 만들어진 허구적 개념이다. 나아가 이를 '보는 마음'과 '보이는 마음'의 맥락에서 접근한다 할지라도 '죽음'은 제육의식(第六意識)이 임의로 만들어낸 사유의 결과이며, 거기에는 상응하는 합당한 실체가 없다. 인간은 자신이 인식할 수 있는 것만을 알 수 있을 뿐이며, 안이비설신을 넘어 무엇이 존재하며 무엇이 존재하지 않는지를 말하는 것은 가능하지 않다. 달리 말해 우리가 특정 대상의 유무를 말할 때, 그것의 판단근거는 육식분별이다. 그런데 육식분별 자체가 이미 망상이라면, '죽음'을 유무의 관점에서 말하는 것이 어떤 의미가 있겠는가. 『금강경』에 등장하는 다음 구절을 보자.

> 무릇 모든 상은 그 실체가 없으니, 만일 모든 상이 상 아님을 보면 곧 여래를 보리라.[12]

인용문에서 상(相)은 범어인 니밋따(nimitta)의 번역어이다. 이는 인간이 과거로부터 축적된 많은 경험 혹은 기억의 총합을 토대로 어떤 대상을 만났을 때 생겨나는 일종의 선입견 같은 것을 일컫는 말이다. 인간은 일견 오관으로 대상을 인식하는 듯하나, 정작 오관의 배후에서 대상에 대한 의미를 부여하는 것은 제6식이다. 그러나 인간의 마음은 무시(無始) 이래 축적된 경험에 의해 이미 프로그램화돼 있으며, 이로 인해 우리는 결코 대상을 있는 그대로 볼 수 없다. 우리가 보는 것은 단지 우리 마음의 구조가 만들어낸 환상일 뿐이다. 물론 이는 유식의 기본 가설이지만, 유교적 맥락에도 무리 없이 적용될 수 있을 것이다. 『대학』에 등장하는 다음 사례를 살펴보자.

---

12 凡所有相, 皆是虛妄, 若見諸相非相, 卽見如來. (『금강경』「如理實見分」)

(1) 마음이 있지 않으면

　　보아도 보지 못하며

　　들어도 듣지 못하며

　　먹어도 그 맛을 알지 못한다.[13]

(2) 마음에 노여운 것이 있으면

　　그 바름을 얻지 못하고

　　두려운 것이 있으면

　　그 바름을 얻지 못하나니.[14]

　　위 두 인용문은 모두 '마음'의 작용을 설명한 것이다. (1)의 경우 대상사물에 대한 인식의 주체가 '마음'임을 천명하는 것인데, 왕양명의 논리를 따르자면 오관의식은 '하나'의 마음이 안이비설신으로 작용하는 것일 뿐, 보고 듣고 맛보는 등의 인식작용이 독립적으로 존재하는 것은 아니다. (2)의 경우는 우리 마음이 분별사량식으로 가득 차 있으면, 사물을 보아도 볼 수 없음을 암시하는 것이다. 이제 이러한 『금강경』과 『대학』의 사례를 통해 한 가지 유의미한 결론을 도출해낼 수 있다. 즉 유와 무, 선과 악 등의 개념은 공히 분별의식의 발로이며, 따라서 우리 마음에 대한 성찰 없이 존재의 본질을 논하는 것은 불가능하다.

　　여상의 논의에 기초하면, 탄생과 죽음 또한 인간의 분별적 사유를 자연현상에 투사한 것이다. 그렇게 보자면 전술한 두 가지 사건 또한

---

13 心不在焉, 視而不見, 聽而不聞, 食而不知其味. (『대학』 제7장)

14 身有所忿懥, 則不得其正, 有所恐懼, 則不得其正. (『대학』 제7장)

실체로서 존립할 수 없음은 명확하다(가령 '꽃이 피고 진다'라는 분별적 명제가 실재하는 그 사건을 오롯이 담아낼 수 있을 것인가). 우리의 인식이 항시 자기기만적이라면, 결국 인간은 일차적으로 자기의 내면을 응시할 수밖에 없다. 이는 흡사 활 쏘는 자가 눈앞의 과녁을 탓하기에 앞서, 자신을 먼저 돌아보는 것과 동일한 이치이다. 이제 이쯤에서 전술한 불교 인식론의 기본 전제를 신유학적 맥락에서 세부적으로 고찰해보는 것이 필요해 보인다. 논지를 구체적으로 개진하기 위한 방편으로『대학』의 삼강령·팔조목을 체계적으로 살펴보자.

주자의『대학장구』는 경(經)1장과 전(傳)10장으로 나눠져 있는데 전 10장은 사실상 경1장에 대한 사례들을 나열한 것이므로, 대학의 요체는 삼강령·팔조목에 모두 녹아 있다고 말해도 과언이 아닐 것이다. 먼저 '명명덕/신민/지어지선(明明德/新民/止於至善)'으로 요약되는 삼강령의 철학적 함의와 관련해서는 고래로 다양한 학설이 존재하나, 기본적으로는 명명덕이 신민과 지어지선을 포괄하는 것으로 해석하는 입장이 지배적이다. 비근한 예로 지욱대사의 경우 명덕을 불교의 본각(本覺) 자리와 동일한 맥락에서 파악하고, 이를『중용』의 성(性), 중(中), 신독(愼獨) 등의 개념과 연결시킨다.[15] 그런데 본각의 관점에서 명덕을 조망할 경우 우주 삼라만상이 마음의 그림자에 불과하고, 이렇게 보자면 중생도 내 마음 속의 중생이니, 신민과 지어지선이 명명덕과 분리될 수 없다. 한편 삼강령을 신유학의 맥락에서 풀이할 경우 명명덕이 내성이라면 신민은 외왕에 해당될 것이고, 내성과 외왕이 체용으로 **둘이 아님**을 체득한 경지를 지어지선으로 보는 것이 가능하다. 기실 큰 틀에서 보자면『대학』의 벼리가 되는 삼강령에 관해서는 해

---

15 감산스님, 위의 책, 15~16쪽.

석학적으로 커다란 이견이 없는 것이 사실이다. 반면 신유학 내에서 많은 논쟁을 야기한 것은 팔조목의 '격물·치지(格物·致知)'와 관련된 해석이다.

기본적으로 삼강령과 팔조목을 상호 의미론적 연결선상에서 보건 대 명명덕을 위한 첫 단계를 격물·치지로 상정하는 것이 합당해 보이 나, 정작 고본『대학』에는 양자에 대한 내용이 부재한다. 이로 인해 주 자는『대학장구』에「격물치지보망장」(格物致知補亡章)(전5장)을 첨가하 게 되며, 주자 자신이 심혈을 기울여 집필했다는「보망장」의 내용을 통해 신유학의 핵심을 엿보는 것이 가능해진다.

전5장의 내용을 토대로 격물의 개념을 살펴보자면, 주자는 물(物) 을 '사물'로 파악하며, 격(格)은 '궁리(窮理)'로 해석한다. 즉 '사물의 이 치'를 연구하는 것이 격물이 되며, 따라서 격물을 토대로 '지식을 확 충해나가는 것'이 '치지'가 되는 것이다. 그런데 잘 알려진 것처럼 왕 양명은 이 같은 주자의 해석에 반기를 들면서 격물을 '정사/정물(正事 /正物)', 즉 '사물[物]을 바로 잡음[正]'으로 풀이했다. 여기서 사물이라 함은 '마음의 생각'을 의미하는 것인데[16] 이는 '심외무물(心外無物)'론 의 연장선상에 있는 것이며, 이렇게 보자면 '마음에서 사사로운 욕심 을 버리고 바른 생각에 전념하는 것'이 격물의 요체가 된다. 이러한 격 물해석의 연장선상에서 치지는 지식의 확충이 아닌, 인간이 본래 가 지고 있는 양지(良知)에 이르는 것이다. 요약하자면 격물·치지에서 격

---

16 마음은 본래 형체가 없으나, 일단 한 생각을 일으키면 물체와 똑같이 된다. 이 것이 마음을 '물/사(物/事)'로 규정하는 근거이다. 비근한 예로, 아름다운 꽃을 보고, 아름답다는 감정을 일으키는 과정에서 인식주체와 대상은 하나로 통합되 는 것이다.

물의 대상을 무엇으로 설정하느냐에 기초해서 주자학과 양명학의 학설이 갈라지는 것이다.

한편 왕양명 계통에서 한때 수학했던 지욱대사는 격물해석과 관련해서 독특한 견해를 제시한다. 무엇보다 두 사람 모두 '물(物)'을 '심외무물'의 관점에서는 보는 것은 유사하나, 지욱대사는 격물을 '전물(轉物)'로 해석하고 있다. 즉 분별망상에서 격물이 되려면 우선적으로 일념(一念)이 되어야 하고, 일념은 무념(無念)이 그 체가 되는 것이다. 이는 분명 '악을 버리고 선을 취한다(爲善去惡)'[17]는 왕양명의 해석과는 차이가 있어 보인다. 필자의 관점에서도 선악시비가 존재하는 이상 논리적으로는 이미 분별지심이 개입되는 것이니, 자신의 생각으로 (자신의) 마음을 바로잡는 것이 그 자체로 '옥상옥'이 되지 않을까 싶다.

무엇보다 『대학』의 전체 요지가 '명명덕' 세 글자로 압축되는 것이라면, '명덕'을 악에 대비되는 선한 마음으로 규정하기보다 '불사선·불사악(不思善·不思惡)'의 허심으로 풀이하는 것이 좀 더 설득력이 있어 보인다. 나아가 앞에서 인용한 『대학』의 구절도 우리 마음이 편견이나 분노로 가득 차 있으면 격물할 수 없으며, 허심으로만이 격물이 가능함을 암시한다. 요약하건대 지욱대사의 격물론을 수용하게 되면

---

17 왕양명의 경우, '수신(修身)'과 관련해서는 '위선거악(爲善去惡)'을, 성(性)의 본질은 '심지본체(心之本體)'이자 '본무부정(本無不正)'으로, '의(意)'의 본질과 관련해서는 '유선유악(有善有惡)'으로 규정하고 있음이 흥미롭다. 何謂修身, 爲善而去惡之謂也, 吾身, 自能爲善而去惡乎, 必其靈明主宰者, 欲爲善而去惡然後, 其形體運用者, 始能爲善而去惡也, 故, 欲修其身者, 必在於先正其心也, 然心之本體, 則性也, 性無不善, 則心之本體, 本無不正也 (…) 然意之所發, 有善有惡, 不有以明其善惡之分, 亦將眞妄, 錯雜(각성 강해, 「王陽明大學問」『大學直指』 (부산: 통화총서간행회, 1995), 39~543쪽). 무선무악의 심의 본체고, 유선유악은 의(意)의 발동이고, 지선지악은 양지고, 위선거악은 격물이다. (『王陽明大學問』 참조)

격물의 본질은 무아(我空)이며, 이에 수반되는 치지는 법공(法空)이다. 즉, 개념적 사유——혹은 의식의 감옥——를 벗어나 아집·법집을 부수는 것이 격물이요 치지인 셈이다.

이러한 관점에서 격물·치지를 풀이하면, 성의와 정심에 대한 해석도 별반 문제가 없다. 전6장의 내용에 의거하면, '성의(誠意)'는 '생각이 처음 동하는 지점[心之所發]'에서 '망령됨이 없는[毋自欺]' 우리 마음의 상태를 지칭한다. 달리 말해 마음이 외물을 접하는 찰나에 자기의 사견을 개입시키지 않고 대상을 보는 것이 '성의'이며, 그러한 무망의 상태가 지속될 수 있도록 '주일무적(主一無適)'하는 행위가 정심(正心)이다. 이렇게 보자면 격물/치지/성의/정심이 사실은 하나의 과정이며, 이는 수신을 위한 유일무이한 방편이 됨을 알 수 있다.

이제 이상의 논의를 토대로 보는 마음과 보이는 마음의 문제를 정리해보자. 보는 마음을 도심과 연결시켜본다면 이는 시비선악이 부재하는 미발지중의 상태로 규정할 수 있을 것이요, 반면 보이는 마음은 인심과 연결되며 이는 희로애락이 이미 수면 위로 떠오른 상태이다. 물론 주자의 논리에 의거하더라도 감정자아가 반드시 나쁜 것은 아니다. 단 이들을 방치하면 감정이 극해져서 악으로 나아갈 수 있으므로, '지켜보기'를 통해 감정의 실체 없음을 자각하는 것이 중요하다. 덧붙여 격물/치지/성의/정심은 '지켜보기'을 실천하기 위한 유용한 방편이 되며, 지켜보는 상태가 체화되면 설령 시시각각의 정황에 상응하여 희로애락이 발동하더라도 모두가 절도에 맞지 않은 것이 없으니, 결국 이발지화로서 미발지중의 상태를 유지할 수 있게 되는 것이다.

인간의 마음은 흔히 허공에 비유되나 허공과는 달리 앎이 있으니, 항시 주어진 상황에서 특정한 인식작용을 일으키게 된다. 단 유교 인성론의 요체는, 나침판의 바늘이 끊임없이 움직인다 할지라도 그것이 가리키는 곳은 근본적으로 변하지 않는 것과 같은 이치이다. 즉 우리의 마음이 인심으로 요동치는 듯 보일지라도, 본성의 광명은 한 번도 어두워진 적이 없다. '지켜보기'의 논리는 소리를 듣되 듣는 마음을 돌이켜 듣는 것이며, 맛을 느끼되 맛을 인식하는 마음을 살피는 것이다. 이를 불교에서는 반문문성(反聞聞性)[18] 공부라고 명하였으며, 불교에서 말하는 '듣는 성품[聞性]'이 바로 유교가 말하는 우리의 본성이 되는 것이다.

이렇게 보자면 중용사상의 핵심인 '치중화, 천지위언, 만물육언'의 함의도 인식론적 차원에서 유의미하게 재해석될 수 있다. 즉 내 마음이 한쪽으로 치우침이 없이 허심으로 외물경계를 접할 때, 천지가 비로소 있는 그대로 현전할 수 있다는 의미이다. 그러나 마음이 중화를 이루지 못하면 우주 삼라만상이 분별망상으로 비틀리고 굴절된다. 나아가 위정자가 아견과 아집으로 천하를 통치하게 되면 백성이 자기의 본분을 다할 수 없고, 천지의 조화가 붕괴됨은 명약관화하다. 이러한 연고로 인해 신유학은 내성외왕(內聖外王)의 원리를 강조하는 것이다.

중국사상에서 성인(聖人)은 역설적이지만 선인(善人)이 아니다. 선인은 비록 그 품성인 '선'하다 할지라도 이미 한 방향으로 편중되었으니 중(中)의 도리에 어긋난다. 반면 성인은 성스러움과 비속함 사이에서 절묘하게 균형을 취할 수 있는 존재이다. 이로 인해 『중용』은 이렇게 설파한다.

공자께서 말씀하셨다.

도를 실천하지 않는 이유를 나는 안다.

---

18 감산스님, 같은 책, 69쪽.

지혜로운 사람은 너무 똑똑해서 지나치고

어리석은 사람은 (반대로) 미치지 못한다.

도에 밝지 못하는 이유를

나는 안다.

어진 사람은 지나치고

어질지 못한 사람은 미치지 못한다.[19]

인용문을 통해 알 수 있듯이 중용의 도리는 선과 불선, 지혜로움과 어리석음을 모두 넘어서 있다. 달리 말해 『중용』의 논지가 기질지성을 제거하여 본연지성을 회복하는 것이 아니라 양자 사이의 적절한 균형을 강조하는 연고는, 양자가 결국 '하나의 마음'이기 때문이다. 동일한 논리로서 삶은 죽음의 반(反)테제가 아니며 양자는 동시다. 좀 더 엄밀히 말하자면 존재의 본질은 불생불사(不生不死)다. 이 같은 발상은 사변론의 결과가 아니라, 자연과 우주에 대한 성찰에서 비롯된 것이다. 음양론적 관점에서 보자면 양은 탄생이며 음은 죽음이고, 양은 남성성을 음은 여성성을 상징한다. 그런데 탄생의 모체는 여성성, 즉 죽음이 아닌가. 혹자는 이를 두고 모순 혹은 순수이성의 한계라고 명할지 모른다. 그러나 유교를 포함한 제반 동아시아적 사유에서 인식이 존재를 임의로 재단(裁斷)하는 사례는 희소하다.

『중용』의 논리를 따르자면, 천지 삼라만상은 간단(間斷)없이 진행 중인 일련의 사건이다. 산하대지 및 심지어 하늘조차도 모두가 진행 중인 사건이다. 완성된 어떠한 것이 있다면, 그것은 '보이는 마음'이

---

19 子曰, 道之不行也, 我知之矣, 知者, 過之, 愚者, 不及也. 道之不明也, 我知之矣. 賢者, 過之, 不宵者, 不及也. (『중용』 4장)

만들어낸 상이요, 환영이다.

> 해가 가면 달이 오고
>
> 달이 가면 해가 와서
>
> 해와 달이 서로 교체하여 밝음이 생하니[20]

해가 가고 달이 오는 것은 분별의 세계이다. 그러나 실제로 해와 달은 간 적도 온 적도 없다. 항상 여여부동(如如不動)할 뿐이다. 그 여여부동한 자리를 『주역』은 '밝음'으로 암시하였다. 우리의 분별망상은 일월왕래(日月往來)를 만들지만, 그렇다고 요동치는 우리 마음이 결코 '밝음'의 자리를 벗어나지 않는다. 필자가 평소 즐겨 묵상하는 아래 『성경』 구절도 전술한 맥락에서 해석해봄 직하다.

> 마음을 강하게 하고 담대히 하라.
>
> 두려워 말며 놀라지 말라.
>
> 네가 어디로 가든지
>
> 네 하나님 여호와가 너와 함께 하느니라 하시니라.[21]

마음을 강하게/담대히 하는 것과 두려움을 없이하는 것은 언뜻 보면 동일한 메시지로 읽힌다. 달리 말해 마음이 담대하면 (결과로서) 두려움이 사라지니, 의미론적으로 두 번째 문장은 선행한 문장에 대한 중언부언이 될 수도 있겠다는 생각을 한 적이 있다. 그런데 본서를 집

---

20 日往則月來, 月往則日來, 日月相推而明生焉. (『주역계사하전』 5장)

21 「여호수아」 1:9.

필하면서 상기 성경구절의 의미가 새롭게 이해되었다. 심리적으로 인간에게 '공포'라는 감정체험은 어찌 보면 공포라는 감정을 내 존재의 본질 위에 덧씌운 결과로서 생하는 것이다. 따라서 이 같은 부정적 상황을 차단할 수 있는 방책은 우리의 감정자아를 내면의 우주적 자아와 뒤섞이지 않도록 하는 것이다.[22] 이를 위해 우리는 굳건한 믿음을 갖고 있어야 한다. 그리고 그 믿음의 토대는 '하나님이 나와 함께하신다'는 진리에 대한 확신이다. 『중용』은 이러한 이치를 '천명지위성(天命之謂性)'으로 밝혔던 듯하다.

그런데 인간에게 두려움을 유발하는 가장 보편적 사태는 무엇일까. 아마도 이 물음과 관련해서는 동서고금 남녀노소를 막론하고 인간이 필연적으로 맞이하게 될 '죽음'이라는 사건을 떠올릴 수 있을 것이다. 그런데 이쯤에서 인간에게 실존적 불안과 공포를 가져다주는 죽음이 어디에, 어떠한 모습으로 존재하는지를 떠올려보는 것도 좋을 듯하다. 「여호수아」에서는 '하나님 여호와가 늘 나와 함께하신다'고 하였고, 『중용』에서 '중'은 천, 성, 도의 추상성을 모두 포괄하는 것으로, 천지 삼라만상에 '진리(理)'가 존재치 않는 곳이 없음을 암시하는 말이다.

한편 체용적 관점에서 보자면 중/마음의 본체가 성이요, 중/마음의 작용이 정이다. 나아가 우리 마음의 구조적 측면에서 말하자면 '허령'이 마음의 본체로서 중이요, '지각'이 마음의 작용으로 화이다. 이처럼 중은 한순간도 나를 떠난 적이 없지만, 소인은 '반중용(反中庸)'으로 살아간다. 자신이 누구인지를 알지 못하기 때문이다. 『중용』에서 내가 누구인지를 안다는 것은 결국 하늘이 나를 떠나 있지 않음을 아는

---

22 「중용장구서」로 말하자면, 이는 '유정유일(惟精惟一)'에 해당한다.

것이요, 실천윤리적 차원에서 보자면 '지(智)'는 내가 누구인지를 아는 것이며, '인(仁)'은 이를 통해 자타의 구분이 사라지는 것이요, '용(勇)'은 탄생과 죽음이라는 육신적 생명의 사이클이 나의 본질과 무관함을 깨치는 것이다.

죽음은 인생의 종말인가 혹은 죽은 뒤에 인간은 다시 환생하는가 라는 물음은 종교나 철학에서 끊임없이 논의되어온 질문이다. 한 가지 분명한 것은 인간이 삶의 여정을 마감할 때, 지구의 다른 한 공간에서는 새로운 생명이 탄생한다는 것이다. 물론 한 인간의 죽음과 또 다른 생명의 탄생 사이에 우리는 어떠한 논리적 연결고리도 찾을 수 없다. 그럼에도 불구하고 부인할 수 없는 사실은 사람이 일생을 살아가는 동안 우리 모두는 '나'로서 존재한다는 것이다. 물론 '나'라는 자의식은 내 존재의 본질을 가리는 베일이다. 그 망상적 베일이 벗겨질 때, 한 인간의 죽음과 새로운 생명의 탄생이라는 경이로운 자연의 현상은 우주적 존재의 잠재태가 이런저런 형태로 발현된 것과 다름없음을 알 수 있다. 『중용』에서는 만물의 성이 모두 다르지만, 다름 속에서 모든 것이 같을 수 있는 근거를 중(中)사상을 통해 제시하고 있다. 솔개와 물고기의 성품은 서로 다르지만, 하늘을 날고 물속에서 헤엄치는 그 **이치**는 하나이다.

자연 속에 존재하는 모든 것은 경이롭다. 이미 경이로운 자연을 다시금 장엄하게 하려는 것은, 이미 장엄이 아니다. 인심은 항시 생사번 뇌로 요동치지만, 마음의 본체는 부증불감이요 불생불멸이다. 생사윤회로 요동치는 세간에 머물면서 불생불멸의 '나'를 잃지 않는 것이 어떻게 가능할까. 이로 인해 아마도 옛 성현이 『중용』은 심독(心讀)하는 책이라고 후학에게 화두를 던졌던 게 아닐까 싶다.

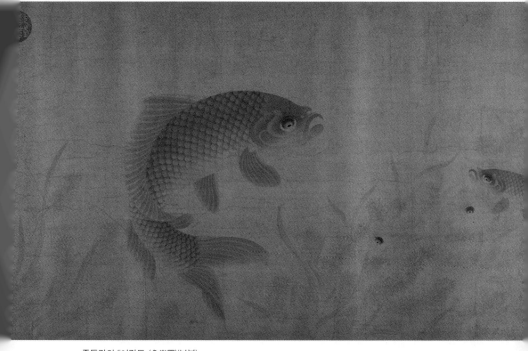

주동경의 「어락도」(魚樂圖)(부분)

제 6 장

삶과 죽음에 대한 음양론적 고찰

앞선 논의에서는 『중용』의 핵심 개념인 '성(誠)'을 귀/신, 즉 음양론적 관점에서 조망해보았다. 기실 『중용』은 사서 가운데서도 철학적 성격이 풍부하고, 내용적으로는 주역의 핵심을 갖추었다고 하여 일명 '소주역(小周易)'이라 명하기도 한다. 이에 본 장에서는 주역의 음양원리를 이해하는 데 도움이 될 수 있는 몇 가지 자료를 살펴보고, 이를 중용사상과 연결시켜보고자 한다.

먼저 주역을 철학적으로 기술한 책이라 할 수 있는 『주역계사전』에는 "역(易)에는 태극이 있으니, 태극이 양의를 낳고, 양의가 사상을 낳고, 사상이 팔괘를 낳는다"[1]라는 구절이 등장한다. 이는 일견 지극히 단순한 말인 듯하나, 추론해 들어가자면 한없이 복잡한 의미가 내포돼 있다. 역은 팽창하게 되면 백천만억의 끝없는 데까지 이른다. 외견상의 크기로만 보자면, 흡사 수의 대소와 선후가 있는 것 같다. 그러

---

1 易有太極, 是生兩儀, 兩儀生四象, 四象生八卦. (『주역계사상전』 11장)

나 사실 천지의 이치가 태극 가운데 이미 갖추어져 있다. 삼라만상은 태극의 굴신승강(屈伸昇降)[2] 작용일 뿐이며, 이를 포괄해 '화(化)'라 칭하기도 한다. '화'는 개념적으로 말하자면 있음과 없음의 양극단을 매개하는 원리로, 『중용』에서는 천지의 이치를 '대덕돈화(大德敦化)'(30장)로 표현하였다. 『법화경』은 이를 좀 더 문학적으로 묘사한 바, 만물이 스스로가 '화성(化城)'을 만들어 거기에 안주하고 있다고 비유로서 말한다.[3]

한편 위에서 인용한 태극과 팔괘의 관계를 공간적 차원에서 좀 더 구체적으로 고찰해보자. 즉 태극이라는 선을 평면 위에 그으면, 그 즉시 두 개의 공간이 상·하로 나눠진다. 그렇게 보자면 태극은 양의와 분리되어 별도로 존재하는 것이 아니며, 부득이 말에 의지해 표현한 결과로서 '태극생양의'가 되었다. 결국 양의와 태극을 합하면 3이라는 숫자가 나온다. 그런데 음효(陰爻)와 양효(陽爻)로 삼효 괘를 조합하는 경우의 수는 총 여덟 가지가 있으며, 이것이 여덟 개의 소성 괘가 성립되는 근거이다. 이제 건괘에서 곤괘에 이르는 8개의 소성 괘는 각각의 개념을 갖게 되고, 이로부터 만물이 발현한다. 이러한 관점에서 노자가 말하는 "도가 하나를 낳고, 하나는 둘을 낳고, 둘은 셋을 낳고, 셋은 만물을 낳는다"[4]라는 말의 의미를 반추해보면 이해가 용이하다.

이상을 성(誠)의 논리와 연결시켜보자면, 태극의 굴신승강의 작용 속에는 털끝만한 사심도 들어 있지 않다. 이를 편의상 천리라고 칭할

---

2 굴신승강(屈伸昇降)은 각각 금목화수(金木火水)의 성정(性情)을 나타낸 것이며, 토(土)는 전술한 네 기운을 매개하는 역할을 한다.

3 『법화경』「化城喩品」.

4 道生一, 一生二, 二生三, 三生萬物. (『도덕경』 42장)

수 있겠으나, 여기서의 '이치'는 계탁지심(計度之心)이 사라진 자연스러움을 암시하는 것이다. 이는 과학적 탐구의 결과로서 확립된 '원리'의 개념과는 구분하는 것이 적절해 보인다. 아래 「선천팔괘차서도」(先天八卦次序圖)는 위에서 인용한 『계사전』의 구절을 도표 형태로 표현한 것이다. 여기서는 일차적으로 「선천팔괘차서도」의 함의를 밝히고, 이를 토대로 「후천팔괘도」의 철학적 함의를 중용사상과 연결시켜 논하고자 한다.

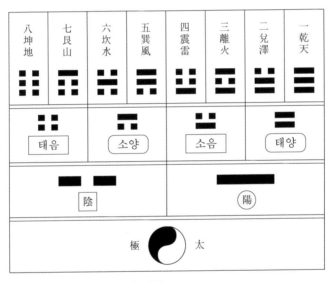

복희(伏羲) 선천팔괘차서도(先天八卦次序圖)

주역철학에서 양의(兩儀)는 음양을 지칭하는바, 비유하자면 태극이라는 하나의 뿌리에서 음양이라는 두 개의 줄기가 나오는 것이다[須知一本能雙幹]. 단 양자는 본질과 작용의 관점에서 각기 서로 다른 이름을 붙인 것이며, 근본에서는 아무런 변화도 발생한 바 없다. 사상(四象)에서 양은 태양(太陽)과 소음(少陰)으로, 음은 태음(太陰)과 소양(少陽)으로 나눠지는데, 이는 기본적으로 사물의 네 가지 유형을 암시한다.[5] 태극이 삼변(三變)하면 모든 사물의 초보적 현상이 완성되는데, 팔괘의 상징체계는 자연의 법칙을 원리적으로 설명한 것이다. 팔괘는 삼효(三爻)로 이뤄져 있어 소성괘(小成卦)라고도 하는데, 이들은 진리태건/손감간곤의 순서로 배열돼 있다.[6] 전자는 양장음소(陽長陰消)로서 팽창의 기운이며, 후자는 음장양소(陰長陽消)로서 수축의 기운이다. 팔괘의 상징체계를 간략히 도표로 제시하면 아래와 같다.

팔괘 (소성괘)	성정(性情)
일건천(一乾天)	군건함/하늘/부친/말/머리/서북(西北)/양금(陽金)
이태택(二兌澤)	기뻐함/연못/소녀/양/입/정서(正西)/음금(陰金)
삼리화(三離火)	걸림/불/중녀/꿩/눈/정남(正南)/화(火)
사진뢰(四震雷)	움직임/우뢰/장남/용/발/정동(正東)/양목(陽木)
오손풍(五巽風)	들어감/바람/장녀/닭/넓적다리/동남(東南)/음목(陰木)
육감수(六坎水)	빠짐/물/중남/돼지/귀/정북(正北)/수(水)
칠간산(七艮山)	그침/산/소남/개/손/동북(東北)/양토(陽土)
팔곤지(八坤地)	포용/땅/모친/소/배/서남(西南)/음토(陰土)

팔괘와 개별 소성괘에 상응하는 성정의 관계는 어떠한 보편적 원리에 기초한 것이라기보다는 전체론적 우주관(holistic vision of the universe)을 구현해내기 위한 유비적 사유에 근거한 것으로 보인다. 주

---

5 한의학에서의 사상체질은 여기에 해당하는 하나의 사례가 될 것이다. 한편 이를 자연으로 확장하면 춘하추동 사계로 해석될 수 있다.
6 팔괘의 명칭과 관련해서 '일건천(一乾天)'을 예로 들 경우, 일(一)은 팔괘 배열상의 숫자를, 건(乾)은 괘의 성정(性情)을, 천(天)은 그 상을 지칭하는 것으로 해석할 수 있다.

목할 부분은 전술한 팔괘의 상징성이 주역 64괘의 형이상학적 의미를 제공하는 해석학적 토대로 작용한다는 점이다.

여기서 팔괘의 성정을 일일이 설명하는 것은 적절치 않겠으나, 일례로 오손풍의 괘상(☴)을 보면 (1) 위로 두 개의 강건한 양효 아래 유약한 음효가 위치해 있으므로, (자신을 낮추어) 상황에 순응함이라는 의미와 연결되며, (2) 이를 바람의 속성과 연결시켰고, (3) 닭은 이러한 속성을 상징적으로 보여주는 동물로 파악했던 것 같다. 한편 방위의 경우는 선천팔괘도의 배열구도에 따른 것이며, 음목(陰木)은 오행을 음양으로 재분류한 것이다. 문헌학적으로 팔괘에 대한 풀이는 기본적으로 「설괘전」(說卦傳)에 근거를 두고 있다. 그러나 그 내용의 일정 부분은 현대인의 관점에서 논리적 근거를 유추하기가 쉽지 않다. 그럼에도 불구하고 이를 참고하여 6효로 구성된 주역의 64괘가 여하한 방식으로 우주 삼라만상의 의미를 담아내고 있는가에 대한 해석학적 토대를 마련할 수 있을 것이다.

「선천팔괘차서도」는 삼라만상의 생명작용이 여하히 하나의 원리를 넘어서지 않는가를 보여주는 사례이다. 그 원리는 '일음일양(一陰一陽)'일 따름이며, 혹자는 이를 '소이일음일양지위도(所以一陰一陽之謂道)'라고 부연 해석한다. 그러나 낮을 떠나 별도로 낮이게 하는 어떤 것이 없고, 밤을 떠나 별도로 밤이게 하는 어떤 것이 없다. 주야가 목전에서 교체하는 것과 주야가 교체되게 하는 원리는 양자가 서로 다른 지점을 지시하지만, 그렇다고 상호 분리된 것도 아니다. 성(誠)의 개념 또한 넓게는 우주의 조화(귀신)을 통해 설명이 가능하나, 좁은 의미로 말하자면 천지간에 존재하는 미물로서 성의 현전함이 아닌 것이 없다. 이러한 관점에서 「선천팔괘차서도」는 성의 원리를 드러내는 하나의 참조체계가 될 수 있을 것이다.

선천팔괘도[7]

　「선천팔괘도」(先天八卦圖)의 철학적 의미를 설명하는 자료는 많지 않다. 필자가 과문한 탓도 있겠으나, 그나마『주역』「설괘전」이 유일하게 「선·후천팔괘도」를 이해할 수 있는 문헌적 근거를 제시하는 자료인 듯하다. 여기서는 우선 「선천도」와 관련된 「설괘전」의 내용을 살펴본다.

---

7 「선천팔괘도」(先天八卦圖)는 북송의 유학자 소옹(邵雍, 1011~1077)이 역(易)에 의거해서 팔괘 및 육십사괘를 배치한 그림이다. 소옹은 이 그림의 원작자가 복희(伏羲)이며, 자신은 그것을 복원했다고 생각했다. 한편 「후천팔괘도」(後天八卦圖)의 작자는 서주(西周)시대 문왕으로 여겨진다. 「선천팔괘도」와 「후천팔괘도」에 대한 논의는 앞서 인용한 리하르트 빌헬름, 진영준 옮김.『주역강의』(서울: 소나무, 1996)에서 많은 계발을 받았으며, 특히 「설괘전」5장에 대한 해석은 『주역강의』의 「대립과 협력」의 서술내용을 기본 골자로 하여, 여기에 필자의 의견을 첨가하였다.

천(天)과 지(地)가 자리를 정(定)하고

산(山)과 택(澤)이 기(氣)를 통하며,

뇌(雷)와 풍(風)이 서로 진작(振作)하고

수(水)와 화(火)가 서로 해치지 않아

팔괘(八卦)가 서로 어우러지니

지나간 것을 세는 것은 순(順)이요

미래를 아는 것은 역(逆)이다.

그러므로 역(易)은 거슬러서 세는 것이다.[8]

상기 인용문은 「설괘전」 제3장에 수록된 내용이다. 「선천도」의 순서는 팔괘가 서로 짝을 이루는 구도로 배열돼 있는데, 마주하는 두 괘는 대대(待對)[9]적 관계를 형성한다. 무엇보다 건과 곤이 상하로 자리를 잡으면서 천지가 생겨나고, 산택의 두 기운이 상호작용하여 만물변화의 시초를 이룬다. '산택통기'와 관련해서는 다양한 설명이 가능하나 기본적으로 하늘[乾]이 산[艮]을 통해 땅에 양의 기운을 아래로 내려 보내고, 반면 땅[坤]은 연못[兌]을 통해 하늘에 음 기운을 전한다.[10] 이것이 소위 말하는 음양교역(陰陽交易)의 시초인 셈이다.

'뇌풍상박(雷風相薄)'은 생명현상의 본격적인 시작이다. 즉, 우레와 바람은 서로를 진작시키면서 기운을 흩뜨린다. 그다음 등장하는 '수

---

8 天地定位, 山澤通氣, 雷風相薄, 水火不相射, 八卦相錯 數往者, 順, 知來者, 逆, 是故, 易, 逆數也. (『說卦傳』 제3장)

9 '대대(待對)'란 서로 밀치면서 동시에 의존한다는 의미이다.

10 '산택통기'를 64괘로 말하면 택산함(澤山咸) 괘에 해당한다. 즉 산과 호수가 감응[咸]한다는 의미인데, 『주역』에서는 마음 심(心)이 없는 '감응'을 말하고 있다. 즉, 무심(無心)으로 응한다는 의미이다.

화불상석(水火不相射)'은 특히나 흥미롭다. 물과 불은 자연계에서는 비와 태양에 비겨도 무방할 터인데, 핵심은 비[雨]로서 만물을 적시고 햇빛[火]으로 말리는 것이다. 물과 불은 '화육'의 의미를 내포하고 있는데, 물과 불이 서로를 극(克)하지 않는다는 주역의 발상이 주목할 만하다. 즉, '수화불상석'은 선천시대의 상생구도를 암시하는 구절이다. 이처럼 팔괘가 서로 어우러지면서[八卦相錯] 두 가지 작용이 수반되니, 하나는 양장음소(陽長陰消)의 순방향이고, 다른 하나는 음장양소(陰長陽消)의 역방향이다. 양장음소를 순방향으로 보는 근거는 (1) 공간적으로 말하자면 양의 운동이 작은 것에서 큰 것으로 확장되기 때문이며, (2) 시간적으로 말하자면 현재에서 미래로 시간이 진행되면서 지나간 사건들이 점차로 누적되기 때문이다. 음장양소는 이와는 반대의 논리를 따른다. 즉 공간적으로는 큰 것이 점차 축소되는 기운이며, 시간적으로는 미래가 현재 속으로 들어온다.[11]

「선천팔괘도」로 역순(逆順)의 논리를 설명하자면, 진괘에서 건괘까지는 양장음소로 순(順)에 해당하며, 손괘에서 곤괘까지는 음장양소로 역(逆)에 해당한다. 그런데 상기 인용문에서 필자가 주목하는 것은 마지막 문장으로, '역은 거슬러 세는 것[易逆數也]'이라는 말의 함의이다. 주역철학의 맥락에서 볼 때, 역수는 근원으로 거슬러 올라가는 것이다. 달리 말해 64괘가 일태극의 자기운동임을 아는 것이 역수이며, 학문의 목적이 극기복례임을 아는 것이 역수이다. 『중용』으로 말하자면 삼라만상이 종국에는 성(誠)으로 귀결되는 것이 역수이다. 그렇게 보자면, 주역철학의 본질이 현상세계의 길흉화복을 밝히는 용적 측면

---

11 이 부분은 쉽게 이해되지 않을 수 있으나, 비유적으로 말하자면 '씨앗 속에 나무가 있음을 아는' 것이다. 즉, 나무(미래)가 씨앗(현재) 속으로 들어온 형국이다.

에 방점을 두기보다 회광반조(回光返照)를 통해 만물이 일태극으로 수렴되는 대오각성(大悟覺醒)의 계기를 지향하고 있음을 간파할 수 있다. 이는 『중용』의 내용체제를 규정하는 일리만수(一理萬殊)의 원리와도 상통한다.

한편 「설괘전」 4장은 또 다른 차원에서 「선천도」의 내용을 설명하고 있다.

> 우레로써 동하고, 바람으로써 흩고, 비로써 적시고, 해로써 따뜻하게 하고,
> 간(艮)으로써 그치고, 태(兌)로써 기쁘게 하고,
> 건(乾)으로써 (만물을) 주재(君主)하고, 곤(坤)으로써 감싼다.[12]

인용문에서는 다시 팔괘가 등장하는데, 처음 네 가지는 상(象)에 의해, 나중 네 가지는 속성에 의해 배열된다. 먼저 우레, 바람, 비, 태양은 만물의 성장과 관련된다. 우레는 일양(一陽)이 대지의 아래로부터 솟구쳐 오르는 기운을 상징하며, 바람은 얼어붙은 만물을 녹이고 부드러움으로 흩어놓는다. 비는 봄의 씨앗을 적시며 윤택하게 하고, 태양은 생명체에 따뜻한 온기를 제공한다. 이는 성장의 기운이며, 앞서 논의한 개념으로 말하면 순(順)에 상응한다.

한편 후반부의 간태건곤(艮兌乾坤)은 수렴을 상징하며, 이는 역(逆) 방향이다. 개별적으로 보자면 간은 성정[13]이 '그침'으로, 팽창을 멈추

---

12 雷以動之, 風以散之, 雨以潤之, 日以烜之, 艮以止之, 兌以說之, 乾以君之, 坤以藏之.

13 간태건곤 괘의 성정과 관련해서는 본문의 도표 참조.

게 하는 것이다. 즉 어떠한 사물도 무한히 성장할 수 없으며, 어느 순간에 이르면 성장을 멈추고 수축의 사이클에 동참해야 한다. 태는 수확의 기쁨을 상징하고, 건은 군주로서 만물이 생장수장의 사이클에 순응토록 한다. 곤은 대지를 상징하며, 만물이 탄생과 죽음의 여정을 마치고 되돌아가는 곳이다. 이상은 팔괘를 사계의 관점에서 서술한 것이나, 이를 인간사에도 동일하게 적용해볼 수 있을 것이다. 그 경우 순수(順數)와 역수(逆數)는 각기 한 개인의 탄생과 죽음이라는 두 가지 사태를 지시하는 것으로 해석하는 것이 가능해 보인다.

지금까지의 논의를 요약해보면, 「선천팔괘도」는 뒤에서 설명할 「후천팔괘도」와 서로가 체용적 관계를 갖고 있다. 「선천도」는 기본적으로 마주보는 괘가 음양관계를 이루고 있으며, 좌변의 진, 리, 태, 건괘는 양이 성장하는 오전의 과정을 묘사하고 있다. 반면 우변은 손으로부터 감, 간, 곤으로 이어지면서 음이 성장하는 오후의 과정을 묘사한다. 주목할 것은 양이 성장하는 시기에도 여전히 양에 대립하는 음이 존재하며(리/태), 음이 성장하는 시기에도 양이 잠장(潛藏)하고 있다(감/간). 팔괘의 구성을 보자면, 좌변의 경우 건-태-리-진은 아래 효가 모두 양효이며, 둘째 효는 양양-음음, 셋째 효는 양-음, 양-음의 형태를 갖추고 있다. 이는 우변의 배열원리에도 동일하게 적용된다. 고로 「선천도」가 암시하는 것은 기본적으로 '일음일양지위도'이다.

일음일양이 간단없이 지속될 수 있는 근거도 괘의 배열을 통해 암시된다. 즉 음이 곤(坤)에서 극성해지면 다시 양이 뿌리에서 출발하는 진괘가 수반되고, 양이 극한 건(乾)의 경우도 다시 손으로 이어지면서 '생생지위역(生生之謂易)'의 이치가 드러나는 것이다.[14] 한 가지 주목할

---

14 리하르트 빌헬름의 다음 지적은 『중용』 14장의 내용과 정확히 일치되는 부분이

부분은 밤이 성할 때 낮은 잠복하며, 낮이 성할 때 밤이 잠복한다. 그것이 서로 마주보는 괘의 상징적 의미이다. 즉 건/곤, 태/간, 리/감, 진/손은 음양의 재질이 서로 상반되며, 둘로서 하나가 되는 것이다. 전체적으로 「선천도」는 대자연의 섭리가 구체적인 현상으로 나타날 수 있는 기반이 되는 원리를 표상한다고 볼 수 있다. 구체적으로는 음양이 오행의 근본이므로 「선천팔괘도」는 음양이 되고, 뒤에서 설명할 「후천팔괘도」는 오행이 된다. 끝으로 「선천도」에서 마주하는 괘끼리의 합은 늘 15[15]로 일정하다. 이를 통해 우리는 「선천도」가 완벽한 음양조화를 이루면서 질서 잡힌 본체의 세계를 상징하고 있음을 알 수 있다. 이러한 「선천팔괘도」의 철학적 함의가 『중용』이 밝히고자 하는 중화의 논리와 별반 다르지 않을 것이다.

라 전문을 인용해본다. "변화의 법칙에 따르면, 승리하는 그 순간이 또한 패배로 향하는 전환점이 되므로 어느 쪽도 최종적인 궁극적 승리를 쟁취할 수 없다는 것이다. 오히려 인간은 자기가 살고 있는 주변 환경과 조화를 이루어야 한다." 이러한 논리를 토대로 "잘살 때는 잘사는 사람답게, 가난할 때는 가난한 사람답게, 야만인들 틈에서는 그들과 어울리게 처신해야 한다는 것이다. 이런 방식으로 내적 자아와 주변 세계 사이에 조화를 이룸으로써 인생의 모든 입장들이 균형을 이룰 수 있다." 리하르트 빌헬름, 같은 책, 31~32쪽.

15 주역의 수리철학에 의하면 양효는 3이고, 음효는 2다. 이를 토대로 마주하는 두 괘의 수의 총합을 계산하면 예외 없이 15가 된다. 15는 노양 수(9)와 노음 수(6)를 합한 것으로 '완전수'에 해당한다. 한편 「선천팔괘차서도」의 수를 대입해서 마주하는 두 괘의 수를 더하면 예외 없이 9가 된다.

후천팔괘도

「선천팔괘도」와 비교해서 「후천팔괘도」(後天八卦圖)는 용에 들어가
는 자리이다. 이로 인해 「후천도」에서는 오행의 상생과 상극, 방위, 계
절 등이 모두 들어 있으며, 혹자는 「선·후천팔괘도」를 하도·낙서와 연
결시켜 「후천도」의 팔괘에 낙서의 숫자를 배속시키기도 한다.[16] 「후
천팔괘도」의 철학적 함의는 「설괘전」 5장에 비교적 상세히 기록돼 있
는데, 이는 반복되는 일련의 변화 속에 삶의 과정을 표상하는 주역의
명상 도식으로 해석되기도 한다.[17] 따라서 「후천도」를 토대로 「설괘
전」의 내용을 음미해보면, 고대 중국인들이 인생과 자연을 성찰했던

---

16 「후천팔괘도」에서 숫자가 배속된 경우, 마주하는 두 소성괘의 숫자의 합이 10
이 되는데, 이는 낙서의 배열 기준을 따른 것이다.

17 '명상 도식'은 리하르트 빌헬름이 사용한 개념이며, 뒤에서 논의될 「후천도」의
팔괘에 대한 철학적 성찰 또한 빌헬름의 해석에서 많은 영감을 받았음을 밝힌다.
리하르트 빌헬름, 같은 책, 43~56쪽.

자취를 엿볼 수 있을 것이다. 분량이 짧지 않으나, 전체 내용이 상호 연결돼 있으므로 전문을 인용해본다.

(1) 만물이 진에서 나오니 진은 동방이라.

(2) 손에서 가지런히 하니, 손은 동남이니, 제라는 것은 만물이 깨끗하고 가지런한 것을 말함이라.

(3) 리는 밝음이니, 만물이 다 서로 봄이니, 남방의 괘이니, 성인이 남쪽을 향해 천하의 의견을 들어서, 밝은 데를 향하여 다스리니, 다 여기에서 취함이라.

(4) 곤은 땅이니, 만물이 모두 기름[養]을 이루기 때문에, 고로 곤에서 치역(致役)한다고 하니라.

(5) 태는 바로 가을이니, 만물의 기뻐하는 바이기 때문에, 그러므로 열언호태라 하니라.

(6) 전호건이라 함은 건은 서북의 괘이니, 음과 양이 서로 부딪침을 말함이라.

(7) 감은 물이니 정북방의 괘이니, 수고를 위로하는 괘이니, 만물이 돌아가는 바이기 때문에, 노호감이라 하니라.

(8) 간은 동북의 괘이니, 만물이 마침을 이루는 바요, 시작함을 이루는 바이기 때문에, 고로 성언호간이라고 하니라.[18]

---

18 萬物, 出乎震, 震, 東方也 齊乎巽, 巽, 東南也, 齊也者, 言萬物之潔齊也 離也者, 明也, 萬物皆相見, 南方之卦也, 聖人, 南面而聽天下, 嚮明而治, 蓋取諸此也 坤也者, 地也, 萬物皆致養焉, 故, 曰致役乎坤 兌, 正秋也, 萬物之所說也, 故, 曰說言乎兌 戰乎乾, 乾, 西北之卦也, 言陰陽相薄也 坎者, 水也, 正北方之卦也, 勞卦也, 萬物之所歸也, 故, 曰勞乎坎 艮, 東北之卦也, 萬物之所成終而所成始也, 故, 曰成言乎艮. (「說卦傳」 제5장)

이제 위의 인용문을 토대로 「후천도」에 나타난 팔괘의 의미를 순서대로 고찰해보자. 앞서 말했듯이 「설괘전」 5장은 하루의 시간으로 해석할 수도 있을 것이며, 한 해 혹은 일생, 나아가 우주의 한 사이클로 이해해도 무방하다. 관건은 이를 통해 '탄생에서 죽음'까지의 과정이 주역철학에서 어떻게 조망되는가를 이해하는 것이다. 각 괘에 배속된 간결한 시적 상징은 독자 모두에게 유의미한 해석학적 상상력을 허용할 것이지만, 주어진 투박한 '틀'을 벗어나면 안 된다. 드디어 긴 여정이 진방에서 시작되었다.

(1) 제출호진(帝出乎震)

진방은 동쪽이며, 계절로는 봄이고, 하루로는 묘시(卯時)[19]에 해당한다. 먼저 주목할 부분은 '제(帝)'가 진에서 나온다는 구절이다. 여기서 '제'는 아마도 육체에 대비되는 **정신의 영역**을 지칭하는 듯하다. 새벽에 서서히 동이 트면서 아직은 육체의 활동이 시작되지 않았다. 그러나 각자는 생각 속에서 하루의 일정을 계획해본다. 리하르트 빌헬름의 지적처럼 모든 것이 아직 '멀리 떨어져 있고', 따라서 어떠한 상상도 현실화 시킬 수 있다. 진방은 정신이 지배하는 시간이지만, 어찌 보면 낮을 상징하는 육체의 시간보다 더욱 중요하다. 자유로운 정신은 시간의 추이와 더불어 점차 딱딱하게 굳어진다. 서리가 쌓여 두꺼운 얼음이 되기 전에 우리는 점차 다가올 미래의 행보가 근원에서 벗어나지 않기를 다짐해야 할 것이다. 비록 그것이 잠에서 갓 깨어난 몽롱한 순간이라 할지라도, 각자의 무의식 속에 어떤 양지(良知)를 심어놓을 것이다.

---

19 묘시는 현재 기준으로 말하면 오전 5시~7시에 해당한다.

(2) 제호손(霽乎巽)

부드러운 바람이 만물을 가지런히 한다. 자연으로 말하자면 바람이 불어 싹이 땅위로 올라오는 형국이다.[20] '제(霽)'는 만물이 '깨끗하고 가지런해진다'는 의미이다. 아직은 현실의 무게로부터 비교적 자유로우며, 처음의 순수함을 지니고 있다. 그러한 순수함이 나를 에워싼 주변의 세계로 스며든다.[21] 세계의 본질은 물질이지만 또한 정신이다. 순수한 어린아이의 눈에 비친 세계는 모든 것이 신비롭고 정결하다. 새벽의 시간(진방)을 지배하였던 완전한 정신의 자유로움이 주변 사물과의 관계성 속에서 일종의 질서('가지런함')를 만들어낸다. 하지만 '보는 나'와 '보여진 대상'의 관계가 명료히 구분된 상태는 아니다. 여기서 진괘와 손괘의 관계를 살펴보면 양자는 시간의 추이를 전제하고 있다. 그런데 「후천도」의 도상(圖像)에만 주목하게 되면 진괘와 손괘는 단지 공간의 차이를 보여줄 뿐이지만, 이 속에는 시간성이 개입돼 있다. 이로부터 우리는 역설적으로 진괘와 손괘가 사물화된 개념상징이 아니라 우주자연의 **사건**임을 짐작하게 된다. 사건은 동사(動詞)이며 연속이자 이행이다. 우레가 치고 바람이 뒤따른다. 둘은 동시이지만, 우리의 사고는 양자를 일련의 과정으로 파악한다. 주역의 시간개념은 팔괘의 상징이 이미 상징을 넘어서고 있음을 암시하고 있다.

---

20 손괘의 상(象)은 '바람'이며, 오행으로는 음목(陰木)에 해당한다.
21 손괘의 성정은 '스며듦'이다. 바람이 공간의 틈으로 스며드는 형국을 떠올려보면 좋을 것이다.

(3) 상견호리(相見乎離)

상견호리는 해가 하늘중천에 걸려 있는[22] 정오의 시간이다. 이제는 모든 사물이 서로를 인식하며, 교류도 활발해진다. 문명의 밝음 배후에는 남면(南面)하며 천하를 통치하는 제왕의 모습이 감지된다. 물론 (그는) 심연에 거처하며 모습을 드러내지 않는다. 무위지치의 상징성이 암시되는 것이다. 흥미로운 것은 리괘(離卦)의 방위가 정남방인데, '성인남면(聖人南面)'의 메타포가 등장하는 대목이다. 남면은 방위상으로 북방이며, 북은 군위(君位)이다. 이와 관련해서는 리괘가 「선천도」에서 건괘의 자리를 점하고 있음을 떠올려보는 것도 나름대로 의미가 있을 것이다. 한편 외부대상에 대한 지나친 관심이 자칫 내면세계의 황폐함으로 이어질 수 있을 것이다. 가령 낮의 시간에 분주하게 생업에 종사하면서 자기성찰의 시간을 갖기란 쉽지 않다. 그러나 그렇다고 나의 모든 행위가 정당화되는 것은 아니다. 주역에서 리괘는 불이며, 걸림이며, 그물이다. 남과의 관계에서 나는 그물을 쳐서 소득을 얻을 수 있다. 그러나 남이 쳐둔 그물에 내가 걸려들기도 한다. 그것이 교역(交易)의 함의이다.

(4) 치역호곤(致役乎坤)

이제는 오후의 시간으로 접어들었다. 만물이 양육되는 시간이니 모두가 땀 흘리며 일해야 한다. 그런데 우리 삶에서 노동의 의미는 양가적이다. 첫째는 스스로를 양육하기 위해 모두가 열심히 일해야 한다. 그

---

22 리괘의 성정은 '걸림'이다.

런데 어떠한 노동도 '나'만을 위한 것은 없다. 자신을 양육하기 위한 노동은 곧바로 주변을 양육한다. 즉, '치양(致養)'은 스스로를 양육하면서 동시에 타인을 양육한다. 이 점을 재차 암시하기 위해 '치역호곤'이 수반되는 것이다. 역(役)의 의미는 '힘써 일하면서' 동시에 '남을 섬기는 것'이다. 곤괘의 이 같은 양가적 의미를 자각할 때, 노동은 비로소 신성한 행위로 이행될 수 있다. 그러나 모든 사람이 노동의 양가성을 자각하거나 이에 동의하는 것은 아니다(혹은 사회적 구조가 이를 뒷받침하지 않을 수도 있을 것이다). 마르크스가 『자본론』에서 '소외' 개념을 제시할 때, 일차적 소외가 노동자가 자신의 노동으로부터 소외되는 것이다. 오후의 시간은 음이 왕성한 시간이다.[23] 물질적 행위는 구체적 결과를 남길 것이며, 따라서 모든 행위는 심판을 받을 것이다. 그러나 인간의 의미를 굳이 피동적 존재로 축소할 필요는 없다. 우리가 스스로를 '대자적'으로 돌아볼 수 있는 한, 나는 자신에 대한 가장 신뢰할 수 있는 영적 조력자가 될 수 있을 것이다.

(5) 열언호태(說言乎兌)

태괘는 정서(正西)에 위치하며 수확의 계절이다. 한 해의 땀과 노고가 결실을 맺는 순간이다. 모든 이들이 수확의 기쁨으로 충만해 있다. 그러나 가을은 동시에 심판의 계절이기도 하다.[24] 알곡은 곳간으로, 쭉정이는 아궁이로 던져지는 것이다. 태괘의 성정은 '기쁨'이며, 이는 아래에 위치한 두 개의 양효로 표상된다. 그러나 이는 왠지 모를 우울

---

23 곤괘는 세 효가 모두 음 효이다.

24 서방(西方)은 인사(人事)로는 오덕(五德)에서의 의(義)와 연결된다.

한 구석을 간직한 기쁨이다. 태괘가 환기시키는 양가적 감정은 아마도 가을이라는 계절의 특수성과도 연결될 수 있을 것이다. 가을은 봄과 여름 동안의 왕성한 생명력이 겨울이라는 기나긴 침묵의 시간으로 이행하는 과정이다. 현상적으로 드러난 존재에서 비존재로의 **이행**은 정서적 침울함을 일시적으로 수반할 수 있겠지만, 그럼에도 불구하고 다가올 새로운 탄생의 시간에 대한 믿음이 존재하는 한 모든 부정적 감정은 결실의 기쁨으로 극복할 수 있을 것이다.

(6) 전호건(戰乎乾)

드디어 밤의 시간으로 접어들었다. 하루 동안의 고된 투쟁이 외부 세계와의 싸움이었다면, 이제는 나와 만나는 시간이다. 그러나 나와 함께하는 시간이 평온한 것만은 아니다. 기실 나는 스스로의 지나간 행위에 대해 가장 엄격한 비판자가 될 수 있다. 증자는 그리하여 '일일삼성(一日三省)'이라고 하지 않았던가. 덧붙여 건괘에서 '음과 양이 서로 부딪친다'고 함은 흥미롭다. 괘 상으로 보건대 건은 순양의 괘이다. 그러나 모든 것은 극에 도달하면 상반된 기운이 고개를 들기 시작한다. 고요한 밤의 시간에 나는 절대자와 전적으로 합일되고자 하나 또 다른 세속적 욕구가 이를 저해하고자 한다. 나의 정신적 평온, 절대자와의 합일에 흠집을 내려는 그 세력이 어디서 오는 것인지 알 수 없다. 그러나 다른 한편에서 보자면, 세 개의 양효로 상징되는 '순정무구함'에 도전하는 것이 '나'의 실체일 수도 있다. 정신은 하늘에 속해 있으나 육체의 굴레를 벗어나지 못한 두 개의 '나' 사이에서 격렬한 투쟁이 발생할 수 있다. 그러나 시간의 흐름 속에서 이 모든 것이 일태극의 불가역적인 궤적임이 저절로 밝혀질 것이다.

(7) 노호감(勞乎坎)

감은 겨울의 시간이요, 죽음의 시간이다. 감은 수고를 위로하는 괘이다. 만수(萬水)가 대해로 돌아가듯 모든 존재는 잠시의 휴식기로 접어든다. 그러나 대해는 다시 하늘로 증발하여 비가 되어서 대지를 적실 것이다. 그것이 양효를 에워싼 두 개의 음효(☵)가 갖는 상징이다.[25] '만법귀일, 일귀하처(萬法歸一, 一歸何處)'는 우리에게 익히 알려진 선문답이다. 모든 것이 하나로 돌아가는데 그 하나는 어디로 돌아가는가? 『중용』으로 답하자면, 아마도 그 하나는 '천명위지성'이 될 것이다. 그러나 이는 여전히 동어반복이다. 중생이 '하나'를 알지 못하듯, '천성'이 무엇인지도 알지 못한다. 그러나 알지 못하는 가운데 원리는 이미 드러나 있다. 체로부터 용을 일으켰으나 체의 본질은 부증불감(不增不減)이다. 감을 상징하는 자시(子時)는 가장 어두운 순간이나 여명이 뒤따를 것이다. 절대 죽는 자리에서 절대 산다는 것이 주역의 통찰력이다.

(8) 성언호간(成言乎艮)

간 괘는 가히 신비스러운 자리이다. 만물이 마침을 이루고 시작함을 이루는 곳이 간방이다. 조금 더 직설적으로 표현하면, 탄생과 죽음이 겹치는 공간이다. 그런데 어찌 보면 우주의 모든 시간은 마침과 시작이 공존한다. 모든 시작이 그 속에 끝을 내포하고 있는 것과 동일한 원

---

25 아래 음효가 바다를 상징한다면, 위의 음효는 하늘에서 내리는 비를 상징할 것이다.

리이다. 물론 백지 위에 선을 그으면 그와 더불어 시작점과 끝점이 생성될 것이다. 그러나 현실에서 어느 누구도 그들에 심각한 의미를 부여하지는 않을 것이다. 끝점에서 시작점을 바라보면, 그 즉시 처음과 끝은 뒤바뀌어버린다. 그러나 삶의 게임에서 일정한 규칙을 정하는 것은 필요해 보인다. 그렇지 않으면 존재하는 모든 것은 광대한 우주의 섭리에 포섭돼 의미를 넘어선 무의미의 심연으로 빠져들 것이다. 유자(有子)[26]는 이를 훨씬 문학적 비유로 표현하였다.

> 조화의 중요함을 알지만 그냥 조화를 이루는 것에만 힘쓰고 예로써
> 조절하지 않으면 또한 잘 행해지지 않는 법이다.[27]

화의 본질은 뒤섞임이다. 만수가 대해로 흘러 들어가면, 더 이상 물의 원천을 따지는 것은 무의미하다. 시간도 하나의 시간이며 공간도 하나의 공간일 뿐이다. 그러나 이 혼돈의 상태가 적절하게 제어되지 않으면 세간의 질서는 존립될 수 없다. 예의 본질은 무차별로부터 구분을 만들어내는 것이다. 이로 인해 '하나'의 시간은 하루의 시간, 일년의 시간, 일생의 시간으로 한정지어진다. 물론 우리는 그 구분에 지나치게 집착할 필요도 없지만, 그 구분으로 인해 삶이 각자에게 좀 더 의미 있게 다가올 수도 있다. 간(艮)은 모든 사건 사건에 개입하지만, 그 스스로의 자취를 남기지는 않는다. 간이 오행으로는 토 기운에 해당하며 토가 하도-낙서에서 중앙에 위치하고 있음을 상기하면, 이해가 훨씬 용이할 것이다. 정중앙은 **없이-있음**이다.

---

26 공자의 제자로 이름은 약(若), 자는 자유(子有)다.

27 知和而和, 不以禮節之, 亦不可行也. (『논어』 「학이」)

소결

「선·후천팔괘도」에 대한 논의를 마무리하기에 앞서 「설괘전」 6장을 간략히 살펴보는 것이 필요할 듯하다. 6장에서는 진, 손, 리, 태, 감, 간 여섯 괘의 작용이 묘사된다. 이에 대한 내용은 앞서 논의한 부분을 거듭해서 밝힌 것이나, 여기서는 몇 가지 특이할 만한 부분을 부연 설명하고자 한다. 논의를 위해 6장의 일부를 인용해보자.

> 신(神)이라는 것은 만물을 묘(妙)하게 하는 것을 말하니
> (…)
> 우레와 바람이 서로 거스르지 않으며,
> 산과 못이 서로 기운을 통한 뒤에야
> 능히 변화하여 만물을 다 이루느니라.[28]

위에서 신은 화육을 주재하는 창조적 힘이다. 창조성은 잠재태로 존재하며 항시 구체적 물상을 통해서만 자신을 드러낸다. 인용문에서는 건괘와 곤괘가 '만물을 묘하게 하는' 신묘한 작용의 근원으로 묘사되고 있으며, 구체적으로는 여섯 괘의 작용에 의해 스스로의 존재를 드러낸다(혹은 여섯 괘의 작용에 '개입'한다). 이로 인해 진, 손, 리, 태, 감, 간 여섯 괘의 특성에 대한 구체적 설명에도 불구하고, 건·곤에 대한 별도의 언급이 없음에 주목할 만하다.

『중용』의 맥락에서는 건·곤을 본연지성과 기질지성으로 보아도 무

---

28 神也者, 妙萬物而爲言者也 (…) 雷風不相悖, 山澤通氣然後, 能變化, 旣成萬物也. (「설괘전」 6장)

방할 것이다. 건과 곤이 각각 순양과 순음을 상징한다면, 양자는 일태극의 두 가지 측면으로 보는 해석이 가능하다. 즉 한 마음[一心]에 두 개의 문[二門]이 존재하는 셈인데, 양자는 자체로 드러날 수 없으며 구체적 상황과 조우하여 희로애락으로 발현된다. 나아가 인용문에서 제시되고 있는 여섯 괘의 작용은 우주의 마음이 희로애락으로 발현된 것이며, 외적으로 드러난 작용의 뿌리는 일심이문의 신묘한 공능이다. 이렇게 보자면 도심과 인심을 선-악의 대립구도로 파악하는 것은 「설괘전」의 논리에 비춰볼 때 무리가 있어 보인다.[29] 왜냐하면 건·곤이문(二門)의 작용이 '기성만물(旣成萬物)'로 이어지기 때문이다.

이와 관련하여 성즉리(性卽理)와 심즉리(心卽理), 주리(主理)와 주기(主氣) 등 유교 내에서의 기존 논쟁들을 단순히 옳고 그름의 문제로 평가하는 것은 적절치 않아 보인다. 그보다는 각각의 주장들이 내포하고 있는 이념적 지향점을 반성적으로 고찰해보는 것이 필요할 것이다. 「선천도」와 「후천도」는 양자가 체용관계를 가지며, 진공(眞空)이 묘유(妙有)로 발현된 양태이다. 상기 인용문의 논리를 따르자면, '신이라는 것은 만물을 묘하게 하는 것'이며, 여기서 묘(妙)는 변화무쌍함이요, 이발지화의 경지이다. 논리적으로 보자면, 만물의 변화무쌍함을 떠나 '신'이 별도로 존재하는 것도 아니며, 더욱이 변화무쌍의 어느 한 과정을 지목하여 이를 '신'으로 일반화시키는 것도 부적절해 보인다. 결국 관건은 '묘만물(妙萬物)', 즉 무상(無常)이 만화(萬化)의 본체임을

---

29 유사한 사례는 성(性)과 정(情)을 판단하는 문맥에도 적용될 수 있다. 감산스님의 경우 "사람들은 다만 희로애락의 정이 있는 것만 알고, 희로애락에 속하지 않는 성품이 있는 것을 알지 못한다"고 지적하는데, 이는 결국 복성(復性)의 문제와 연결됨을 알 수 있다(凡民, 但知有喜怒哀樂之情, 而不知有不屬喜怒哀樂之性. 감산스님, 같은 책, 108쪽).

자각하는 것이다.

요약하자면 성즉리인가 심즉리인가 혹은 주리인가 주기인가 등의 다양한 견해는 가치론적 차원에서 접근하는 것이 타당할 듯하다.[30] 어떠한 사상도 그것이 지향하는 사회 이데올로기적 측면에 대한 고려 없이 단선적으로 사고하는 것은 자칫 관념의 유희로 전락할 수 있다. 이것이 모든 사상을 하늘·땅·인간에 대한 (특정 시대의) **가치론적 입장**으로 규정할 수 있는 근거이다. 반면 이데올로기가 '나'의 인식론적 지평을 억압하고 축소하고자 할 때, 위대한 사상은 동시적으로 그 억압된 인식의 지평을 넘어설 수 있는 혁신성을 우리에게 허용할 수 있어야 한다. 그렇지 않으면 사상은 정치이데올로기의 한갓된 시녀로 전락할 것이다. 모든 위대한 사상은 이데올로기적 측면을 내포하고 있지만, 모든 이데올로기가 위대한 사상이 될 수는 없다. 이것이 사상과 이데올로기의 구분을 선험적으로 제시할 수 없는 연고이다.

---

30 가령 리가 도덕적으로 전이되면 보수적 성향을 내포할 수 있다. 왜냐면 '리' 자체가 불변의 원리를 전제하는 것이며, 이로 인해 선-악/시-비의 분별이 보다 분명해질 수 있다. 반면 기는 항시 변화하는 것이며, 따라는 이는 사회변혁의 철학이 될 수 있다.

제 2 부
『장자』의 세계관

무릇 바람이 온갖 물상에 불어 각자가 자신의 소리를 내거늘
모두 스스로 소리를 취했다고 하나
정작 소리를 내게 하는 것은 누구인가?

「장자」「제물론」

제 1 장

「소요유」 자유[1]

『장자』는 인간과 자연과 우주에 대한 모든 것을 포괄하고 있는 한편의 거대한 서사시다. 장자를 처음 접하는 독자라면 누구나 그를 위대한 사상가로 이해하고 있을 것이다. 물론 이러한 평가가 『장자』를 오독한 것이라고는 할 수 없다. 그러나 장자사상의 폭과 깊이를 체감하기 위해서는 먼저 장자의 문학성에 주목해야 한다. 물 흐르듯 써내려간 하나하나의 이야기들은 흡사 불교설화에 등장하는 마니보주처럼 읽는 사람의 심경에 따라 온갖 현란한 색과 빛으로 현전한다. 물론 그 모든 빛깔은 마니보주에 속해 있지 않다. 단지 장자는 이런저런 형태로 자신을 나투어 우리들이 잊고 지내왔던 영혼의 심연을 밝혀줄 것이다. 그것은 장자의 이야기며, 한편으로 나의 이야기이기도 하다.

---

1 제2부에서 인용하는 『장자』 우리말 번역은 다음 번역서를 모본으로 삼았다. 안병주·전호근 공역, 『장자』 1 (서울: 전통문화연구회, 2001). 단 번역이 문맥상 순통(順通)하지 않을 경우, 필자의 번역으로 대체하였다.

「소요유」(逍遙遊)는『장자』전편의 서막에 해당하지만, 어찌 보면 장자사상을 관통하는 핵심적 개념을 모두 함축하고 있는 흥미로운 장이기도 하다. '소요유'의 축자적 의미는 '(집착을) 떠난 아득한 무하유(無何有)의 고향에서 노니는 것'이다. 이를 불교적으로 말하자면 부처의 자리요, 해탈의 경지가 될 것이다. 그러나 장자를 읽는 독자의 관점에서 이 같은 낭만적 해석은 선뜻 와 닿지 않는다. 이 책이 비록 2500여 년 전에 쓰여진 것이라 할지라도 일단은 현대인의 심성에 부합될 수 있게 내용을 재구성해보는 것이 필요할 것이다. 이 문제와 관련하여 우선적으로는『장자』전편에서 소요유가 제일 먼저 등장하게 되는 연고를 추적해보는 것이 요긴해 보인다.

현대적 관점에서 보자면 '소요'는 인간에게 부여된 천부적 자유와 흡사한 개념이다. 그러나 정작 「소요유」에 등장하는 다양한 우화들을 자유의 문제와 연결시켜 이해하기는 쉽지 않다. 단, 이와 관련하여 해석학적 차원에서 적어도 두 가지의 추론이 가능할 듯하다. 먼저 장자의 관점에서 모든 인간은 자유롭지 못한 존재로 살아간다는 것이고, 둘째로는 인간 스스로가 자신을 구속하는 원인을 알지 못한다는 것이다. 어찌 보면 양자가 동일한 내용으로 비칠 수 있겠으나 적어도 텍스트 분석의 차원에서는 전술한 두 가지 전제를 분리해서 살펴보는 것이 생산적일 것이다.

먼저 장자는 인간의 자유를 구속하는 원인을 비유로서 제시하고, 이를 통해 인간이 스스로에게 천부적으로 주어진 자유로운 상태로 살아갈 수 있는 방법을 제시한다. 즉 '고통'에 대한 원인이 규명될 때, 우리는 비로소 주어진 고통으로부터 벗어날 수 있는 방법을 모색할 수 있다는 논리이다. 이 문제와 관련하여 주목할 부분은 인간의 자유와 관련된 장자의 고유한 관점이다. 「소요유」의 전반적인 대의를 살펴볼 때, 자유는 인간이 인위적으로 획득할 수 있는 대상이 아니며, 그보다는 존재의 본질에 대한 일종의 **깨침**과 연결된다. 중용적 맥락에서 말하자면 장자의 자유는 복성(復性)의 문제와 직결될 수 있을 것이다. 이러한 가정 하에 필자는 「소요유」가 제시하는 자유의 철학적 함의를 '존재론적' 관점에서 접근하고자 한다. 물론 이는 종교나 이념의 차이를 넘어 인간이 인간다운 삶을 누리기 위한 지상의 가치라는 전제에서 출발한다.

「소요유」는 웅장하고 심원한 문학적 비유로 시작한다.

> 북녘 검푸른 바다에 물고기가 있으니 그 이름을 곤(鯤)이라고 한다.
> 곤의 크기는 몇 천리가 되는지 알 수 없다.
> 어느 날 이 물고기가 **변해서** 새가 되니 그 이름을 붕(鵬)이라고 한다.[2]

'북녘 검푸른 바다[北冥]'는 우주의 자궁과도 같은 것이다. 이는 생명을 탄생시키는 모체의 상징이 될 수도 있고 혹은 생명의 신비를 방위와 형상[3]을 통해 암시한 것일 수도 있다. 그런데 정작 이 구절을 두고, '북명에서 곤이라는 물고기가 출현했다'라고 하려니 문장의 순접 관계가 잘 성립되지 않는다. 반면 크기가 몇 천리나 되는 곤이 처음부터 북녘 바다에 살고 있었다면, 이는 무에서 유가 나오는 창조의 논리와는 다소 거리가 있다. 이 같은 의미론적 모호성이 다음 구절에서 어

---

2 北冥有魚, 其名爲鯤, 鯤之大, 不知其幾千里也, 化而爲鳥, 其名爲鵬.
3 하도(河圖)에서 북쪽은 '죽음'을 상징하며, 동시에 이는 새로운 생명의 탄생을 예비하는 의미를 가진다. 「소요유」는 죽음과 탄생이라는 이중적 의미를 '북망(北冥)'의 메타포를 통해 독자에게 제시하고 있다.

주신(周臣)의 「북명도」(北冥圖)

느 정도 해소가 된다. "곤은 변해서 붕이라는 새가 된다." 즉, 장자는 창조의 관점에서 생명의 문제를 사유하기보다 '화(化)'의 논리를 통해 생명의 본질을 드러내고자 한다. 생명은 무시(無始) 이래 존재해왔으니, 그것의 기원을 추론해 들어가는 것이 장자 적 사유에서는 다소 낯설었을지 모른다. 내막이야 어찌되었든 『장자』라는 거대한 생명의 서사시에서 논의의 전면에 자리하는 것은 창조와 종말의 문제가 아니라, 탄생과 죽음 사이를 끊임없이 왕래하는 일련의 과정이다. 그런데 생명의 본질이 그러하다면 전술한 양극단을 왕래하는 주체는 무엇인가?

이 문제와 관련하여 「소요유」의 서사에 좀 더 주목해보자. 북명의 곤은 붕으로 변하여 '남쪽 검푸른 바다[南冥]'로 비상하고자 한다. 그런데 앞에서 논한 「후천팔괘도」의 공간적 함의에 의하면, 남쪽은 현상 세계를 상징한다. 즉 겨울의 적막함을 깨고 붕은 구만리 하늘로 솟구쳐 올라 남쪽으로 날아간다. 그런데 '붕의 날개가 하늘에 드리운 거대한 구름' 같다거나, '바다의 수면을 삼천리나 박차고서' 상공으로 올라간다는 시각적 이미지에서 자칫 독자들은 붕이라는 새의 거대한 몸과 몸짓에만 주목하게 될 수도 있을 것이다. 그런데 정작 장자가 이 같은 비유를 통해 암시하고자 하는 것은 생명의 본질과 무관하지 않다.

붕을 묘사하는 단락에서 '거이유월식자야(去以六月息者也)'는 해석상 다소 애매한 부분이 있다. 일반적으로는 이 구절을 '(붕이) 날아서 여섯 달 만에 휴식을 취한다'라고 풀이한 경우가 많으나, 전후 맥락으로 볼 때 '유월'은 건월(乾月),[4] 즉 서력(西曆) 4월을 지칭한다고 보는 편이 좀 더 설득력이 있어 보인다. 그렇게 풀이하면 전술한 부분은 '날아갈 때, 유월, (바다가) 호흡하면'의 의미가 되는 것이다. '바다의 호흡'은 현대 과학으로 말하자면 일종의 계절풍과 같은 것이며, 유사한 맥락에서 뒤 문장의 '아지랑이[野馬]'를 '대지의 호흡'으로 해석해도 무리가 없다. 이러한 모티프를 통해 장자사상이 우주 전체를 하나의 생명체로 파악하고 있음을 상정해볼 수 있다. 그러나 우주가 하나의 생명체라는 사상이 자유의 문제와 어떻게 연결될 수 있는가? 이에 대한 근거는 「소요유」 전편의 논의를 통해 자연스럽게 드러날 것이다.

「소요유」 전반부의 우화를 관통하는 핵심 모티프는 상호 의존성이다. 가령 구만리 상공으로 솟구쳐 올라 남쪽을 향해 날아가는 붕은, 연이어 등장하는 뱁새와 대비를 이루며 흡사 '자유'를 상징하는 이미지로 오인되기 십상이다. 그러나 이러한 비유를 통해 정작 장자가 전하고자 하는 것은 붕과 뱁새 모두가 어떤 외적인 것에 의존하고 있다는 것이다. 이 같은 추론은 아래 문장에서 여실히 드러난다.

> 한 잔의 물을 마루의 움푹 팬 자리 위에 엎지르면 기껏 티끌 정도가 그 위에 떠서 배가 되지만, 거기에 잔을 놓으면 뜨지 못하고 바닥에 닿고 만다. 물은 얕고 배는 크기 때문이다. 바람이 두터이 쌓이지 않으면 큰 날개를 짊어져 띄울 만한 힘이 없다. 그러므로 9만 리의 높이까지 올라가야만 붕의 큰 날개를 지탱할 만한 바람이 비로소 아래에 쌓이게 된다.[5]

---

4 주역 괘를 다음 도식과 같이 월별로 정리해볼 수 있을 것이다.

地天 泰	雷天 大壯	澤天 夬	重天 乾	天風 姤	天山 遯
1월 (寅) 정월	2월 (卯)	3월 (辰)	4월 (巳)	5월 (午)	6월 (未)
天地 否	風地 觀	山地 剝	重地 坤	地雷 復	地澤 臨
7월 (申)	8월 (酉)	9월 (戌)	10월 (亥)	11월 (子))	12월 (丑))

(*주나라의 6월이, 하나라의 월력으로는 4월에 해당함)

위 인용문에서 암시되는 '의존'의 모티프는 정확히 장자가 말하고 자 하는 자유에 대비되는 개념이다. 물론 광활한 우주 내에 존재하는 그 어떤 생명체도 자기 외적인 것에 의존함 없이 홀로 존재할 수 없다. 그러나 여기서 장자가 말하고자 하는 '의존'은 다분히 특정한 철학적 의미가 부과된 개념이다. 이로부터 일종의 역설이 발생한다. 장자사 상에서 '자연'이라 함은 모든 것이 흡사 인드라(Indra)망과 같이 상호 연결된 경지를 지칭한다. 그렇다면 이 같은 유기체적 관계성 속에서 자유로이 존재한다 함은 무엇을 의미하는 것인가.

이 문제와 관련하여 「소요유」의 2장에 등장하는 요임금과 허유의 대화는 의미심장한데, 특히 요임금이 허유를 찾아가 천하를 맡아달라 고 간청하면서 사용하는 비유가 눈길을 끈다. '해와 달이 돋아 세상이 환하게 밝아졌는데 여전히 횃불을 들고 있는 것'은 도무지 자연의 이 치에 부합되지 않는 것이다. 물론 이를 통해 장자가 말하고자 하는 것 은 무위와 유위의 논리이다. 그런데 이어지는 대화에서 장자의 의도 는 좀 더 명확해진다. 허유의 말을 빌리자면, "명예는 실질의 손님"[6] 이며, 허유가 단호히 거부하는 것은 '명예'라는 비본질적인 것을 위해 '나'를 제물로 삼는 것이다. 그렇게 보자면 세속적으로 대다수 인간들 이 추구하는 '명예'가 실제로는 우리의 본질을 구속하는 족쇄라는 무 언의 메시지를 쉽게 간파할 수 있다. 장자사상의 묘미는 다음 구절을 통해 좀 더 적나라하게 드러난다.

---

5 覆杯水於坳堂之上, 則芥爲之舟, 置杯焉則膠, 水淺而舟大也, 風之積也不厚, 則其 負, 翼也無力, 故九萬里, 則風斯在下矣.

6 名者實之賓也.

제사 때 숙수가 음식을 잘못 만든다고 해서 시축이 술 단지나 제사상을 뛰어 넘어가서 숙수 일을 대신하지는 않는 법입니다.[7]

인용문에서 숙수는 지금으로 말하면 주방 일을 담당하는 요리사에 해당하며 시축은 제사를 주관하는 사람이니, 전자는 세간(世間)을 상징하고, 후자는 출세간(出世間)을 상징하는 것으로 해석하는 것이 가능할 것이다. 그런데 이러한 비유를 앞선 요임금과 허유의 대화에 빗대어 보자면, 요임금은 숙수에 비견되며, 은자인 허유는 시축을 상징하는 인물로 보는 것이 가능할 것이다. 그렇다면 여기서 장자가 말하는 숙수와 시축이 각자 맡은 바의 역할이 있다고 말하는 것은 무엇을 암시하는 것인가. 장자는 아마도 이러한 비유를 통해 세간과 출세간, 현상과 본질의 영역 모두를 포섭하는 사유의 일단을 제시하고 있는 듯하다.

앞선 논의에서 허유가 세간을 부정한 논리에만 방점을 두고 주어진 에피소드를 읽으면, 뒤이어 등장하는 문장과는 내용상 전후가 상호 모순되는 듯하나, 곰곰이 따져 보자면 세간을 떠나 출세간에 머무르고자 하는 태도 역시 인간의 자유를 구속하는 또 하나의 족쇄가 될 수밖에 없는 것이다. 즉 중요한 것은 세간/출세간, 명예/실재의 구분에서 어느 쪽을 선택하느냐의 문제가 아니라, 내 마음이 어디에 머무르고 있는가의 문제이다. 달리 말해 내 마음에 머무름의 대상이 존재하는 이상, 그 대상의 성격과는 무관하게 인간은 부자유한 존재가 된다는 함의가 깔려 있는 것이다.

전술한 부분의 내용을 축약해서 말하자면, 이는 결국 '분별심'의 문

---

7 庖人雖不治庖, 尸祝不越樽俎而代之矣.

제로 귀착될 수 있다. 이를 통해 우리는 장자가 말하는 무위자연의 논리가 필경 '분별적' 사유와 긴밀하게 연결돼 있음을 짐작할 수 있다. 견오와 연숙의 대화에 등장하는 막고야 산의 신인들에 대한 묘사는 분별의 문제를 존재론적 차원에서 풀어내고 있는 것으로 보아도 무방하다. 「소요유」의 서술에 따르면, 막고야 산의 신인들은 "피부가 빙설처럼 희고 몸매가 부드러운 것이 처녀처럼 사랑스럽다."[8]

여기서 굳이 막고야 신인들을 '처녀'에 비유하는 연고는 중층적으로 이해하는 것이 가능할 것이다. 무엇보다 신인들의 신체적 특징을 통해 그들 내면의 심태(心態)가 간접적으로 암시되는데, 인간이 만드는 분별의 대표적 사례가 과거-현재-미래로 대변되는 시간의 분별임을 상기하는 것이 필요해 보인다. 그렇게 보자면 영겁의 시간에 걸쳐 존재해온 막고야 신인들은 생로병사를 추동하는 시간의 폭력성으로부터 벗어난 인물로 이해하는 것이 가능할 것이다. 그러나 이러한 가정을 제시하기에 앞서 조금 더 세밀한 성찰이 필요할 것이다. 즉, 생명을 받아 태어난 존재로서 시간의 흐름을 벗어나 있다는 가정 자체가 이미 노장사상이 강조하는 무위자연의 논리와 배치되는 것이 아닌가? 탄생과 죽음이 그 자체로 자연의 합당한 이치일진대, 늙지 않고 죽지 않는다는 발생 자체가 이미 반(反)노장적 관점이 되지 않을 것인가.

이러한 해석학적 문제와 관련해서, 막고야 산 신인의 우화는 약간 결을 달리한 층위에서 해석하는 것이 필요할 듯하다. 즉, 신인이 시간의 지배를 받지 않는다는 우화는 이들 신인이 분별심에 얽매이지 않음을 간접적으로 암시하는 의미로 해석이 가능하다. 부연하자면, 시

---

8 肌膚若氷雪, 綽約若處子.

간——혹은 시간의 흐름——은 엄밀한 의미에서 인간 분별심의 징표이다. 물론 일반 독자의 관점에서 시간의 본질을 분별심의 소치로 이해하기는 쉽지 않다. 다만 이러한 주장을 뒷받침할 수 있는 근거로서 우리가 일반적으로 시간을 과거-현재-미래라는 삼세의 관점에서 이해하는 논리적 오류를 해체하는 것은 가능할 것이다. 존재론적 차원에서 우리에게 시간은 항시 **현재 일념**으로서의 일시(一時)일 뿐이며, 과거와 미래는 단지 분별사식이 임의로 만들어낸 것에 불과하다. 이 문제와 관련하여 『금강경』의 다음 구절은 참고할 만하다.

> 부처님께서 수보리에게 말씀하셨다. (…) 지나간 마음도 얻을 수 없고, 현재의 마음도 얻을 수 없으며, 미래의 마음도 얻을 수 없느니라.[9]

인용문의 의미는 여러 차원의 해석이 가능할 수 있겠으나, 우리가 흔히 생각하는 '나(ego)'를 과거에서 찾을 수도 없고, 미래에서도 찾을 수 없으며, 따라서 지금-여기에 집중하라는 의미로 해석하는 것이 타당해 보인다. 물론 인용문의 내용을 충실히 따르자면, 현재의 마음도 득(得)할 수 없다. 왜냐면 우리가 '현재'라고 특정 시점을 규정하는 순간, 현재는 이미 과거의 상태로 흘러가버리기 때문이다. 그렇게 보자면 『금강경』의 핵심 논리는 과거/현재/미래의 어느 시간을 소유한다는 논리가 아니라, 시간의 흐름을 (인위적으로) 분별하는 내 마음의 상태를 무심으로 관찰하라는 정언명령으로 이해하는 것이 적절해 보인다.

---

9 佛告, 須菩提 (…) 過去心不可得 現在心不可得 未來心不可得. (『금강경』「一切同觀分」)

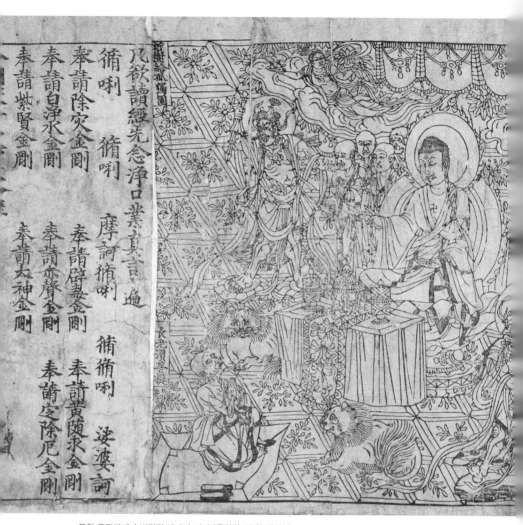

둔황 유적지에서 발견된 당나라 시기 『금강경』의 첫 페이지

『금강경』과 비교하여, 시간의 본질을 '분별(심)'의 관점에서 해석하는 장자의 논리는 좀 더 은밀하다.

> 조균은 한 달을 알지 못하고 쓰르라미는 봄, 가을을 알지 못하니 이것이 짧은 수명의 예이다. 초나라 남쪽에 명령이라는 나무가 있으니 5백년을 봄으로 하고 5백년을 가을로 삼는다. 옛날 상고에 대춘이라는 나무가 있었으니 8천년을 봄으로 하고 8천년을 가을로 삼았다.[10]

위 인용문의 핵심은 시간의 장-단 개념이 기실 우리의 분별적 사유에 전적으로 의존하고 있다는 것이다. 피상적으로 이 구절을 읽게 되면 조균이나 쓰르라미가 명령이나 대춘에 비해 단명하는 존재임은 명확해 보인다. 그러나 이 같은 시간의 장단개념은 이미 하나의 고정된 관점을 전제하는 것이다. 우리의 판단에 의해 임의로 재단된 시간의 장단개념이 혹여 (인간적 판단과는) 전혀 다른 관점에서 조망될 때 어떤 사태가 도래할 것인가. 나아가 좀 더 근본적 차원에서 인간을 제외한 우주 내의 다른 생명체가 **인간과 동일한 시간관념**을 가지고 있다고 확언할 수 있는 근거를 우리가 가지고 있는가.[11] 이처럼 특정 사태를 일상화된 시각을 벗어나 색다른 관점에서 바라보게 될 때, 이를 통해 기존의 입장과는 상이한 결론을 도출해 낼 수 있다. 문학적 용어를 빌려서 말하자면, 내용이 형식을 지배하는 것이 아니라, 형식이 내용을

---

10 朝菌不知晦朔, 蟪蛄不知春秋, 此小年也, 楚之南有冥靈者, 以五百歲爲春, 五百歲爲秋, 上古有大椿者, 以八千歲爲春, 八千歲爲秋.

11 현대 서구철학의 거장인 마르틴 하이데거의 경우, 인간만이 시간을 사유의 대상으로 인식할 수 있는 유일한 존재라고 단언한다. 이러한 논의의 연장선상에서 하이데거는 인간의 본질을 '시간-내-존재'로 규정하였다.

결정하게 되는 것이다. 전술한 논지를 요약하자면, 시간관념과 관련된 장자의 서술논리는 다분히 해체론적이다. 나아가 시간에 대한 개념적 사유는 인간을 시간에 종속시키는 결과를 초래한다.

　이러한 논의를 토대로 견오와 연숙의 대화에 등장하는 일련의 비의(秘儀)적 모티프를 좀 더 이성적 맥락에서 해석하는 것이 가능할 것이다. 가령 연숙이 "막고야 산 신인들은 큰 홍수가 나서 물이 하늘에까지 닿을 지경이 되어도 물에 빠지지 아니하며 크게 가물어 금석(金石)이 녹아 흐르고 토산(土山)이 타버리더라도 불에 타지 아니한다"[12]라는 구절에서 암시되는 '죽지 않음'의 의미는 도교가 추구하는 **장생불로**의 (시간)개념을 추인하기보다, 허망하게 장생불로를 갈구하는 '에고'의 소멸을 암시하는 것이다. 달리 말해 장자의 관점에서는 장생불로라는 개념 자체가 이미 분별의 소치이며 분별의 근원은 '나라는 생각'이다.

　앞선 논의에서 기왕에 시간개념을 '분별'의 문제와 연결시켜 논의했으니, 이와 관련지어 공간의 문제를 간략히 고찰해보는 것도 필요해 보인다.[13] 우리가 달리는 기차 속에서 창밖을 내다보면 주위의 풍광이 쏜살같이 지나간다. 그런데 달리는 기차와 **동일한 속도**로 움직이는 물체를 응시하게 된다면, 나는 흡사 기차가 가만히 서 있는 것처럼 느낄 것이다. 이 같은 공간인식의 근원적 오류를 『원각경』은 문학적 비유로서 적나라하게 제시한다.

　　눈을 껌벅이면 잔잔한 물도 움직이는 것처럼 보이는 것과 같고, 불

---

12 大浸稽天而不溺,大旱金石流,土山焦而不熱.
13 현대 물리학의 입장에서 보자면 시간인식은 공간인식과 동시적이다.

깡통을 휘휘 돌리는 것을 고정된 눈으로 보면 불의 바퀴처럼 보이는 것과 같고, 구름이 흘러가면 달이 움직이는 것과 같고, 배가 가면 언덕이 움직이는 것과 같다.[14]

위에서 인용한 구절이 표면적으로 시사하는 것은 '구름이 흘러감으로 인해 (흡사) 달이 움직이는 것'과 같은 시각적 오류가 발생한다는 것이다. 그러나 이 구절의 심층적 의미는 훨씬 미묘하다. 언덕의 관점에서는 '배'가 움직인다고 하는 것이 진리일 것이나, 배의 관점에서 보면 '언덕'이 움직인다 한들 하등 문제될 것이 없다. 오히려 본질은 '움직임'을 인식하는 주체가 누구인가라는 것이다. 이 문제와 관련하여 『원각경』은 응당 '마음이 움직이니 덩달아 세계가 움직인다'라고 답할 것이다. 이렇게 보자면 우리의 공간인식도 궁극에는 '에고'의 문제와 무관하지 않다. 이상에서 논한 시공간개념을 '분별'의 문제와 연결시켜보자면, 시간적으로는 시작과 끝이라는 개념이 가상이며, 공간적으로는 우주와 분리되어 홀로 존재하는 '나(육신)'라는 개념이 또한 가상이다.

전술한 인식론적 문제는 장자사상에서 다시 문학적 비유를 통해 독자에게 제시된다. 즉 장자는 분별심으로 세상을 보는 사람을 장님과 귀머거리에 빗대어 비유하고 있는데, 이유인즉 보는 나와 보여지는 대상이 모두 마음이 지어낸 허상임을 간과하기 때문이다. 이를 통해 장자는 신체의 장애를 지적하는 것이 아니라, 마음의 문제를 논하고자 한다. 「소요유」는 여러 부분에서 마음과 세계의 비분리적 관계를

---

14 譬如動目, 能搖湛水, 又如定眼, 由廻轉火, 雲馳月運, 舟行岸移, 亦復如是.(「미륵보살장」)

지적하고 있다. 가령 "(신인들이) 마음을 하나로 모으자, 사물이 병들지 않고 곡식은 풍작을 이룬다"[15]는 구절이 일례가 될 수 있겠다. 이 구절에서 장자는 인간의 내적 의식이 주변 사물과 자연스럽게 공명(共鳴)을 일으킨다는 우주론을 제시하고 있다. 이러한 논리를 유식(唯識)적 언어로 치환해 말하자면, 우리가 말하는 세계도 결국은 마음속의 세계임을 천명하는 것이다. 이것이 바로 곤과 붕의 우화를 논하는 대목에서, 장자가 **'우주 전체를 하나의 생명체로 파악'**하고 있다는 말의 의미이다. 그렇다면 이제 관건은 이 같은 전체론적 우주관(holistic vision of the cosmos)이 「소요유」의 핵심 주제가 되는 '자유'의 문제와 어떻게 연결되는가를 밝히는 것이다.

동양사상에서 우리가 흔히 사용하는 '무아'라는 용어는 불교적 개념으로, 이는 산스크리트어인 'anatman'의 한어 번역으로 보아도 무방할 것이다. 물론 노장사상에서도 무아라는 용어를 빈번히 사용하는 것이 사실이나, 「소요유」의 경우 '무용'의 개념을 통해 장자 특유의 무아논리를 설하고 있음을 알 수 있다. 장자는 자신이 사용하는 무용의 함의를 드러내기 위해 다양한 일화를 소개한다. 비근한 예로 송나라에서 갓을 만들어 파는 사람의 고사와 세탁업자로부터 손이 트지 않는 비방을 전해 받은 나그네가 후일에 오나라의 영주로 임명되는 두가지 사례를 들 수 있다. 이들 우화의 핵심은 동일한 기술도 그것을 어떻게 사용하는가에 따라 유용 혹은 무용이 될 수 있다는 데 있다. 달리 말해 유용/무용, 소용/대용의 구분은 대상 자체에 내재된 것이 아니라 '나'와 '대상'과의 관계성을 통해 결정된다. 물론 여기서 장자가 역설하고자 하는 '무용'의 논리는 축자적 의미에서의 '쓸모없음'이 아

---

15 其神凝, 使物不疵癘而年穀熟.

니라, 사물을 사물 자체의 관점에서 바라보는 것을 뜻한다.

이와 관련하여 명말청초의 사상가였던 왕부지(王夫之, 1619~1692)는 흥미로운 해석을 제시하는바, "무용을 가지고 무용으로 쓴다면 쓰지 못할 것이 없다"[16]는 것이다. 이를 부연해 설명하자면, 사물과 사물 상호간에 걸림이 없어야 한다는 논리이다. 즉 서로가 서로를 쓸 일이 없는 것이 (장자의 관점에서는) 진정한 소요요, 해탈이다. 이 같은 논리가 일견 사변적으로 비칠 수 있겠으나, 엄밀한 의미에서 이는 자연의 조화로운 생태계를 철학적으로 승화시킨 것이다.

알다시피 하늘 아래 존재하는 것으로 산과 바다가 서로를 간섭할 일이 없으며, 밤과 낮이 서로를 방해할 일이 없다. 산은 산으로, 바다는 바다로서 온전하게 존재하는 것이다. 이 같은 무위로서의 조화가 인위적으로 구축된 '유용'의 단계로 이행될 때, 우주 속에 존재하는 모든 것은 X[17]에 대한 수단으로 전락한다. 송나라에서 갓 만드는 기술로 살아가는 사람이 월나라로 가게 되면, 그 사람의 용(用)은 무용(無用)이 된다. 무더운 아열대 지방에서 갓을 필요로 하는 사람이 누가 있겠는가. 이러한 관점에서 왕부지는 "나의 관점에서 사물을 사용할 줄만 알고, 물로써 물을 쓸 줄을 모르면, (자기에게) 무용한 단계에 이르러서는 반드시 궁해진다"[18]라고 무용의 논리를 거듭하여 밝히는 것이다. 물론 인용문에서 말하는 '무용'은 '나'의 관점에서 무용한 것일 뿐, 물 자체는 무용/유용의 구분을 떠나 있음이 명백하다.

---

16 以無用用無用, 無不可用. (『莊子解卷一』「逍遙遊」)

17 X는 익명의 타자를 지시하기 위해 방편적으로 사용하는 기호이다. 이는 물론 분별사식에 의해 만들어진 '나' 자신이 될 수도 있다.

18 知以己用物, 以不以物用物, 至于無用而必窮. (『莊子解卷一』「逍遙遊」)

무용의 논리가 그러하다면 장자적 맥락에서 '내'가 무용의 삶을 살아간다는 것이 무엇을 의미하는 것일까. 이는 아마도 내가 자연에서 부여받은 성품대로 살아가는 것을 암시할 것이다. 그런데 여기서 이 말이 가지는 행간의 의미를 읽지 못하면, 이 같은 명제 자체가 동어반복적으로 인식될 개연성이 크다. 인간은 고래로 타인과의 관계성 속에서 살아가며, 이로 인해 나는 남을 부리기도 하지만, 남에게 부역당하기도 한다. 그러나 어떤 경우든 나는 구조적으로 만들어진 상황 속에서 일정한 '역할'을 수행해야 한다.

그런데 삶이라는 무대 위에서는, 역설적이지만, 내가 나에게 주어진 역할에 충실하고자 하면 할수록 나는 필경 타인(非我)으로 살아갈 공산이 크다. 이 같은 논리를 정당화하기 위해 군이 현대성 담론에서의 '소외' 개념을 거론하지 않더라도 매 시대는 그 시대의 가치와 이데올로기적 장치로 인간의 본질을 억압하는 것이다. 필자가 보건대 바로 이 지점에서 장자의 고뇌가 집약적으로 드러나는 듯하다.

「소요유」 말미에 등장하는 '리우(犛牛)'는 어쩌면 장자 자신이 평생 안고 살아야 했던 숙명적 비장미(悲壯美)를 상징적으로 보여주는 한편의 자화상일지도 모른다. 리우의 본성은 쥐를 잡는 것이 아니다. 그러나 사람들은 쥐 한 마리도 잡지 못하는 리우를 비웃고 조롱한다. 여기서 거대한 물소가 주위의 강요에 굴복하여 쥐 잡는 기술을 익히고자 동분서주했다면, 리우는 아마도 유용이라는 제단에 던져진 희생제물로 생을 마감했을 것이다. 그럼에도 불구하고 우리가 몸담고 있는 현실적 상황을 감안할 때, 사회적 존재로서의 인간이 무위자연의 원리에 입각해서 자신의 삶을 살아가는 것이 가능할 것인가?[19]

「소요유」의 장을 마무리하는 차원에서 이제 '자유'의 주제와 연동시켜 전술한 문제를 고찰해보자. 장자의 사상에서 흥미로운 것은 인간세계를 벗어나지 않으면서도 인간세계를 넘어서고자 하는 끊임없는 철학적 시도이다. 그런데 이 같은 부분을 자유의 문제와 연결시킬 때, 나의 본성을 회복하는 것은 그 자체가 '집착'의 소멸로 이어질 수 있다. 우주 내에 존재하는 모든 생명체는 자신의 깜냥대로 살아가며, 이는 (『중용』의 논리를 따르면) '솔성(率性)'이 되는 것이다. 솔성은 시비선악을 떠나 있으며, 따라서 솔성은 상대를 넘어선 '절대'이다(솔개가 하늘 높이 나는 것을 인간이 가치론적 기준을 대비해서 옳다/그르다고 말하는 것은 어불성설이다). 이에 반해 인간만이 가지고 있는 특징 중 하나가 자신을 대상화시켜볼 수 있다는 것이다. 즉 인간을 제외한 모든 생명체가 즉자적(卽自的) 존재로 살아간다면, 인간만이 대자적(對自的) 인식을 통해 '나'와 대상세계와의 관계를 수립할 수 있다. 이로 인해 '욕망하는 나'와 그것을 '바라보는 나' 사이에는 부단한 알력이 발생치 않을 수 없다. 비근한 예로 하나님의 충실한 종이었던 사도 바울조차 "내가 원하는 선은 행하지 않고, 원치 않는 악을 행하는 구나"[20]라고 탄식하지 않았던가.

---

19 현대 서구가 사회구성원 간의 무한경쟁을 부추기는 과정에서 전술한 장자의 '무위자연' 사상이 새로운 조명을 받고 있는 듯하다. 서구사회의 많은 지식인들은 점차적으로 인간의 진실된 행복(authentic happiness)이 무엇인가에 대한 자기성찰의 시간을 갖고자 하며, 이 문제와 관련하여 도가사상으로부터 많은 영감을 얻고 있음이 분명해 보인다. 일례로 하버드 의과대학에 입학하면서 초일류의 삶을 살아온 Bethany Butzer라는 여성은 목적지향적인 삶의 형태에 회의를 느끼고, 급기야 하버드의 직장을 사직하면서 몇 년간 방황의 시간을 거친 끝에 'downstream effort'의 중요성을 대중에게 역설하게 된다. 이는 도가 식으로 말하자면 무위(無爲)에 해당하는 것으로, 그녀의 지적에 따르면 현대사회가 상찬하는 'upstream effort'는 실제에 있어 인간의 근원적 행복에 전혀 기여하지 못한다는 것이다(See "Stop trying so hard. Achieve more by doing less" from TEDxUNYP).

20 「로마서」 7:19

사도 바울의 딜레마는 어쩌면 내적 자아의 분열로 인해 초래되는 것인지도 모르겠다. 장자가 소요의 문제와 연결시켜 '나의 본성에 부합되게 살아간다'라는 것이 의미론적으로는 이해될 수 있겠지만, 실천적 차원에서는 여전히 모호하다. 단 「소요유」 전체의 내용을 통해 적어도 이와 관련된 추론을 해보는 것은 가능할 것이다. 존재하는 모든 생명이 자신의 주어진 본성대로 살아간다는 것이 무위자연의 본질이라면, 그 과정에서의 '살아감'은 어떤 목표를 향해 나아가는 것도 아니며, 그렇다고 별도의 대의(大義)를 위한 수단이 될 수도 없다. 인간의 삶에서 어떤 목표를 설정하는 것이 소요의 관점에서는 명백히 하나의 족쇄가 될 수 있을 것이다. 강은 강으로 존재함으로서 솔성하는 것이며, 산은 산으로 존재함으로서 솔성하는 것이다. 강이 산이 되는 혹은 산이 강이 되고자 하는 목표를 설정하는 것 자체가 이미 무위자연에 반하는 것이다. 반면 강이 강으로 존재한다는 명제 자체는, 역설적이지만, 이미 '강'이라는 개념조차 사라져버린 상태를 상정한다. 강은 산과 비교될 때 비로소 강이 되지 않는가?

마찬가지로 진정한 자유는 자유가 하나의 지상목표와 같은 가치개념으로 존재하지 않을 때, 비로소 그 빛을 발할 수 있다. 역설적이지만 장자는 자유 또한 그것이 우리가 신명을 바쳐 추구해야 할 어떤 '목표'가 될 때, 우리는 자유라는 허울 좋은 이름에 속박될 것이라고 보았던 것 같다. 「소요유」의 사상을 축약적으로 암시하는 '무하유지향(無何有之鄕)'은 정확히 해석하기가 실로 난감하다. '아무것도 존재하지 않는 고을'이 도대체 무엇을 지시하는 것일까? 물론 무하유지향을 의미론적·개념적으로 해석하고자 하는 행위 자체가 어쩌면 「소요유」의 논지를 이미 위배한 것인지도 모르겠다. 자유라는 이념, '나'라는 생각, 삶과 죽음 등 어쩌면 이런 모든 이름과 개념에 의해 작동되는 상징으로서의 세계가 사라진 그곳이 장자가 동경했던 '무하유지향'이 아니었을까.

일찍이 허유가 요임금에게 말했던 '이름은 단지 실재의 손님'이라는 구절이 「소요유」를 마감하기에 앞서 필자의 머리를 맴돈다. 우리의 삶을 지배하는 것은 과연 실재인가, 손님인가? 우리가 '손님'이라는 메타포로 상징되는 세계의 온갖 허상으로부터 자유로워진다는 것이 과연 무엇을 의미하는 것일까? 분명한 것은 장자가 '무하유지향'을 통해 환기하고자 하는 '소요'는 현대사회가 가치론적으로 추구하는 '자유'의 개념보다 훨씬 방대하고 심오하다. 물론 양자 사이의 우월을 비교하는 것은 큰 의미가 없겠으나 적어도 우리는 장자의 '소요'를 통해 자유의 함의를 좀 더 폭넓게 재해석할 수 있는 영감을 획득할 수 있을 것이다.

이 장을 마감하기에 앞서 서두에 언급했던 '우주가 하나의 생명체'라는 모티프가 소요 혹은 자유의 개념과 어떻게 연결될 수 있는지를 간략히 논하고자 한다. 무엇보다 이 문제를 해결하기 위해서는 장자 사상 속에서 '나'라는 개념이 어떻게 상정되는지를 이해해야 할 것이다. 전술한 바와 같이 '소요'란 자연의 순리대로 살아가는 것이다. 이는 개인의 자유의지를 포기하는 것이 아니라 우주적 차원에서 내 존재의 진정한 본질을 자각한 결과라고 단언할 수 있다. 그리하여 '나의 자유'는 '나라는 망상으로부터의 자유'라는 개념으로 전이됨이 마땅하다. 자유를 일종의 가치로 파악하고 그것을 획득하고자 하는 열망이 강해질수록 결국 인간은 자유라는 (허울 좋은) 이름의 노예로 전락해버릴 공산이 크기 때문이다.

앞서 언급한 것처럼 우주는 모든 것이 상호 유기적으로 연결된 거대한 하나의 생명체이다. 들판 한구석에 놓여 있는 바위가 스스로 '바위'라는 아견(我見)을 내지 않는 이상, 바위는 이미 그 속에 광활한 우주를 머금고 있다. 수억 개의 바위가 어우러져 우주가 구성되는 것이 아니라 우주가 하나의 바위로, 꽃으로, 풀잎으로 자신을 드러내는 것이다. 관건은 도도한 우주적 생명의 흐름에 자신을 내맡기는 것이다. 붕새는 구만리 상공으로 솟구쳐 올라 자신을 지탱하는 부력에 몸을 **내맡겨** 구만리 남쪽 검푸른 바다로 날아갈 수 있지 않은가.

우주 삼라만상은 두두물물이 모두 '나'로 존재하면서 동시에 나 아닌 모든 것에 의존해서 살아간다. 나와 세계는 상호 의존적이지만, 동시에 나를 애써 부인할 필요도 없다. 내가 우주적 기운에 의존하고 있듯이, 우주도 나에 의존해서 존재할 수 있는 것이다(혹은 내가 우주이고, 우주가 나다). "하늘이 푸르고 푸른 것은 그 본래의 제 빛깔인가, 아니면 끝없이 멀기 때문일까. 붕이 구만리 상공에서 아래를 내려다볼 때에도 **또한 이와 같을 것**이다."[21]

붕은 '자기'를 찾기 위해 굳이 내면으로 침잠할 필요가 없다. 우주 삼라만상에 존재하는 것으로 '나' 아닌 것이 없기 때문이다. 우주의 본질이 탄생과 죽음, 시작과 끝, 미와 추, 선과 악으로부터 완연히 자유로울진대, 나를 찾아 여기저기를 애써 헤맬 필요가 있겠는가. 그리하여 장자는 '아무것도 없는 허무의 고을, 끝없이 펼쳐진 광원막대(廣遠莫大)한 들판에 무용한 큰 나무를 심어두고 그 옆에서 자유롭게 거닐면서 나무 아래에서 유유자적 오수'를 즐긴다. 거기에는 더 이상 추구할 자유도, 추구하는 '나'도 존재하지 않는다. 내가 있어 길을 걸어가는 것이 아니라 '걸음'이라는 행위 속에 이미 '나'와 '길'과 '우주 전체'가 하나로 녹아 있다. 이로 인해 비로소 삶이라는 '고통의 바다[苦海]'는 한편의 신명나는 '놀이[遊]'로 승화되는 것이다.

---

21 天之蒼蒼, 其正色邪, 其遠而無所至極邪, 其視下也, 亦若是則已矣.

유관도(劉貫道)의 「몽접도」(夢蝶圖)

제 2 장

「제물론」 평등

「제물론」(齊物論)은 장자 전편의 백미로 지금까지 무수한 논자들이 나름의 주석과 해석을 시도해왔다. 어찌 보면 본 장의 논의 또한 기존의 「제물론」 해석에 또 하나의 해석을 더하는 옥상옥(屋上屋)이 될 수도 있겠다. 그러나 천 개, 만 개의 「제물론」 해석이 존재한다 할지라도, 그들은 결국 「제물론」을 통해 자신의 마음을 표현한 것이니, 비유하자면 천상의 달이 천 개의 강물 위에 이런저런 모습으로 자신을 나툰 것이라 상정함이 옳을 듯하다. '제물론'이라는 편명과 관련해서는 대체로 두 가지의 해석이 존재한다. 하나는 '평등하게 사물을 관조함에 관한 론(論)'으로 읽는 독법이고, 다른 하나는 '여러 논쟁의 차이를 없이 함'으로 풀이하는 입장이다. 후자의 경우는 '물론(物論)'을 목적어로, '제(齊)'를 술어로 파악하는 입장이다. 단 두 가지 해석 모두 「제물론」의 내용과 일정 부분 부합되는 것이 사실이다.

제물론의 핵심 주제는 평등사상이다. 그러나 제물론이 제시하는 평등의 개념은 매우 복합적이며, 그 함의를 단편적으로 설명하기는 쉽지 않다. 따라서 본 장에서는 제물론의 평등사상을 사변적으로 설명하기보다 이와 관련된 장자 사유의 궤적을 본문을 토대로 추적해보고자 한다. 「제물론」은 남곽자기와 안성자유의 대화로 시작한다.

> 언아, 너의 질문이 참으로 훌륭하구나. 지금 나는 나 자신을 잃어버렸는데, 너는 그것을 알고 있는가. 너는 인뢰(人籟)는 들었어도 아직 지뢰(地籟)는 듣지 못했을 것이며, 지뢰는 들었어도 아직 천뢰(天籟)는 듣지 못했을 것이다.[1]

인용문에서 볼 수 있듯이 제물론은 '오상아(吾喪我)'로 시작한다. 오상아는 불교적으로 말하자면 '무아'의 경지를 지칭하며 이를 통해 우리는 남곽자기가 깊은 삼매에 들었음[2]을 추정해볼 수 있다. 삼매는 우리가 흔히 생각하는 몽중(夢中) 경계와는 엄연히 다른 것이며, 삼매 속에서 비로소 사물의 본질을 직관할 수 있다는 것이 불교나 도가의 입장이다. 여기서 '사물의 본질'이라 함은 역설적이지만, 그 본질이 비어 있음을 관하는 것이다.

예를 들어 우리가 일상에서 보고 느끼는 제반 사물은 육근을 떠나 별도로 존재하는 것이 아니며, 여기에는 우리의 신체도 예외가 될 수 없다. 그런데 삼매의 경지로 들어서면서 분별지가 사라지니, 육근의

---

1 偃不亦善乎, 而問之也, 今者吾喪我, 汝知之乎, 汝聞人籟而未聞地籟, 汝聞地籟而未聞天籟夫.
2 삼매(三昧)는 범어인 사마디(Samādhi)에 대한 음역으로, '정수(正受)'로 의역하기도 한다. 흥미로운 것은 불교의 경우 많은 경전이 삼매의 경지에서 쓰여진 것이다. 『화엄경』이나 『원각경』 모두 부처가 깊은 삼매에 들어서 서술한 것으로 알려져 있다.

대상이 되는 육진 경계도 함께 소멸하는 것이다. 이로 인해 남곽자기는 '나 자신을 잃어버렸다'라고 탄식하는 것이다. '오상아'는 지극히 문학적인 표현이다. 축자적으로 '내가 나를 잃어버렸다'라고 번역한다면 잃어버린(혹은 사라진) '나'와 그것을 인식하는 '나'가 별도로 존재한다는 말인가? 물론 이러한 해석은 장자가 말하고자 하는 본질에 어긋나는 것이며, 굳이 이를 언어적으로 설명하자면 '생겨난 적도 소멸한 적도 없는 '나'가 삼매의 경지에서 스스로를 관조해보니 그 본질이 비어 있다'라는 의미가 될 것이다. 사실 제물론의 내용이 아무리 현란하다 할지라도, 이 오상아의 핵심을 붙잡게 되면 나머지 우화들은 모두 여기에 대한 부차적인 설명 그 이상도 이하도 될 수 없다.

남곽자기가 삼매에 들어 처음으로 제자인 안성자유에게 던지는 화두는 인뢰(人籟)-지뢰(地籟)-천뢰(天籟)의 비유이다. 이와 관련된 본문의 내용을 인용해본다.

> 자유가 이렇게 말했다. "지뢰는 곧 여러 구멍에서 나온 소리가 바로 이에 해당하고, 인뢰는 비죽 같은 악기에서 나온 소리가 바로 이에 해당하는 줄 알겠습니다만, 감히 **천뢰란 무엇인지 묻겠습니다.**" 자기가 이렇게 대답했다. "무릇 불어대는 소리가 일만 가지로 같지 않지만 그 소리는 자신의 구멍으로부터 말미암는 것인데 모두가 다 그 스스로 취하는 것이라고 하나, (정작) **소리를 내게 하는 것은 누구인가.**"[3]

---

3 子游曰, 地籟則衆竅是已, 人籟則比竹是已, 敢問天籟. 子綦, 夫天籟者, 吹萬不同, 而使其自己也, 咸其自取, 怒者其誰邪.

인용문의 내용을 살펴보기 전에 먼저 '피리[籟]'의 상징적 함의를 생각해보자. 피리는 속이 텅 비어 있으나 그로부터 기기묘묘한 소리가 울려나온다. 시각적으로 보자면 피리는 인체의 구조와도 흡사한데, 이는 형상적 측면만이 아니라 의식적 차원에서도 그러하다. 가운데가 텅 빈 목의 성대에서 소리가 울려나오듯, 인간의 마음도 고요하게 텅 비어 있는 듯하지만, 그로부터 온갖 생각과 느낌이 일어나는 것이다. 장자가 인용문에서 피리의 비유를 사용하고 있는 것도 아마 이러한 연고에서 비롯되었을 개연성이 크다. 덧붙여 『도덕경』에도 이와 유사한 비유가 등장하는데, 노자는 하늘과 땅 사이를 풀무[橐籥]에 비유하였다.[4] 가운데가 뚫려 있는 풀무로부터 삼라만상이 모습을 드러내니 이것이야말로 신묘함의 극치가 아니겠는가.

각설하고 인용문의 내용을 소상히 살펴보자. 지뢰는 자연의 소리고, 인뢰는 인간이 내는 소리다. 그러나 「제물론」의 후반부에서 재론되겠지만, 지뢰와 인뢰는 본질에 있어서는 차이가 없다. 물론 인간중심적 관점에서 보자면, 인간의 소리는 자연에서 우리가 접하는 새소리나 물소리와는 다르다. 무엇보다 사람이 내는 소리는 자연의 소리와는 달리 그 속에 '의미'를 담고 있기 때문이다. 그러나 의미의 본질, 나아가 의미의 의미가 무엇인가라는 좀 더 근원적인 질문으로 나아가게 되면 상황은 달라진다.

가령 미/추/시/비/선/악 등의 개념을 일상에서 사용할 때, 정확히 그 말들이 무엇을 의미하고 있는지를 규정할 수 있는 사람이 있는가? 나아가 이러한 개념들이 인간이 보편적으로 수용할 수 있는 그 어떤 의미를 말 속에 담고 있는가? 이러한 문제와 관련해서 어느 누구도 자

---

4 天地之間, 其猶橐籥乎. 虛而不屈, 動而愈出. (『도덕경』 5장)

신 있게 답할 수 있는 사람은 없을 것이다(좀 더 엄밀히는 이는 답할 수 있는 질문이 아니다). 그렇다면 인간이 만든 사상은 어떠한가? 가령 장자가 생존했던 시대를 풍미했던 구류철학(九流哲學)[5]이 백가쟁명의 기치를 걸고 상호 토론과 비판에 매몰돼 있을 때, 그들 간에 옳고 그름을 판단해줄 수 있는 근거나 기준을 누가 제시할 수 있을 것인가. 시(是)가 시가 아니고 비(非)가 비가 아니라면, 시비의 구분 자체가 무의미할 것이요, 반대로 시와 비의 구분이 이미 명확히 정해져 있는 것이라면 새삼 논쟁이 필요한 이유가 무엇이겠는가.

그런데 상기 인용문은 이러한 문제보다 훨씬 근본적인 차원에서 인간이 처한 딜레마를 암시한다. 가령 지뢰를 자연이 내는 소리라고 가정해보자. 그런데 나무가 스스로 소리를 낼 수 있는가? 엄밀히 말해 나무가 내는 소리는 '바람'이 나무를 스치면서 발생하는 소리이다. 즉, 우리가 청각적으로 인식하는 나무에서 뿜어져 나오는 제반 소리는 **나무에 있지 않다**. 그렇다고 나무와 무관하게 '바람'이 홀로 소리를 만들어낼 수 있는 것도 아니다. 결국 이를 통해 장자가 암시하고자 한 것은 '연기(緣起)적 사유'[6]이다. 즉, 우리가 세상에서 들을 수 있는 모든 소리는 '조건적'으로 만들어진 것이다. 달리 말해 세상의 모든 소리는 그것이 생하는 순간 소멸한다. 물론 우리가 자연의 특정 소리를 녹음하여 그것을 반복 청취하는 것이 가능하다 할지라도, 기계에 의해 재생된 소리는 더 이상이 우리가 처음 접했던 소리가 아니다.

---

5 중국 한나라 때 여러 학파를 총칭해서 부르던 용어로, 유가(儒家), 도가(道家), 음양가(陰陽家), 법가(法家), 명가(名家), 묵가(墨家), 종횡가(縱橫家), 잡가(雜家), 농가(農家)를 지칭한다.

6 연기(緣起)는 불교의 개념이나 주어진 맥락에서 사용해도 하자가 없을 듯하다.

이렇게 보자면, 인뢰/지뢰의 비유는 존재의 본질을 밝히기 위한 수사적 장치이다. 즉, 피리의 속이 비어 있듯 우주 삼라만상이 그 본질에 있어 모두 텅 비어 있다는 것이다. 그런데 앞선 '오상아'의 비유를 통해 설명했듯이, 장자가 말하는 '비어 있음'이란 단순한 '없음(nothingness)'의 개념과는 다르다. 뒤에서 다시 논의되겠지만, 장자가 정작 말하고자 하는 것은 유에도 있지 않고 무에도 있지 않다. 그러나 있음과 없음을 모두 넘어서 있는 그 무엇을 인간이 지적으로 인식하는 것이 어떻게 가능할 것인가? 나아가 그렇게 사유하는 것이 내 존재의 본질을 깨치는 문제와 어떻게 연결될 수 있을 것인가?

전술한 형이상학적 물음과 관련하여 남곽자기는 의미심장한 질문을 제기한다. '존재하는 물상들로 하여금 소리를 내게 하는 것은 그 누구인가?' 엄밀한 의미에서 남곽자기가 제자에게 던진 이 물음은 일종의 철학적 화두이다. 「제물론」의 서두에 등장하는 이 짧은 대화 속에는 실로 엄청난 긴장과 실존에 대한 형용할 수 없는 고뇌가 함축돼 있다. 제자는 스승에게 '천뢰가 무엇인지' 물었다. 인뢰와 지뢰는 이미 가지(可知)의 영역에 속해 있다고 판단했기 때문이다. 그런데 스승은 답변대신 또 다른 질문을 던졌다. 제자의 질문에 또 다른 질문을 더하는 이 기묘한 상황은 기실 인류의 위대한 스승들이 제자를 깨달음의 길로 인도하기 위해 사용했던 소중한 방편이었다. 범부의 망상을 먼저 죽비로 후려치지 않으면, 어찌 분별하는 마음으로 존재의 본질을 관통할 수 있겠는가.

잠시 인식론적인 문제로 주의를 돌려보자. 우리 마음의 본질은 아는 작용이고, 나아가 내 삶의 주체는 내 앎 속에 있다. 그런데 정작 아는 마음은 앎이 끊어진 자리에서 일어난다. 비유컨대 내가 목전의 사물이 '컵'이라는 것을 인식한다면, 그러한 인식작용을 일으키는 근본 마음에는 애당초 컵도 바위도 그 어떠한 것도 존재하지 않는다. 이를 불교에서는 반야지[般若智]로 지칭한다. 앞서의 비유를 예로 들자면, 바람이 물상을 만나 이런저런 소리를 내지만 정작 (특정한) 소리를 취하는 것은 바람에 있지 않다. 개별 물상이 스스로의 분별을 가지고 갖가지 소리를 만들었을 뿐이다. 여기서 필자가 '근본 마음'이란 말을 사용하고 있으나, 이것이 어떤 특정 대상을 지칭하는 것은 아니다. 장자사상에서 '근원'이란 항시 유무를 넘어서 있기 때문이다.

여상의 논의를 '인뢰'라는 비유에 국한시켜본다면, 우리가 만들어내는 온갖 시비선악의 분별은 「소요유」의 논리로 말해서 인간의 자유를 구속하는 철방감옥이다. 인간은 평생 타인과 시비선악의 문제로 논쟁하며 기력을 소진하지만, 「제물론」의 종지에 비춰본다면 옳고 그름은 옳고 그름이 **사라진 곳**에서 생겨난다. 이를 「제물론」이라는 편명과 연결시켜 논해본다면, '세계와 인간을 해석하는 갖가지 철학사상[物論]'은 결국 텅 빈 마음에서 불현듯 일어난 것이다. 물론 그렇다고 하더라도 이들 사상이 의미가 없는 것은 아니다. 단지 유가와 묵가가 시시비비로 논쟁하는 것은 흡사 하늘에 드리워진 구름을 보고 인간이 거기에 이런저런 의미를 부여하는 것과 다르지 않을 것이다.

「제물론」의 논리에 따르면, 우리가 한 생각을 일으키는 곳이 곧 물(物)이 생하는 자리이다. 생각에 의해 구성된 세계는 환(幻)이지만, 사유 주체의 관점에서는 그것이 현실이다. 문제는 대부분의 생각이 아집의 소산이라는 것이다. 제물사상에서 '제'라는 글자는 그 함의가 간단치 않다. 이는 단순히 대상간의 '차이'를 무화시켜 하나로 포섭하는 것이 아니라, 우리 마음의 아는 작용이 어디서 일어나는가[7]를 문제 삼고 있는 것이다. 선불교에서 흔히 사용하는 '불립문자(不立文字)'의 개념도 문자의 뜻에 천착해서 해석하게 되면, 용어의 본질에서 무한정

멀어지게 된다. 엄밀히 말해 불립문자란 상대적 분별이 사라진 평등의 자리를 지칭하는 것이다. 그런데 분별에 대비해서 별도의 평등개념이 만들어지면, 그 자체가 이미 분별을 만드는 것이 아닌가.

장자는 인간이 본래 시비가 없는 곳에서 한평생 시비를 만들며 살아간다고 지적한다. 그런 관점에서 보자면 요동치는 것은 세계가 아니라 우리의 분별심이 움직이는 것이다. 무대 위의 배우는 극 속에서 자신에게 주어진 역할에 몰입할수록 가상이 현실'화'된다. 그리하여 급기야는 극중 인물과 그 역을 맡은 배우 사이의 구분이 사라지는 경지에 이른다(우리가 잠을 자면서 꿈속의 현실을 실재와 구분하지 못하는 것과 유사한 이치이다). 그러나 극중 배우의 연기가 아무리 완벽해도 관객은 가상과 현실 사이를 자유롭게 오갈 수 있다. 왜일까? 무대 아래 관객은 극중 현실에 집착하지 않기 때문이다. 그렇다고 관객에게 무대 위에서 펼쳐지는 가상공간이 전혀 무의미한 것은 아니다. 만일 관객이 극중 현실에 일말의 몰입도 하지 않는다면 드라마의 존재 자체가 무의미해질 것이다.

과도한 '몰입'과 '관조'라는 양극단 사이에서 올바르게 처신하는 방도를 『대학』은 '지(止)'라는 글자로 풀어낸다. 여기서 지, 즉 '머무름'의 핵심은 지지(知止)이다. 역설적이지만 '멈출 곳'을 아는 것은 머무르되 머무르지 않는 것이며, 머무르지 않되 대상과 분리되지 않는 것이다. 장자는 유사한 내용을 '도추(道樞)'라는 말로 표현하였다. 도추는 흔히 '도의 지도리'로 번역되는데, 이는 여닫이문에 달려 있는 장치로, 문은 끊임없고 열고 닫기를 반복하되 지도리는 자기의 자리를

---

7 「제물론」의 서두에서 남곽자기가 천뢰의 본질을 묻는 제자에게 '소리를 내게 하는 것은 누구인가'라고 반문하는 장면을 상기해보는 것도 좋을 듯하다.

이탈한 바가 없다. 결국 중심을 벗어나지 않으면서도 변화 속에 온전히 자신을 내맡기는 상태가 제물의 경지와 맞닿아 있는 것이다. 이상의 내용이 다소 사변적이라 장자의 문학적 비유를 통해 핵심 내용을 재차 확인해보자.

> 대지가 숨을 내쉬면 그것을 일러 바람이라고 한다. 이것은 일어나지 않으면 그만이지만, 일단 일어나면 온갖 구멍이 소리를 낸다. (…) 산들바람이 불면 가볍게 화답하고 거센 회오리바람이 불면 크게 화답을 하는데, 만일 크고 매서운 바람이 그치면 곧 모든 구멍들이 텅 비어서 고요해진다.[8]

여기서 '바람'은 비유이며, 아마도 그것이 지시하는 것은 분별이 끊어진 우리 마음에 홀연한 생각이 일어나는 것을 지칭한 것이리라. 그런데 텅 빈 우리 마음에 일념이 생하는 것을 하필 소리 없는 '바람'에 비유했을까. 추측컨대 불교적 논리를 빌려 풀어보자면 '홀연히 떠오른 한 생각'[9]이 본래 뿌리 없음을 암시하기 위해 '바람'의 비유를 사용한 듯하다. 그런데 이와 관련하여 장자의 문장 사용이 절묘하다. '시유무작(是唯無作)'은 마음의 본질이 **본래 고요함**을 암시하는 말이다. 이를 다음에 등장하는 '작즉만규노호(作則萬竅怒呺)'와 연결시켜본다면, '우리 마음의 본질은 본래가 고요한 것이고, 그것이 잠깐 망상으로 요

---

8 夫大塊噫氣, 其名爲風, 是唯無作, 作則萬竅怒呺 (…) 冷風則小和, 飄風則大和, 厲風濟則衆竅爲虛.

9 이를 『대승기신론』에서는 '忽然一念生起'라 칭한다. 여기서 '홀연'이란 용어가 암시하는 것은, 일념의 본질이 뿌리 없음을 시사하는 것이며, 일념이 분별망상을 지칭함은 명약관화하다.

동쳐서 이리저리 날뛴다 할지라도, 실제로는 단 한순간도 마음의 고요한 본질을 벗어난 적이 없다'는 의미가 담겨 있다(물론 이는 필자의 주관적 관점이다). 이 같은 해석을 뒷받침하는 내용이 인용문의 마지막 구절에 등장한다. "바람이 그치면 곧 모든 구멍들이 **텅 비어서 고요해진다.**" 즉, 소리의 본질은 '허(虛)'다. 달리 말해 망상이 실체가 없으니, 망상으로 인한 온갖 시비분별은 형상은 있으되 그 실체가 없다.

「제물론」에 다가설 수 있는 요체는 텍스트를 읽으면서 끊임없이 텍스트를 읽는 나를 동시적으로 관조하는 것이다. 가령 시와 비를 논하는 자리에서 시/비를 유무의 관점에서 접근하는 것은 이미 장자사상의 본질을 벗어난 것이다. "길은 사람이 걸어 다녀서 만들어진 것"[10]이니 있고 없음의 분별을 떠나 있는 것이다. 그렇다고 길손에게 길이 실제로는 길이 아니라고 말하는 것도 우스꽝스런 일이다. 결국 한 생각이 일어나면 그것이 망상이 되니, 본디 명언습기(名言習氣)[11]를 갖고 태어난 범부중생의 입장에서는 참으로 딱한 일이 아닐 수 없다. 그러나 삿된 것을 제하고 올바름을 드러내는 일이 수학공식을 외는 것처럼 객관적으로 정해져 있는 것이라면, 세상에 견성하지 못할 자가 누가 있겠는가.

장자의 성인은 일상에서 소요할 수 있는 존재이다. 그에게는 사물의 완성이나 파괴 등과 같은 구분이 없으며, 이로 인해 대상을 인식함에 있어 분별을 내지 않고 단지 일상에 우거할 뿐이다. 여기서 '일상'은 원문의 '용(庸)'을 번역한 것으로, 장자와 유교 사서의 최고봉인 『중용』이 같은 글자를 공유하고 있음이 흥미롭다.[12]

---

10 道行之而成.
11 '명언습기'를 현대적 용어로는 '개념적 사유' 정도로 해석하면 좋을 듯하다.

「제물론」에서 '용에 우거한다[寓諸庸]' 함은 주어진 상황에 무위로 응함을 의미한다. 즉, 매사에 소홀함이 없이 참여하되 행위 주체의 입장에서는 부득불 주어진 일을 행하는 것이다. 부득불이라 함은 자신의 행위에 집착이 없음을 일컫는 도가적 표현이다. 겨울이 가고 봄이 오는 것도 부득불이요, 물이 하늘로 증발하여 구름이 되는 것도 부득불이다. 요약컨대 노장이나 불교 모두 무상(無常)을 존재의 본질로 삼고 있으며, 이로 인해 '나'는 그 어디에도 안주하지 않는다는 것이다.

이제 이러한 논의를 토대로 천뢰의 문제를 숙고해보자. 천뢰는 「제물론」의 논리를 따르자면, 자신의 소리를 갖고 있지 않다. 이를 인사적 관점에서 말하자면, 대상사물에 대한 일말의 시비선악적 판단도 내리지 않는다는 것이다. 특히 후자의 관점에서 접근하자면 천뢰는 소리가 잠잠해져 공한 것이 아니라, 그 본질이 본래 공하다. 즉 하늘에는 천둥번개가 치고 인간의 마음은 온갖 망상으로 요동치고 있지만, 그 본질은 텅 비어 있다. 이것이 장자 사유의 종지가 되는 종체기용(從體起用)의 핵심이다. 시비가 있음이, 결국 시비가 끊어진 텅 빈 '허(虛)'에서 일어난 것이라면, 시비의 본질이 무엇인가. 피(彼)와 시(是)가 상대를 얻지 못하는 것을 장자는 '도의 지도리(도추)'라고 한다. 지도리가 비로소 고리 가운데의 효용을 얻게 되면, 무궁한 변화에 자재하게 응할 것이다. 이렇게 되면 시(是)도 또한 하나의 무궁(無窮)이고, 비(非)도 또한 하나의 무궁이다.[13]

이제 이쯤에서 「제물론」의 의미를 다시 한 번 반추해보는 것이 요긴할 듯하다. 서두에서 밝혔듯이 「제물론」이라는 편명을 '물론(物論)'

---

12 참고로 주희는 '용(庸)'이 평(平)과 상(常)을 의미하는 것으로 해석했다.

13 是亦一无窮, 非亦一无窮也.

을 '제(齊)'함으로 새기면, 물론의 구체적 함의는 당시를 풍미했던 구류철학으로 이해해도 무방할 것이다. 장자는 당시의 구류철학 중에서 구체적으로 유가와 묵가의 논쟁을 예로 들고 있다. 양자는 각자의 논리를 토대로 상대의 그릇됨을 비판한다. 그러나 유묵논쟁에서 누가 시며 누가 비라고 단정하는 것이 타당한가? 보다 근본적으로는 유가가 유가가 되고 묵가가 묵가가 된 연고가 무엇인가. 이러한 질문은 일견 질문 자체가 성립되지 않는 듯 보인다.[14] 그러나 「제물론」의 비유에 빗대어 말하자면, 유가는 유가의 품성을 부여받아 유가가 된 것이고 묵가 또한 그러하다. 남곽자기와 안성자유의 대화에 의거해서 이같은 논리를 유추하자면, '바람이 대지를 만나 만물이 불어대는 소리가 서로 같지 않으나, 정작 그 소리를 내는 것이 누구인지 알 수 없다.' 달리 말해 만물이 각각 스스로 소리를 취한다고 으스대지만, 그 근원을 따져 들어가면 소리의 본질은 비어 있다.

　일반적으로 중국사상사를 논할 때, 도가사상은 전술한 구류철학의 일파이나, 「제물론」의 논리에 주목하게 되면 도가, 특히 장자철학은 특정한 철학적 종지를 구축하려 하기보다 제반 철학사상의 토대가 실체론적으로 구축될 수 없음을 지적하고자 한 듯하다. 유생(儒生)은 유가의 품성을 부여받아 유가의 종지를 주장하고 있으나, 그들이 왜 묵가나 법가가 되지 않았는가라는 질문에 답하기에는 그 근거가 마뜩치 않다. 군이 장자의 관점에서 이 문제에 답하자면, 유묵(儒墨)의 본질은 모두 '하늘의 피리소리(천뢰)'이다. 그런데 정작 하늘의 피리소리는 자신의 소리를 갖고 있지 않으니, 유가와 묵가 사이에는 서로 걸릴 것이 없다. 사족이지만, 이와 관련하여 화엄의 종지인 이사무애(理事無礙)의

---

14 이는 바꿔 말하면 '왜 나는 나이고 너는 너인가'라는 질문과도 흡사하다.

논리를 잠깐 들여다보자. 이에 의거하면, 우주적 원리인 리(理)는 구경지(究竟知)의 차원에서 보면 현상세계에 나타난 물상과 둘이 아니며[不二], 이러한 사상을 토대로 번뇌/열반, 중생/부처 등과 같은 일체 분별이 사라지는 것이다.

> 옛날에 요임금이 순에게 이렇게 물었다. "내가 종나라, 회나라, 서오족을 정벌하고자 하는데 천하를 통치하는 왕으로서 마음이 석연치 않으니 그 까닭이 무엇인가?" 순이 대답했다. 이 세 나라는 **오히려 쑥밭과 (자재하게) 뒤섞여 소요하고 있습니다.**[15]

인용문에서 강조한 부분은 '유존호봉애지간(猶存乎蓬艾之間)'을 필자가 논의의 맥락을 고려하여 다소 의역한 것이다. 여기서 '봉애'는 쑥(밭)을 의미하는데, 이를 광의에서 해석하자면 산하대지 자연을 지칭하는 것으로 보아도 무방할 것이다. 즉 '쑥밭과 뒤섞여 있다' 함은 도가적 개념으로 말하자면, 상망(相忘)의 경지를 지칭한다. 인간과 자연이 서로를 잊고 뒤섞여 있으니 그 자체가 '소요'가 아니고 무엇이겠는가? 이는 전형적인 장자 서사의 역설성이다. 요임금은 당시의 상황으로 보자면 하늘 아래 가장 문명화된 중원을 통치하는 제왕이었으나, 그는 여전히 자신의 분별심에 갇혀 있다. 요임금을 구속하는 분별심의 근원은 문명과 야만의 문제였을 것이나 스스로를 지배하는 문명적 우월의식에도 불구하고 그의 마음 한구석은 늘 '실존적 불안[不釋然]'으로 가득 차 있다. 물론 장자의 논리에 익숙한 독자라면, 그 실존

---

15 故昔者堯問於舜曰, 我欲伐宗膾胥敖, 南面而不釋然, 其故何也. 舜曰, 夫三子者, 猶存乎蓬艾之間.

적 불안의 원인을 쉽게 간파할 수 있을 것이다.

서구적 사유에 익숙한 독자들은 대다수 '현상'을 원인과 결과의 관점에서 파악하고자 할 것이다. 그런데 장자사상에서는 이 같은 인과론적 사유가 곳곳에서 해체된다. 비근한 예로 지금-여기라는 시공개념의 '원인'을 추적해 들어가는 과정에서 우리는 무심코 '처음[有始也者]'이라는 개념을 떠올린다. 그러나 지금-여기의 **원인**이 되는 그 처음이 무엇을 지시하는지는 누구도 알지 못하며, 나아가 '처음이라는 말이 있기 이전[有未始有始也者]'에 이르면 '처음'이라는 개념의 본시 모호한 그 의미조차 해체돼버린다. 이 문제와 관련해 보자면, 인과는 관념의 유희일 뿐, 실재와는 엄연히 구분된다. 비근한 예로, 지금 내가 듣고 말하는 소리의 원인은 무엇이며, 나아가 숨 쉬고 생각하고 심장이 고동치는 내 생명현상의 원인(혹은 주체)은 무엇인가?

기실 '앎'의 문제는 동서고금을 통해 매우 근원적인 철학적 주제로 존재해왔다. 이 문제와 관련하여 한 가지 분명한 사실은, 광대한 우주 속에서 우리가 진실로 알 수 있는 대상이 너무나 한정적이라는 점이다. 심지어 우리가 안다고 생각하는 것들조차 실제로는 아는 것이 아님을 우리가 증명할 수 있는 도리가 없다. 헤겔식 논법으로 말하자면, 소금을 소금으로 인식하는 것이 소금에 대한 진실된 앎인가? 이런 관점에서 「제물론」은 우리의 지(知)가 포섭할 수 없는 제반 사태들을 근본에서부터 파헤친다. 거기에는 '나'라는 존재도 예외가 아니다. 나를 규정할 수 있는 모든 근거들이 부정될 때, 정작 나는 무엇이며, 나아가 내 생명의 본질은 무엇인가. 물론 장자는 이런 질문들을 외면할 것이다. 질문의 전제 자체가 이미 어그러져 있기 때문이다.

우리의 모든 지적 토대가 남김없이 허물어진 연후에 장자는 불쑥 경구(警句)를 제시한다. '내맡겨라.' 장자의 '인시(因是)'를 『금강경』은

'입류(入流)', 즉 '수다원'이라 칭하였다. 수다원은 의미적으로 해석하면, '흐름에 자신을 내맡긴 자'이다. (강물의) 흐름에 오롯이 자신을 내맡겼으니 스스로가 애쓰지 않아도 모든 것이 순리대로 흘러간다. 그야말로 무위자연의 경지인 셈이다. 그런데 『금강경』은 여기에 좀 더 구체적인 설명을 덧붙였다.

> 수보리야, "수다원이 능히 이런 생각을 하되, 내가 수다원과를 얻었다 하겠느냐?" 수보리가 말하기를, "아닙니다. 세존이시여, 왜냐하면 수다원은 입류라고 하지만 들어간 바가 없기 때문이니 색, 성, 향, 미, 촉, 법에 들어가지 않으므로 이를 수다원이라 이름합니다."[16]

즉 흐름에 자신을 내맡기되, 내맡겼다는 생각조차 사라진 것이 '입류'이다. 일단 입류가 개념이 되어버리면 거기에 반하는 역류(逆流)[17]가 동시적으로 수반되는 것이 인간의 인식구조가 아니겠는가. 이 같은 『금강경』의 즉비(卽非) 논리가 「제물론」에서는 '시비가 일어나기 이전의 상태'로 묘사된다. 물론 여기서 장자가 의도한 것이 시비 밖에 시비가 끊어진 이치를 따로 세우고자 한 것이 아니었음은 명확하다.

한편 장주호접몽의 우화 직전에 등장하는 망량(罔兩)[18] 고사의 함의

---

16 須菩提, 於意云何, 須陀洹, 能作是念, 我得須陀洹果 不. 須菩提言, 不也, 世尊. 何以故, 須陀洹, 名爲入流, 而無所入, 不入色聲香味觸法, 是名須陀洹. (「一相無相分」)

17 입류와 역류는 서로 상반된 개념인데, 범어의 '수다원'을 역자에 따라서는 역류라 번역하기 한다. 이 경우 역류는 '세속의 흐름을 거슬러 존재의 본질에 자신을 내맡긴 자'가 된다.

18 망량은 그림자의 윤곽을 따라 드리워진 곁그림자 같은 것이다.

를 많은 독자들이 간과하는 측면이 있으나, 이는 내용상 중요한 메시지를 담고 있다. 망량이 그림자의 지조 없음을 비판하자 그림자는 '의존[待]'의 문제를 존재론적으로 논한다. 손은 팔에 의존하고, 팔은 몸뚱이에 의존하고, 몸뚱이는 땅에 의존하고(⋯), 이렇게 논의해가다보니 도대체 무엇이 무엇에 의존하는지 모든 게 오리무중이 돼버렸다. 무엇보다 「제물론」의 결론에 해당하는 '장주호접몽'의 고사를 말하기에 앞서 장자는 왜 망량 고사를 통해 '의존'의 문제를 슬쩍 독자에게 내비친 것일까.

> 옛날에 장주가 꿈에 나비가 되었다. 펄럭펄럭 경쾌하게 잘도 날아다니는 나비였는데, 스스로 유쾌하고 뜻에 만족스러웠는지라 자기가 장주인 것을 알지 못했다. 얼마 있다가 화들짝하고 꿈에서 깨어보니 갑자기 장주가 되어 있었다. 알지 못하겠다. 장주의 꿈에 장주가 나비가 된 것인가, 나비의 꿈에 나비가 장주가 된 것인가. 장주와 나비는 분명한 구별이 있으니 이것을 물(物)의 화(化)라고 한다.[19]

실로 수백 번을 읽어도 원초적 신비로움이 그 빛을 잃지 않는 천하의 명문이다. 장자는 먼저 나비와 장주의 차이를 말하였다. 그런데 과연 이 둘 사이에는 구분이 있는 것인가? 일단 여기에 대한 답변을 보류하고 전술한 문장에 대한 원문을 살펴보자. '주여호접즉필유분의(周與胡蝶則必有分矣)'에서 '필유분의'는 두 가지의 해석이 가능하다. 즉 하나는 '구별이 있을 것이다'이며, 다른 하나는 '구별이 있을 것인가?'

---

19 昔者莊周夢爲胡蝶, 栩栩然胡蝶也, 自喩適志與, 不知周也. 俄然覺, 則蘧蘧然周也. 不知周之夢爲胡蝶, 胡蝶之夢爲周與, 周與胡蝶, 則必有分矣, 此之謂物化.

육치(陸治)의 「유거락사도」(幽居樂事圖)

이다. 언뜻 보면 둘의 의미가 유사한 듯하나, 곰곰이 문장을 음미해보면 양자가 서로 상반된 뜻을 내포한 것처럼 보이기도 한다. 결국 훈고적 관점에서는 해석상의 시비를 가리는 것이 쉽지 않다. 그런데 수사(rhetoric)적 측면에서 보자면, 조금은 더 문제의 본질에 가까이 다가설 수 있다. 「제물론」은 알다시피 오상아로 시작해서 물화로 끝난다. 그렇다면 오상아와 물화를 연결하는 고리는 무엇인가. 물론 그 매개적 논리를 찾고자 하는 시도는 무의미하다. 오상아가 결국 물화의 다른 이름이며, 물화가 바로 오상아의 다른 이름이기 때문이다.

장주와 나비는 모두가 우리의 인식망에 걸려든 '개념'이다. 그런데 「제물론」에서 장자는 시종일관 개념적 사유의 오류를 논증하고 있다. 가령 이것과 저것이란 개념을 두고 두 사람이 논쟁할 때, 나의 이것은 상대의 저것이고, 상대의 이것이 나의 저것이다. 결국 이것과 저것은 개념적으로는 서로 구분되지만 본질에 있어서는 구분이 해체된다. 나비였는데 깨어나니 장주였다고 함은 기실 양자의 실체적 의미를 무화시키기 위한 수사적 장치이다.[20] 물화의 논리로 말하자면, 나비도 장주도 모두 **우주적 조화의 과정**이다. 과정은 흡사 뫼비우스의 띠와 같아서 모든 것이 서로 연결돼 있다.

나비가 장주에 의지해 나비가 되었다면 그 반대 논리도 성립할 것

---

20 '장주호접몽'의 내용과 관련된 것이지만, 왜 꿈을 통해서 장주와 나비의 물화 (物化)사건이 발생하는가. 나아가 장자사상에서 '꿈'의 함의가 무엇인가. 필자의 사견으로는 '꿈'이 물화의 과정을 매개하기 위한 서사적 장치로 사용되고 있다고 판단한다. 비근한 예로 「후천팔괘도」에서 간방(艮方)은 '죽음'과 '탄생'이 중첩되는 지점인데, 간방의 토(土) 기운이 이를 에워싼 감(坎)과 진(震) 사이에서 '토극수(土克水)'와 '목극토(木克土)'를 매개하는 양가적 작용을 수행한다. 물론 장자의 '꿈'에 대한 심도 있는 연구는 하나의 개별 주제로서 별도의 논의가 필요할 것이다.

이다. 결국 나비인가 장주인가의 문제가 아니라, 나비도 장주도 모두가 섬광처럼 나타났다 사라지는 조화의 자취임이 드러난다. 장주호접몽의 우화를 이렇게 읽게 되면 앞선 '망량 고사'와의 관계 또한 조금 더 명료해진다. 달리 말해 일종의 퍼즐이 맞춰지는 것이다. 우주 삼라만상의 본질은 엄밀한 의미에서 '의존'이 아니라 공생(symbiosis)이다. 이 같은 주장이 일견 어희(語戲)처럼 보일 수 있겠으나, 공생의 논리로 접근할 때, 비로소 제물의 평등논리를 이해할 수 있는 교두보가 마련된다.

사족일 수 있겠으나 한어(漢語)는 언어적 특질상 의미론적 모호성을 배제하기 어렵다. 위에서 예시한 '필유분의(必有分矣)'의 경우도 그러하지만, 장주호접몽 우화의 도입부에 사용된 '석자(昔者)'의 함의도 모호하기는 마찬가지이다. '석자'가 지시하는 것이 시간적으로 어제일 수도 있지만, 몇 천 년 전이라고 한들 문제될 것이 없다. 그런데 정작 이러한 시간적 모호성이 제물의 논리를 구조적으로 떠받치고 있음이 또한 역설적인 사실이기도 하다. 우주 속에 존재하는 물상으로 '지금'을 벗어나 홀로 존재하는 것은 없다. 즉, 우주 삼라만상을 동시-전체로 포용하는 것이 '일시(一時)'이다. 그러나 중생이 분별을 만드는 순간 일시는 무한수의 (파편화된) 시간으로 분절돼버린다. 인간중생에 국한해 말하자면, 우리는 '하나'의 시간 속에 살고 있지만, 동시에 모든 개인은 각각의 시간 틀을 만들어 그 속에 거하고 있는 것이다.

「제물론」에서 '물(物)'을 어떻게 이해할 것인가는 쉬운 문제가 아니다. 가령 서구에서 장자를 일생 연구하였던 버튼 왓슨(Burton Watson, 1925~2017)은 '물'을 'thing'으로 번역했다. 그러나 'thing'이 무엇인가? 혹자는 thing을 **명사**(noun)라고 답할 것이다. 그러나 행위(verb)와 분리돼 별도로 존재하는 주체(noun/subject)가 있는가. 달리 말해 노래하는 '행위'와 무관하게 별도의 '노래하는 자'를 지목하는 것이 현실적으로 가능한가. 개념적으로 우리는 얼마든지 '영수가 슈베르트의 가곡을 노래한다'라고 말할 수 있다. 그러나 실제적인 상황을 고려해 본다면 영수-슈베르트 가곡-노래하는 행위는 삼자가 하나이다. 단지 이를 분리시켜 사유하는 것은 언어의 구조 자체가 (가령 영어의 경우) 주어-술어-목적어의 형태로 이뤄져 있기 때문이다. 「제물론」의 주제와 관련하여 언어의 문제를 장황하게 서술하는 이유는 인간의 인식이 언어적 구조를 벗어나지 못하기 때문이다.

흥미로운 것은 산스크리트어의 경우 영어의 'matter'에 해당하는 표현이 없으며, 이에 대신하여 'named form'이라는 개념이 사용된다. 아마로 이러한 언어론적 토대 위에서 탄생한 것이 「반야심경」의 색/공 논리가 아닐까 추론해볼 수 있다. 에드워드 콘즈(Edward Conze, 1904~1979)는 그의 「반야심경」 풀이에서 '색즉시공/공즉시색'을 'Form is emptiness/Emptiness is form'으로 번역하였다. 여기서 '색(form)'은 산스크리트어인 'rūpa'[21]에 대한 번역어인데, 이는 가유(假有)로 존재하는 현상이 어떤 형상으로 일시 모습을 드러난 것이다. 형상은 우리가 인식할 수 있지만, 그럼에도 불구하고 그것이 고정 불변하는 실체와는 구분된다. 이러한 맥락에서 색 자체의 본질이 공이며, 공은 색과 다르지 않은 것이다.

앞선 논의에서 필자는 마음의 본질을 '앎'으로 규정하였으며, 앎의 중요한 속성 중 하나가 분별이다. 이를 인식론적 맥락으로 치환해서 말하자면, 유와 무, 삶과 죽음, 시와 비 등 이 모든 것은 '나'의 분별로

---

21 rūpa는 특히 팔리어에서는 nama-rūpa의 개념으로 사용되며, 이는 이름과 형상(name and form)을 지칭한다.

생겼다가 사라지는 것이지, 천지에는 이 같은 이원적 대립이 존재하지 않는다. 장자가 지적하듯이 "꿈속에서 술을 마시며 즐거워했던 사람이 아침이 되면 슬피 운다."[22] 이 구절이 표면적으로는 즐거움과 슬픔이라는 상반된 감정을 얘기하지만, 엄밀한 의미에서 우리가 '꿈속에서 술을 마시며 즐거워하는 동안'은 깨어나서 슬퍼하게 될 것을 절대적으로 알지 못한다. 달리 말해 인간은 지금-여기만을 알 수 있을 뿐이다. 그렇게 보자면, 인간이 '삶을 기뻐하고 죽음을 슬퍼하는' 행위야 말로 분별망상의 발로가 아니겠는가. 죽음이 어찌 살아 숨 쉬는 나의 인식에 존재할 수 있을 것이며, 나아가 죽음이 어떻게 죽음을 알 수 있겠는가.

물화(物化)의 핵심은 변화이며, 장자는 그 변화 속에 자신을 맡길 것을 역설한다. 본래 없는 시/비를 임의로 만들어내어 거기에 일생을 소진하는 것이 실로 얼마나 애처로운 일인가. 자연의 본질은 영원회귀이며, 인간은 자연이다. 사계의 순환에서 우리가 겨울을 '죽음'이라 생각하지 않듯이, 생명의 본질을 삶과 죽음으로 구분 짓는 것은 인간이 자신의 분별심을 자연에 투사한 것이다. 물론 과학의 발전으로 우리가 우주의 특정 현상을 깊이 관찰하여 그로부터 일종의 (조건적) 법칙을 사후적으로 도출하는 것은 가능할 수 있겠으나, 관념의 유희를 통해 만들어낸 '도식'을 자연에 대입해서 그것을 타인에게 종용하는 것은 우스꽝스럽다. 하늘에서 천둥번개가 치는 것은 **그러한** 자연의 조건이 형성되었기 때문일 뿐, 이를 두고 '하늘이 노했다'라고 감정이입을 하는 것은 우리의 (잠재)의식이 만들어낸 환상이 아니겠는가.

---

22 夢飮酒者, 旦而哭泣.

주렴계

　　주렴계는 「태극도설」에서 '물물 각구일태극 통체일태극(物物 各具 一太極 統體一太極)'이라 논했다. 즉 태극에서 우주 삼라만상이 펼쳐졌 지만, 개별 물상은 여전히 태극의 자리를 벗어나 있지 않으며, 존재하 는 것으로 모두가 태극이 현전한 것 아닌 것이 없다는 의미이다. 단 이 명제가 성립되기 위해서는 '나'의 인식경계가 사라져야 한다. 논의가 여기에 이르면, 「제물론」의 구조가 오상아에서 시작하여 물화로 끝나 는 연고를 직감할 수 있을 것이다. 양자는 모두가 '무아'를 말하고 있 으며, 이는 (적어도 장자사상에서는) 인식론적 선택의 문제가 아니라, 존재의 본질이다. 만물의 영장을 자처하는 인간이 범하는 가장 큰 오류는 존재론의 문제를 인식론적 관점에서 접근하는 것이다. 그로 인해 안성자유는 스승에게 '천뢰'가 무엇인지를 질문하였다.

본 장에서는 「제물론」의 주제를 '평등'의 관점에서 논하였다. 그러나 혹자는 지금까지의 논의가 대부분 평등과는 무관한 이슈들로 점철되었다고 느낄 수도 있을 것이다. 그러나 이 같은 서사형식이 필자로서는 장자 제물사상의 중심을 벗어나지 않고, 본질을 설명할 수 있는 하나의 방편이라고 판단하였다. 사족이지만, 제물론의 만물 평등사상은 삶과 죽음, 시와 비, 선과 악을 모두 포괄한다. 이때 양자가 평등하다는 것은 두 개의 개념쌍이 의미적으로 동일하다는 것이 아니라, 생과 사가 동시이며 선과 악이 동시라는 논리이다. 우리는 어둠이 사라질 때 아침이 시작된다고 말한다. 그런데 아침의 시작이 이미 그 속에 밤의 시작을 내포하고 있음을 누가 알겠는가.

조삼모사의 고사에서 원숭이는 조삼모사(朝三暮四)에 노하고, 조사모삼(朝四暮三)에 기뻐한다. 그러나 저공의 입장에서 보자면, 양자는 흡사 동전의 양면과 같은 것이다. 우주 삼라만상이 모두 자기가 처한 자리에서 스스로의 존재 의미를 가지고 있으며, 그들 중 어느 하나도 다른 것에 대한 절대적 우위를 점할 수 없다. 물론 인간사회에서 우리는 끊임없이 사물과 사물 상호간의 위계를 만들어내며, 이는 인간군상을 바라보는 관점에도 고스란히 녹아들어 있다. 그러나 이들 위계는 흡사 온갖 물상이 소리 없는 바람을 만나 스스로가 임의로 자기 소리를 내는 것과 다를 바 없다. 소리의 근원을 파고들어 가다보면 우리는 침묵을 만나게 되고, 이 소리 없는 텅 빈 공간에 대한 직관이 궁극에는 '평등'에 대한 진정한 깨달음으로 우리를 인도할 수 있을 것이다.

제 3 장

「양생주」 중도

중국사상에서는 '진리'라는 말이 다소 낯설다. 물론 유가의 중(中) 개념이나 노장에서 말하는 도(道) 그리고 불교에서 말하는 여래(如來)나 진여(眞如) 등의 개념을 서양철학에서의 진리개념과 연결 짓는 것이 크게 어폐가 있어 보이지는 않는다. 그런데 동서고금을 막론하고 그 시대를 살아간 사람들이 느꼈던 '시대정신'을 압축해서 그 정수를 추출해본다면, 막연하나마 일종의 보편적인 정서를 발견할 수 있을 것이란 믿음이 있다. 필자가 보건대(강도의 차이는 있겠으나), 대다수의 인간은 자기가 살아가는 시대를 '난세'로 규정했던 것 같다. 기실 불교사상의 경우 깨달음을 향해가는 첫 단계를 '고(苦)에 대한 자각'으로 상정했던 것을 보아도, 전술한 명제가 과도한 일반화의 오류를 범하고 있다고는 보기 어려울 듯하다. 이러한 관점에서 인간세계는 흔히 '고통의 바다[苦海]'에 비유된다.

이 장에서 논하고자 하는 「양생주」(養生主)는 인간이 난세에 살면서 '우리 생명의 주체'를 잘 건사하는 방도를 여러 우화를 통해 제시하고 있다. 물론 장자가 말하는 양생의 도리는 몇 겹의 베일에 싸여 있어 '그것은 이것이다!'라고 적시하기란 쉽지 않다. 그럼에도 불구하고 장자가 중도(中道)의 개념을 전술한 문제와 연결시켜 역설하고 있음은 분명해 보인다.

기실 중도 혹은 중도주의는 오늘날 정치지형에서도 빈번히 사용되는 개념이다. 즉, 양극단에 치우치지 않고 중립적인 이념을 실현하고자 하는 세력을 우리는 일반적으로 중도라 칭한다. 그러나 철학적 맥락에서 중도개념을 풀이하자면, 아마도 '이변비중(離邊非中)'의 논리를 적용하는 것이 그나마 적절할 것이다. 달리 말해 이변비중의 논리로서 중도개념을 풀어내자면 중도란 '허(虛)'에 상응하며, 이로부터 양생의 도리는 '허에 거하는 것'이라는 잠정적 결론을 도출하는 것이 가능해 보인다. 그러나 이러한 지적은 여전히 추상적이고 모호하다. 논의를 구체화 시켜나가기 위해서는 「양생주」 전편의 우화들을 유의미하게 하나의 논리로 회통시켜야 한다.

어법적인 차원에서 보자면 「양생주」라는 편명은 두 가지 해석이 가능하다. 하나는 '생명의 주체를 양(養)한다'는 것이고, 다른 하나는 '양생의 주체'라는 의미로 해석하는 것이다. 미묘한 차이기는 하지만, 전자의 경우는 '정신'에 방점을 두고 있으며, 후자의 경우 정신과 육체를 양육한다는 의미로 읽는 것이 타당해 보인다. 부연해 말하자면, '주체'로 번역한 '주(主)'는 주재자의 의미로 파악하면 이해가 수월할 것이다. 즉 내가 어떠한 품성을 가지고 세상을 살아가고 있다면, 그러한 품성을 '주재'하는 것이 누구인가라는 문제이다.

물론 장자사상에서는 '나'의 밖에 나를 주재하는 별도의 주체가 있다는 생각에 동의하고 있지 않다. 반면 많은 사람들은 우리의 일신을 삶의 주체로 생각하는 듯 보인다. 이는 장자의 입장에서 보자면 아이러니한 사실이 아닐 수 없다. 본 장의 편명이 「양생주」인데, 이러한 관점에서 '양생'의 문제를 사유하는 것이 엄밀히 보자면 반(反)양생적 태도와 다름없기 때문이다. 양생의 문제를 본격적으로 논하기에 앞서 장자는 「양생주」의 도입부에서 불쑥 앎[知]의 문제를 거론한다. 이는 일견 '양생'이라는 본 장의 주제와 긴밀한 관련이 없는 것처럼 보일 수 있으나, 사실은 이것이 장자가 말하고자 하는 양생개념의 핵심이다.

양생과 관련하여 장자가 말하는 앎의 본질을 이해하기 위해서는 일차적으로 반(反)양생에 대한 고찰이 필요하다. 달리 말해 인간의 양생을 저해하는 제반 요소들을 밝힐 수 있으면, 양생의 비결을 노정하는 것은 어렵지 않을 것이다. 장자에 따르면 반양생을 초래하는 핵심적 요인은 무엇보다 앎에 대한 집착이다. 그런데 여기서 '앎'이라 함은 구체적으로는 사변적 학문을 지칭한다. 사변적 학문은 끊임없이 인간을 지금-여기에서 벗어나게 하며, 나아가 앎에 대한 추구는 헤겔적 개념을 빌리자면 악무한(惡無限/bad infinity)의 연속이다. 왜냐면 앎은 주어진 상황과의 관계성 속에서 형성되는 것이며, 상황이 끊임없이 변화하듯 앎의 내용 또한 계속 변해가기 때문이다. 이로 인해 「양생주」의 도입부에서 장자는 "우리의 생명은 한계가 있지만 지식은 무한하며, 유한한 존재인 인간이 끝이 없는 앎을 추구하는 것이 위태롭다"라고 단언하는 것이다.

인간이 양생의 도를 실천하기 위해서는 내적이나 외적으로 기력을 소진하지 말아야 한다. 그런데 이를 보존하는 비결은 선과 악 사이에서 어느 한 쪽으로 치우치지 않는 것이다. 이와 관련하여 장자는 구체적으로 '근명(近名)'과 '근형(近刑)'이라는 두 개의 모티프를 제시한다. 전자의 경우는 인간이 선을 행하면서 명예에 집착하는 것이고, 후자는 악습에서 벗어나지 못하는 것이다. 우리의 일반적 상식으로 보자면 근명을 장자가 경계하는 부분은 선뜻 이해되지 않을 수 있다. 그러나 구체적 맥락을 살펴보면 장자의 숨은 진의를 엿볼 수 있다.

> 선을 행하되 명예에 가까이 가지는 말며, 악을 행하되 형벌에 가까이 가지는 말고, 중(中)의 경지를 따라 그것을 삶의 근본 원리로 삼으면 자기 몸을 안전하게 지킬 수 있고, 자신의 생명을 온전하게 유지할 수 있고, 어버이를 잘 봉양할 수 있으며, 자신에게 주어진 천수를 끝까지 누릴 수 있다.[1]

인용문에서 '중의 경지'는 '연독이위경(緣督以爲經)'을 번역한 것이다. 동양의술에서 독맥(督脈)은 몸의 뒷부분을 흐르는 경락을 지칭하는 것인데 '독'은 그 자체로 '중앙'의 의미가 있으며, 따라서 '연독위경'을 좀 더 소상히 설명하자면 '선과 악 어디에도 치우치지 않고 가운데를 밟아가는 것을 상도로 삼는다'는 의미가 될 것이다. 결국 어느 한 쪽으로 '치우치지 않음'이 양생의 핵심 개념으로 대두되고 있음을 알 수 있다. 여기서 관건은 '중'의 개념적 의미를 「양생주」 전체의 내용과 연결시켜 좀 더 소상하게 규명해보는 것이다.

양생을 논하는 대목에서 '중'의 개념을 간략히 제시한 연후, 장자의 관심사는 '중'이라는 철학적 개념을 문학적으로 승화시키는 단계로 이동한다. 포정(庖丁) 고사는 '소 잡는 사람'에 대한 이야기다. 언뜻 보면 이 대목은 포정의 절묘한 도축의 기술을 상찬하는 것으로 읽힐 수 있지만, 기실 이 우화 속에는 도가사상의 핵심이 모두 녹아 있다. 포

---

1 爲善无近名, 爲惡无近刑, 緣督以爲經, 可以保身, 可以全生, 可以養親, 可以盡年.

정 고사가 인간세상에서의 처세의 도리를 알레고리적으로 서술한 이야기라는 것은 쉽게 간파할 수 있겠으나, 장자가 여기서 사용하는 비유들의 함의를 세밀히 분석해내는 것은 쉬운 작업이 아니다. 논지를 전개해가기 위해 문혜군과 포정의 짤막한 대화에 주목해보자. 먼저 문혜군이 '포정이 소를 잡는[庖丁解牛]'의 광경을 보고 감탄하여 이르되 "아, 훌륭하구나. 기술이 어찌 이런 경지에 이를 수 있는가!"라고 말하자, 포정은 담담히 칼을 내려놓고 이렇게 대답한다. "제가 좋아하는 것은 도인데, 이것은 기술에서 더 나아간 것입니다."[2]

포정의 답변에서 흥미로운 것은 기술과 도를 대비하는 대목이다. 그런데 '기술'과 관련된 장자의 입장은 「양생주」 서두에서 언급한 '앎'의 문제와 묘하게 연결되고 있다. 앎은 도가적 맥락에서 보자면, 무위의 삶을 영위함에 있어서 최대의 장애물이다. 즉, 인간은 자신의 지식에 기초하여 자연의 '스스로 그러함'에 인위적인 법칙을 부과하게 된다. 이러한 태도는 두 가지의 치명적인 오류를 수반하는데, 첫째는 인간 자신이 '자연'임을 망각하는 것이며, 둘째는 도가가 지적하는 우주 삼라만상의 원초적 '하나 됨'이라는 상태에 균열을 가하는 것이다. 물론 전술한 두 가지 사태에서 그 어느 것도 우주의 본질을 훼손하지는 못한다(도가의 우주개념은 「반야심경」의 논리를 빌리자면 '불생불멸'이다). 반면 행위주체로서의 인간은 이로 인해 심각한 재앙을 감수할 수밖에 없다. 이것이 양생을 논하는 첫 대목에서 장자가 '앎'의 문제를 거론하는 중요한 이유 중 하나이다.

포정이 처음 소를 도축할 때 그의 눈에 비치는 것으로 온전한 소 아닌 것이 없었다. 즉 소로 상징되는 세계는 그의 내면 심태를 암시하는

---

2 臣之所好者道也, 進乎技矣.

것으로, 당시 그의 마음이 온갖 잡다한 망상분별로 가득 차 있었음을 암시하는 것이다. 장자의 관점에서 세계란 우리의 마음이 현전한 것이다. 그런데 포정의 도가 높아지면서 드디어 소는 보이지 않게 되고, 그 자신 또한 정신으로 소를 마주할 뿐 눈으로 소를 보지 않게 된다. 달리 말해 이는 아공·법공(我空·法空)이 동시적으로 구현되는 것이며, 장자적 용어로 말하자면 앎이 사라진 경지이다. 앎의 소멸은 부정적 의미에서의 '무지'가 아니며, 이는 자연과 우주에 대한 전폭적 신뢰에 기반 하는 것이다. 즉 이제는 '내'가 행하는 것이 아니요, 나를 통해 전 우주가 자신의 모습을 드러내는 것이다. 달리 말해 개별자로서의 '에고'에서 '우주적 존재'로의 존재론적 변이가 일어나는 것이다. 뒤에서 상술하겠지만, 이 우주적 자아가 바로 장자가 말하는 양생의 진정한 주체이다.

이제 포정의 칼놀림은 대상과 온전히 하나 된 상태에서 '본디 그러한' 법칙에 자신을 내맡길 뿐이다. 그런데 "감각기관의 지각능력이 활동을 멈추고, 대신 신묘한 작용이 해우(解牛)의 과정을 주도한다"는 구절에 이르면 독자의 입장에서는 일종의 신비주의적 느낌을 갖지 않을 수 없다. 그럼에도 불구하고 이 부분을 심도 있게 이해하지 못하면 장자가 말하고자 하는 '양생'의 핵심을 놓치게 된다. 포정이 도에 기반하여 소를 해부한다는 비유는 인간이 우주의 스스로 그러한 이치에 자신을 온전히 내맡기고 그것을 전폭적으로 신뢰하게 될 때, 이로부터 인간 내면에 간직돼 있던 생명의 에너지가 뿜어져 나온다는 의미이다. 이를 철학적 개념으로 치환해 말하자면, 본성을 추동하는 힘으로서의 '덕(德)'이 자신을 주관하게 된다는 논리이다. 반면 자연과 우주에 대한 신뢰가 사라지면 인간은 '근명'과 '근형'에 집착하게 되고, 이로 인해 두 개의 보이지 않는 감옥에 갇혀 주어진 천수를 누리지 못하고 반양생의 삶을 영위하게 되는 것이다. 지금까지의 논의를 요약하자면, 자연과 우주에 대한 신뢰의 회복은 무위자연의 삶을 가능케 하며, 이것이 곧 중도의 요체이고 양생의 삶을 실현하는 토대가 된다.

이어지는 포정의 말에 의하면, '그가 쓰고 있는 칼이 19년이 되었고, 그동안 잡은 소가 수천 마리인데도' 칼날이 예리하기로 논하자면 마치 숫돌에서 새로 갈아낸 것과 다를 바 없다. 여기서 '칼'은 아마도 포정의 근본정신[天性]을 지칭하는 듯한데, 19년 동안 그의 칼날이 무뎌지지 않았다는 것은 우주자연의 생명이 영원함을 암시한다.[3] 물론 비유이기는 하나, '두께 없는 칼날'을 사용하여 뼈마디 사이의 틈새를 지나가면, 칼날이 빈 허공과 부딪칠 일이 없으니 칼이 무뎌질리 만무하다. 이에 반해 일반 백정은 소를 해부할 때 칼과 뼈가 서로 부딪치니, 한 달이 멀다하고 칼을 바꾸지 않을 수 없다. 이 문제와 관련하여, 여기서 뼈마디로 상징되는 것은 「양생주」의 맥락에서 보자면 **명예와 쾌락을 좇아 사람들이 모여드는 곳이다.** 사람과 사람이 서로간의 이해관계에 얽혀 투쟁하게 되면, 그로 인해 인간 내면의 기력이 소진되니, 장자가 '연독위경'을 양생의 비책으로 제시하는 것은 지당해 보인다. 한편 포정해우의 마지막 부분을 이해하기 위해서는 다소의 상상력을 동원하는 것이 필요해 보인다.

> 칼을 매우 미세하게 움직여서, 스르륵 하고 고기가 이미 뼈에서 해체되어 마치 **흙이 땅에 떨어져 있는 듯하면**, 칼을 붙잡고 우두커니 서서 사방을 돌아보며 머뭇거리다가 제정신으로 돌아오면 칼을 닦아

---

3 중국철학에서 19라는 숫자가 영겁의 시간을 암시하고 있음을 상기하는 것이 필요할 것이다.

서 간직합니다.[4]

어찌 보면 문혜군이 '양생의 도를 터득했다'고 함은 이 부분을 두고 찬탄한 말인 듯하다(물론 여기서 장자가 문혜군의 말을 빌려 자신의 메시지를 전하고 있음은 두말할 나위가 없을 것이다). 인용문을 보면 포정이 소를 도축하였으나 실제로는 아무런 일도 발생하지 않은 듯 보인다. 고기가 뼈에서 분리된 것이 포정(장자?)의 입장에서는 '흙이 땅에 떨어진' 것이나 별반 다를 바 없다. 중요한 것은 이 장면이 포정의 입장에서는 (소위) 삼매의 경지에서 발생하는 사건이라는 점이다. 달리 말해 생과 사를 동일한 관점에서 볼 수 있는 본체론적 경지로부터 생멸의 세계로 다시 진입해 들어오는 과정이, 포정의 외적 행태에 대한 일련의 묘사를 통해 극적으로 드러나고 있다. 그렇다면 **하나의 시공간에 존재하는 두 개의 분리된 세계를** '양생'의 문제와 연결시켜 어떻게 이해해야 할 것인가.

본문을 자세히 읽어보면 포정은 삼매의 경지에서 해우(解牛)하지만, 그렇다고 삼매경으로 대변되는 본질의 세계가 중생이 거하는 현상계와 분리돼 별도로 존재하는 것도 아니다. 관건은 지금-여기 존재하면서도 나를 자연의 섭리에 온전히 내맡기면 그것이 본질의 세계다. '고기가 뼈에서 분리된 것을 흙이 땅에 떨어진 것'으로 묘사하는 것이 전술한 가정을 뒷받침하는 결정적 요인이다. 달리 말해 개체적 자아개념이 우주적 존재로 거듭나니, 자-타의 구분이 자취를 감추게 되는 것이다.

공문헌과 우사의 대화는 '근명'과 '근형'의 사태를 두 명의 상징적

---

4 動刀甚微, 謋然已解, 如土委地, 提刀而立, 爲之四顧, 爲之躊躇滿志, 善刀而藏之.

인물을 통해 보여주는 장면이다. 우사는 하늘로부터 악한 기질을 받고 태어나 월형(刖刑)[5]에 처해졌으나 그 후 개과천선한 인물로 묘사되고 있으며, 반면 공문헌은 여전히 '명예'라는 감옥에 갇혀 있음을 직감할 수 있다. 달리 말해 우사는 육신적으로 힘든 삶을 살아가고 있지만, 실제로는 정신의 '새장' 속에 갇혀 사는 공문헌이 오히려 조롱의 대상이 되고 있음을 알 수 있다. 「양생주」의 대의에 기초하면, 근명과 근형은 무위적 삶이 붕괴되면서 수반되는 결과이다. 나의 본질에 대한 자각이 일어나지 않는 이상, 인간은 필연적으로 무엇인가에 자신을 의탁해서 스스로의 존재 의미를 정당화시켜나가야 하는 것이다. 그렇다면 이제 관건은 인간의 본성이 '무엇'인가를 밝히는 것이다.

　「양생주」 말미의 노담 고사는 오롯이 양생의 함의를 드러낸다. 노담의 친구로 등장하는 진일은 노담의 죽음을 앞에 두고 제자들이 슬퍼하는 광경을 보고, 그(노담)를 신랄히 비판한다. 그런데 여기서 진일이 노담을 비판하는 근거인즉, 그가 자연의 섭리를 위배했다는 것이다. 그런데 스승의 죽음 앞에서 제자들이 슬퍼하는 것을 두고 '자연의 섭리를 위배'했다고 진일이 혹평하는 이유는 무엇인가? 아마도 장자는 이를 통해 자연에는 생사가 존재하지 않음을 밝히고자 했던 듯하다. 인식론적 관점에서 보자면, 노장사상은 불이적 사유를 수용한다. 인간의 몸과 마음이 둘이 아니듯이, 삶과 죽음도 자연의 이치에서는 둘이 아니다. 이를 축자적으로 풀이하자면, 인간이 육신의 몸을 받고 태어난 이상 반드시 죽음을 맞이하지만, 근본에 있어 인간은 죽지 않는다. 논리적으로 보자면 이 무슨 해괴한 발상인가? 그러나 장자의 관점에서 보자면 생명의 본질을 설명하는 것으로 이보다 더 적합한 표

---

5 고대 중국에서 범법자는 한쪽 다리를 잘리는 형벌에 처해졌다고 전해진다.

현은 없을 것이다.

도가사상은 기본적으로 생명의 탄생을 말하지 않는다. 달리 말해 '탄생'이라 함은 원래 있던 것이 드러난 것일 뿐, 무에서 유가 새로이 생겨난 것이 아니다. 불이로 상정되는 '하나'의 본질을 탐구해 들어가면 그것의 실상은 하나라는 말조차 사라진 하나이니, 텅 빈 '허'에서 유가 생겨날 리 만무하다. 그렇다고 일어나고 사라짐이 목전에서 펼쳐지니 이를 무작정 부정하는 것도 가당치 않다. 이로 인해 노장은 불이개념을 말하고 있으니, 이러한 토대 위에서 이변비중(離邊非中)으로서 중도의 논리가 등장하는 것이다. 인간의 분별망상이 본래 없는 생사에서 생사를 만들어내지만, 한 생각 바꾸어 사물을 관하면 사실은 생겨난 것도 사라진 것도 없다. 그러나 「양생주」의 논리와 연결 지어 불생불멸의 개념을 논하게 될 때, 양생의 주체가 무엇인가라는 문제는 여전히 미제로 남는다. 태어난 적도 소멸한 적도 없는 것이 '나'의 진면목이라면, 도대체 '나'가 존재하지 않는 상태에서 양생이 왜 문제가 되는 것인가?

어쩌면 현대에 사는 우리는 양생의 문제를 철저히 반(反)양생적 관점에서 접근하고 있는지 모른다. 적어도 지금까지의 장자의 논리를 따르자면 진정한 양생은 양생할 나에 대한 집착을 여위고, 본래의 텅 빈 자리로 돌아가는 것이다. 이를 간접적으로 방증하는 것이 '제지현해(帝之縣解)'의 논리이다. 제지현해란 글자 그대로 해석하자면 '상제로부터 매달림 받은 상태에서 해방된다'는 의미이다. 그런데 제지현해의 함의와 관련하여, 이에 대한 일체의 종교적 색채를 제거한 상태에서 '매달림'의 의미를 추론해본다면 어떠한 해석이 가능할 것인가?

아마도 장자는 육신의 욕망과 정신적 명예에 집착하는 인간 본연의 마음상태를 염두에 두었을 공산이 크다. 즉 전자는 근형과 연결되며 후자는 근명과 이어지면서, '형벌'과 '명예'라는 두 개의 보이지 않는 올가미에 거꾸로 매달린 인간의 숙명을 묘사하고자 했을 개연성이 있다. 좀 더 구체적으로 보자면 근형의 경우 육신이 정신을 압도한 형국이며, 근명은 정신이 육신을 압도한 형국이다. 그러나 양자 모두에게 공통되는 것은 과도함과 집착이며, 이는 본질적으로 장자가 추구하는 무위자연의 삶에 어긋난다. 그렇다면 우리가 언제, 어떠한 방편을 통해 이러한 '매달림'에서 풀려날 수 있는가라는 문제가 자연스럽게 제기된다.

물론 장자는 이에 관해 구체적 언급을 하지 않는다. 그러나 '제지현해'라는 모티프가 노담의 죽음을 얘기하는 맥락에서 언급된 점을 고려하면, 장자는 아마도 육신의 죽음을 **인간의 근원적 자유**의 문제와 연결시키고자 한 듯하다. 이러한 일련의 추론은 「양생주」의 대의를 이해함에 있어 중요한 단초를 제공할 수 있을 것이다. 무엇보다 장자에게 '양생'이란 결코 무병장수를 의미하는 것이 아니다. 생사는 후천적인 지(知)의 결과일 뿐이며, 인간의 본성은 영원불멸의 자리다. 그렇게 보자면 양생의 본질은 우리의 본성을 회복하는 것이지, 본래 없는 생과 사의 가운데를 배회하는 것이 아니다.

사족이지만 '포정해우'의 고사에서 포정이 도를 깨치자 '소가 사라졌다.' 그런데 이를 엄밀히 말하자면 소가 목전에서 사라진 것이 아니라, 소의 본질이 텅 비어 있음을 보았다는 의미이다. 우리의 앎은 끊임없이 형상을 만들어내고, 인간은 자신이 만든 형상을 추구하다가 가련히 일생을 마감한다. 이로 인해 장자는 '제지현해'의 모티프를 통해 자유와 해탈의 경지를 말하였다. 현해는 우리의 망상분별이 만들어낸 상(相)이 소멸되는 순간이다. 요약하자면 장자가 말하는 양생은 역설적이지만 양생을 추구하는 '에고'가 사라지는 것이다. 이를 철학적 개념으로 말하자면 '중도'가 될 것이며, 중도는 오직 주관-객관의 이원적 세계가 사라진 근원과의 합일을 통해 가능하다.

「양생주」는 '불'의 비유로 대단원을 마감한다. "장작은 타서 없어지나, 불은 다시 (다른 물체에) 옮겨 붙어 결코 사라지지 않는다."[6] 앞선 논의의 연장선상에서 인용문을 해석하자면, 이 구절이 암시하는 것은 우리의 몸과 마음은 자연의 이치에 따라 생멸하나, 생멸하는 가운데 소멸될 수 없는 것이 존재함을 밝히는 것이다. 불의 속성에 근거해서 그 존재의 본질을 추론해보자면, 불은 구체적인 대상에 가차해서만이 자신을 드러낼 수 있으나, 엄밀히 말하자면 '불'은 한순간도 존재하지 않은 적이 없다. 단지 인간의 분별심이 이를 존재와 비존재라는 이분법적 관점으로 구분 지을 뿐이다. 그렇다면 내 생명의 참된 주체[生主]를 진정으로 양(養)하는 방법은 무엇인가?

불교식으로 말하자면 '불사선·불사악(不思善·不思惡)'하는 것이며, 이를 장자는 '불근형·불근명(不近刑·不近名)'이라 칭하였다. 선도 아니고 악도 아니며, 형벌도 아니고 명예도 아닌 그 자리가 어디인가? 장자는 이를 허로 표현하였고, 허는 곧 중도이다. 결국 장자의 관점에서 양생의 비책은 마음을 비우는 것인데, 아이러니하지만 이는 현대의 웰빙 트랜드가 지향하는 방향과는 정확히 대척지점에 서 있다. 물론 매 시대는 그 시대가 추구하는 진리가 있을 것이며, 기술과학의 발전과 물질적 풍요를 무작정 부정하는 것도 사리에 맞지 않다. 그러나 현대문명의 거대한 무게에 짓눌려 점점 황폐해져가는 인간 내면의 심성을 목도할 때면, 양생에 대한 장자의 성찰이 예사롭지 않게 읽힌다.

---

6 指窮於爲薪, 火傳也, 不知其盡也.

팔대산인의 「초선도」(蕉蟬圖)

제 4 장

「인간세」 정의

장자의 「양생주」(養生主)와 「인간세」(人間世)는 내용상 상호 체용관계를 맺고 있다. 「양생주」가 내적으로 '나'의 본성을 기르는 문제에 초점을 맞추고 있다면, 「인간세」는 그 본성이 어떻게 외적으로 발현되는가를 논하는 장이다. 달리 말해 혼탁한 세상에 태어나 동시대인으로서의 소임을 다하면서도, 자신의 몸과 마음을 잘 건사할 수 있는 방도를 장자는 인간심리에 대한 깊은 통찰력을 바탕으로 풀어내고 있다. 「양생주」가 난세의 모티프를 일반론적인 차원에서 말하고 있다면, 「인간세」는 보다 구체적인 맥락에서 난세를 규정한다. 즉 유사 이래 인간은 끊임없이 선과 악의 가치를 두고 투쟁해왔다는 것인데, 장자의 경우 선악의 문제에 대한 본질론적 접근에 앞서 양자가 상호간에 갈등을 유발하는 구조를 밝히고자 한다.

기실 대다수의 인간은 정도의 차이에도 불구하고 '나' 중심적 세계관으로부터 자유롭지 못하며, 이 같은 인간 본연의 기질적 특성을 고려하지 않은 상태에서 선악의 문제를 논하는 것은 어폐가 있어 보인다. 「인간세」는 표면으로 드러난 인간의 행위를 선악 이분법의 논리로 재단하기에 앞서, 우리가 흔히 말하는 선인 혹은 악인의 내면에 공통적으로 존재하는 일종의 심태(心態)를 지적한다. 단순화시켜 말하자면, 인간이 자신을 선과 동일시하고자 하는 배후에는 명예에 대한 욕망이 존재한다는 것이다.

　「인간세」는 공자와 안회의 대화로 시작한다. 물론 이 둘은 가공의 인물이나, 본 장의 전면에 걸쳐 공자가 주요 인물로 등장하는 이면에는 장자의 치밀한 서사전략이 작용한 듯하다. 이미 여러 학자들이 지적하였듯이 중국역사에서 공자만큼 치열하게 인간 삶의 문제를 두루 고민한 사상가도 없을 것이다. 그러한 관점에서 보건대 '공자'는 「인간세」의 주제의식을 오롯이 드러낼 수 있는 최적의 인물로 보인다. 위나라로 떠나기에 앞서 공자를 방문한 제자 안회의 모습에는 일종의 결기와 비장함이 서려 있다.

　　저는 이렇게 들었습니다. 위나라 임금이 나이가 젊어 혈기왕성하고, 행동이 독단적이어서 나라를 가볍게 사용하고, 자기의 잘못은 보지 못하며, 백성들의 죽음을 가볍게 여겨 나라 안에 죽은 사람들이 연못에 넘칠 정도로 가득하여 학정의 심함이 마치 수풀을 불태워버린 것 같아서 백성들이 갈 곳이 없다고 합니다.[1]

　인용문을 통해 볼 때, 안회의 의도는 명백히 혼란한 나라를 바로잡기 위한 정의의 발로에서 비롯된 것이니, 스승인 공자의 입장에서는

1　回聞, 衛君, 其年壯, 其行獨, 輕用其國, 而不見其過, 輕用民死, 死者以國量乎澤若蕉, 民其無如矣.

마원의 「공자」(孔子)

제자의 용기를 북돋워줌이 마땅해 보인다. 그러나 공자의 반응은 다소 의외 적이다. 그에게는 대의명분이 중요한 것이 아니라, 인간사회에서 빈번히 발생하는 분쟁과 다툼의 근원을 먼저 파악하는 것이 급선무이다. 왜냐면 후자에 대한 충분한 성찰이 이뤄지지 않을 경우 목적을 관철하는 것이 불가능함은 물론이고, 이 일을 자처하고 나선 제자(안회)까지 생명이 위태로워지기 때문이다.

공자는 무엇보다 자기 마음을 비우고 인간세상에 들어갈 것을 강조한다. 물론 인간이 세상을 떠나서는 살 수 없으므로, 세상에 살면서도 세속에 물들지 않는 것이 공자가 강조하는 처세술의 요체이다. 그러기 위해서는 남이 자신을 손상시키려 해도 손상시킬 '나'가 사라져야 한다. 그러한 상태에서만이 내가 남을 교화할 수 있고, 나아가 내 몸도 건사할 수 있는 것이다. 결국 장자의 논리를 따르자면 세간의 삶이 어려운 것이 아니라, 내 마음을 비우고 인간세상에 들어가는 것이 어렵다. 그렇다면 구체적 맥락에서 내 마음을 비운다는 것이 무엇을 의미하는 것인가?

이와 관련해서 다소 신비주의적 방편들이 제시된다. 그러나 이들 방편은 어찌 보면 도가나 불교철학의 관점에서는 그다지 낯선 것이 아니다. 공자가 강조하는 것은 한마디로 '재(齋)'의 논리이다. 이와 관련된 구절을 토대로 공자(장자?)가 말하는 '재계'의 의미를 구체적으로 살펴보자.

안회가 말했다. "감히 마음을 재계하는 것이 무엇인지 여쭙니다." 중니가 말했다. "너는 뜻을 한결같이 해야 한다. 사물의 소리를 귀로 듣지 말고 마음으로 들으며, 또 마음으로 듣지 말고 기(氣)로 들어야 한다. 귀는 감각적인 소리를 듣는 데에 그치고 마음은 지각에서 멈추지만, 기는 마음을 비워서 사물을 기다리는 것이다. 도는 오직 마음을 비우는 것에 응집된다. 마음을 비우는 것이 마음을 재계하는 것이다."[2]

인용문에서 사물의 소리를 '기(氣)로 듣다'는 것이 무슨 의미인가? 이를 이해하기 위해서는 소리를 귀로, 나아가 마음으로 듣는 것의 병폐를 이해하면 저절로 이 말의 의미를 파악할 수 있다. 엄밀히 말해, 소리를 귀로 듣는 것과 마음으로 듣는 것은 별반 차이가 없다. 왜냐면 '귀'는 외부의 소리를 단지 수동적으로 받아들이는 일종의 창구 역할을 수행할 뿐, 정작 소리에 대한 의미를 부여하는 것은 우리 마음이기 때문이다. 그런데 알다시피 마음의 작용은 분별을 만들어내는 것이다. 이로 인해 원래 분별없던 소리가 우리 마음의 작용에 의해 분별을 만들어내는 것이다. 이와 비교해서 '기로 소리를 듣다'라는 것은 일체 분별이 끊어진 상태에서 우리가 외부 세계의 소리를 있는 그대로 수용한다는 뜻이다. 이는 그 자체로 무위자연의 도리를 일상에서 실천하는 것이다.

교화와 치세의 기본 조건은 '자기 안에 도가 보존된 상태[存諸己]'에서 '다른 사람에게 도를 보존하게[存諸人]'해야 하는 것인데, 대부분의 인간은 존저기가 되지 않은 상태에서 남을 가르치려 하니, 결과적으로는 남도 교화하지 못하고 자신도 그로 인해 화를 입게 된다는 논리이다. 사실 이는 단순한 말인 듯하나, 이를 곱씹어보면 만고의 진리임이 분명하다. 불교에서도 중생을 제도하기 위해서는 자신이 먼저 깨

---

2 回曰, 敢問心齋. 仲尼曰, 若一志, 无聽之以耳而聽之以心, 无聽之以心而聽之以氣, 耳止於聽, 心止於符, 氣也者, 虛而待物者也, 唯道集虛, 虛者心齋也.

달음을 얻어야 하며, 그런 연후에만 타인을 구원할 수 있다고 하지 않았던가.[3]

이쯤에서 장자가 말하는 '교화'의 문제를 본격적으로 논해보자.

> 네가 덕이 두텁고 성실성이 단단하지만 아직 다른 사람의 기분에 통달하지는 못했으며, 명예를 다투지는 않지만 아직 다른 사람의 심정에 통달하지 못했는데, 억지로 인의를 주장하는 말과 법도에 맞는 말로 포악한 사람 앞에서 설교한다면, 이것은 남의 악을 이용해서 자신의 아름다움을 뽐내는 것이니, 이런 사람을 일컬어 재앙을 불러오는 사람이라고 한다.[4]

사실 필자가 이 부분을 처음 읽었을 때, 내심으로 섬뜩한 느낌을 지을 수 없었다. 인간의 심리를 이보다 더 적나라하게 드러낼 수 있을 것인가. 이는 단순히 선과 악이라는 이분법적 문제가 아니라, 선악의 문제가 그 심층에서 어떻게 서로 뒤엉켜 있는가를 지적하는 구절과 다름없다. 장자의 논리를 따르자면 세상에 어떤 자도 자기가 악인이며 무지하다고 자인하지 않을 것이며, 이로 인해 남이 자신을 승묵지언 (繩墨之言)[5]으로 교화하려 한다면, 설령 겉으로는 바로 부인하지 않는

---

3 『법화경』「비유품」에 등장하는 '화택의 비유'를 보면, 장자(長子)가 먼저 불타는 집에서 빠져나가고, 연후에 불타는 집에서 놀고 있는 아이들을 방편지혜를 사용하여 구제한다. 이 우화의 의미를 불교적 관점에서 보자면, 먼저 '자각(自覺)'이 이뤄지고 난 연후에 '각타(覺他)'가 가능하다는 논리가 저변에 깔려 있다.

4 且德厚信矼, 未達人氣, 名聞不爭, 未達人心, 而强以仁義繩墨之言衒暴人之前者, 是以人惡育其美也, 命之曰災人.

5 '도덕규범에 맞는 말'을 의미한다.

다 할지라도 내심으로는 자기에게 재앙을 끼치는 놈이라는 견해가 생기면서, 급기야는 상대에게 재앙으로 보복하려는 마음이 생하게 된다는 논리이다. 결국 이러한 지적은 특정 행위가 도덕적 차원에서 옳은가 그른가를 따지는 사변론적 문제가 아니라, 선을 어떻게 구현할 것인가라는 실천성의 문제와 연결된다.

이제 본 장의 주제와 관련해서 장자가 정의라는 도덕적 가치를 어떠한 방식으로 규정하고 있는가를 살펴보자. 이 문제와 관련해서 먼저 장자는 역사적으로 정의가 왜곡돼 드러난 사건들을 나열한다. 관룡봉(關龍逢)과 비간(比干)은 모두 폭군 걸왕의 시대에 생존했던 의인이었으나, 이들은 걸왕의 백성을 흡사 자신의 백성처럼 보살핀 결과로 비참한 죽임을 당하였다. 그런데 이들에 대한 장자의 평가가 흥미로운데, 장자는 두 사람이 명예를 추구하다 화를 당한 사례라고 평한다. 이와 더불어 요와 우임금은 모두 명예를 추구하는 마음에 전쟁을 그치지 못했음을 문제 삼고 있다. 그렇다면 전술한 네 가지의 사례를 통해 정작 장자는 자신의 명예를 위해 상대를 막다른 골목으로 몰아붙이는 '정의'를 문제 삼는 것이 아니겠는가? 물론 장자의 관점에서 이러한 행위는 바람직한 결과로 이어질 수 없다. 이 세상 어느 누가 상대가 말하는 정의의 가치를 인정하면서, 기꺼이 자신의 오명을 수용하려 하겠는가?

사족이지만 최근 국내외에서는 '정치적 올바름(political correctness)'이란 말이 유행하고 있다. 외견상으로 보자면 이는 분명 긍정적 의미를 담고 있으나, 실제로 이 말이 암시하는 것은 '화자의 정치적 이해관계가 저변에 깔려 있으나 표면적으로는 타인의 비판을 피하기 위해 도덕적 하자가 없는 언술을 주장함'이라는 부정적 뉘앙스를 내포하고 있다. 물론 위에서 장자가 언급한 사례를 최근 정가에 유행하고 있는

'정치적 올바름'이라는 용어와 등치시키는 것은 어느 정도 문제의 소지가 있을 수 있겠으나, 적어도 발화자의 의도성에 초점을 맞출 경우 일정 부분 상동성이 존재하고 있음을 인정하지 않을 수 없다.

다시 정의의 문제로 돌아와서 장자의 논점을 고찰해보자. 장자의 논지를 보자면 나의 아집이 존재하는 상태에서는 남을 결코 교화시킬 수 없으며, 따라서 본질적으로 이는 정의를 구현하기 위한 수단이 될 수 없다. 조금 더 구체적 맥락에서 장자가 말하는 정의의 문제를 규정해보자면, 장자는 정의라는 가치의 존재 자체를 부정하는 것은 아닌 듯 보인다. 단 악인을 교화하고자 하는 자는 먼저 스스로가 명예에 대한 집착을 끊어야 하고, 이를 통해 자신의 덕이 온전해질 때 비로소 포악한 사람을 구제할 수 있다는 것이다. 나아가 장자가 암묵적으로 주장하는 내용 중 하나는, 정의라는 가치를 사변적으로 주장하는 것과, 실제로 포악한 자를 교화하는 것 중 어느 편이 중요한가라는 점이다. 물론 장자는 실천론적 측면에 방점을 두고 있으며, 이러한 기본 입장을 토대로 「인간세」에 등장하는 공자를 통하여 안회의 견해를 하나씩 교정해나간다. 여기서 공자의 논리를 개괄적으로 살펴보는 것은 「인간세」가 전하고자 하는 메시지를 이해함에 있어 좋은 참조사례가 될 것이다.

공자가 강조하는 심재의 논리와 비교해볼 때, 안회가 공자에게 제시했던 단허(端虛), 면일(勉一), 내직(內直), 외곡(外曲), 성이상비(成而上比)는 기본적으로 모두 자-타의 대립을 만들어내는 것이다. 먼저 단허와 면일의 경우를 살펴보자.

(위나라 군주는) 사나움이 마음속에 가득하고 그것이 바깥으로 심하게 드러나며, 정신과 안색이 일정치 않고 사람들이 어기지 않는 것을

즐기며, 사람들이 느끼는 것을 억누르고 자기 마음대로 할 것을 추구한다. (…) 그런 사람은 자기 생각에 집착하여 남의 감화를 받지 않아서 겉으로는 합치된 듯하면서도 안으로는 헤아리지도 않으니 어찌되겠는가.[6]

내용적으로 보자면, 단허란 '몸가짐을 단정히 하고 마음을 비운다'는 의미이며, 면일은 '힘써 노력하고 마음을 한결같이 한다'는 의미이다. 사실 양자 모두가 그 자체로서는 하등의 문제가 없어 보이나, 여기서 공자가 지적하고자 하는 것은, 스스로의 행동을 (억지로) 단정히 하여 마음을 비우는 것은 진정한 비움이 아니요, 힘써 노력하여 하나됨은 지극한 하나 됨이 아니라는 점이다.[7] 나아가 단허-면일은 모두가 자신이 간직해야 하는 덕목인데, 안회의 경우 양자에 기초해서 상대와 다투거나 논쟁하면서 타인을 책망하기 위한 방편으로 사용한다. 물론 본인들 스스로는 단허-면일을 통해 인의를 행한다고 믿는다. 그러나 이러한 교화방법의 한계는 명확하다. 즉 위나라 군주와 같은 폭군의 경우 외적으로는 안회의 말을 직설적으로 반박하지 못하고 그와 합치된 듯하나, 내적으로는 오히려 원망이 깊어진다. 결국 안회의 입장에서는 자신의 의도를 관철하지도 못할뿐더러 종국에는 군주로부터 엄청난 화를 입게 될 것이다. 단허-면일의 문제점을 인정한 안회가 대안으로 제시하는 것은 내직-외곡-성이상비의 논리이다. 이와

---

6 夫以陽爲充孔揚, 采色不定, 常人之所不違, 因案人之所感, 以求容與其心 (…) 將執而不化, 外合而內不訾, 其庸詎可乎.

7 무위자연의 관점에서 보자면, 단허와 면일은 이미 무위의 논리를 벗어나 유위의 영역에 머무르고 있다.

제4장 「인간세」, 정의 | 283

관련해서 공자는 이러한 방편이 기껏해야 화를 입지 않는 정도에 그칠 뿐, 결코 상대에 대한 감화에까지는 이를 수 없음을 지적한다. 무엇보다 방법이 너무 번잡하여 오히려 상대의 마음을 오염시킬 개연성도 배제할 수 없다.

이상에서 안회가 제시한 방법들을 '심재'의 논리와 비교해서 말하자면, 전자는 '내'가 가지고 있는 덕목을 가지고 상대를 교화하고자 하는 것이다. 그런데 공자의 관점에서 보건대, 이러한 시도는 자연의 원리에 어긋나는 것이다. 자연은 스스로 무엇인가를 가지고 있다고 여기는 자연이 없다. 모든 우주만물은 단지 자신의 성품에 따를 뿐이다. 그렇게 보자면 '재(齋)'의 의미는 스스로를 우월한 존재로 내세우는 아만(我慢)을 제거하고, 마음이 완연히 비워진 상태에서 상대를 맞이하는 것이다. 장자의 논리에 따르면 인간은 마음이 텅 빈 상태에서 비로소 하늘과 하나 될 수 있다. 그러한 논리에서 보자면, 자신이 가지고 있는 편견과 지식을 가지고 상대를 교화하고자 하는 것이 가능하겠는가? 세상을 이기는 유일한 방도는 인간의 앎이 아니라, 자연의 섭리를 따르는 것이다.

전술한 내용을 음미해보면, 여기에는 이미 장자가 전하고자 하는 메시지가 함축돼 있다. 인간의 한계는 자신이 보고 들은 것을 스승 삼는다는 것이다. 그러나 이러한 행위는 부지불식간에 우리 마음속에 일종의 고정관념을 만들어낸다. 반면 인간이 텅 빈 마음을 스승 삼게 되면, 여기에는 우주조화의 이치도 와서 머물게 된다.

> 이목(耳目)이 전해주는 것을 따라 외부의 사물을 안으로 받아들이고 안에 있는 교활한 심지(心知)를 버리면 귀신도 와서 머무르려 할 것인데 하물며 사람이겠는가.[8]

위 인용문에서 장자가 지적하고자 하는 것은 우리의 감각기관이 포착한 내용을 자신의 알음알이로 왜곡하지 않고 있는 그대로 받아들이게 되면, 이를 통해 교화하지 못할 것이 없다는 것이다. 결국 인간을 감화시키는 원리는 거창한 도덕적 거대담론에 있지 않고, 오히려 텅 빈 마음에 머무르는 것이다. 부연하자면 텅 빈 마음은 '무'가 아니라, 지혜의 근원이며 길상(吉祥)함이 생겨나는 곳이다.

장자에 따르면 인간세상은 일종의 새장[樊]과 같다. 여기에는 중층적 함의가 깔려 있다. 즉 인간은 본래 자유로운 존재이나, 어찌하다보니 '세계'라고 하는 보이지 않는 울타리에 갇히게 되었다는 것이다. 울타리는 인위적으로 만들어진 규범이 작동하는 세계를 지칭한다. 그러나 그 속에서 노니는 인간이 자신의 본성을 위배하지 않고 살아갈 수 있는 유일한 방도는 세속적인 명예에 집착하지 않는 것이다. 오로지 우주의 절대법칙과 하나 되어 **부득이함**에 몸을 내맡기고 살아가게 된다면, 인간은 세파에 오염되지 않고 살아갈 수 있다. 이러한 논리를 비유적으로 표현한 것이 '무문무독(無門無毒)'이다. 즉, 에고가 사라지니 오고 감에 장애가 없다. 이를 오롯이 타인과의 관계에 적용한 것이 '입즉명, 불입즉지(入則鳴, 不入則止)'의 논리이다. 즉 내가 하는 말을 상대가 귀담아들으면 말해주고, 듣고자 하지 않으면 말을 그친다. 거기에는 '억지로'라는 행위가 개입될 소지가 없다. 자연의 원리도 필경 이와 같을 것이다. 하늘에 먹구름이 끼어서 비가 내릴 조건이 되면 비가 내릴 것이요, 천둥번개가 칠 조건이 만들어지면 천둥번개가 천지를 뒤흔들 것이다.

---

8 夫徇耳目內通, 而外於心知, 鬼神將來舍, 而況人乎.

이상에서 공자가 안회에게 전수한 것은 '존저기'에 해당한다. 이어서 등장하는 고사에서는 주로 '존저인'에 대한 논의가 주를 이룬다. 물론 양자 중 어느 것이든 핵심은 근본을 따르는 것이며, 근본이란 내 마음을 비우는 것이다. 그렇지 않은 상태에서는 조심이 두려움으로 바뀌며, 이는 음양의 부조화를 초래하여 병의 근원이 되는 것이다. 섭공자고[9]가 제나라에 사신으로 떠나기에 앞서 공자와 나누는 대화는 '존저인'의 문제와 관련하여 중요한 단초를 제공한다. 공자의 관점에서 보건대 천명과 의리는 인간으로서 지녀야 할 핵심적 덕목이다. 따라서 남의 신하된 자로서 왕의 명을 거역하는 것은 있을 수 없는 일이니, 자기 몸의 안위를 생각하기에 앞서 무조건적으로 임무를 수행하는 것이 바람직함을 역설한다.

단 관건은 사신의 주된 임무가 두 나라 사이에 소통을 매개하는 것이니, 목적을 달성하기 위해 감언이설을 지어내기보다는 양측의 입장을 있는 그대로 전달하는 것이 바람직하다고 장자는 설파한다. 사실 이러한 부분은 나라의 관직을 맡고 있는 관료들에게는 절대적으로 필요한 덕목이 아닐까 싶다. 본문에 따르면, "(인간관계에서) 분노가 일어나는 것은 다른 이유가 없고 교묘하고 치우친 말 때문이다. (…) 군주의 명령을 (사신된 자가) 멋대로 바꾸지 말며, 억지로 이루려고 하지 말아야 함"[10]을 강조한다. 이러한 지적은 일견 처세의 도리를 언급하는 내용 같으나, 정작 장자가 말하고자 하는 것은 무위자연의 삶을 인간세에서 실천하는 것이다. 이어지는 다음 문장이 이러한 추론을 방증한다.

---

9 본명은 제량(諸梁)으로 알려져 있다.

10 故忿設無由, 巧言偏辭 (…) 無遷令, 無勸成.

사물의 자연스러움을 타고 마음을 자유롭게 노닐게 해서 어쩔 수 없음에 맡겨서 마음속의 본성을 기르면 지극할 것이니 어찌 꾸며서 상대 군주에게 보고하겠는가. 초나라 군주의 명령대로 전하는 것보다 좋은 방법이 없으니, 이것이 뭐 그리 어려운 일이겠는가.[11]

위 인용문의 도입 부분은 '승물이유심(乘物而遊心)'에 대한 우리말 해석으로 이는 전편에 등장하는 '승인이투기첩(乘人而鬪其捷)'과 명료한 대조를 이룬다. 전자의 경우 외부 여건이 오는 대로 허로서 맞이하여 소요하는 것을 말한다면, 후자는 상대를 이기기 위한 권모술수가 개입된 것으로 타인과의 투쟁을 야기하는 것이다. 사실 「인간세」의 핵심은 이 두 구절에 모두 녹아 있다고 보아도 과언이 아니다.

'승물이유심'의 핵심은 「양생주」의 용어로 치환해 말하자면 '불근형·불근명'이다. 그런데 「인간세」는 이 두 개념을 좀 더 구체적으로 풀어내어 '취불욕입·화불욕출(就不欲入·和不欲出)'의 방편을 제시한다. 취불욕입은 상대와 함께하되 그들에게 동화되는 것을 경계하는 말이요, 화불욕출은 상대와 화합하더라도 이를 통해 스스로의 명성을 추구하려는 단계에까지 이르러서는 안 된다는 말이다. 결국 핵심은 이 두 가지 이치에 통달해서 서로를 헐뜯는 사태를 초래하지 말아야 한다는 것이다.

한편 장자가 선과 악, 정의와 불의 등의 문제를 논하는 장에서 사변론적인 윤리관에 매몰되지 않고 실사구시(實事求是)적 관점에서 논지를 펼치고자 하는 근거는, 아마도 인간본성에 대한 그의 깊은 통찰에 기초한 것이 아닐까 추론해볼 수 있다. '사마귀[螳螂]가 앞발을 들고 수

---

11 且夫乘物以遊心, 託不得已以養中, 至矣, 何作爲報也, 莫若爲致命, 此其難者.

레바퀴에 맞서고자 한다'는 고사는 자신의 능력을 과대평가하는 데서 비롯됨이요, 호랑이를 사육하는 사람이 호랑이를 다스릴 수 있는 것도 범의 본성을 거스르지 않았기 때문이라는 것이다. 이처럼 상대의 본성을 충분히 파악하고 그 타고난 본성에 근거해서 상대와의 관계를 맺어나가는 것이 장자가 주장하는 처세술의 기본이다. 반면 스스로가 옳다고 믿는 바를 무작정 상대에게 강요할 경우, 원래의 의도와는 무관하게 정반대의 결과를 초래할 공산이 크다. 이렇게 보자면, 장자가 관심을 갖는 것은 '사랑'이 아니라 사랑을 실천할 수 있는 지혜이다. 이러한 관점은 본 장에서 논하고자 하는 '정의'의 문제에도 그대로 적용될 수 있을 것이다.

「인간세」 대부분의 지면을 장자는 인간의 심층심리에 대한 분석에 할애한다. 이를 토대로 후반부에서는 무용의 문제를 논하는데, 양자를 매개하는 중요한 연결고리는 아마도 '본분사(本分事)'의 주제와 연결되는 듯하다. 알다시피 본분사는 '모든 사람이 본래 가지고 있는 부처의 성품'을 지칭하는 불교적 개념이다. 장자사상의 맥락에서 본분사라 함은 심재의 도리를 터득한 것이 될 터인데, 심재를 통해 근본지(根本智)를 회복하면 이로부터 자연스럽게 후득방편지(後得方便知)를 성취할 수 있게 된다. 반면 범부의 경우 주로 목전의 이익이 행위의 패턴을 결정하게 되며, 이들은 대상사물을 주로 용과 무용의 측면에서 평가할 뿐이다. 이 같은 관점의 차이로 인해 세속에서 불길하다고 여기는 것이 도를 터득한 신인에게는 대길한 것이 된다. 그렇다면 장자가 정녕 독자에게 전하고자 하는 메시지는 무엇인가.

「인간세」의 후반부에 등장하는 지리소(支離疏)는 몸이 기형인 인물이다. 그러나 그는 천수를 누린다. 첫째는 나라에서 몸이 불편한 사람에게 곡식과 땔감을 나눠주니 살아가는 데 지장이 없고, 나아가 나라에 큰 일이 있으면 지리소는 장애가 있으니 항상 부역을 면제받는다. 이것이 나라에 재앙이 있을 때도, 지리소가 팔뚝을 걷어붙이고 사람 사이를 휘젓고 돌아다닐 수 있는 이유이다. 그런데 '지리소'라는 이름 자체가 의미심장하다. 우화의 말미에서 장자는 "그 몸을 지리하게 한 사람도 충분히 자기 몸을 잘 기르고 천수를 마치는데, 하물며 그 덕을 지리하게 한 사람이겠는가"[12]라고 반문한다. 인용문의 내용을 살펴보면 장자는 몸과 마음을 상호 대비시키고 있는데, 그 논리를 추적해보자면, 몸이 지리(支離)해도 천수를 누리는데 하물며 마음이 지리하다면 그 복덕이 얼마나 많겠는가라는 의미를 은연중 제시하고 있다.

그런데 여기서 몸이 지리하다는 것은 신체적 장애를 암시하는 것이 되겠으나, "덕이 지루하다[又況支離其德者乎]"는 말의 의미는 언뜻 이해가 되지 않는다. 굳이 이 문장의 함의를 추적해보자면, 마음이 응집되지 않고 분리되었으니 아마도 에고가 소멸되었음을 암시하는 것으로 추정해볼 수 있겠다. 이렇게 해석할 경우, 앞서 공자가 강조한 '심재'의 논리와도 문맥상 서로 상통한다. 결국 장자가 강조하고자 하는 것은, 마음을 경건히 하여 인간세상을 조심스럽게 살아가는 것이 아니라, 에고의 소멸을 통해 거기에 상대하는 대상세계의 실체가 없음을 자각하는 것이다. 기실 아공을 통해 법공의 도리를 깨치고 이러한 깨달음의 경지에 마음이 머무르면, 그것만이 인간이 난세에 살면서도 소요할 수 있는 유일한 근거가 되지 않겠는가? 이로 인해 장자는 '세속의 울타리에 갇혀 살면서도 세속에 오염되지 않고, 무리와 섞여 살면서도 집착이 없는 것'[13]을 최상의 경지로 꼽는다.

---

12 여기서 '지리(支離)'라고 함은 축자적으로는 사지가 분리되었음을 지칭한다.

「인간세」의 결론은 초나라의 광인[14] 접여와 공자의 대화로 이뤄져 있다. 접여에 의하면 "천하에 도가 있을 때는 성인은 그것을 완성시키고, 천하에 도가 없을 때는 성인은 자신의 생명을 돌볼 뿐이다."[15] 달리 말해 무도(無道)한 세상을 만나 도를 펼치고자 하는 것은, 흡사 사마귀가 앞발을 들고 달려오는 마차를 멈추게 하려는 것과 다를 바 없다. 즉, 이는 만용이다. 이어지는 구절은 더욱 충격적이다. "그만 둘지어다 그만 둘지어다. 도덕으로 세상 사람들에게 나아감이여. 위태롭고 위태롭다. 땅에 금을 그어놓고 달려가는 구나."[16] 우리가 일반적으로 '정의'라고 할 때, 이는 자신이 옳다고 믿는 신념에 근거해서 이를 세상에 펼치는 것이다. 나아가 신념의 본질은 선악의 한계를 정하는 것인데, 이를 접여는 '시비를 임의로 판정해서 그 쪽을 향해 달려가는' 것으로 규정하고 있다. 이는 어찌 보면 우리가 생각하는 '정의'의 개념을 근원에서 해체하는 것이다. 그러나 「인간세」의 마지막 구절은 윤리적 차원에서 우리가 반감을 가질 법한 부분들에 대한 장자적 해법을 제시한다.

산의 나무는 스스로 자신을 해치며, 기름 등잔불은 스스로를 태우며, 계피는 먹을 수 있기 때문에 사람들이 베어가며, 옻나무는 쓸모가 있기 때문에 사람들이 잘라간다. 사람들은 모두 쓸모 있음의 쓸모만을 알고, 쓸모없음의 쓸모는 아무도 알지 못한다.[17]

---

13 여기서는 '무행지난(無行地難)'을 세속적인 집착 없이 살아가는 것으로 풀이하였다.

14 고대 중국사회에서 '광인(狂人)'이라 함은 대체로 '깨달은 자'를 지칭한다.

15 天下有道, 聖人成焉, 天下無道, 聖人生焉.

16 已乎已乎, 臨人以德, 殆乎殆乎, 畫地而趨.

인용문에 등장하는 제반 모티프는 모두 에고를 상징하는 것이다. 나무는 스스로가 잘났다고 으스대니 나무꾼의 눈에 띄어 요절하게 되고, 기름은 지혜를 뽐내다가 수명을 재촉한다. 계피나무, 옻나무가 단명하는 것도 모두 마찬가지 이유에서이다. 이런 관점에서 보자면, 장자가 말하고자 하는 정의란 인간이 서로간의 논쟁을 통해 규정할 수 있는 가치론적 개념이 아니다. 그보다는 허심으로 세계를 마주할 때, 그 텅 빈 방에서 나온 빛이 자연스럽게 겉으로 발한 것이다. 하늘에 먹구름이 잔뜩 끼면 폭우가 내리고 천둥번개가 동반되지만, 이는 하늘이 노해서 악한 자를 벌하기 위함이 아니다. 폭우가 내리고 천둥번개가 천지를 진동할 지경이 되었으나, 이는 스스로 그러할 뿐이다. 그러나 악인은 외적 상황으로 인해 공포를 느끼고 자신의 죄성을 돌아보게 될 것이다.

인간 마음속에 깊숙이 내재한 양지는 내 속에 있지만 내 것이 아니며, 하늘이 내 마음 속에 들어와 있는 것이다. 장자가 말하는 정의는 어쩌면 나의 선으로 상대의 악을 몰락시키는 이념적 투쟁의 징표가 아닌, 인간 내면에 자리한 양지(良知)에 **떨림**을 만들어낼 수 있는 어떤 충격을 의미한 듯하다. 그 같은 충격은 인간의 기준으로 보자면 선의 모습을 띨 수도 있고, 악의 모습을 띨 수도 있다. 그러나 하늘은 무심으로 인간사회에 조화와 균형을 구현하고자 한다. 성인은 그 하늘의 마음을 본받아 허심으로 대동사회를 구현하고자 하였다. 이것이 「인간세」가 말하는 정의의 본질이다.

---

17 山木自寇也, 膏火自煎也, 桂可食, 故伐之, 漆可用, 故割之, 人皆知有用之用, 而莫知無用之用也.

『공자성적도』 가운데 「초광접여」(楚狂接輿)

楚狂接輿

楚狂接輿歌而過孔
子曰鳳兮鳳兮何德
之衰往者不可諫來
者猶可追已而已而
今之從政者殆而孔
子下欲與之言趨而
避之不得與之言

제 5 장

「덕충부」 근원

「덕충부」(德充符)는 덕이 내면에 충만하면 저절로 외부의 사물에 응하여 내외가 현묘하게 하나 됨을 논하는 장이다. 즉, 우주의 덕이 내면의 덕과 하나 된다는 의미이다. 그런데『장자』내편의 다른 장들과 유사하게 「덕충부」에도 신체적으로 기형인 온갖 인물들이 등장한다. 가령 노(魯)나라의 성인인 왕태(王駘)는 절름발이[兀者]이나 그를 따라 배우는 이의 숫자가 공자를 따르는 무리와 동일했다. 이에 공자의 제자가 스승에게 질문한다. "왕태는 절름발이입니다. (…) 그는 서서도 가르치지 않고 앉아서도 토론 한 번 하지 않는데도 '배우는 이들은' 텅 빈 채로 가서는 가득 채워서 돌아옵니다. (…) 이 사람은 어떤 사람입니까?"[1] 이에 대한 공자의 대답은 단순하다. "그는 성인이다. (…) 이같은 사람은 또한 이목 등의 감각기관이 마땅하다고 여기는 것에 집

---

1 王駘, 兀者也 (…) 立不教, 坐不議, 虛而往, 實而歸, 固有不言之教, 無形而心成者邪, 是何人也.

착하지 않고, 마음을 덕의 융화 속에서 노닐게 한다."[2]

공자의 답변에서 주목을 끄는 것은 '감각기관이 마땅하다고 여기는 것을 초월하다'라는 부분이다. 이를 다른 말로 하자면, 현상세계에 존재하는 형체에 대한 집착을 잃어버렸다는 의미가 될 것이다. 그런데 형체에 대한 집착이 대체로 분별심에서 비롯되는 것임을 고려하면, 분별심의 소멸은 만물제동의 사상으로 이어질 것이다. 이를 방증하듯 이어지는 문장에서 공자는 "왕태가 만물을 그 하나의 이치에서 보며, 다리를 잃어버린 것을 마치 흙덩이가 떨어진 것처럼 간주한다"라고 서술한다. 물론 여기서 말하는 '하나의 이치'는 '물화'를 지칭할 것이다.

그런데 상계(常季)의 연이은 발언이 흥미롭다. 즉 왕태는 남을 가르친 일도 선동한 일도 없으며 오로지 자신만을 다스렸을 뿐인데, 사람들이 무엇 때문에 그에게 몰려드는가라는 질문이다. 이에 대한 공자의 답변이 가히 경청할 만하다.

사람은 누구나 흐르는 물을 거울로 삼지 않고 멈추어 있는 물을 거울로 삼는다. 오직 멈추어 있는 존재만이 멈춤을 구하는 여러 사물을 멈출 수 있다.[3]

여기서 '멈춤'이란 개념은 상당히 의미심장하다. 무엇보다 멈춘다고 함은 외구(外求)하는 마음이 소멸되었음을 암시한다. 우리 마음이 외적 대상을 추구하고 거기에 집착하는 한, 결코 고요함을 경험할 수

---

2 聖人也 (…) 夫若然者, 且不知耳目之所宜, 而遊心乎德之和.
3 人莫鑑於流水, 而鑑於止水, 唯止能止衆止.

없다. 그렇게 보자면 장자의 관점에서 깨달음이란 자기 마음의 이치를 밝히는 것 외에는 별도의 방법이 없다. 이를 상계는 잘못 이해하여 '그는 자신을 위했을 뿐[彼爲己]'이라고 폄하한 것이다. 반면 '자기의 지(知)로 자신의 마음의 본질을 터득하고, 이를 통해 상심(常心)을 이룬다'고 함은 불교에서 흔히 말하는 성수불이지학(性修不二之學)의 요체를 도가 식으로 풀이한 것이다. 앞서 여러 차례 언급한 것처럼 도를 구하는 것도 내 마음이요, 이를 통해 얻고자 하는 궁극적 깨달음도 결국은 내 마음과 다름없다. 단지 외도(外道)는 마음 바깥에서 깨달음을 얻고자 하니 이로 인해 외도가 되고, 궁극에는 마음의 평정심도 얻지 못하는 것이다.

물론 장자가 가상적 인물로 공자와 상계를 등장시키고 있으나, 스승과 제자 간의 영적 수준의 차이가 괄목할 만하다. 상계는 왕태가 모여든 무리에게 아무런 가르침도 제시하지 않는데, 그럼에도 불구하고 무수한 제자들이 왕태의 문전에 줄을 서는 이유를 간파하지 못한다. 그러나 엄밀한 의미에서 왕태는 '불언지교(不言之敎)'를 몸소 실천하고 있다. 기실 '진리'의 본질이 말을 넘어서 있을진대, 말로써 인간을 교화하는 것이 가능하겠는가? 나아가 인간과 인간은 「덕충부」의 논리에 따르자면 '덕'으로 소통하는 것이다. 그런데 내적으로 덕이 충만한 징표를 추론해보건대, 이는 결국 자기를 잃는 것이다. 공자의 말을 빌리자면, 왕태는 '세상의 이치를 살펴서 사물과 더불어 **움직이지 않는다.**' 이는 일견 납득하기 어려운 대목이다. 그러나 도를 깨쳐 만물과 하나 된 경지에 이르렀으니 응당 사물과 함께 흘러가는 것이 도리에 맞지 않겠는가?

생사란 일반론적으로 말하자면 형체가 나타났다 사라지는 것이다. 그런데 간단없는 생멸의 과정에서 정작 사라지지 않는 것은 무엇인가

(혹은 그런 것이 존재하는가?). 인간의 육신은 생로병사의 법칙에 따라 끊임없이 변화해가지만, 30년 전 갠지스 강가를 산책하며 갠지스 강물을 바라보던 '나'와 지금 이 순간 갠지스 강을 바라보는 '나' 사이에 어떤 차이가 있을 것인가? 젊은 시절 갠지스 강을 바라보던 '나'가 30년이 흐른 지금 육신의 노화와 더불어 인생의 황혼기로 접어들었다고 가정하는 것이 적절한가. 만물이 천류(遷流)한다면, 도대체 무슨 연고로 만물이 천류함을 인식하는 주체가 성립될 수 있는가?

『주역』「수풍정 괘」의 괘사는 지극히 시적인 내용을 포함한다.

> 우물, 마을은 변하지만, 우물은 변하지 않는다.
> 잃는 것도, 얻는 것도 없으니,
> 오가는 사람이 우물에서 물을 긷는구나.[4]

동서양을 막론하고 우물은 생명의 근원을 상징한다. 근원은 변하지 않으며, 무상무득(无喪无得)이다. 이로 인해 오가는 사람들은 우물에서 생명의 물을 마실 수 있다. 달리 말해 마을이 변하듯 우물도 만일 함께 변한다면, 우물은 존재의 의미를 잃는다. 「덕충부」는 끊임없이 '하나의 이치'를 말한다. 그런데 만물을 하나의 이치에서 본다는 것은 엄밀한 의미에서 인식론적 문제인가 혹은 존재론의 영역인가. 가령 "다른 것을 기준으로 보면 간과 쓸개도 그 차이가 초나라와 월나라처럼 멀고, 같은 것을 기준으로 보면 만물이 모두 하나이다"[5]라고 했을 때, 인식주관과 대상과의 관계성 속에서 이·동(異·同)을 야기하는

---

4 井, 改邑, 不改井, 无喪无得, 往來井井.
5 自其異者視之, 肝膽楚越也. 自其同者視之, 萬物皆一也.

근거는 무엇인가.

그런데 장자의 논리로 보자면, 사실 이 같은 질문 자체가 우문이다. '사람이 누구나 흐르는 물을 거울로 삼지 않고 멈추어 있는 물을 거울로 삼는'[6] 연고는 지수(止水)가 사람을 끌어들이는 것이 아니라 물이 멈춰 있는 고로 사람이 자연히 거기로 귀향(歸向)하는 것이다. 여기서 지수는 허심의 다른 명칭이다. 결국 장자가 말하고자 하는 '덕이 충만한 상태'는 자기를 잃어버리는 것이다. 봄이 되니 천지가 봄과 하나 되는 것은 봄 자체가 봄이라는 생각을 잊어버렸기 때문이다. 봄이 봄이라는 생각을 잊어버렸을 때, 그로부터 수반되는 것이 하늘과 땅을 망라하여 봄의 기운이 뿜어져 나오는 것이다. 이를 「덕충부」라는 편명과 연결시켜 말하자면, 결국 무아로서 내적으로 덕이 충만한 상태가 밖으로는 생명의 기운으로 외화되어 드러나는 것이다. 그렇게 보자면 만물을 동일한 관점에서 본다 함은 인식주관과 대상의 구분이 사라짐을 의미하는 것이요, 만물을 차별의 관점에서 바라보는 것은 결국 망상분별의 소치가 될 것이다. 논의를 이렇게 전개해나갈 경우, 존재론/인식론이라는 구분조차도 사실은 적절치 못하다. 우리의 인식을 넘어 있는 별도의 존재를 상정하는 것 자체가 이치에 맞지 않기 때문이다.

인간이 본능적으로 변하지 않는 것을 추구하고자 하는 것은 본성에 대한 (무)의식적 자각에서 비롯된 것인지 모른다. 그러나 '변하지 않음'이라 함은 하나의 개념이다. 그렇다면 관건은 이에 대한 본질을 어떻게 규정할 것인가의 문제이다. 「덕충부」의 여러 내용들을 살펴볼 때, 장자의 관점에서 '변하지 않음'이라 함은 '변화'와 전혀 분리돼 있

---

6 人莫鑑於流水, 而鑑於止水, 唯止能止衆止.

지 않음을 간파할 수 있다. 단지 변화의 실체를 엄밀히 고찰하여 이를 통해 불변의 근거를 확보하는 것이 관건이다. 아래 구절을 자세히 살펴보자.

> 육체를 단지 잠깐 머물다가는 거처로만 여기며, 이목의 감각을 허상으로 여기며 **인간의 지식으로 아는 대상을 모두 하나로 여겨서** 마음이 한 번도 사멸된 적이 없는 사람이겠는가.[7]

인용문에서 강조 부분의 함의를 추정하기 위해서는 불교 유식의 이론을 참고하는 것이 도움이 될 것이다. '일지지소지(一知之所知)'에서 '소지(所知)'가 앎의 대상이라면 앞부분의 '지(知)'는 '능지(能知)', 즉 인식주체의 의미로 해석하는 것이 적절해 보인다. 문제는 '일(一)'에 대한 의미를 규정하는 것인데, 「덕충부」의 내용을 고려할 때 이 부분을 주관-객관의 차별이 통합된 상태로 파악하는 쪽이 전편의 주제에 좀더 부합될 것이다. 자신의 몸과 몸을 에워싸고 있는 대상세계를 모두 허상으로 파악한다고 함은 존재의 본질에 대한 깨달음의 상태를 지칭하는 것이고, 이를 양명학적 논리로 표현하자면 '심외무물'의 경지와 다를 바 없다. 세계가 있다고 한들 마음속의 세계요, 나 또한 마음이 만들어낸 허상과 다름없으니, 어디엔들 집착할 곳이 없다. 결국 그렇게 보자면 역설적이지만 진정으로 '자기를 위한다'고 함은 '자기를 잃어버리는 것이다.' (이것이 「덕충부」의 앞부분에서 상계가 왕태를 오인한 부분이다.)

'나'와 '세계'가 하나 된다고 함은 인식론적 영역에서 존재론적 영

---

7 直寓六骸, 象耳目, 一知之所知, 而心未嘗死者乎.

역으로의 패러다임 전환을 암시한다. 유교나 도가경전에서 흔히 사용되는 '독(獨)'의 철학적 함의가 '무지', 즉 홀로 상대가 소멸된 근본 실체를 지시하고 있음을 떠올려보는 것도 필요해 보인다. 봄이 되면 천지가 봄 아닌 것이 없지만, 봄은 정작 봄이 왔음을 알지 못한다. 「덕충부」는 이러한 논리에 기반하여, 인간이 고통의 바다를 넘어설 수 있는 근거를 망상지의 소멸에서 찾고자 한 듯하다. 왕태의 경우 '나'라는 생각을 내지 않으니 당연히 제자를 모으는 일 따위에는 관심이 없다. 그런데 역설적이지만, 사람들은 그로 인해 서로 앞을 다투어 왕태의 제자가 되고자 모여든다. 유교식으로 말하자면 왕태는 '위기지학'을 실천한 것이고, 그 결과로 중인(衆人)이 그를 추종하는 것이다. 그렇게 보자면 전자는 내적으로 덕이 충만한 경지[德充]를 지칭하는 것이요, 후자는 그 징표가 외적인 상황과 합치[符]되는 사태를 암시하는 것이다. 이렇듯 서두에 등장하는 왕태의 우화를 통해 장자는 이미 「덕충부」의 종지를 드러낸 셈이다.

신도가와 정자산의 고사는 다소 그 결을 달리하지만 주제의 본질은 유사하다. 두 사람은 백혼무인(伯昏無人)[8]을 스승으로 모시는 일종의 동문관계이다. 이야기의 전후 문맥으로 볼 때, 신도가는 과거 자신의 잘못으로 인해 형벌을 받아 발이 잘리는 중형을 받았던 인물이며, 반면 정자산은 재상의 자리에 있었던 인물로 보인다. 문제는 정자산이 이러한 신분적 차이를 내세워 신도가와 같은 공간에 머무르기를 꺼려 한다는 점이다. 물론 이 같은 정자산의 태도는 장자가 말하고자

---

8 '백혼무인'이라는 명칭이 다분히 의미심장하다. 백(伯)을 '밝음[白]'의 이체자(異體字)로 해석해본다면, '백혼무인'은 '내면의 밝음을 감추어 망연히 아상이 사라진' 지인(至人)의 경지를 상징한다.

하는 '덕'의 본질과는 한참 거리가 있다. 이로 인해 이야기가 진행되면서 두 사람의 관계에 극적 반전이 일어난다. 정자산의 안하무인적 태도에 신도가는 흡사 상대를 질책하듯 "어찌할 수 없음을 알아서 마치 운명처럼 그것을 편안히 여기는 것은 오직 덕이 있는 사람만이 할 수 있다"[9]라고 지적한다. 그런데 이 구절에서 행간의 의미를 읽어내지 못하면 장자가 말하고자 하는 '덕'의 본질에 대해 혼란이 야기될 수 있다.

기본적으로 장자는 신도가의 말을 통해 덕의 본질이 사회적 지위의 고하(高下)나 외모 등에 있지 않음을 밝힌다. 그러나 이는 극히 피상적인 차원의 해석이다. 장자의 천재성은 덕을 **명(命)**의 문제와 연결시키는 부분에서 드러난다. "예(羿)가 활 쏘는 사정권 안에서 놀면 그 과녁의 한가운데는 화살이 적중하는 자리이다. 그런데도 화살이 맞지 않는 것은 운명이다."[10] 알다시피 예는 고래로 중국문화에서 활 잘 쏘는 사람의 상징으로 인구에 회자돼 왔다. 그런 예가 활을 쏘는 과녁 근처를 어슬렁거리며 활보하는데 화살에 맞지 않는 것이 오히려 희귀한 일이 아니겠는가. 달리 말해 육신의 몸을 받고 태어난 인간이 자신의 죄성을 극복하고 무탈하게 일생을 사는 것이 사실상 불가능함을 장자는 간파하고 있었다. 그렇다고 인간이 타고난 욕망을 좇아 방종하게 행위하는 것을 장자가 옹호하는 것도 아니다. 그렇다면 정작 「덕충부」가 말하고자 하는 요체는 무엇인가?

인간은 망상으로 인해 일시적으로 죄를 범할 수 있다. 그러나 관건은 망상이 실체가 없음을 깨닫고 어두운 그림자에 가려진 우리의 본

---

9 知不可奈何, 而安之若命, 唯有德者能之.
10 遊於羿之彀中, 中央者, 中地也, 然而不中者命也.

성을 회복하는 것이다. 장자가 「덕충부」에서 일관되게 '오관의 대상을 허상'이라 규정하는 의도가 여기에 있다. 사실 불교적 관점에서 보자면 인간이 범한 죄는 망상분별의 결과이니, 그 실체가 없다. 물론 장자가 이 같은 불교의 논리를 그대로 수용하는 것은 아니다. 대신 장자는 복명(服命)의 개념을 통해 육신을 갖고 태어난 인간이 육신을 넘어설 수 있는 가능성을 탐구하고자 한 듯하다. 내 속에 죄성이 존재하고 있음을 인정하고, 그럼에도 불구하고 내가 형벌을 받지 않고 온전한 몸으로 살아갈 수 있다면, 이는 '나'의 도덕적 우월성 때문이 아니라 운명의 장난으로 인함이다.

정자산은 자신이 요행으로 법의 그물망을 피해갈 수 있었음을 인식하지 못하고, 오히려 자신의 신체적 온전함을 근거삼아 동문인 신도가를 질책하고 업신여긴다. 물론 이로 인해 자산의 아만은 점점 깊어지는 것이다. 무위자연의 맥락에서 논하자면, 선악/시비 등의 구분은 무의미하다. 이는 우리가 사계를 두고 봄은 선하며 가을은 악하다고 말할 수 없는 것과 동일한 이치이다. 중요한 것은 봄이 봄으로서의 본분을 다하고 가을이 가을의 본분을 다하는 것이며, 이를 통해 양자가 의도적으로 행선(行善)하고자 함이 없지만 이미 선악의 구차한 구분을 넘어서게 된다.

신도가는 '사람들 중에는 자신의 온전한 발을 가지고 온전치 못한 (자신의) 발을 비웃는 자들이 많고, 그때 그는 발끈하고 성을 내다가도 선생님이 계신 곳에만 가면 본래의 평정한 마음으로 돌아오게 됨'을 역설한다. 나아가 자신은 백혼무인을 따른 지 19년이 되었지만, 한 번도 스스로가 절름발이임을 의식하지 못했다. 결국 이 말은 신도가의 경우 육신의 죄성으로 인해 한때 월형(刖刑)을 받았으나, 무위자연의 도리를 깨치고 본성을 회복할 수 있었음을 암시한다. 어찌 보면 장자가 덕의 문제를 복명과 연결시키는 논리는 절묘하다. 가령 '덕'의 본질을 인간의 섣부른 윤리의식에 기반한 시비선악의 관점에서 규정하게 된다면, 이 세상 어느 누구가 타인의 행위를 선으로 칭송하고 스스로를 악과 등치시키려 하겠는가? 그렇게 보자면 장자가 「덕충부」에서 말하고자 하는 '덕'의 본질은 우주론적 맥락에서 조망해야 한다. 달리 말해 '덕'은 만물이 상호 소통할 수 있는 어떤 근원과 같은 것이다.

사실 전술한 지적은 『장자』라는 텍스트를 단순한 사상서가 아닌, 좀 더 심원한 의미에서의 종교적 영역으로 승화시킨다. 만일 초기 불교적 논리처럼 '선인선과·악인악과(善因善果·惡因惡果)'라는 인과적 주장을 액면 그대로 수용한다면, 현실에서의 질병과 가난 등 괴로움으로 신음하는 많은 이웃, 나아가 아수라, 축생, 아귀중생[11] 등은 모두가 자신들의 죄업으로 고통 받는 것이 아닌가? 이와 관련하여 좀 더 직설적인 대화가 『신약』에도 등장한다.

예수님께서 길을 가시다가 날 때부터 소경된 사람을 보셨다. 제자들이 예수님께 "랍비여, 누구의 죄로 이 사람이 소경으로 태어났습니까? 자기 죄입니까 아니면 부모의 죄입니까?" 하고 묻자 예수님께서 이렇게 말씀하셨다. "그의 죄도 부모의 죄도 아니다. 이런 일이 일어나게 된 것은 그에게서 하나님의 하시는 일을 나타내고자 하심이니라. 때가 아직 낮이매 나를 보내신 이의 일을 하여야 하리니, 밤이 오

---

11 불교에서는 6도(六道) 혹은 6취(六趣)라는 개념을 통해 중생이 깨달음을 얻지 못하고 윤회할 때 자신이 지은 업(業)에 따라 지옥도(地獄道)·아귀도(餓鬼道)·축생도(畜生道)·아수라도(阿修羅道)·인간도(人間道)·천상도(天上道)에 태어난다고 주장한다.

면 그때는 아무도 일할 수 없느니라. 내가 세상에 있는 동안 나는 세상의 빛이로라." 이 말씀을 하시고 땅에 침을 뱉고 진흙을 이겨 소경의 눈에 바르시고 실로암 못에 가서 씻으라 하시니, 이에 소경이 가서 씻고 밝은 눈으로 왔더라.[12]

다소 인용이 길어졌지만 이 구절은 「덕충부」의 함축적 내용을 확장할 수 있는 많은 시사점을 내포한다. 먼저 눈길을 끄는 것은 제자들의 질문이다. 그들은 소경의 신체적 장애를 '죄'의 관점에서 질문하고 있다. 물론 이러한 사고방식이 당시 유대인의 문화전통과 무관한 것은 아니겠으나, 제자들은 불행의 근원을 악행의 결과로 단정하고 있는 것이다. 무엇보다 한 인간의 고통의 원인을 사사로이 개인 혹은 윗세대의 맥락에서 찾고자 하는 제자들의 질문 속에, 이미 그들은 자신들이 '소경'과는 다른 우월적 존재라는 일종의 교만이 깔려 있는 듯하다. 그러나 예수님의 답변은 문제의 본질을 근원적인 지평으로 옮겨 놓으신다. 물론 인간의 고통을 통해 하나님이 역사하신다는 예수님의 답변은 필자의 짧은 소견으로는 그 한량없는 의미를 추론하기가 쉽지 않다. 단 「덕충부」의 맥락과 연결시켜 사유해보자면, '예수님께서 낮동안 보내신 이의 일을 하신다'는 말씀의 의미가, 신도가 자신에게 주어진 (하늘의) 명을 받아들인다는 의미와 연결될 수 있는 지점이 있지 않을까 조심스럽게 추론해본다.

현대인은 대체로 자신이 수행하는 일 자체보다는 그 일의 결과에 관심이 경도돼 있는 것이 사실이다. 그러나 엄밀한 의미에서 내가 하는 모든 행위의 결과는 스스로가 결정할 수 있는 영역이 아니다. 심

---

12 「요한복음」 9:1-7.

지어 나와 연루된 제반 행위들을 내가 진실로 주관하고 있는지조차 확신할 수 있는 아무런 근거가 없다. '조삼모사'의 우화에서처럼 왜 인간은 (본질에 있어) 동일한 사건을 두고도 한번은 노여워했다가 다른 한번은 기뻐하는가.

결국 예수님 말씀의 방점이 하나님에 대한 순종을 통해 자신의 소명을 행함에 있었다면, 제자들의 관심은 인간적 잣대로 행불행을 판단하고 그것을 정죄하는 데 모아졌던 것 같다. 「덕충부」의 맥락에서 보자면 신도가가 자신의 장애를 19년 동안 한 번도 의식하지 않을 수 있었던 근거도 「요한복음」의 논리로 보자면 '순종'의 삶을 살았기 때문이 아닐까 싶다. 반면 정자산은 자신을 근원과 연결시키려 하기보다 끊임없이 인간의 외형이나 지위 등에 집착하여 차별상을 만들어내었다. 그러나 장자가 밝히고자 하는 덕의 본질이 어찌 인간이 사량분별로 만들어낸 차별상에 머물 수 있겠는가.

노나라 숙산무지(叔山無趾)와 공자의 만남도 유사한 메시지를 담고 있다. 숙산무지 또한 한때 죄를 범하여 불구가 된 인물이다. 그가 공자를 만나러 갔을 때 공자가 자신을 문전박대하자 그는 "하늘은 덮어주지 아니함이 없으며, 땅은 실어주지 아니함이 없다"[13]라고 비유로 응대한다. 사실 이 말은 중국문학이나 사상에서 흔히 사용되는 구절이나 그 함의가 예사롭지 않게 들리는 것은 이 말의 의미가 본 장에서 말하는 '덕'의 본질과 자연스럽게 연결되기 때문이다. 덕은 분별이 없다. 땅을 딛고 위를 우러러보면 하늘이나, 하늘에서 아래를 내려다보면 땅이 하늘이다. 달리 말해 '하늘이다/땅이다', '선이다/악이다'는 제반 분별이 들어설 자리가 사라진 경지가 덕이다. 그로 인해 덕은 천

---

13 夫天無不覆, 地無不載.

지간의 온갖 생명체를 화육할 수 있는 우주의 근원적 에너르기가 될
수 있는 것이다.

공자에게 무시당한 숙산무지가 역으로 공자를 조롱하는 내용이 흥
미롭다. 처소로 돌아온 그가 친구인 노담에게 공자의 짧은 식견을 비
판하자, 노담은 "다만 공자로 하여금 죽고 사는 것을 같은 이치로 여
기며, 옳고 옳지 않은 것을 같은 이치로 여기게 하여 그 질곡(桎梏)을
풀게 하는 것이 좋겠다"[14]고 제안한다. 이에 숙산무지는 난색을 표하
며 하늘이 공자에 내린 형벌을 자신이 어찌 풀어줄 수 있겠느냐고 반
문한다. 그런데 여기서 장자가 말하는 '질곡'의 함의가 무엇인가. 이
는 필경 시비/선악/사생 등 분별지의 속성을 지시하는 듯 보인다. 그
리고 그 핵심에는 '하나'에서 분리되어 홀로 우주를 배회하는 '나'라
는 생각이 존재하는 것이다.

위(衛)나라의 애태타(哀駘它)는 용모가 추악하나 그와 지내본 사람
이면 누구든 그를 사모하여 떠나지 못한다. 애태타는 소위 세상 사람
들이 추구하는 권세, 부, 수려한 외모 중 그 어느 것도 갖춘 것이 없지
만 무수한 남녀들이 그에게 모여드니, 이에 노나라 애공(哀公)이 관심
을 가져 그의 처소에서 자기와 함께 생활하였다. 그러기를 1년이 채
되지 않아, 애공이 그의 인품에 끌려 국정을 맡아달라고 청하였으나,
이로 인해 애태타는 애공을 두고 떠나버렸다. 애태타가 떠나자 슬픔
을 이기지 못한 애공은 공자에게 그가 도대체 어떤 사람인가 물었다.
이에 공자는 의미심장한 비유로서 답한다.

제가 초나라에 사신으로 간 적이 있었습니다. 그때 마침 새끼돼지들

---

14 胡不直使彼以死生爲一條, 以可不可爲一貫者, 解其桎梏.

이 죽은 어미돼지의 젖을 빨고 있는 것을 보았는데, 조금 있다가 깜짝 놀라서 모두 그 어미돼지를 버리고 달아났습니다. (…) 새끼돼지가 어미돼지를 사랑하는 것은 그 형체를 사랑하는 것이 아니라, 그 형체를 움직이게 하는 것을 사랑하는 것입니다.[15]

인용문의 내용은 명백히 우화의 형식을 취하고 있다. 새끼돼지들이 죽은 어미돼지를 버리고 달아났다는 구절은 의미상으로 인간과 인간을 연결해주는 것이 외형에 있는 것이 아니라, 보이지 않는 내면의 덕으로 상호 소통하고 있음을 암시한다. 죽은 어미돼지는 (자신의) 형체를 움직이는 내적인 덕이 고갈되었으니 어찌 타인과 부합할 수 있을 것인가. 결국 이 같은 함의는 단순히 생사의 문제를 논하는 것이 아니라, 우주 삼라만상이 상호 소통할 수 있는 근거를 비유로서 밝힌 것이다. 애태타가 떠나고 애공이 공자와 나누는 대화에서 공자는 '만물과 접촉하여 마음속에서 때를 만들어내는 것'을 덕의 완전함[16]으로 규정한다. 달리 말해 '덕'은 시공간 속에서 작용하는 특정한 품성을 지칭하는 것이 아니라, 시간과 공간을 창조하는——달리 말해 인간의 지력으로는 알 수 없는——절대적 경지를 암시하는 것으로 보인다. 결국 인간을 비롯한 우주 삼라만상의 모든 생명체는 덕을 떠나 홀로 존재할 수 없다. 덕을 떠나 별도로 존재할 수 있다면, 이는 망상지의 질곡에 스스로를 가두는 것이다.

---

15 丘也嘗使於楚矣, 適見狶子食於其死母者, 少焉眴若皆棄之而走 (…) 所愛其母者, 非愛其形也, 愛使其形者也.

16 본문에서는 재전(才全)이라 표현했으나, 이것이 지시하는 것은 '덕의 완전함'으로 보는 것이 적절하다.

여상의 논의를 요약해보자면, 장자가 말하는 덕의 본질은 '하나'와 분리되지 않은 상태이다. 하나와 분리되지 않았다 함은 자타의 구분이 사라진 경지를 지칭하며, 이로 인해 바깥으로 치닫는 마음이 저절로 소멸되는 것이다. 「덕충부」의 결론에 즈음하여 장자는 덕을 잔잔한 물에 비유한다. 물이 고요함을 유지하기 위해서는 무엇보다 내적인 충만함이 보존돼야 하고, 외적으로는 흔들림이 없어야 한다. 이를 세속에서는 수평이라 칭하며, 만물의 기준이 되니 사람들이 그 곁을 떠날 수 없다.

'무엇을 가지고 덕이 드러나지 않는다고 하는가'라는 질문에 장자는 '덕자성화지수야(德者成和之修也)'라 답한다. 달리 말해 덕은 조화를 이루는 것을 닦아야 덕이 된다. 조화는 타인과의 관계에서 발생하는 것이며 자기 홀로 잘났다고 으스대면 그것은 덕이 되지 않는다. 진정한 덕이 모두 조화를 이루는 것이 흡사 봄날에 천지가 서로 하나 되는 것과 같다. 거기에는 추함도 아름다움도 없고, 단지 모두가 봄이 발현한 것일 뿐이다. 인간을 논할 때, 그의 외형만을 두고 말하면 그 크기가 우주의 티끌보다 작다. 그러나 그 덕의 크기는 자연의 이치를 모두 포괄할 수 있으며, 이는 전 우주로 확장되는 것이다.

「덕충부」는 장자와 혜자의 대화로 장을 마감한다. 논쟁의 초점은 인간의 감정[情]에 모아져 있다. 대화에서 혜자는 인간으로 태어나 감정이 없을 수 없음을 강변하나, 장자는 정작 '무정(無情)'을 덕의 척도로 말한다. 물론 여기서 장자가 말하는 무정이란 축자적 의미에서의 '감정작용이 없음'을 말하는 것이 아니라, "사람이 호오(好惡)의 감정으로 스스로를 해치지 않고 자연의 도를 따라 무리하게 장생하려 하지 않음"[17]을 의미한다. 즉, 장자가 주장하는 '무정'의 논리에서 핵심은 자연의 덕과 하나 되어 사는 것이다.

마원의 「추수회파」(秋水廻波)

그러나 혜자는 인간의 관점에서 문제에 접근한다. 이로 인해 '자기 몸을 보(補)하기 위해 끊임없이 애쓰지 않으면 어떻게 몸을 양(養)할 수 있을 것인가'라고 반문한다. 결국 양자 사이의 이 같은 상징적 대화는 기실 양생의 관점에서도 중요한 단초를 제공한다. 장자의 관점에서 '나'는 도의 발현된 모습으로 도와 하나의 이치이다. 즉 인간은 잘났든 못났든 모두가 자연의 덕이 겉으로 드러나 자연과 하나를 이룬다는 것이 장자의 논리인데, 혜자는 이러한 이치를 망각한 채 끊임없이 '견백론(堅白論)' 등의 궤변을 늘어놓으며 타인과의 시비변론에 몰두하며 정신을 외부로 발산한다. 이로 인해 스스로가 주장하는 '익생(益生)'이 실제로는 진정한 의미에서의 양생을 저해하는 주범이 되는 것이다.

인간은 자기 존재의 근원과 멀어질수록 계탁지심에 의존하여 사물을 구분하고 평가하며 나아가 스스로를 우주로부터 소외시킨다. 그러나 '근원'의 관점에서 만물을 바라보면, 나는 인간의 모습에 우거하여 잠시 세상에 존재할 뿐이며, 이러한 깨달음을 통해 인간으로 살면서 인간을 초월할 수 있는 근거를 찾는 것이다. 「덕충부」에 등장하는 성인들은 한결같이 외모가 추악하며 세상이 추구하는 그 어떠한 것도 갖추고 있지 않다. 그럼에도 불구하고 중인들은 앞을 다투어 그의 처소를 찾는다. 어찌 보면 이들 성인들에게 부여된 역할은 인간이 스스로가 만든 세속적 욕망과 무지에서 해방될 수 있도록 하는 것이다.

그런데 역설적이지만, 이들 보이지 않는 '속박'에서 범부중생을 구제하기 위해 성인이 제시하는 것은 고요함이다. 파도가 그쳐 표면이 평평하고 멈춰 있으니, 이는 만물의 기준이 될 수 있다. 자연의 조화

---

17 常因自然而不益生也.

가 '나'의 일상과 하나가 되었으니 거기에 망상이 일어나 마음이 요동칠 일이 없고, 이로 인해 성인은 항상 고요하다. 그런데 아이러니하지만 중생이 갈구하는 것은 어떤 신묘한 가르침이 아니라, 성인의 마음에 내재된 고요함이다. "오직 멈추어 있는 존재만이 멈춤을 구하는 여러 사물을 멈출 수 있다."[18] 인간은 오직 근원에서 분리되지 않았을 때, 비로소 고요해질 수 있다. 하이데거에 따르면 근원(Ursprung)이란, 그것을 통해 어떤 것이 그 자신이 무엇인지 그리고 어떠한 것인지를 규정받게 된다.[19] 결국 인간은 근원에서 멀어져 있는 한 방황할 수밖에 없다. 내가 나 아닌 누군가의 가면을 쓰고 살아가는 것을 누군들 감내할 수 있겠는가.

---

18 唯止能止衆止.

19 마르틴 하이데거, 오병남·민형원 공역, 『예술작품의 근원』(서울: 예전사, 1996), 13쪽.

제 **6** 장

「대종사」 진리

대종사(大宗師)는 일반적으로 위대한 스승을 의미한다. 그러나 위대한 스승이 반드시 특정인을 지칭할 필요는 없다. 오히려 대종사를 '진리'의 개념과 연결시켜 이해하는 것도 가능해 보인다. 물론 진리라는 용어가 도가사상에서는 다소 낯선 개념이지만, 본 장의 논의를 보편적 토대 위에서 진행하기 위해 편의상 상기 주제를 선택하였다. 더불어 「대종사」의 진리개념을 텍스트의 구체적 맥락에서 새롭게 규정함으로써, 철학적 담론에서 이미 고유명사화된 (사변적) 진리개념을 장자적 맥락에서 재조망해보고자 하였다. 「대종사」는 지(知)와 부지(不知)에 대한 설명으로 시작된다.

자기의 지식으로 알고 있는 것을 가지고 자기의 지식으로 알지 못하는 것을 길러서 천수를 다 마쳐 중도에 요절하지 않으니, 이런 사람은 지가 성대한 사람이다.[1]

「대종사」는 사실 『장자』 내편에서도 내용이 상당히 난해한 장이다. 이를 방증하듯 처음 등장하는 구절부터 그 함의가 간단치 않다. 지는 기본적으로 인간 인식작용의 결과이다. 그렇다면 부지는 우리의 인식이 도달할 수 없는 영역을 지칭하는 것이 될 것이다. 그런데 인용문에서는 지로서 부지를 기른다고 하였다. 이를 통해 기본적으로 몇 가지 추론이 가능할 것이다. 첫째는 지와 부지의 관계가 우리가 추상적으로 생각하는 것처럼 서로 분리돼 있지 않다는 것이다. 가령 지와 부지를 각각 생과 사에 배대(配對)해볼 경우, 생의 이치가 사의 이치와 둘이 아니라는 논리이다. 기실 인간은 부지를 지의 영역으로 가져올 수 없다. 단, 앎의 연장선상에서 알 수 없는 영역을 상상해보는 것은 가능할 것이다.

인용문에서 암시되고 있는 또 다른 함의는 지와 부지가 본질에 있어 서로 겹쳐 있다는 것이다. 이는 「제물론」의 내용을 떠올려보면 이해가 용이할 듯하다.[2] 물론 상기 인용문의 경우 논리상 부지 속에 지가 포함돼 있다고 보는 것이 좀 더 설득력이 있어 보이나, 양자를 반드시 대-소의 관점에서 파악할 필요는 없을 듯하다. 오히려 관건은 지와 부지를 비분리적 관점에서 파악할 수 있는 근거를 「대종사」의 문맥 내에서 밝히는 것이다. 이에 대한 단초가 아래 문장에서 어렴풋이 제시된다.

어찌 내가 자연이라고 말한 것이 인위가 아니며, 내가 인위라고 말한 것이 자연이 아님을 알 수 있겠는가?[3]

---

1 以其知之所知, 以養其知之所不知, 終其天年而不中道夭者, 是知之盛也.
2 가령 「제물론」에 등장하는 다음 문장을 상기해보자. 庸詎知吾所謂知之非不知邪.

인용문에서 장자가 밝히고자 하는 것은 명백히 불이적 사유이다. 인간과 자연/인간과 하늘을 말하되 양자는 하나도 아니요, 둘도 아니다. 달리 말해 천(天)이라 이른즉 인(人)이요, 인이라 이른즉 천이다. 결국 정작 문제 삼아야 할 것은 인식의 대상이 아니라, (대상을 인식하는) 인간의 사유구조이다. 한 가지 분명한 것은 인식의 결과가 존재 자체와 바로 연결되지는 않는다는 점이다. 이로 인해 장자는 "참다운 사람이 있은 뒤라야 참다운 앎이 있음"⁴을 천명한다.

물론 이러한 일련의 논의를 통해 장자는 분별망상을 통해 대종사에 도달하는 것이 불가함을 밝히고자 하는 듯 보인다. 일례로 참다운 앎이 참다운 사람을 만드는 것이 아니라면, 전자[眞知]는 실체론적 개념이 될 수 없다. 반면 '진인이후진지(眞人而後眞知)'라는 논리를 적용할 경우 '진지'는 분별지의 부정, 즉 불이적 사유의 구체적인 사례로 해석돼야 한다. 진인은 종일토록 분별하되 분별한 바가 없으니 진지는 한정된 앎으로 개념화될 수 없으며, 결과론적으로는 나와 세계가 서로를 잊어버리는 상망(相忘)의 단계로 접어들어 하나의 덕으로 합하는 것이 「대종사」의 종지가 되는 것이다.

물론 앎이 지극한 경지에 이르면 인간을 소요유의 경지로 인도하지만, 다른 한편에서 앎은 재앙을 초래하는 문이기도 하다. 이로 인해 진인은 '자신의 생이 시작된 곳을 잊지 않지만, 그렇다고 끝나는 곳을 알려고 하지 않는다'고 말한다. 달리 말해 자연의 도리를 인간의 지력으로 알고자 하면 이는 그 즉시 도를 손상하게 되니, 진인은 자연의 운행에 순응할 뿐이다. 진인에 대한 서술은 성인(聖人)의 개념을 통해 거

---

3 庸詎知吾所謂天之非人乎, 所謂人之非天乎.
4 眞人而後有眞知.

듭 이어진다.

성인이 군사를 움직일 때는 나라를 멸망시키더라도 인심을 잃지 아
니하며, 이익과 혜택을 만세에 미칠 정도로 베풀어도 (백성들은) 은
혜를 입었다고 느끼지 않는다.[5]

인용문은 전쟁 메타포를 사용한다. 그러나 정작 장자가 암시하고
자 하는 것은 사계의 순환을 무위자연의 논리로서 밝히는 것이다. 사
계는 기본적으로 '춘생추살(春生秋殺)'의 논리에 기대어 운행된다. 즉
봄은 만물을 화육하고, 가을의 숙살지기(肅殺之氣)는 존재를 비존재로
탈바꿈시킨다. 이러한 사계의 특징을 「대종사」는 인사(人事)에 빗대어
설명한다.[6] 진인과 관련된 가장 흥미로운 대목은 '일(一)'과 '불일(不
一)'을 설명하는 구절이다. 여기서 '일'은 평등/같음/하늘/성인 등의
개념과 연결되며, '불일'은 차별/다름/인간/범부 등의 개념과 등치시
켜볼 수 있다. 그러나 정작 장자사상의 심오한 내용은 다음 대목에서
드러난다.

그 때문에 진인은 좋아하는 것도 한가지로 여기며, 좋아하지 않는 것
도 한가지로 여기며, 그 하나 됨도 한가지로 여기며, 그 하나 되지 않
음도 한가지로 여긴다. 한가지로 여기는 것은 하늘과 같은 무리가 되
는 것이고, 한가지로 여기지 않는 것은 사람과 같은 무리가 되는 것

---

5 故聖人之用兵也, 亡國而不失人心, 利澤施乎萬世, 不爲愛人.
6 사족이나 장자가 인사(人事)를 통해 자연의 섭리를 제시하는 사례가 빈번한데
반해, 신유학의 경우 자연의 섭리를 통해 인간의 도리를 우회적으로 역설하는 경
우가 적지 않다.

이다. 하늘과 사람이 서로 이기지 않을 때 이런 사람을 일러 진인이라고 한다.[7]

우선 인용문에서 말하는 호불호(好弗好)는 자연의 이치가 현전한 것이다. 본질적 관점에서 볼 때, 좋아하고 싫어함이란 외형적으로 드러난 상태일 뿐이며, 그것의 이치는 동일하다. 달리 말해 호불호라는 차별상은 존재할 수 있겠으나, 진인은 그 차별상에 집착하지 않는다는 것이다. 뒤에 나오는 이(異)와 동(同)의 논리도 마찬가지이다. 장자는 외견상 '일'과 '불일'을 성/속 개념과 연결시키는데, 이는 송대 이학에서 말하는 이/기 논리와도 상통하는 바가 있다. 그러나 「대종사」의 논리는 마지막 문장에서 절정을 이룬다. 천과 인, 이와 동, 성과 속은 분명 분별적 개념이다. 그런데 정작 양자는 스스로를 주장하는 법이 없다. 한결 같음으로 드러날 때는 한결같음이요, 차별로 드러날 때는 차별이다. 그런데 관건은 그것이 동상(同相)이든 이상(異相)이든 진인은 이에 대한 호오의 감정이 없다. 역설적이지만, 장자는 차별상으로 인해 차별이 생기는 것이 아니며, 차별 없음으로 인해 차별 없음이 존재하는 것이 아님을 암시한다. 달리 말해 '일[同相]'과 '불일[異相]'은 본질상 함께하는 것이니 진인은 이를 깨닫고 대립적 시각에 자신을 내맡기지 않는다.

기실 인간이 피해갈 수 없는 실존적 불안은 대다수가 대립으로 인해 발생한다. 삶과 분리되어 죽음이 별도로 존재한다는 생각에서 죽음에 대한 공포가 생겨나고, 자연과 분리되어 '내'가 별도로 존재한다

---

7 故其好之也一, 其弗好之也一, 其一也一, 其不一也一, 其一與天爲徒, 其不一與人爲徒, 天與人不相勝也, 是之謂眞人.

는 생각에서 나와 세계의 대립이 생기는 것이다. 인간의 심층심리에 대한 이 같은 통찰을 거쳐 장자는 인식의 전환을 모색하는 듯 보인다. 달리 말해 현대인에게 익숙한 분리적 시각을 장자는 유기적 관점으로 전환한다. 만물이 일종의 거대한 스펙트럼처럼 서로 이어져 있다면, 어떠한 근거나 논리를 가지고 전체의 한 부분을 잘라내어 거기에 특정한 의미를 부여할 수 있겠는가?

'전체'라는 관점에서 현상을 관조하자면, 결국 살고 죽는 것 또한 서로가 분리될 수 없기는 마찬가지이다. 인간이 살아 있음이 결국은 그 살아 있음을 아는 것이라면, 정작 살아 있음의 주체는 인간의 육신이 아니라, 살아 있음을 '아는' '그것'이다. 그런데 엄밀한 의미에서 '살아 있음을 안다'라는 것이 결국은 분별망상의 결과가 아니겠는가? 이러한 논법을 통해 살아 있음의 의미를 해체하게 되면, 이에 상반되는 '죽음'의 의미도 성립이 불가하다. 기실 망자가 어찌 스스로가 죽었음을 알 수 있을 것이며, 하물며 우리의 마음이 만들어낸 죽음이라는 허상이 어떠한 실체를 가질 수 있겠는가. 이에 장자는 존재자를 존재하게 하는 '그것[眞]'을 최상의 진리로 규정한다. 이는 스스로의 형체를 가지고 있지 않으나, '나'를 떠나 별도로 존재하는 것도 아니다. 결국 장자가 역설하고자 하는 것은, 눈에 보이고 손으로 만질 수 있는 목전의 형상에 대한 집착을 여의고, 그 형체를 존재하게 하는 천지자연의 이치가 진정한 대종사임을 밝히고자 하는 듯 보인다.

장자에 따르면, 우리가 대종사와 하나 될 수 있는 유일한 방도는 자연의 이치와 함께 흘러가는 것이다. 자연의 관점에서 생로병사는 그저 하나의 스쳐 지나가는 과정일 뿐이며, 거기에 어떤 호오의 감정을 개입시킬 소지가 없다. 장자의 관점에서 보건대, 생사와 주야를 야기하는 근원적 자연의 이치는 불생불멸이다. 즉 생사가 간단없이 일어나는 그 근원을 추적해보니, 이는 생사가 존재치 않는 '허무의 고을(無何有之鄕)'이라는 논리이다. 그렇게 보자면 인간이 스스로의 좁은 소견으로 열생오사(悅生惡死)의 감정을 내는 것이 어찌 가하겠는가? 장자의 관점에서 천하를 다스리는 방법은 천하와 내가 서로를 잊어버리는 것이다. 그러면 천하가 저절로 내게 돌아온다. 공자가 말한 '극기복례(克己復禮)'의 논리가 「대종사」에서는 '상망어강호(相忘於江湖)'로 재약호화되고 있는데, 사실 양자가 의미하는 바는 대동소이하다.

지금까지의 논의가 대종사의 진리를 설파한 것이었다면, 다음에 등장하는 우화는 인간의 망상분별을 보여주는 구체적 사례이다.

> 산골짜기에 배를 간직하며 연못 속에 산을 간직하고서 단단히 간직했다고 말한다. 그러나 밤중에 힘이 센 자가 그것을 등에 지고 도망치면 잠자는 사람은 알지 못한다. 작은 것과 큰 것을 간직하는 데는 각기 마땅한 곳이 있으나 그래도 훔쳐서 도주할 곳이 있다. 허나 천하를 천하에 간직하면 훔쳐서 도주할 곳이 없다.[8]

인용문에서 배를 산골짜기에 감춘다고 함은 장생불사를 위해 온갖 짓을 마다하지 않는 인간군상을 지칭하는 것이다. 그럼에도 불구하고 시간의 폭력성 앞에서 인간은 어찌할 도리가 없다. 특히 밤중[夜半]은 음양이 교체하는 시간으로 자연의 조화가 극성한 시점을 상징적으로 표현한 비유다. 기실 우주의 조화는 단 한순간도 정지하는 법이 없으나, 인간이 그것을 알지 못한다. 시간을 마주한 인간이 스스로를 은밀

---

8 夫藏舟於壑, 藏山於澤, 謂之固矣, 然而夜半有力者負之而走, 昧者不知也, 藏小大有宜, 猶有所遯, 若夫藏天下於天下而不得所遯.

한 공간에 감추고자 하는 것은 전도몽상의 발로이다. 이와 관련해 장자는 적극적 해법을 제시하니, 이름하여 '천하를 천하에 간직하는' 것이다. 특히 원문에 등장하는 '장(藏)'의 함의는, 무위로서 천하에 자신을 내맡긴다는 의미가 강하다. 즉 자연의 조화에 굴림[轉]을 당하는 것이 아니라, 내 스스로가 조화와 하나 되는 것이다. 조화와 하나 된다고 함은 생로병사와 같은 분별적 사유가 사라지고, 존재하는 것은 찰나의 조화일 뿐이다.

상기 인용문은 "만물이 매여 있는 것과 일체 우주의 조화가 의존하는 (대종사의 경지)야 말할 나위가 있겠는가"[9]라는 문장으로 결론을 맺는다. 필자가 이 부분에 군이 주목하는 이유는 장자가 은연 중 이 구절을 통해 '대종사'(혹은 도)의 본질을 독자에게 암시하기 때문이다. 핵심은 한결같은 우주의 조화가 의지하는 그 대종사의 이치가 어디든 존재하지 않음이 없다는 것이다. 달리 말해 장자의 관점에서 도——혹은 진리——의 본질은 무소부재한 것이며, 단 한순간도 고정돼 있지 않다. 이제 이러한 기본 전제를 토대로 '도'의 본질에 대한 전격적인 논의가 수반된다.

> 도는 정(情)과 신(信)은 있지만 작용이나 형체는 없는지라, 전해줄 수는 있지만 받을 수는 없으며, 터득할 수는 있지만 볼 수는 없으니, 스스로를 근본으로 삼아 아직 천지가 있기 이전에 예로부터 이미 엄연히 존재해온 것이다.[10]

---

9 萬物之所係, 一化之所待.

10 夫道, 有情有信, 無爲無形, 可傳而不可受, 可得而不可見, 自本自根, 未有天地, 自古以固存.

상기 인용문은 사실 말할 수 없는 것을 언어로 표현한 것이다. 정과 신은 '도'가 허무공적이 아님을 지시하는 것이며, 작용이나 형체가 없다고 함은 우주의 활동으로 도의 작용이 아닌 것이 없으며, 삼라만상의 드러난 모습으로 도가 현전한 것이 아님이 없으니, 이를 빗대어 작용이나 형체가 없다고 말한 것이다. 나아가 도는 일물(一物)이 아니니 이를 전해 받는 것은 불가하나, 스승의 입장에서 이를 심법(心法)으로 전수하는 것은 가능할 것이다. 한편 도가 스스로를 근본으로 삼는다는 것은 외물에 의존하는 바가 없으며, 나아가 이를 '무엇'이라 이름 붙이는 것이 불가능함을 우회적으로 시사한다.[11]

이어서 등장하는 남백자규(南伯子葵)와 여우(女偊)의 대화는 도를 의인화한 것이다. 남백자규가 여우에게, '당신의 나이는 많은데 안색이 어린아이와 같다'고 함은 '도를 깨치면 시간이 흐르지 않음'을 암시한다. 이미 『장자』의 여러 구절에서 암시되고 있듯이, 시간은 마음 바깥에 객관적으로 실재하는 것이 아니라, 마음의 작용이 시간개념으로 현전한다. 따라서 마음이 망상분별을 좇아 요동치지 않으면 시간도 더불어 멈춘다는 의미이다. 사족이지만 여우가 남백자규에게 '오문도(吾聞道)'라고 말하는 구절이 흥미롭다. 유사한 구절이 『논어』에도 등장하는데, 유교와 노장사상이 공히 '도'와 관련해서는 **청각적 모티프**를 사용하는 것이 주목할 만하다. 이와 관련해서 여러 가지 의미를 부여해볼 수 있겠으나, 아무래도 '소리'가 갖는 특수성을 간과할 수 없을 듯하다. 동아시아의 선철(先哲)들이 깨달음의 문으로 들어가는 과정에서 굳이 염불이나 독경에 주력한 것은, 아마도 소리를 통해 생멸의 본

---

11 '이름 붙일 수 없음'과 관련하여, 『구약』에서 야훼가 스스로를 가리켜 "나는 있고 있는 자라"라고 서술하는 부분을 상기해보는 것도 좋을 듯하다.

질을 체득할 수 있었기 때문인 듯하다. 소리는 '소리 없음(침묵)'에서 불현듯 생하며, 생하는 순간 소멸되는데, 이것이야 말로 장자가 말하는 '물화'의 전형적 사례가 되지 않겠는가.

각설하고 여우가 복량의(卜梁倚)에게 도를 전수하는 과정은 불교적으로 말하자면 돈오(頓悟)보다는 점수(漸修)에 가깝다. 복량의가 수행에 정진하면서 3일이 지나자 먼저 천하를 잊어버리고, 7일이 지나고서는 사물을 잊어버리고, 9일이 지나니 드디어는 자신을 잊어버린다. 결국 이것이 암시하는 것은 아이러니하지만 '자기'를 잊는 것이 '천하'를 잊는 것보다 어렵다는 것이다. 물론 전체의 요지는 아공과 법공의 도리를 깨치고 나니 급기야는 불생불멸의 경지에 들어갈 수 있었다는 내용이다. 불생불멸은 한 글자로 표현하면 '독(獨)'이다. 불교설화에 자주 등장하는 이야기로 부처님이 태어나서 일곱 걸음을 걷더니 '천상천하유아독존(天上天下唯我獨尊)'이라 말했다는 우화는 유명하다. 그런데 여기서도 '독'이라는 개념이 등장한다. 미루어 짐작컨대 아마 장자나 부처 모두 이를 통해 상대성이 끊어진 절대의 경지를 암시한 듯하다.

장자가 말하는 도의 또 다른 이름은 '영녕(攖寧)'이다. 앞의 '영'이 영욕이 뒤얽힌 현실의 세계를 지칭한다면, 뒤의 '녕'은 생사를 떠난 열반의 이치를 암시한다. 그런데 하필 도의 '이름'을 영녕이라 지칭함은 생사가 열반을 떠나 있지 않다는 것이다. 같은 이치로 파괴와 생성은 늘 함께한다. 그렇게 보자면 「대종사」의 관점에서는, 생멸하는 내 육신의 모습에서 생하지도 멸하지도 않는 생명의 근원을 보아야 한다. 그런데 이에 대한 단초가 앞부분에서 이미 비유로서 제시되었다.

단지 사람의 형체를 띠고 태어나서 오히려 그것만을 기뻐하니, 사람

의 형체와 같은 것은 천변만화(千變萬化)하여 다한 바가 없으니, 그
즐거움을 가히 헤아릴 수 있겠는가.[12]

　인용문의 문장 자체가 다소 모호한 구석이 있으나, 전체적으로 장
자가 암시하고자 하는 것은 '사람'을 '사람의 모습(人之形)'으로 파악하
고자 하는 장자의 입장이다. 달리 말해 장자적 사유에서 '사람'이란
어떤 실체를 가진 고유한 존재가 아니라, 물화의 과정에서 '그러한' 형
상을 받고 태어난 **조화의 궤적**과 다름없다. 좀 더 부연해보자면 자연
이 나에게 '인간'의 형체를 부여했지만, 정작 그 자연의 법칙은 지력
으로 알 수 있는 게 아니다. 이것이 장자가 말하는 '나'와 대종사의 관
계인 셈이다. 그렇다면 내가 '나'라고 생각하는 것은 『금강경』의 논리
로 말하자면 일종의 상(nimitta)에 다름없으며, 내 생명의 본질은 나를
넘어서 있다.

　「대종사」의 3장부터는 구체적인 인물이 등장하여 삶과 죽음 등의
본질적 문제를 풀어나간다. 첫 번째 고사는 네 명의 기인이 만나 벗이
되어 서로 어울리며 나누는 대화로 시작한다. "누가 무를 머리로 삼
고 생을 등뼈로 삼고 사를 꽁무니로 삼을 수 있는가? 누가 생과 사, 존
과 망이 한 몸임을 아는가?"[13] 사실 이 말의 의미는 심오하다. 우리는
분별심을 내어 무, 생, 사를 모두 서로 다른 이름으로 칭하지만, 장자
가 보건대 셋은 동체이다. 달리 말해 존재와 무, 생과 사가 둘이 아닌
이치를 말하는 것이다. 이러한 장자의 사유를 실체론적 관점에서는
이해하기가 어렵다. 단 삼자를 대종사가 만들어내는 조화의 자취로

---

12 特犯人之形而猶喜之, 若人之形者, 萬化而未始有極也, 其爲樂可勝計邪.
13 孰能以無爲首, 以生爲脊, 以死爲尻, 孰知死生存亡之一體者.

바라볼 때, 일정 부분 장자의 의도를 파악하는 것이 가능해진다.

「대종사」의 논리에서 '몸뚱어리'는 조화가 일어나는 공간이다. 물론 생멸의 관점에서 보자면, 텅 빈 공간에서 사물이 끊임없이 일어났다 사라지지만, 정작 사물이 생멸하는 자리는 종적을 찾을 수 없다. 인간은 대체로 생멸을 유와 무의 관점에서 바라보지만, 본질은 양자 모두가 조화의 한 과정일 뿐이다. 나아가 조화는 그 자체의 실체가 없으니 열생오사의 마음이 들어설 자리가 없으며, 진인은 단지 변화의 모습과 하나 될 뿐이다. 이로부터 도가사상의 중요한 특성이 등장하는데, 물화의 과정에서 '내'가 어떠한 모습으로 드러나든 거기에 대한 아무런 호오의 감정을 내지 않는다는 것이다. 죽음조차도 자연의 한 과정일 뿐이며, 그것을 있는 그대로 받아들이는 것이 진인의 모습이다.

조화를 좀 더 구체적으로 기술한 것이 '살생자/생생자(殺生者/生生者)'이라는 표현이다. 그런데 정작 살생자는 불사하며 생생자는 불생이니, 말하자면 변화는 불변에서 일어나는 것이다. 단, 전술한 논리에서 변화와 불변이라는 개념을 굳이 상반된 관점에서 파악할 필요는 없다. '나'라는 고정된 관점을 임의로 설정하고, 이로부터 대상세계를 바라보면 세계는 한순간도 변화하지 않음이 없을 것이고, 반면 나를 세계와 분리시키지 않은 채 변화에 온전히 자신을 내맡기게 될 때, 변화라는 개념 자체가 스스로 소멸될 것이다. 그렇게 보자면 진인이 세속을 떠나 물질의 속박에서 해방되는 것이 아니라, 물질과 서로 뒤엉킨 상태에서 해방되는 것이라고 보는 편이 적절하다.

이러한 관점에서 보자면, 「대종사」가 강조하고자 하는 핵심도 '극기복례'라는 말 속에 녹아 있음을 간파할 수 있다. 물론 이를 자칫 잘못 해석하게 되면 장자가 전하고자 하는 메시지를 오독하기 십상이다.

자상호(子桑戶)가 죽어서 아직 장례를 치르지 않았는데, 공자가 그 소식을 듣고 자공(子貢)으로 하여금 가서 장사(葬事)를 도와주게 하였다. 「자공이 가보니」 한 사람은 노래를 부르고, 나머지 한 사람은 거문고를 타면서 서로 화답하면서 노래했다. (…) 자공이 그들 앞에 나아가 말했다. "감히 묻겠습니다. 시신을 앞에 놓고 노래하는 것이 예입니까?" 두 사람이 서로 마주 보고 웃으면서 말했다. "이 사람이 어찌 예의 본뜻을 알겠는가?"[14]

　자상호와 그의 벗들은 모두 진인이다. 어느 날 자상호가 죽자 맹자 반과 자금장이 친구를 위해 장례를 치르나 그들에게서 고인에 대한 그리움이나 슬픔 따위는 찾아볼 길이 없다. 이때 마침 공자의 제자인 자공이 장사를 돕기 위해 자상호의 처소로 왔는데, 이 광경을 보고는 아연실색하여 따지듯이 두 사람을 질책하는 것이다. 그런데 이 고사의 핵심은 예에 대한 두 가지 서로 다른 관점을 대비시키는 것이다. 자공에게 있어 예라고 함은 인간관계에서 필요한 예절을 잘 실천하는 것이다. 그러나 자상호와 그의 친구들에게 '예'라고 함은 '천지의 질서'를 의미한다. 따라서 천지의 이치에 따라 행하는 것이 사실은 예의 기본이 되는 것이다. 천지의 이치에서 '죽음'은 조화의 과정이며, 근본으로 돌아가는 것이니, 친구의 죽음을 앞에 두고 슬퍼할 겨를이 있겠는가. 기실 유교에서 말하는 '극기복례' 또한 엄밀한 의미에서 '나라는 생각'을 없이하여 천지자연과 하나 되는 것이다. 단지 자공이 학

---

14 子桑戶死, 未葬, 孔子聞之, 使子貢往侍事焉, 或編曲, 或鼓琴, 相和而歌曰, 嗟來桑戶乎, 嗟來桑戶乎, 而已反其眞, 而我猶爲人猗, 子貢趨而進曰, 敢問臨尸而歌, 禮乎, 二人相視而笑曰, 是惡知禮矣.

문이 깊지 못하여 '예'의 의미를 잘못 이해하면서 불필요한 논쟁이 생겨난 것이다.

그런데 이와 관련하여 장자는 자기 생각의 일단을 공자와 자공의 대화형식을 빌려 독자에게 전한다(물론 가공의 인물이기는 하지만). 공자는 과연 당대의 성인답게 자상호와 그의 벗들의 깊은 뜻을 간파하고, 자공을 조문객으로 보낸 실수를 인정한다. 공자의 말에 의하면, 세 사람은 소위 세속의 테두리를 초월하여 노니는 '방외지자(方之外者)'요, 자신과 그의 제자들은 인위적인 예법에 얽매여 사는 '방내지자(方之內者)'이다. 여기서 '방'이라 함은 삶을 살아가는 데 있어 일종의 현실적인 기준을 지시하는 것이다. 공자의 한탄 섞인 말에 자공이 눈치 없이 질문을 이어간다. '그렇다면 선생님은 어느 부류에 속하십니까?' 이에 공자는 스스로를 일컬어 말하되, '하늘로부터 형벌을 받아 세속세계에 묶인 존재'라 칭한다. 그런데 공자의 이어지는 비유가 압권이다.

> 물고기는 함께 물에 나아가고 사람은 함께 도에 나아간다. 함께 물에 나아가는 경우에는 연못을 파주면 넉넉히 기를 수 있고, 함께 도에 나아가는 경우에는 간섭하는 일이 없으면 삶이 안정된다. 그 때문에 '물고기는 강과 호수 속에서 서로를 잊고, 사람은 도술(道術)의 세계에서 서로 잊고 산다'고 말하는 것이다.[15]

여기서 물고기와 물의 관계는 사람과 도의 관계와 같다. 물고기에게 물이 생명을 상징하듯, 인간에게 도는 삶의 원천이다. 그렇다면 인

---

15 魚相造乎水, 人相造乎道, 相造乎水者, 穿池而養給, 相造乎道者, 無事而生定, 故曰, 魚相忘乎江湖, 人相忘乎道術.

간이 도에 나아갈 수 있는 방법은 무엇인가? 인용문에서 명확히 드러나고 있지는 않으나, 아마도 '상망'이 장자가 제시하는 비책이 아닐까 추론해볼 수 있겠다. 도가나 불교사상이 유사한 지점은 '나'로 인해 삶의 제반 고통이 수반됨을 역설하는 부분이 될 것이다. 이로 인해 장자는 강과 호수에서 물과 물고기가 서로를 잊듯이, 도의 세계에서 나를 잊고 살아감을 비유로서 암시하는 것이다. 그런데 엄밀히 말하자면, 도의 세계에서 나를 잊고 사는 것이 아니라, 나를 내려놓고 사는 그곳이 바로 도의 세계라고 명하는 것이 논리에 더 잘 부합될 것이다. 결론적으로 보자면 '방지외'와 '방지내'는 서로가 뒤섞일 수 없지만, 공자는 '방지내'에 살면서 두 개의 서로 다른 세계를 넘나드는 인물로 묘사된다. 이를 통해 장자는 '방지내'를 떠나 '방지외'를 구하는 것이 삶의 요체가 되어야 한다는 형식논리를 스스로 해체하고 있는 셈이다.

「대종사」의 후반부로 갈수록 논의는 점점 정교해진다. 「제물론」이 '장주호접'을 통해 물화의 문제를 논하고 있다면, 안회의 꿈은 그 의미가 좀 더 중층적이다. 안회가 꿈에서 새가 되어 하늘에 이르기도 하고, 물고기가 되어 연못에 잠기기도 하는데, 사실 새와 물고기가 모두 동일한 안회이니 양자 사이에는 우열이 없다. 나아가 꿈속의 새와 물고기가 안회를 알지 못하듯 깨어 있는 안회 또한 새와 물고기를 알지 못한다. 그렇다면 내가 '나'라고 여기는 것이 진정한 '나'인지를 어떻게 알 수 있겠는가? 물론 이 같은 비유는 변화와 불변의 문제를 논하기 위한 수사적 장치이다. "몸이 깜짝 놀랄 수는 있으나 (그것이) 마음을 손상시키지는 못하며, 집이 동요하는 일은 있지만 정(情)이 죽지는 않음"[16]이 어찌 보면 전술한 비유의 함의이다.

---

16 且彼有駭形而無損心, 有旦宅而無耗精.

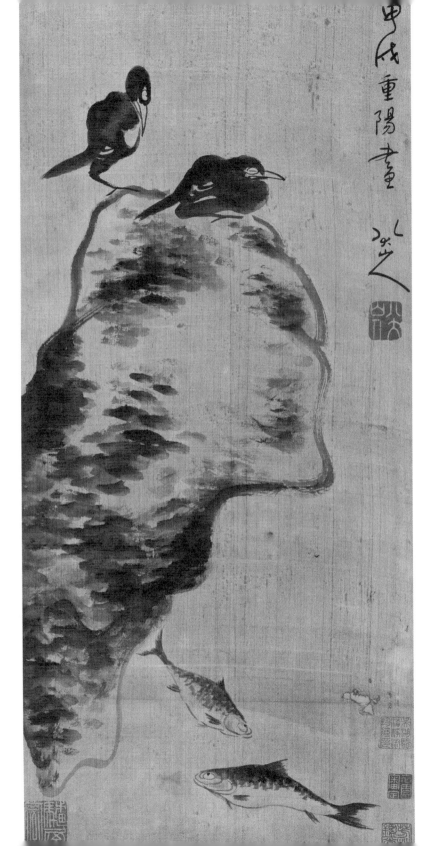

'몸이 깜짝 놀란다'라고 함은 육신의 죽음을 암시하는 것이나, 문장의 후반부를 보면 죽는 가운데도 죽지 않는 것이 있다. 뒷부분에 등장하는 집과 정(情)의 비유도 동일한 맥락에서 해석이 가능하다. '정'은 장자의 문장에서는 '변하지 않는 실재'를 지칭하는 말로 사용되는 경우가 많은데, 결국 이를 통해 장자는 끊임없는 물화의 과정이 한결같이 의지하고 있는 대종사는 불생불멸임을 거듭 밝히는 것이다. 현상세계의 본질은 변화이다. 심지어 꿈에서조차 '나'는 새가 되었다가 물고기가 되기도 한다. 대다수의 인간군상은 순간순간의 즐거움과 쾌락으로 삶을 연명해간다. 그러나 이 같은 순간의 쾌락이 인생의 무상함을 한 번에 날려버리는 '웃음'에 비할 수 없고, 웃음 또한 쏜살과 같은 변화의 추이에 미치지 못함에 이르러서는, 그 변화 자체를 잊어버림이 최상이 아니겠는가. 그러한 경지에 이르렀을 때, '나'는 비로소 생사가 끊어진 텅 빈 하늘[廖天]과 하나 되는 상태에 머무를 수 있을 것이다.

「대종사」는 자여와 자상의 대화로 끝을 맺는다. 장마가 지속되자 자여는 친구 자상이 가난으로 먹을 것이 없을 것을 걱정하여 그의 집을 방문한다. 자상의 집 문 앞에 다다랐을 때 집안에서 거문고를 타며 노래하는 소리가 들렸다.

아버지 탓인가? 어머니 탓인가? 하늘 탓인가? 사람 탓인가? 자여가 그 노래를 듣고 뜻을 물었다. 이에 자상이 답하기를 누가 나를 이 지경에 이르게 했는지를 생각해봤지만 알아내지 못했다. 부모님인들 어찌 내가 가난하기를 바라셨을 것이며, 하늘은 사사로이 덮어줌이 없고, 땅은 사사로이 실어줌이 없으니, 하늘과 땅인들 어찌 사사로이 나만 가난하게 할 리가 있겠는가? 그래서 나를 이렇게 만든 존재를

팔대산인의 「어석도」

찾아보았지만 알 수 없었다. 그러니 내가 이 지경에 이르게 된 것은 운명일 것이다.[17]

「대종사」의 내용은 현대적 개념으로 말하자면 '진리'를 논하는 장이다. 그런데 공교롭게도 장자는 '명(命)'으로 본 장을 마감한다. 필자가 보건대 인용문이 말하는 '명'이라는 글자에는 무한한 의미가 함축돼 있는 듯하다. 자상은 인간으로서 가장 감내하기 어려운 자신의 '가난'을 저주하며, 부모와 천지를 원망하는 노래를 읊조린다. 부모와 천지는 어찌 보면 모두 '내' 존재의 근원이다. 그런데 내 존재의 근원인 부모와 천지가 사사로움으로 나를 가난하게 만들었을 리가 없었을 것이다. 생각이 여기에 미치면서 자상은 자신을 지긋지긋하게 괴롭혀온 '빈부'의 **뿌리가 없음**을 깨닫는다. 천지는 불인(不仁)[18]하니 사람들이 가난이나 병마로 고통 받는 것을 불쌍히 여기는 바가 없다. 생각이 여기에 이르면 많은 사람들은 하늘의 마음이 무심함을 원망할 것이다. 그런데 장자는 오히려 이를 통해 깨달음에 이르는 카이로스적 순간을 경험한다. 인간이 겪는 온갖 시련이 어떤 의도된 것이 아니라면, 설령 그 시련이 아무리 혹독하고 감내하기 어려운 것이라 할지라도 이들은 아무런 실체가 없다. 나아가 이 모든 것이 본래 뿌리가 없음을 깨치는 순간 나는 만물과 비로소 하나가 될 수 있다.

인간이 지력으로 어찌할 수 없고 알 수도 없는 것을 동양에서는 명

---

17 父邪, 母邪, 天乎, 人乎, 有不任其聲而趨擧其詩焉, 子輿入曰, 子之歌詩, 何故若是, 曰吾思夫使我至此極者而不得也, 父母豈欲吾貧哉, 天無私覆, 地無私載, 天地豈私貧我哉, 求其爲之者而不得也, 然而至此極者, 命也夫.

18 여기서 '불인(不仁)'의 의미는 엄밀히는 인과 불인의 상태를 넘어서 있다는 의미이다.

이라 칭한다.[19] 『중용』의 논법으로 말하자면, 명은 하늘이 인간에게 부여한 측면을 강조한 개념이고, 인간 마음의 관점에서는 이를 성(性)이라 칭한다. 고로 성과 명은 동전의 양면과 같은 것이다. 내가 인간으로 태어나 짧은 생을 살아가지만, 나를 사람으로 태어나게 한 그 자리는 엿볼 수도 알 수도 없다. 「대종사」는 엄밀한 의미에서 도의 별칭으로 사용되고 있으며, 따라서 전편을 '진리'라는 키워드를 가지고 읽어나가도 큰 무리가 없다. 그런데 「대종사」를 명으로 마감하는 이유가 무엇일까.

물론 장자의 심원한 의중은 헤아릴 바가 없지만, 여기에는 '하늘이 명한 것'을 인간의 기준을 대입시켜 행복이나 불행의 관점에서 바라보는 오류를 경계하는 메시지가 내재돼 있는 듯 보인다. 행복을 행복으로 고통을 고통으로 간주하며 이를 소극적으로 받아들일 때 인간은 내 속에 들어 있는 광활한 우주[性]를 보지 못한다. 그렇다면 장자의 메시지는 무엇인가. 아마도 생로병사와 빈부귀천, 이 모든 것을 진리의 관점에서 관조하라는 암묵적 의도가 깔려 있었을 것이다. 진리의 관점에서 세상을 바라볼 때, 산하대지와 바위 틈새로 피어난 풀 한 포기조차 진리 아닌 것이 없다. 이로부터 인간은 비로소 순간순간 표변하는 행복과 고통의 과정에 일희일비하지 않고 만물과 어우러져 한 덩어리가 될 수 있을 것이다. 이것이 바로 절대 진리로서의 대종의 자리요, 장자가 말하는 명의 철학적 함의이다.

---

19 기실 도가적 관점에서 보자면 인간은 알지 못하는 것으로 살아간다. 심장이 뛰고, 숨쉬고, 말하는 것 등 그 모든 것이 우리가 지(知)로서 밝힐 수 있는 것이 아니다.

제 7 장
「응제왕」 죽음

「응제왕」(應帝王)은 『장자』 내편의 마지막 장으로 앞에서 논한 「대종사」와는 서로 간에 체-용 관계를 가지고 있다. 즉 「대종사」가 내성(內聖)의 도리를 심도 있게 밝히고 있다면, 본 장은 내성의 덕을 갖춘 상태에서 밖으로 제왕의 도에 합하는 법을 논한다. 「응제왕」의 논리를 따르자면, 명왕(明王)은 천심을 실천하는 자이다. 이를 위해 성인의 무위정치는 개인이 각자의 성에 본래 내재된 능사(能事)를 다할 수 있게 할 뿐이다. 즉 소는 소대로 살고, 사람은 사람대로 살아가면서 서로가 서로에게 전혀 상관하지 않도록 하는 것이 명왕의 역할이며, 이를 위해 제왕 스스로가 무심으로 자화(自化)에 임해야 한다.[1] 한편 왕도정치의 맥락에서 '무심'의 의미를 좀 더 구체적으로 서술해보자면, 명왕

---

1 『주역』의 택산함(澤山咸) 괘는 산과 연못이 통기(通氣)하여 만물이 화육함을 상징하는 괘인데, 양과 음을 상징하는 산과 연못이 무심으로 감응함을 암시하기 위해 '감(感)'에서 마음[心]이 떨어져나갔다.

은 스스로의 마음을 없이하고 천심을 실천하는 자인데, 「응제왕」의 맥락에서는 천심이 바로 혼돈(混沌)이다. 그런데 「응제왕」의 논의가 혼돈의 죽음에 이르게 되면 전편의 모든 우화들이 인간의 본질에 대한 심오한 성찰로 재약호화되는데, 이 같은 해석학적 다양성은 결국 장자사상이 위대한 문학적 서사임을 방증하는 하나의 사례가 될 것이다.

「응제왕」에서 정치와 관련된 첫 우화는 견오(肩吾)와 광접여(狂接興)의 대화로 시작된다.

> "일중시(日中始)는 무엇으로 너에게 말해주더냐?" 견오가 말했다. "저에게 이렇게 일러주었습니다. '군주 노릇하는 자가 자기 스스로 마땅한 법식과 올바른 법도를 실천하면, 백성들이 누가 감히 듣고 교화되지 않겠는가?" 광접여가 말했다. "그것은 거짓된 덕이다."[2]

인용문을 우리의 상식적 관점에서 읽노라면 광접여의 반응이 언뜻 납득이 가지 않는다. 따라서 인용문의 내용을 깊이 있게 이해하기 위해서는 「응제왕」이 말하고자 하는 정치철학적 맥락을 먼저 파악하는 것이 필요해 보인다. 장자는 성인의 정치가 법식과 제도로써 국가를 다스리는 것이 아니라, 자기 자신을 먼저 바르게 한 연후에 백성이 본래 갖고 있는 성품을 족히 발휘할 수 있도록 하는 것이 관건임을 피력한다. 여기에는 두 가지의 중요한 메시지가 내재돼 있다. 첫째는 군주가 자신의 옳다고 여기는 것을 백성들에게 억지로 강요하지 말아야

---

2 日中始何以語女, 肩吾曰, 告我君人者以己出經式義度, 人孰敢不聽而化諸, 狂接興曰, 是欺德也.

한다는 의미인데, 이러한 무위의 정치를 실천하기 위해서는 나의 옳음이 타인의 옳음과 다르다는 것을 먼저 깨쳐야 한다는 것이다. 왜냐하면 인간세상에서 시비를 야기하는 근본 원인은 나의 견해를 절대적 정의로 **확신**하는 데서 발생하기 때문이다. 이것이 '(자신을) 바르게 한 연후에 행한다[正而後行]'는 말의 함의이다.

이에 덧붙여 위 인용문에 이어지는 일련의 내용을 살펴보면, 장자가 역설하는 무위정치의 의미가 잘 드러난다. 즉 새나 생쥐와 같은 미물도 스스로의 생명을 보존하는 방법을 본능적으로 터득하고 있는데, 하물며 인간의 지혜가 이들보다 못하겠는가라는 것이다. 이는 모든 인간이 양지(良知)를 가지고 태어났으며, 따라서 왕의 지위에 있는 자는 응당 백성들 스스로가 타고난 저마다의 양지를 발휘할 수 있도록 권면해야 함을 시사하는 것이다.

양자거(陽子居)와 노담의 대화도 동일한 맥락에서 이해하면 큰 무리가 없을 것이다. 양자거가 노담을 만나 "여기 어떤 사람이 있는데, 아주 민첩하고 굳세며, 만물을 잘 꿰뚫고 만사를 분명히 알며, 도를 배우는데 게을리 하지 않습니다. 이런 사람을 명왕에 견줄 수 있겠습니까?"[3]라고 묻는다. 그런데 노담의 관점에서 보자면 이런 부류의 사람은 외적으로는 육신을 수고로이 하고, 내적으로는 마음에 두려움이 가득한 자들이다. 무엇보다 '앎'에 대한 스스로의 자부심이 겉으로 드러나면 사람들이 그에게서 지혜를 구하려 하니, 이로 인해 인간이 본래적으로 가지고 태어난 진실된 마음을 잃어버리게 된다는 것이다. 이와 비교해서 노담(장자)이 말하는 명왕이란 자신의 은택이 천하에 가득차도 스스로가 이에 대한 집착이 없는 존재이다. 나아가 스스로

---

3 有人於此, 嚮疾強梁, 物徹疏明, 學道不倦, 如是者, 可比明王乎.

를 세상에 드러내는 법이 없으니, 백성들은 저절로 타인에 의지해 도 생하려 하지 않고, 자신에게서 모든 것을 구하게 되는 것이다.[4]

이어지는 정(鄭)나라의 무당 계함(季咸)의 우화는 기실「응제왕」전 편의 주제를 축약적으로 내포하고 있다. 우화에는 열자와 그의 스승 호자(壺子)가 등장하는데, 장자는 이 세 명의 가상적 캐릭터를 통해 '명 왕'의 함의를 다층적 관점에서 심도 있게 제시한다. 특히 주목할 만한 것은 우화의 구조가『주역』의 괘를 기본적 모티프로 차용하고 있다는 점이다. 이러한 여러 사항들을 유기적으로 살펴보면서 본 장의 주제 의식을 탐구해보는 것은『장자』내편의 사상을 총체적으로 정리하는 차원에서도 많은 도움이 될 것이다.

> 정나라에 미래의 일을 귀신처럼 잘 맞추는 무당이 있었는데 계함이
> 라고 한다. 사람들의 사생존망, 화와 복, 장수와 요절 등의 운세를 정
> 확히 알아서, 연월과 상순, 하순 등의 날짜까지 맞추는 것이 꼭 귀신
> 같았다. 그래서 정나라 사람들은 그를 보면 모두 가지고 있던 물건을
> 버리고 도망가기에 바빴다.[5]

인용문은 정나라 신무(神巫) 계함에 대한 묘사이다. 처음 이 구절을 읽으면 대부분의 독자들은 다소 뜬금없다는 느낌을 받을 것이다. 명 왕의 본질을 논하는 장에서 돌연 점술가가 왜 등장하는지 의아함을 갖지 않을 수 없다. 그러나 이야기의 말미에 이르러 계함이 호자의 처

---

4 사실 장자의 이러한 논리는 유교의 가르침과도 유사하다. 子曰 君子求諸己, 小 人求諸人. (『논어』「위령공」)
5 鄭有神巫曰季咸, 知人之死生存亡, 禍福壽夭, 期以歲月旬日若神, 鄭人見之, 皆棄 而走

소에서 혼비백산하여 도망가는 대목에 이르러서는, 장자의 문학적 천재성에 혀를 두르지 않을 수 없다. 일단 상기 인용문만을 보면 계함은 도술이 뛰어난 인물임에는 분명하다. 흥미로운 것은 정나라 사람들이 계함을 만나면 그를 피해 달아나기에 바빴다는 것이다.

단순한 문장인 듯하나, 장자는 이 대목에서도 인간의 심리를 꿰뚫어보고 있다. 사람들은 누구나 자신의 미래를 알고 싶어 하지만, 정작 누군가가 미래의 상황이 빼곡하게 적힌 두루마리를 눈앞에 펼쳐 보이고자 한다면 이를 선뜻 읽고자 하는 사람은 많지 않을 것이다. 왜냐하면 인간의 삶을 지탱해줄 수 있는 유일한 원천이 '희망'이고, 희망은 결국 미지의 세계에 뿌리내리고 있기 때문이다.

본격적인 사건은 호자의 제자로 등장하는 열자가 신무 계함의 도술에 심취하면서 시작된다. 계함을 만나고 온 열자가 자기 스승에게 말하기를 "처음에 저는 선생님의 도를 최고라고 생각했는데 이제 보니 선생님보다 더 뛰어난 사람이 있습니다."[6] 물론 호자가 제자의 철없는 넋두리에 화가 났을 리는 만무하나, 제자가 정법을 깨칠 수 있게 하고자 호자는 무당 계함을 자신의 처소로 데려오라고 말한다. 이로부터 첫 번째 만남이 이뤄지고 계함이 호자의 관상을 보고나서는 밖으로 나와 열자에게 말했다. "그대의 선생은 죽을 것이다. 살아날 가망이 없고, (아마) 열흘을 넘기지 못할 것이다. 나는 그대의 선생에게서 괴이한 조짐을 보았는데, 젖은 재의 모습을 보았다."[7] 인용문에서 계함이 말한 내용은 단정적이며 호자에게는 치명적인 예측이 담겨 있다. 이에 열자가 슬피 울며 스승에게 계함의 말을 전하자 호자는 담담

6 始吾以夫子之道爲至矣, 則又有至焉者矣.
7 子之先生死矣, 弗活矣, 不以旬數矣, 吾見怪焉, 見濕灰焉.

하게 답한다.

> "아까 나는 그에게 대지의 무늬를 보여주었다. 멍하니 움직이지도
> 않고 멈추지도 않았으니 그는 아마도 나의 생기(生氣)가 막혀버린 모
> 습을 보았을 것이다.[8]

　원문에서 '지문(地文)'은 축자적으로는 '대지의 무늬'라는 의미이
나, 이를 단순화시켜 '흙덩어리'라고 새겨도 문맥상 뜻이 통할 듯하
다. 주목할 지점은 이어지는 구문으로, '땅 밑에서 싹이 올라오려는
조짐이 보이지 않아 생사를 기약할 수 없다'라는 부분이다. 물론 이러
한 상황은 호자가 공적(空寂)한 상태에서 임의로 자신을 드러낸 허상
에 지나지 않는데, 계함은 단지 겉으로 드러난 모습을 실재로 오인한
것이다. 여기서 '지문', '두덕기(杜德機)' 등의 모티프는 모두 『주역』의
중지곤 괘(䷁)를 암시하는 것으로, 모든 생명활동이 일어나기 이전의
상태로 막아버린 그 단계를 암시한다. 그러나 중지곤 괘의 용육(用六)
은 "이영정(利永貞)"으로 상전(象傳)에는 "용육은 영원토록 바르게 함
은 큰 것으로써 마치게 되는 것이다"[9]로 기술돼 있다. 즉, '생의 기운'
이 막힌 어둠의 상태가 실은 생명의 근원자리가 되는 것이다. 계함은
드러난 사태에 초점을 맞춰 "그대의 선생은 죽을 것이다. 살아날 가

---

8 鄉吾示之以地文, 萌乎不震不正, 是殆見吾杜德機也.
9 "용육은 영원토록 바르게 함이 이로우니라. 상에 말하길 '용육은 영원토록 바르
게 함'은 큰 것으로써 마치게 되는 것이다[用六永貞 以大終也]." 이 부분은 『주
역』의 원리를 기초해서 설명한 것이라 내용이 다소 난해할 수 있으나, 건·곤괘
(乾·坤卦)의 용구(用九)와 용육(用六)은 노양-노음(老陽-老陰)의 효(爻)가 전변
(轉變)하는 배합(配合)의 의미를 담고 있다.

망이 없다"[10]라고 단언하였으나, '절대 죽는 그 자리[不活]'에서 생명
활동이 일어난다는 논리를 장자가 이 짧은 구절 속에 담아내고 있는
것이다.

　이야기가 진행되면서 계함이 호자를 두 번째로 방문하고, 여기서
호자는 새로운 경지를 의도적으로 연출한다. 이에 계함이 호자의 모
습을 다시 살펴보고는 열자에게 "나는 그대의 선생에게서 막힌 것이
(서서히) 꿈틀거리는 것을 본다"[11]라고 한다. 두 번째 상황의 핵심은
'권'자에 모두 녹아 있는데, 권은 사전적으로는 '저울'의 의미이나 심
층적으로 보자면 일종의 '융통성' 혹은 '가능성' 등으로 해석하는 편
이 좀 더 적절하다. 즉, 계함이 열자에게 '그대의 선생이 나를 만난 것
은 행운이다. 나로 인해 죽어가던 상태에서 회복되었다"[12]라고 우쭐
대며 말하는 구절은 '두권(杜權)'을 '두덕(杜德)'과는 상반된 개념으로
해석할 수 있는 근거를 제공한다. 한편 열자가 이에 기뻐하며 호자에
게 계함의 뜻을 전하자, 호자는 담담하게 말한다.

　　아까 나는 그에게 하늘의 모습을 보여주었다. 명칭이나 실체가 들어
　　갈 수 없는데, 생기가 발뒤꿈치에서 발생하니 그는 아마도 나의 생명
　　의 기운을 보았을 것이다.[13]

　여기서 천양은 땅속으로 하늘기운이 들어간 형국이다. 이로 인해
죽는 자리에서 다시금 살아날 수 있는 융통성이 아래에서 꿈틀거리는

---

10 子之先生. 死矣, 不活矣.
11 吾見其杜權矣.
12 幸矣, 子之先生, 遇我也, 有瘳矣.
13 鄕吾示之以天壤, 名實不入, 而機發於踵, 是殆見吾善者機也.

상이니 여기에 이름이나 실제가 들어가지 못한다. 불교식으로 말하자면 이는 '관법(觀法)'에 해당하며, 『주역』으로 보자면 지뢰복 괘(䷗)에 상응할 것이다. 지뢰복의 논리를 장자 식으로 표현한 것이 '기발어종(機發於踵)'이다. 즉, (생명의 기운/一陽)이 발뒤꿈치에서 솟구쳐 올라온다는 논리이다. 상기 인용문에 가장 난해한 부분은 아마도 '선(善)'을 해석하는 방식이 될 것이다. 비근한 예로 국내에서 출간된 기존의 여러 번역서들 경우 대다수 이 글자를 별도로 새기지 않고 넘어간 경우가 흔하다.[14] 그러나 엄밀히 보자면 「응제왕」 내에서 '선'이 내포하는 의미가 적지 않다. 이에 대한 설득력 있는 해석을 위해서는 상호텍스트적 관점에서 '선'이라는 글자의 함의를 파악하는 것이 필요할 것이다.

'선'의 의미를 우주론적 관점에서 해석한 문헌으로 『주역』「계사전」을 꼽을 수 있다. 「계사전」 5장에는 다음 구절이 등장한다.

> 한번 음하고 한번 양하는 것을 도라고 하며, 이를 잇는 것은 **선**이요, 완성하는 것은 성이다.[15]

상기 글은 짧지만 동양학 연구자들에게는 매우 잘 알려진 구문이다. 문맥을 전체적으로 살펴보면 '선'은 일음일양으로 간단없이 이어지는 우주의 기운을 지속시켜주는 생명의 원동력이다. 그렇게 보자면 「응제왕」 원문의 '선자기야(善者機也)'는 '아마도 무당 계함이 내 속에

---

14 가령 본서가 『장자』의 기본 번역서로 사용하고 있는 전통문화연구회의 번역본도 이 구절을 '그는 아마도 나의 생기(生機)를 보았을 것이라'라고 번역하고 있다.

15 一陰一陽之謂道, 繼之者善也, 成之者性也. (『주역계사상전』 5장)

서 생명의 원동력이 작동하는 것을 보았을 것'이라고 해석하는 것이 가능해진다. 「응제왕」의 이 구절을 요약하자면 결국 생명이란 간단없이 이어지는 것이며, 따라서 이러한 사상적 맥락에서 생명의 종말을 암시하는 '죽음'의 논리는 성립될 수 없다. 나아가 「계사전」의 인용문을 참조해보면 생명의 원동력을 완성시키는 것을 '성'이라고 규정하고 있으니, 이는 『중용』 1장의 요체가 되는 '천명지위성'의 논리와도 상통한다.

호자와 무당 계함의 세 번째 만남에서 계함은 당혹감을 감추지 못한다. 호자의 상이 일정하지 않음을 간파했기 때문이다. 이에 호자가 제자인 열자에게 말한다.

> 아까 나는 그에게 광활하게 텅 빈 가운데 아무것도 드러나지 않은 것을 보여주었다. 그는 아마도 나에게서 기가 평형을 이룬 것을 보았을 것이다.[16]

여기서 '태충(太沖)'이란, 글자 그대로 '텅 빈 자리'를 의미한다. 달리 말해 '텅 빈 자리는 이길 수 없다'는 것이 상기 인용문의 의미이다. 실제로 싸움이란 상대가 있어야 우열을 가릴 수 있는데, 양쪽 중 한쪽이 부재하는 이상 어찌 승패를 가늠할 수 있겠는가? 한편 '형기(衡氣)'의 의미를 풀이해보자면, 이는 지문(地文)과 천양(天壤)의 사이에서 동과 정이 각각 그 평형을 얻은 상태이다. 달리 말해 반은 동이요 반은 정이니, 이제는 동정이 둘이 아니며 일시(一時)다. 고로 이는 도무지 무엇이라 명할 수 없는 상태이다. 아마도 이로 인해 계함은 호자의 상이

---

16 吾鄕示之以太沖莫勝 是殆見吾 衡氣機也.

'일정하지 않아 도무지 관상을 볼 수 없다'고 불평했을 것이다.

　이어지는 문장에서는, 연못의 비유를 통해 '태충막승(太沖莫勝)'의
내용을 철학적으로 좀 더 심화시킨다.

　　　고래가 이리저리 헤엄치는 깊은 물도 연못이며, 고요히 멈추어 있는
　　　깊은 물도 연못이며, 흘러가는 깊은 물도 연못이다.[17]

　호자는 먼저 '연못에는 아홉 가지의 유형이 있음'을 말하고, 그중에
서 계함에게는 세 가지만을 보여주었음을 언급한다. 첫 번째가 '예환
지심(鯢桓之審)'으로, 이는 큰 파도가 치는 깊은 연못을 비유한 말이
다.[18] 두 번째는 물이 그친 '지수(止水)'의 연못이며, 세 번째가 흐르는
물[流水]의 연못이다. 이상 세 가지의 비유를 앞서의 『주역』의 논리와
연결시켜보자면, 아래와 같은 도식이 가능할 듯하다.

예환지심(鯢桓之審)	천양(天壤), 발어기종(機發於踵), 정중동(靜中動)
지수지심(止水之審)	지문(地文), 부진부정(不震不正), 부동(不動)
유수지심(流水之審)	태충막승(太沖莫勝), 형기(衡機), 부제(不齊)

＊물고기는 양을 상징함

　물론 위에서 나열한 것은 일종의 비유이니 그 의미를 소상이 해석
하는 것은 부적절할지 모른다. 그러나 이러한 비유들로부터 장자가

---

17 鯢桓之審, 爲淵, 止水之審, 爲淵, 流水之審, 爲淵.
18 '예환'은 축자적으로는 '고래가 이리저리 오가는 모습'을 암시하나, 연못에서
　　고래가 헤엄친다는 것이 논리적으로 적절하지 않으니, 이를 큰 파도에 비유하
　　는 것이 적절해 보인다.

말하고자 하는 몇 가지 중요한 메시지를 가늠해보는 것은 가능할 것이다. 일단은 장자가 연못의 비유를 통해 '하나'의 연못이 여러 가지 형태로 드러날 수 있음을 말하고자 했던 듯하다. 이러한 추론을 방증할 수 있는 근거로, 세 유형의 연못이 그 형태는 서로 다를지라도 '연못'이라는 점에서는 삼자가 동일하기 때문이다. 이를 달리 표현하자면, 현상은 주어진 상황에 따라 항시 변할 수 있으나, 그 근본(연못)은 변하는 법이 없다는 의미이다. 이는 결국 '만 가지 물체가 서로 다른 소리를 내지만, 그 소리의 근원은 텅 비어 있다'는 제물사상과도 상통한다.

네 번째 만남에서 호자는 근원, 즉 무위자연의 상태를 벗어나지 않은 경지를 보여준다. 이 단계에 이르면 내가 완전히 사라진 상태에서 호자가 상대의 움직임과 (무위의 경지에서) 동일하게 반응하는 형태가 된다. 즉, 스스로가 누구인지, 무엇인지를 모르는 단계로 접어드는 것이다.

> 아까 나는 아직 나의 근본에서 떠나지 않은 자연 그대로의 모습을 보여주었다. 나는 그에게 (나를) 텅 비운 상태로 다가가서, (그와 함께) 꿈틀거리며, (급기야는) 누가 누구인지를 모르는 상태에 이르렀다.[19]

사실 이것이 호자와 무당 계함의 마지막 만남이다. 그런데 사실 네 번째 만남은 이뤄지지 않은 것이나 다름없다. 계함이 호자를 보는 순간 얼이 빠져 자리에 앉지도 않고 달아났기 때문이다. 이상 네 번의 만남을 정리해보자면, 앞의 세 가지는 무아의 자취가 있는 상태에서 호

---

19 鄕吾示之以未始出吾宗, 吾與之虛而委蛇, 不知其誰何?

자가 자신의 모습을 자재하게 변신하였다. 그러나 네 번째 단계에 이르러서는 무아의 자취도 사라진 상태에서 계함과의 만남이 이뤄지니, 여기서는 주관과 객관의 구분이 무의미해지고 오직 '행위'만이 남게 되는 것이다.

사족이나 네 번째의 만남에서 호자가 혼비백산하여 달아나자 호자는 제자인 열자를 향해 그를 '잡아오라'고 말한다. 그러나 열자는 그를 데려오지 못하고 처소로 돌아왔다. 이를 두고 독자는 여러 가지 상상력을 동원해볼 수 있다. 계함이 사라진 것은 호자가 완전한 '오상아'의 경지에 들었던 시점과 일치한다. 달리 말해 호자가 완전한 아공(我空)의 상태에 접어들자 계함으로 대변되는 대상세계도 함께 공해지는 것이다. 이를 불교식으로 치환해 말하자면, 아공-법공의 논리와 정확히 일치한다. 이와 관련해서 호자가 서두에 열자에게 던진 화두가 의미심장하다. 즉 "암수가 함께하지 않으면, 암탉만이 어찌 홀로 알을 낳을 수 있겠는가"[20]라는 논리이다. 이를 신무 계함의 점술행위와 연결시켜보자면, 계함은 상대의 아상을 보고 그의 미래를 예측한다. 그러다 보니 '오상아'의 경지로 접어든 호자의 상태는 도무지 예측이 불가능해진 것이다.

요약컨대 계함으로 상징되는 모든 행위는 본질론적 차원에서 보자면 일종의 분별망상에 해당하며, 이는 실체가 없다. 계함의 존재 자체가 허망한데, 그를 어찌 잡아올 수 있겠는가. 한편 호자와 계함의 관계를 장자의 정치철학적 관점에서 조망하자면, 명왕의 무위정치를 비유적으로 암시하고 있는 것으로 읽는 것이 가능하다. 호수에서 물과 물고기가 서로를 잊는 것처럼, 백성도 명왕의 존재를 알지 못한다. 계

---

20 衆雌而無雄, 而又奚卵焉.

함이 호자의 상태를 도무지 가늠할 수 없다고 함은 호자의 아상이 소멸되어 백성들이 그의 자취를 찾을 수 없다는 의미일 것이고, 계함이 신무로 군림할 수 있었던 연고는 역사상의 모든 왕들이 자신의 아상을 가지고 나라를 다스리니 백성들이 왕의 일거수일투족을 불을 보듯 훤히 알아차릴 수 있었다는 의미가 될 것이다.

「응제왕」의 결론부에 해당하는 혼돈(混沌) 이야기는 『장자』 내편 전체의 결론이 될 수도 있겠으나, 이는 어찌 보면 '북명유어(北冥有魚)'로 시작되는 「소요유」의 도입부와 연결되는 측면이 있다. 따라서 '혼돈의 죽음'이라는 메타포를 통해 장자사상이 노정하고 있는 탄생과 죽음의 의미를 유추해보는 것이 어렵지 않을 것이다.

> 남해의 왕은 숙(儵)이고 북해의 왕은 홀(忽)이고 중앙의 왕은 혼돈(渾沌)이다. 숙과 홀이 때때로 혼돈의 땅에서 함께 만났는데, 혼돈이 그들을 매우 잘 대접하였더니, 숙과 홀이 혼돈의 은덕에 보답하려고 함께 상의하여 이렇게 말했다. "사람들은 모두 일곱 개의 구멍이 있어 보고 듣고 먹고 숨 쉬는데, 이 혼돈만은 없으니, 시험 삼아 구멍을 뚫어줍시다"하고는 하루에 한 구멍씩 뚫었더니 칠일 만에 혼돈이 죽어버렸다.[21]

상기 고사는 그 감춰진 의미가 심원하여 장자 연구자들이 자주 언급하는 구절이다. 하도(河圖)를 토대로 주어진 내용을 분석해보자면,

---

21 南海之帝爲儵, 北海之帝爲忽, 中央之帝爲混沌, 儵與忽時相與遇於混沌之地, 混沌待之甚善, 儵與忽謀報混沌之德曰, 人皆有七竅以視聽食息, 此獨無有, 嘗試鑿之, 日鑿一竅, 七日而混沌死.

남해는 광명/양/탄생 등을 상징하며, 북해는 어둠/음/죽음을 암시하는 것으로 해석하는 것이 가능할 것이다. 혹은 인간 마음에 천착해서 양자를 풀이하자면, 숙과 홀은 허령(虛靈)한 마음에서 홀연히 한 생각이 일어났다 사라지는 것으로 해석하는 것도 가능해 보인다. 달리 말하자면, 숙과 홀의 만남은 '일음일양지위도(一陰一陽之謂道)'의 논리를 우화의 형식으로 풀어낸 것이다. 그렇다면 중앙의 혼돈이 상징하는 것은 무엇이며, 숙과 홀이 혼돈의 땅에서 만났다고 함은 무엇을 암시하는 것인가. 추측컨대 음양의 교체가 현상계의 논리를 대변하는 것이라면, 음양의 교체가 간단없이 이어지게 하는 그 '무엇'을 '혼돈'과 등치시켜보는 것이 가능해 보인다. 달리 말해 광명과 어둠, 탄생과 죽음은 양변을 여읜 상태에서 발생하는 것으로, 이는 흡사 텅 빈 피리의 구멍에서 온갖 기기묘묘한 소리가 뿜어져 나오는 것과 다르지 않다.

상기 논리를 확장해보자면, 생멸은 현상법을 지시하나, 이를 본질적 관점에서 논하건대 탄생과 죽음은 모두 그 실체가 없다. 달리 말해 탄생과 죽음을 떠나 '혼돈'의 자리가 별도로 존재하는 것이 아니라, 생멸이 모두 그 실체 없음을 본질직관하는 그것이 장자가 여기서 말하고자 하는 '혼돈'의 철학적 함의와 합치될 것이다. 이러한 전제로부터 불이적 사유가 좀 더 구체적인 의미를 득할 수 있다. 즉 생멸이 그 실체가 없으며, 나아가 일어나고 사라짐이 한순간도 불생불멸의 고요한 자리를 떠나 있지 않다. 『주역』으로 말하자면 음양이 목전에서 교대하는 것이 일태극의 상태를 떠나 있지 않으며, 『중용』의 논리로 보자면 '이발지화'가 '미발지중'의 상태를 벗어나 있는 것이 아니다.

인용문에서 '혼돈이 숙과 홀을 잘 대해주었다'라고 함은, 광명이 일어날 때는 광명으로 모습을 드러내고, 어둠이 일어날 때는 어둠으로 모습을 드러낸다는 의미와 다르지 않다. 달리 말해 사시가 돌아감에 봄이 올 때면 (자연이) 자신을 봄으로 드러내고, 가을이 올 때면 자신을 가을로서 드러낸다는 논리와 상응한다. 그러나 자연의 본질은 춘하추동 그 어디에도 고정된 실체로서 존재하고 있지 않다.

혼돈의 죽음은 분별망상이 본성을 가려버린 상태를 암시한다. 달리 말해 일태극이 음양으로 작용하면서 변화무쌍한 현상세계가 시작됨을 의미하는 것이다. 그런데 이 부분을 전술한 내용과 논리적으로 연결 지어 말하자면, 혼돈의 죽음은 우리의 분별식이 임의로 만들어 낸 것이지, 혼돈이 그 자체로 생멸을 갖고 있는 것은 아니다. 그렇게 보자면 '죽음'은, 적어도 장자철학의 관점에서 보자면, 다중적 의미로 해석됨이 마땅하다. 기실 죽음은 삶과의 상대적 관계 속에서 그 의미를 조건적으로 부여받지만, 삶과 죽음이 하나의 상태로 공존할 때, 여기에는 더 이상 개념적 규정이 들어설 여지가 없다.

앞선 무당 계함의 고사에서 장자는 가장 먼저 지문(地文)을 언급하면서 이를 '절대로 살 수 없는' 경지, 달리 말해 지문을 '죽음'에 대한 상징으로 사용한다. 그러나 이야기가 진행되면서 독자는 지문이 모든 생명활동의 근거로 자리매김하고 있음을 간파할 수 있다.[22] 불교식으로 말하자면, 한 생각 일어나기 이전의 경지에서 온갖 분별망상이 일어나며, 번뇌와 열반, 부처와 중생이 서로 둘이 아니라는 논리이다.

이제 본 장의 결론을 대신하여 '혼돈의 죽음'이라는 표현에 내재된 철학적 함의를 살펴보는 것이 필요할 듯하다. 전술한 논의를 따르자면, 혼돈은 불생불멸(不生不滅)적 상태를 지시하고 있으며, 따라서 혼돈의 죽음이라는 비유 자체가 일종의 모순어법이 될 소지가 있다. 기

---

22 가령 장자는 세 가지 유형의 '연못'을 말하면서, 이들이 외형상 서로 모습을 달리 하나, 다양한 유형의 연못이 본질에서 땅과 분리되지 않음을 암시한다.

실 본시 존재하지 않는 것을 어찌 없이할 수 있겠는가? 그럼에도 불구하고 장자가 혼돈의 죽음을 언급한 배후에는 혼돈이 혼돈의 상태로 존재할 때, 이는 허무공적으로서의 죽은 체가 될 수 있음을 우려했던 듯하다. 따라서 혼돈의 죽음은, 어찌 보면 장자가 말하고자 하는 넓은 의미에서의 생명의 본질을 드러낸 것이라 해석해볼 수 있겠다.

이는 다분히 역설적인 논리이나, 장자철학 전반의 논리를 고려할 때 이러한 해석은 충분히 그 나름의 개연성이 있다. 본질――혹은 근원――은 끊임없이 이런저런 방식으로 자신을 나투고자 할 것이며, 동시에 홀연히 드러난 온갖 기기묘묘한 현상은 불현듯 종적도 없이 자취를 감추지만, 그것이 사라진 곳을 지목하는 것이 또한 불가능하다. 도대체 나의 오관을 넘어 무엇이 존재하고 무엇이 존재하지 않는 것인가.

우리가 흔히 상정하는 '삶'의 본질이 어쩌면 그 불생불멸의 존재가 홀연 허공에 나타났다 사라지는 과정이 아닐까. 그러나 나타남과 사라짐이 과연 무엇으로부터 비롯되는 것인가. 장자는 어쩌면 나타남과 사라짐으로부터 분리돼 있지 않으면서도, 동시에 일상적으로 우리가 말하는 탄생과 죽음이라는 사변적 개념 쌍에서 자유로운 생명의 근원을 드러내고 싶어 했는지 모른다. 그러나 설령 이것이 우주 삼라만상의 본질이라 할지라도, 이를 개념으로 풀어내는 순간 스스로가 자기모순을 잉태할 따름이다.

「응제왕」은 장자가 자신의 생명사상에 기대어 성인의 무위정치를 논하는 장이다. 그러나 내용적으로 보건대, 혼돈의 죽음은 유사 이래 존재했던 모든 제왕이 명왕이라는 이름에 집착한 연고로, 명왕의 자리[位]에 도달할 수 없었음을 상징적으로 보여주고 있다. 그렇게 보자면 현상적으로 실존할 수 없는 혼돈을 전면에 내세워, 혼돈의 죽음을

장자

말하고자 하는 장자적 서사전략의 의도가 무엇인가. 어쩌면 혼돈은 혼돈의 죽음을 통해서만 스스로를 드러낼 수 있고, 혼돈의 죽음은 혼돈이라는 가상적 개념에 기대어 비로소 말해질 수 있다. 요약컨대 인간은 끊임없이 '죽음'과 무관한 언저리를 맴돌면서 죽음을 사유하고자 한다. 죽음은 흡사 북쪽 검푸른 바다[北冥]와 같이 그 깊이를 가늠할 수 없어서 그것의 본질을 가히 말할 수 없다. 그런데 그로부터 거대한 물고기가 붕새로 화해서 남쪽 바다를 향해 비상한다. 아마도 이 속에 장자가 말하고자 하는 죽음의 함의가 모두 담겨져 있을 것이다.

제3부

『원각경』의 세계관

허공의 꽃 그 실체 깨치고 나면,
생사의 흐름에서 벗어나리니.

『원각경』문수보살장

제 **1** 장

허공의 꽃

『원각경』(圓覺經)의 정확한 명칭은 『대방광원각수다라요의경』(大方廣圓覺修多羅了義經)이다. 국내의 경우 본 경전은 불교의 소의경전(所依經典) 가운데 하나로 분류되어왔으며, 예로부터 강원(講院)에서 사교과(四敎科) 과정의 필수과목으로 읽혀왔다. 현재 교계에서 유통되고 있는 것은 북인도 불타다라(佛陀多羅)의 한역본인데, 범어 원본이 부재한 관계로 위경(僞經)이라는 설이 대체로 우세하다. 경은 총 12장으로 구성되어 있으며, 각 장은 부처님이 12보살과 문답한 내용을 문학적으로 드라마틱하게 재현하고 있다. 경전의 분량이 길지 않지만, 대승불교의 요체를 심도 있게 담아내고 있다 하여 제목에 '요의(了義)'[1]라는 명칭이 들어 있음을 주목해볼 만하다.

---

1 불교경전은 크게 요의경(了義經)과 불요의경(不了義經)으로 나누는 것이 관례인데, 전자의 경우 궁극적 진리를 끝까지 설파한 경전이라는 의미로 해석해도 무방할 것이다.

경의 제목과 관련하여 간략히 설명하자면, '대방광'은 '체상용(體相用)'의 개념을 달리 표현한 것이며, 그렇게 보자면 '대방광으로 중생의 근본 마음자리(원각)를 끝까지 설한 경전'이라는 뜻으로 서명의 함의를 새기는 것이 가능할 듯하다. 이러한 토대 위에서 『원각경』의 내용을 전후반부로 나눠 요약해보자면, (1) 원각의 본질에 대한 논의, (2) 중생을 깨달음으로 인도하기 위한 방편에 대한 서술로, 책 전편(全篇)의 총괄적 의미를 분류해도 무방할 듯 보인다. 한편 여상의 내용을 본서의 주제의식으로 치환해보자면, (1)은 존재의 본질에 대한 불교적 입장이 될 것이요, (2)는 탄생과 죽음의 문제를 『원각경』이 불교적 논리를 통해 조망해내는 근거를 추론해볼 수 있는 중요한 담론의 장이 될 것이다.

경전의 「서분」(序分)은 석가 부처가 설법을 행하는 장소와, 법회에 참석한 청법(請法) 대중에 대한 간략한 서술로 시작된다. 한 가지 특이한 점은 법회가 열리는 장소로 지목한 곳이, 소위 '신통대광명장(神通大光明藏)'으로 상징되는 삼매정수(三昧正受)의 경계라는 점이다. 달리 말해 『원각경』은 부처님이 깊은 삼매 속에서 깨달은 경지를 문자로 기록한 것이며, 이를 통해 당시 법회에 참석한 무리가 모두 부처님 마음 속의 중생임을 미루어 짐작할 수 있다. 나아가 불교에서 말하는 삼매란 존재하는 모든 사물의 본질을 있는 그대로 투시하는 것이니[2], 『원각경』의 내용을 통해 죽음의 문제를 성찰해보는 것은 그야말로 흥미로운 시도가 아닐 수 없다.

---

2 삼매는 '대상에 집중하는 상태[定]'를 의미하며, 정수(正受) 혹은 정견(正見)으로 번역되기도 한다. 달리 말해 대상을 삿된 견해 없이 있는 그대로 보는 것이 '삼매'의 본질이다.

「정종분」(正宗分)의 첫 장에 해당하는 「문수보살장」은 기본적으로 세 가지의 질문을 제기한다. 첫째는 여래께서 발심한 근본 마음자리[因地]에 관한 것이며, 둘째는 보살이 대승 가운데서 청정심을 발하여 모든 병통을 멀리할 수 있는 방법과 관련된 것이고, 셋째는 말세의 미래 중생들이 삿된 견해에 떨어지지 않을 수 있는 가르침을 청하는 것이다. 전술한 물음과 관련하여 여래는 우리의 근본 마음자리가 우주 만법을 간직하고 있으며, 여기에는 일체의 번뇌가 소멸했음을 설한다. 『원각경』에서는 이를 '청정진여(淸淨眞如)'라는 말을 통해 암시하고 있는데, 경전의 문맥을 통해 청정진여의 의미를 추론해보자면, 이는 일체의 상대성이 끊어진 경지를 지칭한다. 달리 말해 불교가 지적하는 '번뇌'의 핵심은 주관[能]과 객관[所]이 서로 마주하면서, 이로부터 본래 없던 분별망상이 생겨나는 것과 다름없다. 이와 관련된 본문의 내용을 잠시 살펴보자.

> 모든 중생은 무시이래(無始以來)로 가지가지 전도되어, 미혹한 사람이 동서남북 사방을 뒤집는 것과 같나니, 지수화풍 사대를 자신의 모습으로 망령되이 인정하고, 육진으로 인해 형성된 것을 스스로의 마음이라 여기느니라.[3]

여래의 법문에 따르면, 부처는 내 본래의 마음자리에 의지하여 내 마음자리에서 깨달음에 이르는 것이다. 그러나 이를 위해서는 필히 하나의 전제가 성립되어야 하는데, 「문수보살장」의 논리를 따르자면

---

3 一切衆生, 從無始來, 種種顚倒, 猶如迷人, 四方易處, 妄認四大, 爲自身相, 六塵緣影, 爲自心相. (「문수보살장」)

"무명을 끊고 불도를 이루는 것이다[永斷無明·方成佛道]." 이 구절은 자칫 오독하면 무명을 끊은 연후에 대오각성으로 나아갈 수 있다는 논리로 비춰질 수 있겠으나, 엄밀히 말하자면 양자는 동시이다. 달리 말해 '영단무명'과 '방성불도'는 동전의 양면과 같은 것이다. 그렇다면 깨달음의 핵심은 '무명'에 대한 자각과 분리될 수 없다. 이렇게 보자면 상기 인용문은 비유로서 무명의 사례를 설명하는 것이라 할 수 있겠다.

기독교의 원죄에 비견될 수 있는 불교에서의 무명은 본질에 있어 그 뿌리가 없다. 즉 '무시'라 함은 축자적으로는 무명의 근원을 찾을 수 없다는 의미인데, 이는 다양한 의미로 해석이 가능하다. 무엇보다 불성을 가로막는 무명은 그 유래한 바를 찾을 수 없으니, 무명을 제거하는 것 또한 묘연한 일이 아닐 수 없다. 그러나 이를 뒤집어 생각한다면 무명은 본디 그 실체가 없으니, 이를 없이하려는 발상 자체가 이미 그릇된 것이다. 이러한 추론을 방증하듯 인용문은 '미혹한 사람이 동서남북을 뒤집는' 사례를 제시한다. 즉 혹자가 자신의 미혹됨으로 인해 동쪽을 서쪽으로 주장한다 할지라도, 근본에서 동쪽과 서쪽이 뒤바뀌는 법은 없다. 달리 말하자면 중생이 무명으로 인해 스스로의 근본 마음자리를 망각한다 할지라도, 중생이 본래 부처라는 진리에는 아무런 변화가 없다.

무명의 좀 더 구체적인 사례는 몸과 마음의 비유를 통해 적절히 드러난다. 중생은 지수화풍 사대가 가합(假合)하여 이뤄진 '형상'을 자신의 '몸[身相]'으로 여기며, 육신에 기탁하여 형성된 육근과 마주한 육진을 '대상세계'로 인식하는 분별망상을, 스스로의 '마음[心相]'으로 그릇되게 인식하는 것이다. 이러한 주장은 기본적으로 불교 유식의 논리를 수용한 측면이 있으므로, 약간의 부연설명이 필요할 듯하다. 인용문에서는 상세히 적시되어 있지 않으나, 유식의 논리를 따르자면 사대가 임시로 화합하여 물질적 형상이 갖춰지면, 그 즉시 여섯 개의 감각기관[眼耳鼻舌身意]이 생겨나게 되며, 육근은 다시 육진[色聲香味觸法]과 마주하면서 인식작용이 발생하는 것이다. 그런데 인용문에서 『원각경』이 지적하고자 하는 것은, 육근과 육진이 서로 상대하면서 발생하는 육식이 그 본질에 있어서는 내 분별망상이 만들어낸 육진의 '그림자[影]'라는 것이다. 달리 말해 '내'가 지금 인식하고 있는 대상세계는 '나'의 망상분별이 임의로 만들어낸 대상사물의 '그림자'이며, 그렇게 보자면 인식작용의 본질은 '분별하는' 나의 마음이 내 마음에 드리워진 '그림자'를 **실재**하는 객관대상으로 오인하는 것이다.

『원각경』이 인간의 인식작용과 관련된 내용을 전격적으로 거론하는 배후에는, 불교에서 말하는 '깨달음'의 본질이 인식론적 문제와 밀접히 연결돼 있다고 파악하기 때문일 것이다. 일례로 「문수보살장」에는 '공화(空華)'의 비유가 등장하며, 이는 중생이 미혹으로 말미암아 존재하지 않는 것을 실재하는 것으로 보고 이에 대한 집착심을 내는 것이다. 여기서 '허공의 꽃[空華]'은 중생의 무명심이 만들어낸 허깨비와 같은 것이지만, 이로 인해 인간은 '망령되이 생사를 돌고 도는[妄有輪轉生死]' 윤회의 사슬에서 벗어나지 못한다. 물론 논리적으로 보자면, 무명은 실체가 있는 것이 아니지만, 미혹이 일어나면 반드시 윤회의 고통이 수반된다고 보는 것이 불교의 논리이다. 이로 인해 실체 없는 무명을 타파하는 것이 '원각'의 근본이라는 역설이 성립되는 것이다.

전술한 논의에 비춰보자면, 내가 실재하는 것으로 확신하며 집착하는 대상세계는 내 마음의 그림자에 불과하다. 이는 흡사 '몽중경계(夢中境界)'와 같아서, 꿈을 꿀 때는 없는 게 아니지만, 깨어나고 나면 아무것도 없는 것과 같다는 논리이다. 이로부터 '무생(無生)'의 개념이 성립되는데, 무생이란 '생겨난 적이 없음'을 일컫는 말이다. 아래 구절은 본서의 주제의식의 연장선상에서 주목해볼 만하다.

> 모든 중생이 생겨남이 없는 가운데 망령되이 생멸을 보느니라. 그런 고로 생사를 돌고 돈다고 설명하느니라.[4]

인용문에 근거하면 우주에 존재하는 모든 존재는 **본디 생겨난 적이 없으며**, 생겨난 적이 없으니 멸한 적도 없다. 부연하자면 중생은 본래 생사가 없는 원각의 상태에서 망령되이 생사를 보는 것이다. 이것이 앞서 언급한 '허공 꽃'의 비유가 암시하는 내용이다. 눈병난 자가 허공에 꽃이 있다고 믿고 집착하다가 눈병이 나으면 허공의 꽃도 사라지지만, 엄밀한 의미에서 허공의 꽃은 생겨난 적도 사라진 적도 없다. 단지 중생의 눈병으로 인해 망령되어 생사가 본래 없는 가운데서 생사를 만들어낼 뿐이다.

이 같은 불교적 사유는 앞서 언급한 유식의 논리를 수용할 때 이해가 가능하다. 인식주체와 대상세계가 근본에서는 '하나'이며, 내가 마주하는 모든 대상이 실체 없는 내 마음의 그림자와 다름없다면, 거기에는 역순경계(逆順境界)[5]가 생겨날 수 없다. 그로 인해 『원각경』이 핵심적으로 강조하는 것은 '불이에 수순(隨順)'하는 것이다. 불이에 수순한다 함은 단순하게 말하자면 유와 무를 모두 없이하는 것이니, 중생과 부처/생사와 열반이 '있다 해도' 그르친 것이고, '없다고 해도' 이

---

4 一切衆生, 於無生中, 妄見生滅, 是故說名, 輪轉生死. (「문수보살장」)
5 '역순경계'란 불교적 용어로 '즐거움과 괴로움을 일으키는 마음의 상태'를 지칭하는 개념이다.

치에 맞지 않다. 유무적 맥락에서 수행되는 제반 인식행위는 어떤 경우이든 중생의 원각자성과는 무관하다. 이로 인해 「문수보살장」은 "있음과 없음을 다 떨쳐 보냈을 때, (이를) 청정한 깨달음"[6]이라고 설한다.

물론 여기서 언급하는 '원각'의 경지를 언어적으로 설명하는 것은 『원각경』의 본질에 부합되지 않을 것이다. 그러나 독자의 이해를 돕기 위해서 약간의 부연설명을 덧붙이는 것이 필요해 보인다. 『원각경』의 논리에 따르자면 법계[7]가 모두 내 마음의 모습 아닌 것이 없으며, 그렇게 보자면 일체가 **하나**이니 알고 모른다는 상대적 견해가 성립될 수 없다. 이러한 논리를 확장하게 되면, 우주 삼라만상은 끊임없이 변화하되, 실제로는 일물(一物)도 움직인 바가 없다. 다름 구절은 주목해서 음미해볼 만하다.

> (중생이) 영원하고 부동하므로 여래장에서는 일어나고 소멸됨이 없기 때문이며, 안다는 생각이 없기 때문이다[8]

본문에 등장하는 '부동(不動)'은 여래의 본질을 정확하게 설명하는 말이다. 대승불교에서 말하는 부처의 성품에는 일어나고 소멸됨이 없는데, '변화'는 필히 상대적 관점으로 인해 생겨나기 때문이다. 달리 말해 생과 멸, 유와 무 등 상대적 관점에서 나오는 지견(知見)을 버린다면, 그 즉시 본래 있는 청정한 각성이 현전하게 되니, 이를 (중생의) 근

---

6 有無俱遣, 是則名爲淸覺隨順. (「문수보살장」)
7 대승불교에서 '법계'란 주로 온갖 현상의 집합으로서의 우주를 뜻한다.
8 常不動故, 如來藏中, 無起滅故, 無知見故. (「문수보살장」)

본 마음자리에서 일어난 인지법행(因地法行)이라 칭하는 것이다. 무명에 대한 성찰은 중생을 능히 생사윤회에서 벗어날 수 있게 할 수 있으며, 이를 통해 모든 존재의 본질이 평등하여 높고 낮음이 존재하지 않음을 안다. 여기서 '평등'은 여여부동(如如不動)함을 지칭하며, 이는 모든 존재의 본질이 스스로의 자성(自性)을 갖고 있지 않음을 전제하는 것이다. 뜰 앞의 장미를 아무리 쪼개보아도 그 속에 장미가 존재하지 않듯이, 내 속에서 '나'를 찾을 수 없고, '죽음'에서 죽음을 찾을 수 없다. 이로 인해 수행의 본질은 차안(此岸)에서 피안(彼岸)으로 나아가는 것이 아니며, 버려야할 생사도, 취해야 할 열반도 없음을 아는 것이 바로 깨달음의 본질이다.

팔대산인의 「세 송이 연꽃잎」(Leaf of Three Lotus Flowers)

제 2 장

이환제환

(以幻除幻)

불교는 여러 측면에서 노장사상과 유사성을 가지고 있으나, 굳이 양자 간의 차이를 지적하자면 '방편(方便)'의 문제를 논하지 않을 수 없다. 필자의 사견으로 보건대 방편은 지혜와 사랑이 절묘하게 결합되어 나타난 대자대비심의 발로이다. 앞서 논한 것처럼 만일 우리의 몸과 마음이 모두 허깨비[幻]와 같은 것이라면, 환으로서 환을 제거하는 것이 어떻게 가능할 것인가? 나아가 부처가 중생으로 하여금 환을 제거할 수 있는 방편을 말해주지 않는다면, 중생이 어찌 무명을 여의고 깨달음의 도상으로 나아갈 수 있을 것인가. 「보현보살장」은 기본적으로 깨달음의 과제를 어떻게 실천의 장으로 가져올 수 있을 것인가를 논하는 장이다. 물론 이를 위해서는 '방편'의 문제가 거론되지 않을 수 없다. 다만 『원각경』이 문학적 비유를 통해 제시하는 여러 방편의 본질을 심층적으로 이해하기 위해서는, 불교적 사유에 흔히 등장하는 역설의 논리를 구체적으로 살펴보는 것이 필요할 것이다.

앞서 언급한 것처럼 방편은 중생의 무명을 제거하기 위한 일종의 수단이다. 그런데 수단은 항시 어떤 목적에 종속되는 것이므로, 수단 자체를 목적과 동일시하는 것은 수행자가 항시 경계함이 마땅하다. 여기서는 편의상 수행을 통해 무명을 제거하고 본래의 반야지혜를 드러낸다는 전제하에, 양자 간의 관계를 상정해보자. 무엇보다 여래장 사상에 따르면 모든 중생이 본래적으로 불성을 지니고 있으며, 따라서 방편의 목적은 중생의 망상을 제거하고 반야지혜를 드러내는 것이다. 그런데 전술한 논리를 잘못 이해하면, 망상과 반야지혜는 각기 서로 분리된 별도의 실체로 오인될 수 있다. 그런데 주지하다시피 마음은 '하나'의 마음일 뿐이며, 하나의 마음이 둘로 나눠질 리 만무하다. 그렇게 보자면 '망상을 제거하고 반야지혜를 드러낸다'고 함은, 엄밀히는 망상이 (수행을 통해) 지혜로 바뀐다는 의미이다.

『원각경』에서 원각을 증득하는 수행점차(修行漸次)의 논리에 주목해보면, 사대의 가합으로 이뤄진 몸이 소멸하면서, 그로 인해 만들어진 마음이 소멸하고, 종국에는 세계가 소멸하면서 반야지혜가 드러난다는 것이다. 그런데 여기서 '소멸'의 함의를 잘못 이해하면 불교의 대의가 크게 왜곡될 수 있다. 「보현보살장」에 따르면, 소멸은 오직 '관'을 통해 증험할 수 있다. 관은 위파사나(Vipassanā) 수행으로 불리기도 하는데, 이는 불교 명상법의 일종이다. 관 수행의 핵심은 대상을 무심으로 관찰하는 것이며, 여기에는 유/무, 선/악, 시/비, 미/추 등 일체의 가치판단이 개입될 소지가 없다. 즉 대상사물을 분별심 없이 보는 것이 '관'의 핵심이며, 무심을 통해 궁극에는 무념(구경각)에 도달할 수 있게 된다. 이러한 측면에서 '관'은 우리가 흔히 말하는 '사유'와는 구분된다. 요약하자면 사유(생각)는 육진망상이 인연한 허망한 기운일 뿐이며, 수행자는 자신의 생각을 '관'해서 그것이 실체 없음을 봐야 한다.

사족이나 불교를 종교로서 믿지 않는 사람도, 대체로 윤회의 문제와 관련해서는 은연중에 이를 불교의 중요한 교리로 간주한다. 그러나 정작 『원각경』이 말하는 윤회의 본질은 있고 없음의 문제가 아니다. 그보다는 '나'와 '대상'을 우리가 윤회하는 마음으로 보는가, 그렇지 않은 눈으로 보는가가 관건이다. 달리 말해 우리의 마음이 진실하지 않다면, (그러한) 마음의 작용에 의해 만들어진 '내용'은 아무런 의미가 없다. 나아가 우리의 생각은 대상과의 관계맺음에 따라 계속 변하나, 그 마음의 바탕은 바뀌지 않는다. 이를 『원각경』은 '각체(覺體)'[1]라고 지칭하였다.

사유에 의해 만들어진 내용은 항시 허망하다. 사유는 대상을 굴절시켜 이로부터 일종의 정보를 만들어 내는데, 이와 관련한 「금강장보살장」의 비유는 탁월하다.

> 움직이는 눈동자가 담담한 물을 흔들 수 있듯, 또한 가만히 있는 눈이 빙빙 돌리는 불로 인하여 둥근 불 바퀴를 보듯, 구름이 빠르게 흐르면 하늘의 달이 움직이듯, 배가 앞으로 나아가면 강가의 언덕이 뒤로 움직이듯 하는 것도 또한 이런 이치와 같다.[2]

상기 인용문이 함축적으로 전하는 메시지는 우리가 감각으로 받아들이는 제반 정보가 사물의 본질을 어떠한 형태로든 왜곡시킨다는 것이다. 가령 불이 붙은 깡통을 새끼줄에 매달아 빨리 돌리면, 깡통은 보

---

1 '각체'는 「서분」(序分)과 연결시켜 논해보자면 '신통대광명장(神通大光明藏)'이 발하는 근본 마음자리[藏]에 해당한다고 보아도 무방할 것이다.

2 譬如動目, 能搖湛水, 又如定眼, 由廻轉火, 雲駛月運, 舟行岸移, 亦復如是. (「금강장보살장」)

이지 않고 둥근 불 바퀴만 보인다. 그러나 천천히 돌리면 깡통이 보이기 시작하는 것이다. 그런데 이러한 문제는 비단 시각적 인식에만 존재하는 것은 아니다. 우리의 생각 또한 세계와 대상을 끊임없이 굴절시킨다. 따라서 수행의 목적은 사유의 오류를 수정하는 것이다. 이러한 부분과 관련하여 「보현보살장」은 몇 가지의 구체적 수행방편을 제시한다.

먼저 여래는 '여환삼매(如幻三昧)'를 적시하는데, 여환삼매란 삼라만상이 허깨비와 같은 것임을 깨닫고, 모든 수행에 있어 집착심을 내지 않는 것이다. 그런데 여기서 약간의 불교적 역설이 발생한다. 경전의 내용에 따르면 "일체 중생의 갖가지 환영은 모두 여래의 원각묘심에서 나온 것"[3]이며, 이는 흡사 망상분별이 불성에서 나왔다는 논리와 다를 바 없다. 외견상으로 보자면 양자는 분명 상호 모순적 관계로 존재하는 것이 명확한데, '환화(幻華)'가 원각의 묘심에서 나왔다'는 구절을 어떻게 이해함이 적절할 것인가.

이 부분은 경전에서 말하는 '원각묘심'의 본질을 이해하면 쉽게 추론이 가능할 것이다. 달리 말해 원각묘심의 본질은 '비어 있음(空性)'이며, 따라서 공성에서 비롯된 제반 형상도 그 본질은 비어 있다. 이를 불교에서는 '성상상주(性相常住)'라고 말한다. 여기서 성은 공성(空性)과 연결되며 상은 환화(幻華)를 지칭하는데, 외견상으로는 양자를 동일선상에서 기술하고 있지만, 공성이 그 자체로 환은 아니다. 한편 '상주'의 핵심은 공성이지만, '비어 있음'은 늘 특정한 형태로 자신을 드러낸다. 그런 의미에서 상이 성이고 성이 바로 상이다. 그럼에도 불구하고 '비어 있음'에서 상이 출현했으니, 상의 본질은 생해도 생한 바

---

3 一切衆生, 種種幻化, 皆生如來, 圓覺妙心. (「보현보살장」)

가 없고, 사라져도 사라진 바가 없다.

동일한 원리로서 『원각경』이 '깨달음'을 설하는 것도 환에 의지한 것이다. 이 부분은 특히 세심한 주의를 필요로 하는데, 뒤에서 다시 설명하겠지만, 깨달음의 경지에서는 부처/중생, 각/불각 등의 이분법적 구분 자체가 무의미해진다. 이와 관련하여 아래 구절에 주목해보자.

> 중생의 환영과 같은 마음이 도리어 환영에 의지해서 멸하느니라. 모든 환영이 다 멸하면 (그것을) 깨달은 마음도 움직이지 않느니라. 환영에 의지해서 깨달음을 설하노니, (이것) 역시 환영이라 이름하느니라.[4]

상기 인용문이 암시하는 것은 앞서 보현보살이 말한 첫 번째 질문에 대한 답변과도 연결된다. 달리 말해 중생의 허깨비 같은 마음도 허깨비(방편수행)에 의지해서 멸하는 것이다. 이러한 논의의 연장선상에서 『원각경』은 모든 환영이 멸한 상태를 '각심부동(覺心不動)'이다 명했다. 그러나 이 또한 방편과 다름없다. 가령 여래가 '각심부동'이라 말하는 순간 중생은 다시 '각심'을 궁극적 실재로 믿고 집착심을 낼 것이다. 이를 인식한 듯, 인용문의 세 번째 구절은 '의환설각(依幻說覺)'이라 명한다. 달리 말해 '깨달음'이라는 개념조차 엄밀히 말하자면 '환영'에 대비해서 말해진 것에 불과하다. 그렇게 보자면 각이라는 말의 본질 또한 '환'에 불과하다.

불교가 설파하고자 하는 언어의 본질은 항시 상대적으로 일어난다. 그로 인해 무명을 설하다 보니 거기에 상대해서 각, 열반, 원각 등

---

4 衆生幻心, 還依幻滅, 諸幻盡滅, 覺心不動, 依幻說覺, 依幻說覺. (「보현보살장」)

의 표현이 등장하지만, 이들 또한 환과 다름없다. 달리 말해 우리의 본성은 평등하고 고하가 없는데, 부처니 중생이니 하는 차별상이 나타나는 것은 우리 마음의 집착심을 반영하는 것이다. 고로 관건은 (대상에) 집착하고자 하는 마음을 버리는 것이다. 비근한 사례를 『임제록』(臨濟錄)에서 발견할 수 있다. 당나라 말기 임제의현(臨濟義玄, ?~867) 선사는 '살불살조(殺佛殺祖)'라는 화두를 제시하는바, 내용인즉 '부처를 만나면 부처를 죽이고 조사를 만나면 조사를 죽여라'는 일갈이다. 임제의현 선사의 경구는, 앞서 『원각경』의 내용에 비춰보면 결국 모든 차별상을 여의고 일체의 상대적 언어가 붙을 소지를 타파하는 것이다.

불교의 논리는 참으로 오묘하고 종잡을 수 없다. 깨달음이 있다고 설해도 환영을 떠나지 못한 것이며, 깨달음이 없다고 설해도 이와 마찬가지다. 고로 환영이 사라진 자리를 '부동(不動)'이라 명했다. 부동이란 상대성이 끊어진 경지이다. 앞선 인용문에서 '배가 앞으로 나아가면 강가의 언덕이 뒤로 움직이듯'이라 『원각경』은 말한다. 그런데 실제로는 배가 움직이는 것인가, 강가의 언덕이 움직이는 것인가? 물론 이 문장의 함의는 감각적 인식의 오류를 드러내기 위한 것이지만, 광의의 맥락에서 보자면 '상대성'의 문제를 가장 깊은 층위에서 논하는 말이다. 배의 관점에서 보자면 사실 언덕이 움직인다 할지라도 하등 이상할 바가 없다. 우리가 일상에서 흔히 경험하듯, 멈춰 있는 차에 앉아 있는데 옆의 차가 앞으로 움직이면, 흡사 내가 타고 있는 차가 움직이는 것과 같은 착각을 일으킨다. 반면 움직이는 차에 타고 있는 승객은 차가 달리고 있음을 감지하지 못할 수도 있다. 결국 관건은 '무엇'의 관점에서 대상사물을 바라보는가이다.

그렇게 보자면 '부동'의 불교적 함의는 '움직이지 않음'이 아니라,

임제의현

일체의 상대적 경계가 끊어진 상태를 지칭한다. 이를 『원각경』은 '환멸(幻滅)'이라는 말로 표현하였다. 환이란 원래 존재하지 않는 주관-객관의 균열이 중생의 무명으로 일어난 사태를 일컫는 말이요, 멸이란 주객이원의 관점이 해체된 상태를 지칭한다. 이러한 관점에서 '청정각지'를 해석해보자면, 이는 '부처라는 생각'마저 사라진 상태이니, 말이 붙을 수 없는 절대의 경지가 바로 청정각지이다.

> 환영을 멀리 떠나면 역시 마음이 멀리 떠나, 환영을 멀리 떠난 것조차도 역시 떠날 것이다. 떠날 바가 없음을 얻는다면 곧 모든 환영을 없앤 것이다.[5]

인용문은 좀 더 구체적인 서술을 통해 '청정각지'를 설명한다. 즉 '득무소리(得無所離)'가 불성이다. '득무소리'는 말이 아니며, 오히려 말이 붙을 수 없음을 말로써 드러낸 것이다. 그러나 이러한 불교적 수사를 좀 더 현대적 관점에서 풀이해보자면, 결국은 환으로서 환을 없애는 사태와 일치한다. '나무판자와 나무막대기를 서로 마찰시키면 불이 일어나고, 이로 인해 양자 모두는 재가 되어 사라진다.' 여기서 나무판자가 중생이라면, 나무막대기는 중생을 교화하기 위한 방편이다. 물론 나무판자와 나무막대기 모두가 '환'이라는 차원에서는 이론의 여지가 없지만, 중생의 무명을 타파하기 위해서는 '나무막대기'라는 방편처럼 요긴한 것이 없다. 그리고 이를 통해 급기야는 중생의 '환'이 타파되는 시각(始覺)의 단계로 진입한다. 『대승기신론』의 설명에 의거하면 시각은 본각(本覺)에 상대해서 생긴 말이요, 본각에 상대

---

5 遠離爲幻, 亦復遠離, 離遠離幻, 亦復遠離, 得無所離, 即除諸幻. (「보현보살장」)

해서 다시 불각(不覺)이라는 말이 생겨난다.[6] 그러나 시각-본각-불각이 모두 사라진 단계에 접어든 것을 굳이 언어로서 표현하자니, 이름하여 구경각이 되는 것이다.

이상의 논의를 요약해보자면, 비록 모든 환의 경계가 다할지라도 이는 '단멸(斷滅)'의 상태로 진입하는 것을 지칭하는 것이 아니며, 이는 오히려 모든 차별이 하나로 통섭되는 상태를 의미한다. 나아가 이는 무명을 제거하고 부처의 반야지혜를 회복하는 상태가 아니라, 중생의 무명이 반야지혜에서 나왔음을 깨치는 순간을 암시한다. '허공의 꽃'이 허공에 의지해서 생겨났지만, 허공의 꽃이 사라져도 허공에는 아무런 변화가 일어나지 않는다. 왜냐하면 애당초 허공 꽃은 생겨난 적이 없기 때문이다. 나무와 막대기를 비벼서 불을 피울 때, 나무가 사라지면 불도 또한 사라진다. 여기서 '불'이 우리의 본성을 밝히기 위한 시각이라면, 불도 나무도 사라진 그 상태가 본각이요, 모든 상대적 명칭과 수행점차가 사라진 그 상태를 강조하기 위해 이를 구경각이라 칭하였다.

「보현보살장」의 핵심은 방편의 본질을 설하기 위한 것이다. 본 장의 내용을 요약해보면, 무명은 여래의 마음에서 나왔다. 물론 앞서 논의한 것처럼 무명은 존재하지 않는 것이지만, 무명으로 인해 중생은 고통의 바다를 부유하게 되고, 이로 인해 방편수행에 기대어 종국에는 무명이 존재하지 않음을 자각한다. 물론 무명이 실재하지 않음을 아는 것이 '깨달음'이니, 중생은 무명의 비실재성을 깨침으로서 깨달음의 도상으로 들어가려 할 것이다. 단 『원각경』의 논리에 근거하자

---

6 法界一相卽是如來平等法身, 依此法身說名本覺. 何以故, 本覺義者, 對始覺義說, 以始覺者卽同本覺. 始覺義者, 依本覺故而有不覺, 依不覺故說有始覺.

면, 여기에는 하나의 단서가 있다. 깨달음은 있다고 해도, 없다고 해도 모두가 본질에서 벗어난 것이다. 수행자가 의지할 수 있는 유일한 행위는 양자 중 어디에도 집착하지 않는 것이다. 이를 본서의 주제와 연결시켜보자면, 그것만이 삶과 죽음의 문제를 해결할 수 있는 유일한 비책일 것이다.

보현보살

제 **3** 장

가없는 허공이 깨달음에서 나오다

불교의 수행방식은 항시 계정혜(戒定慧) 삼학을 벗어나지 않는다. 부연하자면 지계는 선정[奢摩他]으로 나아가기 위한 방편이며, 선정을 통해 지혜가 생긴다. 이것이 수행의 순서이다. 사마타수행의 핵심은 비어 있는 부분을 계속 관찰해 들어가는 것이며, 이를 통해 본체의 공이 변하지 않음을 안다. 한편 지혜는 '정념(正念)'에 기초하며, 생멸의 인연을 관찰하면서 이를 통해 목전의 현상에 독립된 실체가 없음을 보게 된다. 물론 이러한 수행방편을 통해 일차적으로 관찰해야 할 대상은 몸과 마음이다. 여기서 주목할 부분은 우리의 몸과 마음이 상호관계성 속에서 존재하고 있음을 인식하는 것이다. 「보안보살장」의 설명에 따르면, 지수화풍 사대의 화합으로 육근이 생겨나고, 육근과 사대가 안팎으로 합하여 이뤄져서, 그 가운데 허망하게 인연되는 기운이 쌓여 마치 '연상(緣相)'[1]이 있는 듯한데, 이를 임의로 '마음'이라 부른다는 것이다.

여기서 몸과 마음의 본질을 논하는 주된 이유는, 양자를 관찰해서 그 실체가 없음을 아는 것이 원각으로서의 청정한 마음을 깨치는 첩경이 될 수 있기 때문이다. 사물의 본질을 깨치기 위해서는 지관(止觀) 수행이 전제되지 않으면 안 된다. 가령 정념을 통해 존재하는 모든 사물의 생멸인연을 관찰해 들어가면서 종국에는 모든 현상에 독립된 실체가 없음을 알게 된다. 반면 앞서 언급한 몸과 마음의 문제를 두고 볼 경우, 사대가 가합해서 생겨난 몸은 우리 마음의 모습으로서의 사대이다.[2]

더불어 중생의 분별하는 마음은 육진 경계를 경유해서만이 일어날 수 있다. 그런데 사대에 반연해서 육근이 생기는데, 육근이 없으면 육진도 존재할 수 없으므로, 인연으로 만들어진 사대와 육근이 흩어져 사라지면, 결과적으로는 육신을 의지해서 분별하는 마음[緣心] 또한 홀로 존재할 수 없다.

이상의 논의는 연기의 원리를 통해 몸/마음/세계가 모두 환임을 지적하기 위함이며, 이러한 논리를 통해 『원각경』이 밝히고자 하는 것은 존재의 본질이다.

> 환영인 육진이 멸하는 고로, 환영이 멸함 역시 멸하고, 허망함이 멸함 역시 사라지는 고로, 환영이 아닌 것은 사라지지 않느니라.[3]

인용문의 내용을 따라 들어가면, 중생이 깨달음의 도상으로 들어

---

1 '연상'이라 함은 어떤 조건 지워진 상태에서 임의로 만들어진 이미지를 분별하는 우리의 인식작용을 지칭하는 듯하다.
2 이러한 논리로서 '몸'과 '마음'의 본질을 추구해 들어가면, 결국 몸도 마음의 모습이라 추정할 수 있겠다.
3 幻塵滅故, 幻滅亦滅, 幻滅滅故, 非幻不滅. (「보안보살장」)

가기 위해 밝혀야 할 것은 결국 '비환불멸(非幻不滅)'의 요체이다. 이 문제와 관련하여 인용문은 환이 소멸하는 순서를 논리적으로 제시하는데, 우리의 몸과 마음이 멸하면 육진이 멸하고, 환인 육진이 멸하면서 "환멸 또한 멸한다."[4] 그런데 '환이 멸했다고 함이 멸함'이란, 달리 말하자면 애당초 소멸한 것이 없었음을 암시하는 것과 다를 바 없다. 기실 '환영'이란 실재하지 않는 것인데, 실재하지 않는 것이 어떻게 소멸할 수 있겠는가? 상기 인용문에 뒤이어 수반되는 문장은 이러한 추론을 좀 더 구체적으로 방증한다.

> 비유하자면 마치 거울을 닦아 먼지가 다 사라지면, 밝음이 드러나는 것과 같으니라.[5]

여기서 '밝음이 드러남'이라 함은 앞서 지적한 '비환불멸'과 서로 상응하며, 이는 진여본성을 비유적으로 칭한 것이라 볼 수 있을 것이다. 달리 말해 중생이 깨달음에 이르기 위해 닦아야 하는 것은 '환구(幻垢)'이며, 거울 자체는 우리가 닦을 수 있는 대상이 아니다. 그렇다면 '더러운 때'를 닦는다고 함은 무슨 의미인가? 이는 역설적이지만, '더러운 때'라고 하는 분별상을 털어내는 것이다. 여기서 '상', 즉 니밋따(nimitta)는 중생이 자신의 업식(業識)에 의거하여 임의로 만들어낸 허깨비와 같은 것인데, 그렇게 보자면 '환구'라는 말조차도 그것에 상반되는 개념에 상대해서 생겨난 것이 아니겠는가? 이 같은 논의의 연장선상에서 『원각경』이 사용하는 '청정(淸淨)'의 철학적 함의를, 모든

---

4 幻滅滅故. (같은 장)
5 譬如磨鏡, 垢盡明現. (같은 장)

상대적 경계가 사라진 상태를 지칭하는 것으로 규정해도 큰 무리가 없을 것이다.

이제 문제의 핵심으로 논의는 좀 더 가까이 접근해 들어간다. 우리의 인식이 존재의 본질을 포섭할 수 없을진대 양자 간의 괴리를 여하히 다시 생사의 지평에서 논할 수 있을 것인가.

> 선남자여, 비유하자면 청정한 마니보주에 오색이 비추어 사방을 따라 각각 색깔이 나타나니, 모든 어리석은 자들이 저 마니보주를 보고 실제로 오색이 저 안에 들었다고 여기는 것과 같으니라.[6]

마니보주는 불교설화에 자주 등장하는, 일종의 수정으로 된 구슬과 같이 투명한 보배이다. 그런데 중생이 이를 보고 구슬 안에 색깔이 있다고 생각하는 것은 집착심의 발로이며, 나아가 '색깔'은 중생의 업식에 의해 결정되는 것이다. 이로부터 추론할 수 있는 것은 '나'를 에워싼 세계가 어떤 객관적 실체가 아니라, 중생의 업에 의해 나타나는 응화신과 같은 존재라는 점이다. 요약하자면 중생의 몸과 마음, 심지어는 이를 둘러싼 세계조차도 모두가 원각에 의지해 인연으로 나타난 것이며, 따라서 일련의 사물이 목전에 존재한다 할지라도 그 본질은 공적하다. 여상의 논의를 일종의 기본 전제로 제시한 연후에 여래는 『원각경』의 골수를 중생에게 설한다.

> 끝없는 허공은 깨달음에서 나타나고 드러난 것이니라.[7]

---

6 善男子, 比如淸淨摩尼寶珠, 映於五色, 隨方各現, 諸愚癡者, 見彼摩尼, 實有五色. (같은 장)

전술한 문장은 중생이 갖고 있는 인식론적 토대를 근본에서 뒤집는 것이다. 우리는 천지지간의 텅 빈 허공에서 만물이 생겨났다고 이해하고 또 그렇게 믿고 있다. 그러나 「보안보살장」은 역으로 가없는 허공이 깨어 있는 마음에서 나왔다고 단언한다. 이 같은 명제를 통해 우리는 불교가 종종 중생의 본각을 '허공'에 비유하고자 하는 근거를 발견할 수 있다. 허공의 본질은 비어 있으며 일체가 평등하다. 즉 원각의 본질이 청정하므로, 이로부터 발현된 허공의 본질이 텅 비어 있음은 새삼스런 일이 아니다.

앞서 여러 번 언급한 적이 있으나, 불교철학에서 말과 이름은 모두 상대적 관점에서 만들어진 것이며, 상대적 경계가 사라진 상태에서는 무엇이라 이름을 붙일 수 없다. 그 대표적인 사례가 중생-부처, 생사-열반 등의 개념인데, 중생/생사에 상대하여 부처/열반이란 명칭이 임의로 생겨났으나, 원각의 경지에서는 중생도 부처도 모두가 가명(假名)일 뿐이다. 그렇게 보자면 원각의 핵심은 모든 것이 환임을 증득하는 것이며, 이를 통해 우리의 분별하는 마음속에 드리어진 모든 상이 실체 없는 그림자임을 깨닫는 순간, 중생은 즉시로 '시공을 초월한 청정함을 얻는다[便得無方淸淨].' 이러한 논의는 사실 『원각경』의 서술체제에서는 필연적인 것이다. 왜냐하면 경전의 전반부에서 두두물물(頭頭物物)이 전부 환임을 말하고서 다시 일체가 청정한 것임을 밝히지 않으며, 존재의 실상(實相)[8]이 드러나지 않기 때문이다.

이제 이러한 내용을 앞서 인용한 '각소현발(覺所顯發)'의 개념과 연

---

7 無邊虛空, 覺所顯發. (같은 장)
8 '실상'이란 언어도단(言語道斷), 심행처멸(心行處滅) 등의 경지를 지시하는 개념이다.

결시켜 논해보자면, 허공에 의지하고 있는 모든 존재는 깨달음에 의해 나타난 것이다. 여기에는 중생이니 부처니 하는 구분이 존재할 수 없다. 이를『대승기신론』에 등장하는 염정(染淨)의 논리로 재술해보자면, 염법과 정법이 별도로 존재하는 것이 아니며, 염법이 뒤집혀 정법이 된다는 것이 불교의 논리이다.[9] 달리 말해 일체범부 생사의 세계가 모두 원각의 모습으로 청정하다. 즉 망상분별이 사라지니, 윤회하는 자리에서 열반을 보게 되는 것이다. 단 원각의 기본 전제는 '상주일심(常住一心)'이니, 이런저런 변화가 개입될 수 없다. 이를 통해 우리가 추론해볼 수 있는 것은, 차안에서 피안으로 건너가는 것이 불교의 종지가 아니며, 일체 사념이 사라지면서 아수라의 세계가 불국토로 변해버리는 것이다.

전술한 내용을 토대로 '청정'의 본질에 대한 설명이 이뤄졌다면, 그 연장선상에서 '평등'의 문제를 좀 더 세부적으로 살펴보는 것이 필요할 것이다.

> 선남자여, 일체의 실상은 성품이 청정한 고로 한 몸이 청정해지고, 한 몸이 청정해진 고로 여러 몸이 청정해지고, 여러 몸이 청정해진 고로, 이와 같이 시방중생의 원각까지도 청정하니라.[10]

이 구절에서 핵심이 되는 것은 일신의 청정이 어떻게 시방세계 모든 중생의 청정으로 이어질 수 있을 것인가의 문제이다. 물론 이 부분

---

9 '전식성지(轉識成智)'의 논리를 지칭한다.

10 善男子, 一切實相, 性淸淨故, 一身淸淨, 一身淸淨故, 多身淸淨, 多身淸淨故, 如是乃至十方衆生圓覺淸淨. (「보안보살장」)

은 우주만유의 실상을 드러낸 것이나, 그 근본에는 '평등'의 개념이 자리하고 있다. 평등의 의미를 상술하자면, 공간적으로는 자타의 구분이 없으며, 시간적으로는 삼세가 일시(一時)로 수렴된다. 나아가 평등의 핵심은 '부동(不動)'이니, 가령 사대가 임시로 화합했다 흩어져도 실제로는 모인 적도 흩어진 바도 없다. 이러한 논리를 뒷받침할 수 있는 논리적 근거는 '각성변만(覺性遍滿)'이다. 변만이란 시간-공간적으로 각의 성품이 동일하게 충만하다는 의미로서, 각성이 과거는 존재했으나 현재는 소멸했다는 등의 논리는 성립되지 않는다. 한편 깨달은 성품이 시공간에 걸쳐 두루 보편하니, 여기에는 변화의 개념이 개입될 소지가 없다. 이를 우리 삶에 대입해보자면, 현실은 끊임없이 변화하는 듯 보이나 실제에 있어서는 아무런 변화가 발생하지 않았다.

인식의 문제와 관련하여 『원각경』은 기본적으로 두 개의 경로를 제시한다. 하나는 '원각에서 세계[一卽多]'로 벌어지는 경로이며, 다른 하나는 '세계에서 원각[多卽一]'으로 수렴되는 경로이다. 물론 양자가 외견상으로는 서로 상반된 것 같으나, 본질에 있어서는 동전의 양면과 같은 것이다. 이러한 추론을 뒷받침할 수 있는 근거를 아래의 비유에서 찾을 수 있다.

> 마치 백 천 개의 등불이 하나의 방에 빛을 비춤과 같아서 그 빛이 두루 가득하지만, 서로 무너지거나 섞이지 않는 것과 같으니라.[11]

필자의 사견이나 상기 구절은 아마도 『원각경』 전체 내용 중에서 가장 문학적으로 수승한 비유가 될 듯하다. '백 천 개의 등불'은 사물

---

11 如百千燈, 光照一室, 其光遍滿, 無壞無雜. (같은 장)

의 개체성을 지칭하는 개념이며, 이들은 모두 '개아(個我)'로서 존재한다. 그런데 개개물물로서의 등불이 '하나의 방'을 비출 때, 서로가 서로를 허물지도 않으며, 서로가 뒤섞이는 법도 없다. 이름하여 '무괴무잡(無壞無雜)'이다. 그렇다면 각각의 등불이 스스로를 상실함이 없이 '하나'의 경지로 통합될 수 있는 근거는 무엇인가.

이와 관련하여 약간의 상상력을 동원해보자면, 무수한 등불은 하나의 등불로 인해 빛난다(즉, 하나의 촛불이 다른 촛불로 옮겨 붙는다는 의미이다). 그런데 근본인 하나의 촛불이 청정했으므로, 다른 모든 촛불도 청정하다. 물론 여기서의 '근본'이 우리 마음의 불성을 암시함은 두말할 나위가 없다. 이렇게 보자면 시방세계에 존재하는 모든 중생이 깨달음의 자기 현전한 모습임을 추정하는 것은 어렵지 않다. 이는 앞서 논한 허공의 비유에서, '무변허공/각소현발'이니 허공 속에 존재하는 **모든 것**이 깨달음의 자기분화된 모습이라는 논리와도 부합된다.

물론 이러한 논리를 윤리적 관점에서 보자면 선악의 문제가 쉽사리 제기될 수 있다. 달리 말해 우리의 마음이 본래 청정한데, 그로부터 '악'이 출현하는 것이 어떻게 가능할 것인가? 그러나 이러한 질문 자체는 이미 『원각경』의 본질을 비껴나 있다. 앞서 말한 '일즉다'의 논리로 보자면, '악'도 그 근본에서는 깨달음의 현전함일 것이요, '다즉일'의 관점에서 보자면, 선-악의 구분 자체가 이미 무명심의 발로이다. 이쯤에서 '무괴무잡'의 논리를 재술해보자면, 무수한 등불은 결국 '하나'의 등불일 뿐이며, 이로 인해 등불과 등불 상호간에 장애가 없다. 천강(千江) 위에 비친 달은 그 모습이 하나같이 서로 다르지만, 실상으로 보자면 한결같이 천상의 달이 응화신의 형태로 자신을 드러낸 것이다. 그렇게 보자면 각각의 달그림자는 중생이 분별심을 거둘 때 그 자체로 일체가 이미 **평등한** 깨달음의 모습이다.

고려시대 「수월관음도」(水月觀音圖)

보는 행위에서 분별심이 개입되지 않는 것은 엄밀히는 안광의 본질과 같은 것이다. 빛의 실체는 애당초 미워하고 사랑하는 마음이 없다. 『잡아함경』에서 석가부처가 "나의 성스러운 제자는 두 번째 화살을 맞지 않는다"라고 했을 때, 이는 인간중생이 세상에 출현해 때로 불가피하게 고통을 겪더라도 거기에 추가적인 감정적 견해를 덧붙이지 않는다는 뜻이 될 것이다. 어찌 보면 불교의 진리는 단순하면서도 명쾌하다. 우리가 마음을 찾아 심심산중을 헤맬 때, 그 과정에서 만나는 만상이 실제로는 모두 마음의 모습이며, 그 마음에 분별심이 사라진 상태를 불성이라 말한다. 물론 이러한 논리는 엄밀한 의미에서 동어반복에 불과하다. 한량없는 세계가 실은 내 자성의 모습으로 떠오른 것이라면, 거기에 일말의 분별심이 붙을 소지가 없을 것이요, 나아가 원각의 본질이 둘이 아니라면[不二], 중생이 부처가 되기 위해 수행할 것도, 또한 성취할 것도 없다.[12]

이제 「보안보살장」의 말미에 이르면서 부처님 설법의 정수가 드러난다.

> 선남자여, 일체가 어젯밤 꿈과 같은 고로, 생사와 열반이 생겨나거나 멸할 것이 없으며, 오거나 갈 것이 없다는 사실을 알아야 한다.[13]

인용문이 암시하는 것은 여여부동의 세계다. 존재의 본질은 얻을 것도 없고 잃을 것도 없으며, 삶과 죽음이 본디 지난밤의 꿈과 같은 것이다. 물론 이러한 깨달음은 아상의 소멸이 전제돼야 한다. 좀 더 엄

---

12 無修, 亦無成就. (같은 장)
13 善男子, 如昨夢故, 當知生死, 及與涅槃, 無起無滅, 無來無去. (같은 장)

밀히 말하자면, '나'라는 생각 자체가 환임을 깨치는 것이 반야지혜를 증득하는 것이며, 여기에는 주관과 객관의 구분 자체가 모두 사라진다. 법을 구하고자 하는 '나'와 성취하고자 하는 '법'이 모두 사라진 상태가, 역설적이지만 청정원각(淸淨圓覺)의 상태가 아니겠는가. 나아가 불교는 이 같은 상대성의 소멸이 궁극에는 중생을 미혹과 번민에서 제도할 수 있다고 하였으니, 이 또한 진실로 중생의 마음으로는 엿보기 어려운 경지가 아니겠는가.

생멸의 관점에서 보자면, 사대는 끊임없이 모였다가 흩어지기를 반복하며 조화를 일으킨다. 그러나 원각의 눈으로 보자면, 천지간에 존재하는 것으로 애당초 생겨나고 멸하는 것이 없으며, 심지어 삼세도 평등하여 필경 오고감도 없는 것이다.[14] 중생의 계탁지심(計度之心)으로는 참으로 증득하기 어려운 존재의 본질을, 「보안보살장」은 방편수행을 통해 진리를 열어서 보이고, 궁극에는 깨달음을 통해 중생으로 하여금 열반으로 들게 하는 것이다.

---

14 三世悉平等, 畢竟無來去. (같은 장)

제 **4** 장

무명과 즉비논리

대승불교의 하부장르로 분류될 수 있는 선불교의 핵심은 '직지(直指)'란 말로 압축될 수 있다. 여기에는 진리가 말로 전해질 수 없다는 전제가 깔려 있다. 이를 스승과 제자의 맥락에서 말한다면, '가르칠 것'도 '배울 것'도 없다는 의미가 담겨 있으니, 가령 제자가 수행을 통해 무언가를 깨치려 한다면, 선의 관점에서는 내가 이미 깨쳤으므로 깨치고자 한다고 응수할 것이다. 또 다른 비유를 들자면, "'내'가 세상에 태어났다'라고 함은, 부모미생전(父母未生前)에 내가 이미 존재했음을 전제하는 것이 아니겠는가('나'라는 존재가 선험적으로 전제되지 않은 상태에서 어찌 '내'가 세간에 모습을 드러냈다고 할 수 있겠는가?).

혹자는 불교가 논리적으로 매우 정교한 사상체계라고 말하지만, 그럼에도 불구하고 여래의 진실의(眞實義)를 문자로 재구해내는 것은 불가능에 가까운 시도로 보인다. 이와 관련하여, 서기 500년경 중국으로 건너왔다는 달마는 일체의 말이 없이 면벽(面壁) 참선만 했다는데, 굳이 그가 중국으로 건너온 이유는 무엇일까. 물론 이를 통해 필자가

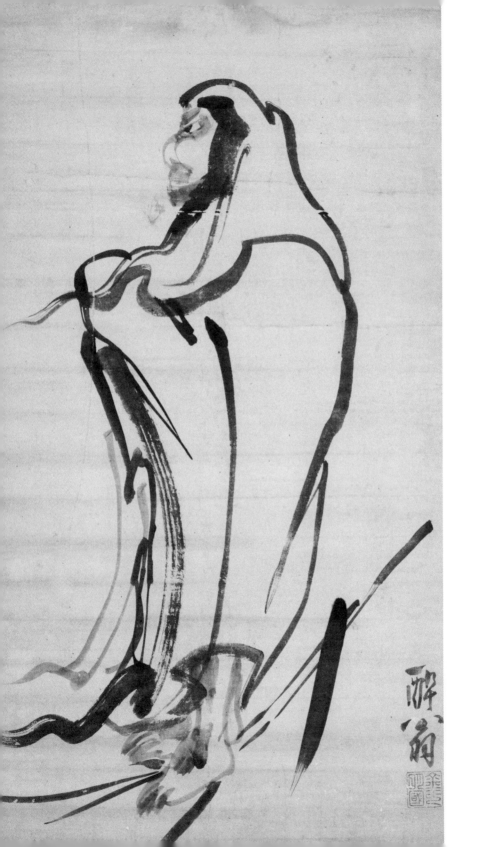

논하고자 하는 것은 달마고사와 관련된 역사적 진실의 문제가 아니라, 그러한 이야기 속에 내재된 함의를 불교적 맥락에서 조망해보기위함이다.

흔히 선종의 소의경전(所依經典)으로 알려진 『금강경』의 핵심은 '무쇠처럼 단단한 것[無明]'을 반야지혜로 뚫는 것이다. 중생의 무명망상을 '벽력같은 지혜'로 혁파하기 위해 경전은 다양한 방편에 기대고 있으며, 그중에서도 책의 전편을 통해 반복적으로 등장하는 '즉비(卽非)'의 논리에 주목하지 않을 수 없다. 이러한 측면을 감안하여 본 장에서는 『금강경』에 초점을 맞춰 불교가 천착하는 '부정'의 논리를 일차적으로 분석해보고자 한다. 이를 통해 궁극적으로는 진리의 비규정성 문제를 심도 있게 고찰해볼 것이다.

니밋따

본서의 전반부에서 이미 지적했듯이 범어의 니밋따(Nimitta, 相)는 우리의 망상이 만들어낸 허위지각의 대상을 지칭한다. 반면 우리가 사물에 대한 편견으로부터 자유로워질 때, 우리는 '무상(無常)'을 보게 된다. 무상은 흔히 '변화'와 동의적 개념으로 사용되는 측면이 있으나, 엄밀히 말하자면, 사물의 본질이 비어 있음을 지칭하는 개념이다. 그로 인해 '모든 형상[諸相]'이 '내 마음의 모습 아닌 것이 없음[非相]'을 아는 것이 여래지(如來智)의 근본이 되는 것이다.[1]

「선현기청분」(善現起請分)에서는 『금강경』의 핵심 주제가 수보리를

---

1 若見諸相 非相 卽見如來. (「如理實見分」)

김명국(金明國)의 「달마절로도강도」(達磨折蘆渡江圖)

통해 질문형식으로 제시되는바, "선남자 선여인이 위없는 깨달음을 구하고자 할진대, 응당 어디에 머무르며 어떻게 그 마음을 항복 받아야 할 것인가"[2]라는 말로 요약해볼 수 있을 것이다. 물론 전술한 두 가지 물음은 모두 중생의 무명심을 금강의 지혜로 밝히기 위한 방편으로 보인다. 바꿔 말하자면 수보리의 질문 자체가 중생심에 내재된 분별망상을 노정하고 있다.

첫 번째 물음인 '머무름[應云何住]'의 문제와 관련해보자면, 무아의 논리로 보건대 근본적으로 머무름의 '주체'가 성립될 수 없으니, 머무를 '경계' 또한 지목될 수 없다. 한편 이를 마음과 세계의 관계선상에서 보자면, 우주 전체가 내 마음의 모습 아닌 것이 없으니, 마음 밖에 별도로 집착할 대상이 있지 않다는 의미일 것이다. 두 번째 질문의 요지 또한 첫 번째와 별반 다르지 않다. 즉 우리의 마음을 항복 받는 가장 수승한 방편은 반야지혜로서 보시바라밀을 행하는 것인데, 부연하자면 보시를 행하되 행하는 주체와 대상이 모두 사라진 것이 보시바라밀의 핵심이 될 것이다.

『금강경』 5장은 「여리실견분」(如理實見分)으로, 이는 직역하자면 '참된 진리를 실답게 본다'는 의미이다. 그런데 여기서 석가부처는 수보리에게 '여래를 신상(身相)으로 볼 수 있는가'라는 질문을 던진다. 이에 대해 수보리는 즉비의 논리로 답하는데, 요약하자면 "여래가 말하는 신상이란 신상이 아니"[3]라는 논리이다. 그런데 이 부분을 좀 더 세밀히 살펴보면, 여기에는 중층적 의미가 내재돼 있음을 알 수 있다. 즉 여래의 법신이 육안으로 볼 수 없는 것이라면, 이는 단지 물리적 차원

---

2 應云何住, 云何降伏其心. (「善現起請分」)
3 如來所說身相, 卽非身相. (「如理實見分」)

에서의 '없음'만을 지칭하는 것이 아니라, 연기법(緣起法)을 통해 존재의 본질이 비어 있음을 밝히고자 하는 것이 대화의 핵심인 듯 보인다. 달리 말해, 연기의 본질은 상호관계성이며 이 자체가 공이니, 결국 이를 통해 현상계와 본체계가 둘이 아님을 드러내는 것이다.

『금강경』에 의거하면 마음의 상(相)은 항시 A/non-A의 맥락에서 드러난다. 이는 우리의 마음작용이 본질에 있어 이분법적 논리에 근거한 언어체계에 기반하여 작동하는 것이니,『금강경』이 이러한 측면을 고려하여 부정의 논리를 적용하는 것은 합당해 보인다. 부연하자면 인간은 '검은 것'에 대비해서 '흰 것'을 인식할 수 있고, '긴 것'에 상대해서 '짧은 것'을 사유할 수 있다. 그로 인해 언어는 자의적으로 시/비/장/단/미/추/선/악 등의 개념을 만들어내지만, 정작 이러한 개념은 조건 지어진 것이며, 불교가 말하는 궁극적 진리, 즉 무제약자는 지각의 대상이 될 수 없다. 이것이 불교가 타종교와 다르게 스스로의 교리를 가질 수 없는 연고이다.[4]

한편 전술한 무제약자는 한정지어지지 않은 어떤 상태를 암시하는 개념이다. 반면 '한정'은 대체로 단언적 진술에 의해 수반되는 것으로, 가령 A를 특정 개념을 통해 규정하는 순간, 즉각적으로 거기에 대비되는 사태가 동시적으로 발생한다. 비근한 예로 A를 선(善)으로 규정하는 순간, not-A는 선에 상대되는 개념으로 전락할 공산이 크다. 그렇게 보자면, 무제약자는 언어적 자의성이 만들어지기 이전의 상태를 암시하며, 이로 인해 '언어로 규정될 수 없는 그 무엇[無爲法]'이 시방세계

---

4 이러한 주장과 관련하여『금강경』「정신희유분」(正信希有分)에 등장하는 '뗏목'의 비유를 상기해보는 것도 좋을 듯하다(汝等比丘, 知我說法, 如筏喩者, 法尙應捨, 何況非法).

삼라만상의 근원이 될 수 있다는 것이다.[5] 물론 여기서 말하는 무위법
이 어떤 실체론적 상태를 지시하는 것이 아니니, 이로부터 얻을 것도
없고[無得], 나아가 말해질 수 있는 것도 없다[無說]. 덧붙여 여기서 말하
는 '무설'은 앞서 언급한 '직지'와도 상통한다. 직지란 엄밀히 말하자
면 '직지인심'을 지칭하는 것으로, 외견상 언어적 매개를 거치지 않고
곧장 우리 마음의 근원으로 들어간다는 말이다. 이는 선종(禪宗)의 핵
심 사상을 내포하고 있는데, 논자에 따라서는 '직지인심'을 우리 마음
밖에서 별도의 진리를 구하지 않는다는 의미로 해석하기도 한다.

　여상의 논리와 관련하여, 석가부처는 그의 초기 설법이었던 '사성
제(四聖諦)'에서 '고집멸도(苦集滅道)'를 설하고 있는데, 고의 근원이 대
상에 대한 집착으로 인해 발생하는 것이라면, 집착을 추동하는 근저
에는 언어적 사유에 의해 축적된 니밋따[相]가 존재하고 있음을 상기
하는 것이 필요해 보인다. 이러한 언어의 상대적 논리를 넘어선 것이
금강반야지혜의 공덕이다.

> "수보리야 어떻게 생각하느냐? 어떤 사람이 삼천대천세계에 가득 찬
> 칠보로 보시한다면 이 사람의 얻는 **복덕은** 얼마나 많겠느냐?" 수보
> 리가 말씀하기를, "매우 많습니다. 세존이시여. 왜냐하면 이 복덕은
> 곧 **복덕성**이 아니므로 이 까닭에 여래께서 복덕이 많다고 말씀하셨
> 습니다." "만일 다시 어떤 사람이 이 경 가운데서 사구게 등만이라
> 도 수지하여 다른 사람을 위하여 설한다면, 그 복이 (앞의 칠보로 보시
> 한 복)보다 수승하리니.[6]

5　一切賢聖, 皆以無爲法, 而有差別. (「無得無說分」)
6　須菩提, 於意云何, 若人滿三千大千世界七寶, 以用布施, 是人所得福德, 寧爲多

상기 인용문은 대화의 내용을 유심히 살펴보지 않으면 감춰진 의미를 간과하기 쉽다. 보시바라밀과 관련하여 여래는 수보리에게 물질로 수행되는 보시의 '복덕'이 어떠한가를 묻는다. 이에 수보리는 "이 복덕이 복덕성이 아니므로 복덕이 많다"라고 답한다.

수보리의 답변과 관련해서는 다양한 해석이 가능할 수 있겠으나, 필자가 보건대 '복덕성'은 비교가 끊어진 자리다. 따라서 이를 다/소(多/少)의 논리로 형용하는 것은 가하지 않다. 그런데 역설적이게도 비교가 끊어진 '복덕성'에서 출현하는 '복덕'에는 '많다/적다'라는 인간의 잣대를 적용하는 것이 가능하다는 논리이다. 즉 진정한 복덕은 우리가 외견적으로 지각할 수 있는 물질의 형상에 존재하는 것이 아니며, 오히려 일체의 상에 머무름이 없이 보시를 행할 때, 그것이 여래께서 중생에게 가르치고자 하시는 보시행에 부합될 수 있음을 '비유로서 밝히시는[開示]' 것이다.

이러한 구절을 통해 『금강경』이 전하고자 하는 메시지는 좀 더 명료해진다. 즉 인간의 행위가 선한가, 악한가를 구분하는 것은 윤리적 잣대만으로도 평가가 가능하겠지만, 그 사람의 행위가 (종교적) 진리에 부합될 수 있는가라는 것은 결국 반야지혜의 문제로 귀결된다. 상기 인용문에서 "『금강경』의 사구게를 수지하여 타인을 위해 설하는 것이 전자의 보시행보다 복이 수승하다"라는 구절이 이러한 추론에 대한 방증이다. 이 경우 사구게를 받아 지녀서 타인에게 설한다는 말의 함의가, 단지 외견상 드러난 '행위'적 측면을 암시하고 있지 않음은 『금강경』의 전체 맥락을 살펴보면 이론의 여지가 없어 보인다.

不. 須菩提言, 甚多 世尊. 何以故, 是福德, 卽非福德性, 是故, 如來說, 福德多. 若復有人, 於此經中受持, 乃至, 四句偈等, 爲他人說, 其福勝彼. (「一相無相分」)

이상의 내용을 고려할 때, 『원각경』이 무명으로 비롯되는 중생계의 다양한 문제들을 문학적 비유로서 밝히고 있다면, 『금강경』은 니밋따의 속성에 대한 성찰에서 출발하여 무명의 본질을 드러내고 있으며, 나아가 벽력같은 지혜의 완성에 도달할 수 있는 수행방편을 제시하고 있다. 물론 여기서 말하는 수행방편이 '즉비'의 논리를 지칭함은 두말할 나위가 없다. 그런데 이와 관련하여 「이상적멸분」(14분)에는 흥미로운 구절이 등장한다.

> 부처님께서 수보리에게 이르시기를, "만일 어떤 사람이 이 경을 듣고도 놀라지 않고 겁내지 않으며 두려워하지도 않으면, 이 사람은 매우 희유한 사람이 아닐 수 없다."[7]

여기서 주어진 인용문의 내용은 『금강경』의 내용을 듣고 '두려워하거나 놀라지 않는' 사람은 타고난 근기(根機)[8]가 매우 뛰어난 자임을 암시하는 것이다. 그런데 일반 중생의 관점에서 볼 때, '두려움'의 근거가 무엇인가? 전술한 바와 같이 『금강경』은 사상(四相)[9]이 무명의 핵심임을 밝히고 있는데, 아이러니한 것은 경전에서 말하는 '무명'이 바로 일반 중생이 살아가고 있는 현실의 삶이기 때문이다. 그렇게 보자

---

7 佛告, 須菩提, 若復有人, 得聞是經, 不驚, 不怖, 不畏, 當知, 是人, 甚爲希有. (「離相寂滅分」)

8 불교에서 '근기'라 함은 태어나면서 받은 '기질' 같은 것을 의미한다.

9 『금강경』에서 말하는 사상—아상(我相), 인상(人相), 중생상(衆生相), 수자상(壽者相)—은 논자에 따라 설명이 분분한데, 대체적으로는 '나라는 관념,' '(나와 구분되는) 타인이라는 관념,' '(부처에 대비되는) 중생이라는 관념,' '생명(순수영혼)이 영원하다는 관념'으로 해석하는 것이 대체적인 견해이다. 단 수자상의 경우 '중생의 생명을 한정적으로 인식하는 관념'으로 해석하는 것도 가능해 보인다.

면, 파사현정(破邪顯正)의 카이로스적 계기가 가능하기 위해서는 스스로의 삶을 전적으로 부정해야 한다는 것이니, 이것이 어찌 '공포'와 '두려움'으로 이어지지 않겠는가.

반야부(般若部) 경전[10]의 핵심을 담고 있는 「반야심경」(般若心經)에서는 이 문제와 관련하여, "무명은 존재하는 것도 아니며, 존재하지 않는 것도 아니다"[11]라는 모호한 논리를 설파한다. 그러나 어찌 보면 이는 '무명'의 핵심을 꿰뚫는 말이다. 무명은 인간의 분별심이 만들어 낸 것이니, 이를 어찌 '실재[有]'라고 할 수 있을 것이며, 동시에 애당초 존재하지 않는 것을 '없이한다[無]'라는 말이 또한 어찌 성립될 수 있을 것인가. 나아가 '무명'이 설령 환이라 할지라도, 우리 인간의 마음속에 홀연히 일어난 사념의 근원이 (역설적이지만) 각심(覺心)에서 비롯되는 것이니, 이를 제거하는 것이 어찌 가능하겠는가. 『대승기신론』의 논리를 빌리자면, "망망대해에서 파도가 일어났다 사라지지만, 파도를 떠나 대해(大海)가 별도로 존재하는 것은 아니"[12]라는 논리이다.

인간이 가지고 있는 종교적 신념은 개인마다 다를 수 있겠으나, 불교의 이러한 논리는 가히 '경이롭다' 하지 아니할 수 없다. 한자어인 '종교(宗敎)'를 파자(破字)해보자면, '종'은 'ᐧᐧ' + '示'의 결합으로 이뤄져 있다. 앞부분은 글자의 부수이기도 하지만, 형상적 차원에서 보자면 가옥의 '지붕'을 상징하니, 한자어인 종(宗)은 '가장 높은 가르침을

---

10 대체로 기원전 1세기경부터 '반야'의 명칭을 가진 경전들이 편찬되기 시작하였다고 전해지며, 대표적으로는 당나라 현장(玄奘)이 번역한 『대반야바라밀다경』 600권을 꼽고 있다(『한국민족문화대백과사전』, '반야경(般若經)' 항목에서 인용).

11 無無明, 亦無無明盡. (「반야심경」)

12 如大海水, 因風波動, 水相風相, 不相捨離.

드러내 보임'이라는 의미를 담고 있다. 그런데 전술한 논의에서 지적한 바와 같이, 최상의 가르침은 '스스로를 최상의 가르침'이라 내세우지 않는 것을 '최상의 가르침'이라 명하는 것이다. 『원각경』은 이를 좀 더 문학적 비유를 통해 설파한다.

> 비유컨대 어떤 사람이
> 스스로 제 머리를 자르면
> 머리가 이미 잘라졌기 때문에
> 자르는 자도 있을 수 없느니라.[13]

인용문의 핵심은 '스스로 제 머리를 자른다[自斷其首]'는 것이다. 유사 이래 무수한 사상과 종교가 출현했으며, 대부분의 사상이나 종교가 자신들과 '다른' 논리를 비판하는 사례는 빈번히 목도할 수 있으나, 스스로의 교리나 이론을 근원에서 부정해버리는 사례는 극히 희유(稀有)하다. 그러나 이로 인해 불교적 사유는 교리를 강조하는 '종교'적 차원에 머무르지 않고, 진정한 종교성(宗敎性)의 경지를 체현하고 있는 듯 보인다.

무명은 반야의 지혜를 가리고 있으니, 이에 대한 본질직관을 통해 올바른 깨달음에 이르는 것이 수행자의 일차적 목표일 것이다. 그러나 반야지혜는 결국 무명에 상대해서 성립된 것이니, 무명이 사라지면 결국 부처니 열반이니 하는 말도 함께 소멸해버리는 것이 아니겠는가. 조각가는 바윗돌을 '깨고 부수어[琢磨]' 부처의 형상을 만든다. 그런데 그 과정에 수반되는 조각가의 행위는 '돌을 제거하여[卽非]' 그

---

13 譬如有人, 自斷其首, 首已斷故, 無能斷者. (「청정혜보살장」)

속에 숨겨져 있던 부처의 이미지를 드러내는 것이 아니겠는가. 상황이 그러하다면, 본분사(本分事)의 관점에서는 애당초 부처가 생겨난 적도 없고, 사라진 적도 없다.

필자는 본 장의 서두를 '선불교'에 대한 짤막한 언급으로 시작하였다. 그런데 선종(禪宗)은 진리가 언어로 전해질 수 없음을 역설하고 있으니, 거기에 어떤 체계적인 가르침이나 이론이 있을 수 없다. 단지 선지식은 진리를 갈급(渴急)하는 제자에게 그가 가지고 있던 온갖 심각한 물음들을 희화화시킬 뿐이다. 물론 제자를 번뇌하게 만든 모든 질문들은 삶과 관련된 것일 공산이 크다. 그러나 삶에 관한 제반 질문들이 애당초 실체가 없는 공허한 소음임이 드러난다면, '죽음' 또한 필경 인간중생의 니밋따가 만들어낸 허구가 아니겠는가.

제 5 장

세 가 지 질 문

『원각경』의 「금강장보살장」은 중생의 의심을 타파하는 장이다. 앞장에서 언급했듯이 금강은 그 날카로움이 능히 중생의 모든 의심과 무명을 단절할 수 있다 하여 불교경전에서 자주 인용되는 비유이다. 「보안보살장」은 중생이 정관(正觀)으로 원각에 나아가 진리에 계합됨을 밝히고 있으며, 종국에는 깨달은 자도 그리고 깨달을 법도 없음을 천명한다. 그런데 원각을 밝힘에 있어 결정적 장애가 되는 것이 '의심'이다. 이로 인해 금강보살이 부처님께 중생의 온갖 의심을 단절하기 위한 법을 청하는 것이다.

기본적으로 선에 들어가기 위한 조건은 '마음이 움직이는 곳이 소멸'해야 하니, 이름하여 '심행처멸(心行處滅)'이라 한다. 바꾸어 말하자면, 인간의 사유로는 원각의 경계에 결단코 다가갈 수 없다는 것이다. 말과 이름은 항시 주관과 객관이라는 상대적 경계에 의지해서 작동하는 것이며, 여기에는 처음과 끝, 탄생과 죽음, 선과 악, 중생과 부처 등의 이분법적 개념이 지배한다. 이러한 논리를 좀 더 확장하자면, 세간법에서는 생하는 순간이 멸하는 순간인데, 중생은 그것이 환인 줄을 알지 못하고 거기에 집착심을 내는 것이다.『원각경』은 이를 일컬어 '윤회'라 칭한다.

> 선남자여, 일체의 모든 세계가 시작과 끝, 생하고 멸함, 전과 후, 있음과 없음, 모이고 흩어짐, 일어나고 그침이 생각마다 서로 이어지고, 빙빙 돌며 왕복하고 종류마다 취하고 버리니, 이 모든 것이 윤회이니라.[1]

위의 인용문을 보자면 죽음과 탄생의 간단없는 반복만이 윤회가 아니라, 엄밀히는 하루에도 수십 번씩 중생은 윤회하는 것이다. 그런데 「금강장보살장」 전편을 통해 여래가 설하고자 하는 것은 중생으로 하여금 무시이래 계속된 윤회의 본질을 밝히고자 하는 것이다. 법문의 요체를 궁리해보자면, 윤회는 존재하는 것도 아니며, 존재하지 않는 것도 아니다. 그런데 이러한 논리의 핵심은 언어의 길을 끊기 위한 방편에 수순하는 것이니, 이를 사변적 영역으로 가져오는 것은 흡사 불에 기름을 붓는 격이다.

흔들리는 눈이 고요한 물에 파도를 만들고, 구름의 움직임에 사람들은 달이 흘러간다고 착각한다. 이러한 비유는 '윤회'와 관련된 역설적 진리를 설파하기 위함이다. 달리 말해 우리의 분별적 사유가 윤회를 만드는 근본이 되는 것이니, 윤회의 사슬을 끊고 적멸의 상태로 들어가는 것이 관건이 아니라, 삿된 견해[邪見]를 정관(正觀)으로 바꾸는

---

1 善男子, 一切世界, 始終生滅, 前後有無, 聚散起止, 念念相續, 循環往復, 種種取捨, 皆是輪迴. (「금강장보살장」)

것이 핵심이다. 원각은 사유로 얻어지는 것이 아니라, 관에 기초하기 때문이다.[2]

참고로 『원각경』이 지적하는 '사유'의 결정적 결함을 간략히 살펴보자. 사유는 기본적으로 특정 대상을 주변 사물로부터 분리시키는 속성을 지닌다. 가령 우리가 '나'라는 개념을 사용할 때, 이는 주변 세계와 분리된 단독자의 의미를 내포하는 것이다. 그러나 불교가 역설하는 존재의 진리는 모두 상호관계성적 맥락에서 규정되며, 이러한 관계성을 개념적으로 드러낸 것이 공(空)이요, 연기다. 비유로 말하자면 한 사람이 무대에서 춤을 출 때, 그 과정에서 펼쳐지는 동작 하나하나가 모두 '춤'이며, 개별적인 동작을 떠나 별도로 춤이 존재하는 것은 아니다.

인류의 역사에서 등장한 위대한 종교는 제각기 '언어의 길이 끊어진' 최종심급을 그 나름의 특정한 용어로 지칭한다. 기독교는 '하나님(God)'을 말하고, 주역은 '태극'을 말하며, 노장사상은 '도'로서 전술한 절대적 경지를 지시한다. 불교의 경우는 절대의 경지를 흔히 '일심(一心)'으로 명한다. 그런데 이와 관련하여 앞서 논의한 바 있지만, 불교의 '마음'은 두 가지 관점에서 논의돼야 할 것이다. 하나는 사대가 가합하여 임의로 생성된 분별심을 지칭하는 것으로, 이는 환과 같은 것이다. 그런데 일심이라고 말할 때, 이는 우리의 육신 속에 존재하는 특정한 인식기능을 지칭하는 것이 아니라, 대부분 일심법계의 개념으로 사용된다. 달리 말해 이는 우주만유가 그 본체인 일심에서 연기된 것이요, 여기서의 '하나'는 일즉다/다즉일의 논리를 수반하는 것이다.

2 『구약』「욥기」에서 '하나님의 현전하심과 함께 욥의 모든 의문이 사라짐'을 상기해보자.

물론 이를 통해 필자가 전하고자 하는 것은, 천지간의 개개물물이 서로 간에 상호 소통할 수 있는 근거가 전술한 '일심'의 논리를 통해 밝혀질 수 있으며, 이는 이미 사물과 사물 상호 간의 관계성이 전제된 개념이라는 것이다. 일단 상호관계성의 개념이 존재의 본질로 자리매김하게 되면, 여기에는 더 이상 무유(有無)적 사유가 개입될 수 없다. 왜냐하면 있음과 없음은 본질상 개체적 속성에 근거해서만이 성립될 수 있기 때문이다.

한편 윤회와 열반, 중생과 부처, 무명과 해탈 등 불교 인식론의 가장 핵심적 사유와 관련하여 「금강장보살장」은 문답형식을 통해 이에 대한 대승불교의 관점을 비유적으로 제시한다. 독자의 입장에서는 이 부분에 대한 세밀한 고찰을 통해 생명의 본질에 대한 불교의 사유논리를 총괄적으로 파악하는 것이 가능할 것이다.

> 세존이시여, 만약 모든 중생이 본래 성불해 있는 것이라면 무엇 때문에 다시 일체의 무명이 있게 되고, 만약 모든 무명이 중생에게 본래 있는 것이라면 무슨 인연으로 여래께서는 다시 "중생이 본래 성불해 있다"라고 말씀하시며, 시방의 중생이 본래 불도를 이루고 있음에도 모든 여래께서는 왜 또 일체의 번뇌가 다시 생기는 것입니까?[3]

다소 인용문이 장황한 듯 보이나 내용은 크게 세 가지로 요약될 수 있을 터인데, 여기서는 금강보살이 제기한 세 가지의 질문을 하나씩

---

3 世尊, 若諸衆生, 本來成佛, 何故復有, 一切無明, 若諸無明, 衆生本有, 何因緣故, 如來復說本來成佛, 十方異生, 本成佛道, 後起無明, 一切如來, 何時復生一切煩惱. (「금강장보살장」)

「원각경변상도」(圓覺經變相圖)

살펴보는 것이 유익할 것이다. 첫 번째 질문은 중생이 본래 부처인데, 어찌하여 무명이 생기게 되었는지를 묻는 것이다. 이와 관련하여 여래는 허공 꽃의 비유로서 답한다. 즉 원각의 청정한 성품에 본래 생사가 없는 것이, 마치 허공에 본래 꽃이 없어 그 바탕이 일어나거나 멸하지 않은 것과 같다는 것이다. 달리 말해 중생이 눈병으로 인해 허공의 꽃을 보지만, 원각 자체에는 허공의 꽃이 생한 적도 멸한 적도 없다는 것이다. 결국 무명은 착각일 뿐이며, 중생이 원각을 깨치든 그렇지 못하든, 중생심의 본질인 원각성에는 아무런 변화가 없다.

두 번째 질문은 무명이 본래 있는 것이라면 무슨 인연으로 '중생이 본래 성불해 있다'라고 할 수 있겠는가라는 물음인데, 이는 '미혹이 본래 있는 것이라면 근본이 부처가 될 수 있을 것인가'라는 의심에서 비롯된 것이다. 그런데 이에 대해 여래는 원각이나 허공의 성품은 평등하기 때문에 결코 유/무의 논리로 논할 수 없음을 밝힌다. 여기서 '평등'이란 이분법적 사유에 대한 부정이며, 금강보살의 질문에 내재된 의심의 본질이 바로 유무적 사유이다. 유무와 관련된 문제는 앞부분에서 이미 논한 바가 있으나, 여기서는 『대승기신론』에 등장하는 '불변(不變)'과 '수연(隨緣)'의 관점에서 이 문제를 상술해보자.

불변은 '체공(體空)'의 다른 이름이며, 이는 '있음'에 대한 부정이다. 가령 허공은 비어 있으니 변하지 않는다. 그러나 동시에 그것은 비어 있으므로 '있다'라고 할 수 없다. 반면 수연은 텅 빈 허공이 연을 따라서 갖가지 모습으로 변화하는 것이다. 달리 말해 허공은 불변이면서, 그와 동시에 각가지 다양한 모습으로 현전한다. 설명이 다소 추상적으로 보이나, 구체적 사례를 통해 재술해보자. 가령 금의 성품은 불변이지만, 우리는 금을 다양한 형태로 만들 수 있다. 이처럼 진여의 본질은 있다-없다는 유무적 체계를 떠나 있으며, 그것이 진정한 실재의 세계이다. 그러나 아이러니하지만 우리가 사는 현상세계는 항시 유무의 논리에 기반 하여 구성되며 작동한다. 이로 인해 원각을 깨닫지 못한 인간중생의 역사가 간단없이 투쟁과 갈등으로 점철돼왔음은, 어찌 보면 위에서 언급한 '의심'이 낳은 필연적 결과인지 모른다.

금강보살의 마지막 질문은, 중생이 본래 부처이나 지금 미혹한 중생으로 존재하고 있다면, 반대로 깨달은 여래가 미래에 다시 미혹해질 수 있지 않겠는가라는 의심에서 비롯된 것이다. 이에 대한 여래의 답변은 단호하다. 금광을 제련해서 금이 되면, 금은 다시 금광이 될 수 없고, 나무가 타서 재가 되면, 재가 나무가 되지 않는다.[4] 달리 말해 눈병이 (지금은) 사라졌으나 향후 다시 생길 수 있을 것이라는 생각 자체가 이미 생-멸을 전제한 중생 망상심의 발로다. 허공에는 원래 꽃이 없었으며, 따라서 원각은 허공의 꽃에서 벗어나 있다. 부연하자면 허공의 꽃이 허공에서 멸할 때, 허공이 어느 때 다시 (허공) 꽃을 피게 할까라고 말할 수 없는 것은, 허공에는 본시 꽃이 없어 피거나 사라질 것이 아니기 때문이다.

결국 이 세 가지 질문의 핵심은 모두가 '윤회'의 관점에서 '원각'을 논하는 오류에서 비롯된 것이다. 중생의 관점에서 여래를 얘기하면, 여래도 중생이 될 것이요, 여래의 관점에서 중생을 바라보면 중생이

---

4 필자의 사견이나 불교의 이러한 부분은 도가사상과 다소 결을 달리하는 듯 보인다. 도가에는 깨달음을 통해 성취하게 되는 '여래'의 경지와 같은 개념을 강조하지 않는다. 어찌 보면 천지간의 조화로 인해 만물이 끊임없는 '물화(物化)'의 계기를 벗어날 수 없으니, 각/불각(覺/不覺) 등의 상태를 말하는 것도 다소 무의미해 보인다. 만물은 각각이 지금-여기 드러난 그 자체로 한결같이 우주조화의 자취일 뿐이며, 이러한 사유의 맥락에서 '깨달은 여래는 다시 중생이 될 수 없다'라는 논리는 다소 생경해 보인다.

본래 부처인 것이다. 관건은 '움직이는 배로 인해 언덕을 옮기지[舟行岸移]' 말아야 한다는 것이다. 부단히 천류(遷流)하는 중생의 세계와 여여부동한 장엄불토가 실은 둘이 아니며, 홀연히 한 마음이 동해서 의심이 생하자 일법계가 삼천대천세계로 나눠진 것이다.

3부를 마감하기에 앞서 필자는 금강보살이 제기한 이 세 가지 질문을 불교 바깥으로 가져와서 재약호화 시켜보고 싶은 충동을 느꼈다. 물론 이는 종교 간의 대화를 모색해보고자 하는 필자의 지적 허영심에서 비롯된 것이다. (1) '본래 부처인 중생이 무엇 때문에 다시 무명이 있게 되었습니까'라는 질문을 기독교적 맥락에서 얘기하자면, '하나님의 형상으로 만들어진 인간이 왜 타락하게 되었나'라는 질문으로 내용을 슬쩍 비틀어보는 것이 가능할 것이다. (2) '무명이 중생에게 본래 있는 것이라면, 중생이 본래 성불해 있다고 말할 수 있는 근거가 무엇인가'라는 질문과 관련해서는, '에덴동산에서 추방된 인간이 어떻게 다시 구원받을 수 있는가'라는 물음으로 대체하는 것이 가능해 보인다. (3) '불도를 성취한 인간이 미래에 다시 미혹해질 수 있는가'라는 문제와 관련해서는 '예수님의 십자가 사건으로 구원받은 인간이 다시 타락할 수 있는가'라는 질문으로 문맥을 바꿔보는 것이 가능할 듯하다.[5] 이제 관건은 필자가 임의로 비틀어놓은 여상의 세 가지 질문

---

5 줄잡아 20년은 지난 일이지만, 이화여자대학교에 재직하시다 정년퇴임을 하시고 명예교수로 계셨던 김홍호 선생님이, 매주 일요일 아침마다 동서양 경전 연구 모임을 이끌어 오셨다. 선생님께 주역철학, 불교 등 동양경전과 성경을 배웠는데, 당신께서 당시 불교 강의를 하시면서 유사한 취지의 말씀을 하신 것으로 어

을 『원각경』의 논리를 통해 답하는 것이 적절할 것인가를 반문해보는 것이다. 물론 이와 관련된 문제는 독자 개개인의 판단에 맡기는 것이 사리에 맞을 것이다.

　의심과 상반되는 '믿음'의 함의가 때로는 절대자의 존재(있음)에 대한 확신과 동의적으로 사용되는 경우가 허다하다. 그런데 있음이라는 말 자체가 이미 그 속에 없음을 내포하고 있으며, 나아가 '절대자가 존재한다'라는 명제가 '절대자가 존재하지 않는다'라는 말과 상호 대립되는 것이 아니라면, 인간은 무엇으로 신성과의 관계를 정립해야 할 것인가. 나아가 존재(있음)에 대한 확신을, 불교가 경계하는 '집착'과 구분할 수 있는 근거는 무엇이며, 보다 근원적 차원에서 이러한 '믿음'이 「요한복음」이 역설하는 **자유**와 어떻게 연결될 수 있을 것인가?[6] 죽음이라는 문제와 관련하여 '인간은 육신을 입고 이 세상에 태어난 이상 반드시 죽는다'라든가 '몸은 죽어도 인간의 근본은 멸하지 않는다'는 등의 이항대립적 사유가 아니라, '죽은 적도 멸한 적도 없음'이라는 '무생무멸(無生無滅)'의 논리에 사유하는 인간이 어떻게 한걸음 더 가까이 다가설 수 있을 것인가.

　고백컨대 본서의 집필과정이 필자 개인의 입장에서는 종교적 성찰의 순간이었다. 집필이 이런저런 사정으로 여러 해를 넘기면서, 필자는 춘하추동 사계의 정취 그리고 여름에서 가을로, 가을에서 겨울로 넘어가는 계절의 길목을 피부로 느꼈다. 햄릿은 그 유명한 독백에서

───────────

럼풋이 기억한다. 지금은 작고하셨지만, 이 자리를 빌려 선생님의 귀한 가르침에 고마움을 표하고자 한다.

6 "그러므로 예수께서 자기를 믿는 유대인들에게 이르시되 너희가 내 말에 거하면 참 내 제자가 되고 진리를 알지니 진리가 너희를 자유케 하리라." (「요한복음」 8:31-32)

"죽음이란 잠으로 인해 육체의 굴레를 벗어날 때, 어떤 꿈들이 찾아올 것인지"를 번민하였고, "나그네 한번 가서 돌아온 일 없는 미지의 세계에 대한 두려움"이, 결국 스스로 생을 마감하고자 했던 그의 결심을 멈추게 하지 않았던가.

그러나 필자는 이 책을 집필하면서 햄릿이 고뇌했던 그 미지의 세계가 실은 하늘이 인간에 준 가장 큰 축복임을 느낀다. 필자는 솔직히 '무생무멸'의 화두를 전혀 깨치지 못했으며, 짐작컨대 앞으로도 영원히 그럴 것이다. 그러나 한 가지 확신할 수 있는 것은, 죽음이 결코 삶의 타자가 아니라는 진실이다. 『중용』, 『장자』 그리고 『원각경』의 심오한 가르침은, 인간이 단순히 '생각하는 갈대'를 넘어서서 어떤 우주적 존재로 승화될 수 있을 것이라는 깨달음을 허락해주었다. 불교의 생사관을 마무리하면서 이 책을 쓸 수 있는 인연을 허용해주신 모든 영적 스승들께 오체투신하며, 보잘것없는 내 정신의 기록물을 오롯이 회향하고자 한다.

제4부
죽음 이데올로기와
이데올로기의 죽음

인간은 자기 자신과 일치하는 법이 전혀 없다.
인간에게 'A는 A이다'라는 등식이 적용될 수 없다.
도스토옙스키의 예술적 사상에 따를 때, 개성의 참된 생명이란
인간은 자기 자신과 일치하지 않는다는 점에서 나오고 있다.

『도스토옙스키 시학』

제 **1** 장

언어와 실재

이 책을 저술하면서 가장 어려웠던 부분은 내용을 어떻게 구성할 것인가의 문제였다. 주제와 관련된 논의의 일차 자료 및 국내외의 유관 논문들에 대해서는 이미 충분히 검토와 분석을 마쳤으나, 죽음이라는 주제를 **체계적**으로 논한다는 발상 자체가 스스로도 딱히 와 닿지 않았다. 인간의 몸을 받고 태어나 백년 남짓한 세월을 살아가면서 어느 날 갑자기 누구에게나 도둑같이 찾아올 수 있는 엄중한 사건을 알량한 지식을 동원하여 이런저런 방식으로 해석한다는 것이 이순(耳順)을 넘긴 학자의 양심으로서는 허락할 수 없는 일이기도 했다.

그러나 이러한 좌절감과 더불어 저서의 주제와 관련된 성찰이 깊어질수록 역설적이지만 죽음은 우리가 흔히 생각하는 삶의 저편에 음울한 형태로 존재하는 '타자'가 아니라, 나를 근원에서 지탱해주는 어떤 원초적 모태와 같은 것이라는 확신을 갖게 되었다. 솔직히 책의 얼개를 어렵사리 결정하고 본서의 주제의식과 고투하면서 내 영혼의 감춰진 심연까지 탈탈 털어 보이는 과정에서, 나는 이 저서의 내용이 '학술서'라는 범주로 규정되기에는 무리가 있음을 감지하였다. 왜냐면 내가 집필 초반부에 얼추 구성했던 장절 상호간의 유기적·논리적 정합성은 일치감치 폐기돼버렸기 때문이다. 다소 신비주의적 발언처럼 느껴질 수 있겠으나, 본서의 내용은 '순수정신(purusa)'의 고백 그 이상도 이하도 아니다. 물론 저자의 역량에 걸맞지 않을 수 있는 거창한 용어의 선택이 독자들을 현혹할 수도 있겠으나, 책의 구성체제와 집필의도를 진술하게 설명하는 것이 학인으로서의 기본적인 도리라고 판단하여 다소 장황한 변을 늘어놓은 것이다.

또 하나 저서의 내용과 관련하여 다음 부분을 환기해보는 것도 필요할 것이다. 죽음이란 주제와 관련해서는 기본적으로 두 가지 상이한 충동이 공존하는 듯 보이는데, 하나는 죽음을 모든 것의 종결로 보려는 시각이며, 다른 하나는 이를 일련의 사건적 맥락에서 해석하려는 관점이다. 전자의 경우 죽음이 삶과 함께 있음을 간파하지 못하는 오류에서 비롯된 소치이며, 후자는 죽음을 사유하는 인식주체가 임의로 고정된 지점을 설정하여, 이를 통해 죽음을 대상화시키려는 오류에서 비롯된 결과인 듯하다.[1] 그렇게 보자면 '죽음 이데올로기'의 관건은 양자를 어떻게 절충해내는가의 문제가 될 수도 있을 것인데, 본 장에서는 이러한 부분과 관련된 논의를 중점적으로 전개해나갈 것이다.

헤겔은 자신의 미학강의에서 예술작품과 자연을 비교하며 전자가 미학적으로 훨씬 우월함을 지적한 바 있다.[2] 물론 이러한 주장이 헤겔 특유의 철학적 입장에 기초하고 있음을 부인할 수 없다. 그러나 동양

---

1 대상사물을 '동사적' 관점에서 파악할 경우, 인식주체 또한 대상세계와 함께 흘러가는 것이 불가피하며, 그럴 경우 인식행위는 성립되지 않는다.
2 헤겔, 두행숙 옮김, 『헤겔 미학』 I (서울: 나남출판, 1996), 42~43쪽.

헤겔

학을 전공하는 필자의 입장에서는 이 같은 비교 자체가 그다지 탐탁하지 않다. 헤겔이 자신의 미학론에서 비교의 잣대로 사용하는 '정신'의 본질을 어떻게 규정하는가가 그 자체로 이미 문제적이기 때문이다. 중국사상, 특히 도가철학에서 사용하는 무위자연의 개념을 정신/물질이라는 이분법적 관점에서 규정하는 것은 지나치게 도식적인 시도로 보인다. 무엇보다 정신활동의 작용주체와 영역 등을 규정하는 부분은 그 자체로 이미 특정한 인식론적 입장이 전제된 것이다. 노장철학은 자연 배후에서 자연(현상)을 주재하는 실체(혹은 주체)를 인정하지 않는다. 그러나 적어도 우리가 일상에서 마주하는 자연은 어느 하나 질서를 거스르는 것이 없다(어찌 보면 아마도 인간이 자연에 서식하며 자연의 질서를 거스르는 유일한 생명체일 것이다). 나아가 산하대지의 장엄한 경관을 인간 특유의 미학적 관점에서 평가하려는 것은 그 자체로 난센스(nonsense)일 것이다. 천재적 예술가의 어떠한 개입도 거부하며, 외견상의 무질서함 속에서도 당당히 그 위용을 발하는 자연적 숭고미의 근원은 무엇일까.

물론 도가사상은 근원적 질문에 대한 답변을 거부한다. 좀 더 정확히 말하자면, 우주의 기원이라든가 종말 등과 같은 본질론적 문제는 도가사상의 주된 관심사가 아니다. 설령 전술한 문제에 대한 이런저런 답변을 제시한다고 할지라도 이는 흡사 망상분별로써 또 다른 망상분별을 만들어내는 꼴이다. 이 같은 관점에서 인식주관과 인식대상의 상호관계를 규정하게 되면, 사변적 해석이 장황해질수록 논의의 개요는 존재의 본질에서 점점 더 멀어질 뿐이다. 도가사상에서 주목할 만한 지점 중 하나는 무위(無爲)와 무불위(無不爲)를 등치시키는 논리이다. 이 경우 '무위'는 체가 되며, '무불위'는 체에 수반되는 작용에 해당되는데, 무위가 어떤 경로를 통해 무불위라는 정반대의 사태로 이어질 수 있을 것인가를 고민해보는 것이 필요할 듯하다.

사실 많은 인간에게 '무엇을 하는 것'은 '무엇을 하지 않는 것'보다 쉬울 수 있다. 그런데 좀 더 엄밀히 이 문제를 숙고해보면, '무위'가 'Non-action'이 아님은 쉽게 간파할 수 있다. 예를 들어 도가는 자연을 무위의 전범으로 제시하고 있으나, 자연현상은 한순간도 정지한 적이 없다. 자연의 본질은 『주역』에서 말하듯 '생생지위역(生生之謂易)'이다. 그렇다면 무위의 보다 정확한 함의는 무엇일까. 이와 관련하여 노자는 흥미로운 관점을 제시한다.

> 말이 없음은 자연이다.
> 폭풍은 아침을 넘기지 못하고
> 소나기는 하루를 넘기지 못한다.
> 누가 그렇게 만드는가?
> 하늘과 땅이다.
> 하늘과 땅조차도 오래가지 못하거늘
> 하물며 사람에 있어서랴?
> 그러므로 도를 섬겨 받드는 사람은
> 도를 지닌 사람에게는 도로써 어울리고
> 덕이 있는 사람과는 덕으로써 어울리고,
> 도와 덕을 잃은 사람에게는
> 그것을 잃음으로써 어울린다.[3]

---

3 希言自然, 故飄風不終朝, 驟雨不終日. 孰爲此者, 天地, 天地尙不能久, 而況於人乎. 故從事於道者, 道者同於道, 德者同於德, 失者同於失. 同於道者, 道亦樂得之, 同於德者, 德亦樂得之, 同於失者, 失亦樂得之. 信不足焉, 有不信焉. (『도덕경』 23장)

상기 시에서 자연을 형용하는 개념은 '희언(希言)'이다. 희언은 글자 그대로 '말이 없음'이며, 이를 역으로 보자면 '말'은 유위와 연결됨을 알 수 있다. 여기서 중요한 것은 '말'을 유위와 연결시키는 노자의 숨은 논리를 간파하는 것이다. 시의 후반부를 보면 말은 기본적으로 '구분'과 '비교'를 만들어낸다. 따라서 이를 극복하는 방편으로 노자는 '상황과 하나됨'을 제시한다. 이 같은 시적 상징을 통해 노자가 말하고자 하는 '무위'의 핵심은 구분이 만들어지기 이전의 상태로 회귀하는 것이다. 여기서 주목할 것은 '구분 없음'의 상태가 별도로 존재하는 것이 아니라, 주어진 상태로부터 '나'를 분리시키지 않는 것이 구분 이전의 상태이다. 그렇게 보자면 노자의 '도'는 무소부재하나, 이와 더불어 '도'가 별도로 존재하는 것도 아니다.

생명은 간단없이 이어지는 과정이며, 자연의 모든 생명현상은 인위적 해석을 거부한다. 행위에 해석이 개입되지 않는 이상, 행위는 행위의 주체와 분리되지 않는다. 가령 '봄'이라는 계절적 현상과 분리되어 별도로 존재하는 '봄'을 상정하는 것은 부적절하며, 이로 인해 봄이 이런저런 형태로 자신을 드러내지만, 결국은 하나의 봄일 뿐이다. 이를 인간의 논리로 재약호화시켜보자면, 봄은 역설적이지만 봄을 알지 못한다. 왜냐하면 완전한 하나 됨에서 인식주체와 인식대상의 분리가 일어나지 않기 때문이다. 이로 인해 선시(禪詩)에서는 "만산에 봄꽃 향기가 가득한데, 정작 봄은 이를 알지 못한다"라고 하지 않았던가.

결국 도가철학이 말하는 '무위'의 함의는, 행위하되 행위의 주체가 사라진 상태이다. 행위주체로서의 '자(自)'가 사라지면, 이에 상응하는 '타(他)'도 함께 소멸한다. 이제 실재하는 것은 간단없이 이어지는 일련의 동사적 패턴이다. 그런데 언어적 사유에 길들여진 인간은 예외

道
先
滿
面

探
袖
中
書

정선(鄭敾)의 「노자출관도」(老子出關圖)

없이 행위의 주체를 상정하고자 할 것이다. 그러나 주역이나 도가의 사유는 **주체의 소멸을 통해 주체를 살려낸다.** 일견 이율배반적으로 보이는 이러한 명제를 심도 있게 이해하기 위해서는 『금강경』의 논리를 간략히 살펴보는 것이 유익할 것이다.

> "일체 중생의 종류인 알로 생기는 것, 태로 생기는 것(…) (이들을) 내가 다 무여열반에 들게 하여 멸도하리니, 이와 같이 한량없고 셀 수 없고 끝없는 중생을 멸도하되 실로는 멸도를 얻은 중생이 없느니라. 왜냐하면 수보리야, 만일 보살이 아상, 인상, 중생상, 수자상이 있으면 곧 보살이 아니기 때문이니라."[4]

다소 인용이 길어졌으나, 앞서 논의한 몇 가지 개념들을 유기적으로 사유하기 위해서는 인용문의 내용이 매우 중요하다. 먼저 석가부처는 자기구원과 중생구원이 둘이 아님을 대승적 차원에서 실천하고자 한다. 이는 물론 속제(俗諦)적 관점이다. 그런데 동일 문장의 후반부에서는 진제(眞諦)[5]적 맥락에서 실제로는 한 중생도 멸도를 얻은 바 없음을 천명한다. 여기에는 중생이 본래 부처라는 여래장사상이 저변에 깔려 있다. 그런데 이러한 내용과 더불어 이 구절은 사상(四相)의 문제를 전격적으로 거론한다. 사상에 대한 해석은 각 경전마다 조금씩 다른 것이 사실이나, 『금강경』의 맥락에서 사상은 중생을 윤회에 들게

---

4 所有一切衆生之類, 若卵生, 若胎生 (…) 我皆令入無餘涅槃, 而滅度之, 如是滅度無量無數無邊衆, 生實無衆生得滅度者, 何以故, 須菩提, 若菩薩, 有我相, 人相, 衆生相, 壽者相, 卽非菩薩. (「大乘正宗分」)

5 흔히 불교에서 속제와 진제는 존재의 본질을 생멸적 관점에서 사유하는 중생의 시각 그리고 생멸을 넘어선 부처의 경지를 각각 지칭한다.

하는 가장 근본적인 원인이다. 이를 현대적 용어로 해석하자면 '삿된 생각' 혹은 '그릇된 견해' 등의 의미로 풀이하는 것이 적절할 것이다. 그중 대표적인 것이 '내가 실재한다는 생각[我相]'이며, 인상-중생상-수자상은 아상의 갈래 범주로 보아도 무방하다.

　인용문에서 중생구원의 문제와 사상을 연결시키는 근거는 중생구원의 주체(부처)가 사라지니, 여기에 상대해서 생겨나는 중생도 존재할 수 없다는 논리가 깔려 있다. 결국 생멸을 넘어서고자 하는 욕망 자체가 이미 중생적 관점이다. 욕망하는 주체가 존재하는 이상, 나는 그 욕망에서 자유로워질 수 없다. 생각과 의심을 통해 '나'의 존재를 확인하는 것이 데카르트적 명제의 기본 구도라면, 불교의 경우 '나라는 생각'에 대한 부정을 통해 '나'를 회복하고자 한다. 『금강경』의 논리로 보자면, 망상분별로 인해 '나'라는 허상이 생겨나고, 이로 인해 윤회의 사슬을 벗어나지 못하는 악순환이 반복되고 있는 셈인데, 데카르트는 오히려 이 부분에 천착하여 '나'의 실체를 강화하는 격이다.

　전술한 양자의 관점에서 어떠한 명제가 진실에 근접하는지를 규정하는 것이 본서의 주된 관심사는 아니다. 단지 주체의 소멸을 통해 해탈과 멸도를 성취하고자 하는 『금강경』의 독특한 관점을 이해하는 것으로 족하다. 한편 나의 존재 자체가 근본에서 부정된다면, 탄생과 죽음의 문제를 고민하는 것도 무의미하다. 내가 영겁의 시간을 통해 생멸을 반복한다 할지라도 불교의 논리로 보자면, 여래는 태어난 적도 죽은 적도 없기 때문이다. 특히 본서가 주목하고 있는 '죽음'의 문제는 사상(四相)의 논리로 보자면 수자상(壽者相)의 발로이다. '나'를 시간-속-존재, 나아가 시간에 의해 속박된 존재로 규정하는 이상, 죽음은 누구에게나 필연적인 것이다. 그러나 『금강경』은 완전히 상이한 패러다임을 제시하고 있다. 애당초 존재하지 않는 허상을 망상분별로 만들어낸 이상, 그것의 시작과 끝을 논하는 것 또한 망상분별의 발로가 아니겠는가. 그러나 불교나 도가사상이 비유적으로 제시하는 '불생불 멸'의 함의는 현대적 관점에서 보건대 우리의 순수이성이 도달하기 어려운 영역이다. 그렇게 보자면 말할 수 없는 것에 대한 섣부른 개념 규정이 동양사상의 요체를 엉망진창으로 만들어버릴 개연성을 배제 할 수 없다. 단 인문학적 입장에서 전술한 핵심 주제와 연관된 몇 개 의 곁가지를 살펴보는 것은 가능할 것이다. 물론 이러한 논의들은 모 두 허공의 달을 이런저런 방향에서 가리키는 손가락이다.

눈과 언어

다수의 현대 서구철학자들이 언어의 문제를 철학적 성찰의 출발점으 로 설정하고 있음은 흥미로운 일이다. 주지하다시피 고대 중국철학은 일치감치 언어와 실재의 문제를 심도 있게 탐구해왔고, 이러한 논의 를 토대로 그들 특유의 세계관/우주관을 전개해온 것이 사실이다. 여 기서는 현대 서구철학에서 쟁점이 되어온 언어철학의 문제를 소략하 게 살펴보고, 이를 통해 본서의 주제를 심화시켜나가고자 한다.

하이데거는 언어를 눈[目]의 문제와 연결시켜 고찰한다.[6] 그에 따르 면 눈은 의미의 그물망이며, 언어는 세계를 보는 눈이다. 달리 말해 인 간은 눈으로 사물을 보지만, '보는' 행위의 이면에는 대상이 그렇게 보 이게끔 추동하는 어떤 기제가 감춰져 있다. 어떻게 보자면 세계는 언

---

6 언어와 눈의 문제와 관련된 세부적 논의와 관련해서는 다음 책을 참조. 이기상 ·강태성 옮김, 「예술의 본질과 언어」, 『하이데거의 예술철학』 (서울: 문예출판사, 1997), 440~458쪽.

어적으로 약호화되어 있으며, 따라서 언어를 지배하는 것이 곧 세계를 지배하는 것이다. 일례로 오사운동의 기폭제가 되었던 루쉰의 「광인일기」도 알레고리적 관점에서 보자면 언어가 작품 내의 갈등구조를 은밀하게 견인하고 있다. 일례로 작품의 서문과 (본문에 해당하는) 광인의 일기가 서로 다른 형태의 문체를 구사하고 있음은 전술한 가설에 대한 신빙성을 가중시키기에 충분하다.

실제로 동서고금을 통해서 '누가 말하는가'는 문화적으로나 정치적으로 매우 중요한 문제였다. 한국의 경우를 두고 보더라도 조선 오백년을 지배한 것은, 정신적 측면에서는 주자학적 세계관이었다고 보는 편이 정확할 것이다. 여기서 우리가 주목해야 할 것은 주자학적 세계관이 사림(士林)들의 눈을 어떠한 방식으로 정형화시켰는가라는 문제이다.[7] 이에 덧붙여 특정한 인식론적 패러다임이 특정한 역사적 질문이나 시대정신으로 이어질 것이라는 가설을 제기해볼 수 있겠다. 기실 이 같은 명제가 전제되지 않으면, 역사에서의 시대구분이나 문학담론에서 문예사조 등을 논하는 것은 기본적으로 무의미해진다.

그러나 다른 한편에서 이러한 가설은 필연적으로 자기모순을 수반할 수밖에 없음을 인정하지 않으면 안 된다. 왜냐하면 모든 '단언적' 진술은 필연적으로 있음과 없음의 경계를 만들어내기 때문이다. 가야트리 스피박(Gayatri Spivak)은 「하위주체(subaltern)는 말할 수 있는가」[8]

---

7 물론 논의를 세밀히 진행하기 위해서는 동시대의 패러다임 내에서 다시 공적(共的) 기준과 개인적 입장을 나눠서 논하는 것이 적절하겠으나, 여기서는 전자에 주목하기로 한다.

8 서발턴(subaltern)은 원래 그람시가 사회의 하층계급을 지칭하기 위해 사용했던 말인데, 이후 주류 담론에서 소외된 민중의 관점에서 새롭게 역사를 보고자 하는 서사기획으로 발전한다.

魯迅　一九三〇年九月
二十九日照于上海。
時年五十。

루쉰

라는 자신의 글에서 서발턴으로서의 여성들이 **왜 말할 수 없는지**를 논증한다. 여기서 필자가 스피박의 관점에 동감하는지의 문제는 일단 차치하고서라도, 우리가 주목해볼 부분은 '있음'이라는 개념 자체가 언어의 문제와 긴밀히 연결돼 있다는 사실이다. 인식과 존재의 상호관계는 철학적으로 중요한 문제이나, 양자는 종종 비합리적 방식으로 규정되는 경우가 허다하다. 가령 내가 책상 위의 사과를 인식할 때, 내 인식의 대상이 '사과'라는 실재하는 존재인지 혹은 사과라는 개념인지부터가 불분명하다. 그러나 우리가 잠정적으로 추론해볼 수 있는 것은, 사과에 대한 '나'의 인식과 사과라는 대상을 실재하는 것으로 확신하는 (일종의) 믿음이 동시적으로 발생한다는 것이다.

문제는 우리의 믿음을 촉발하는 그 대상의 실체가 쉬이 규명될 수 없으며, 이 모호한 틈새를 비집고, 존재와 무(無)라는 거대담론이 시소게임을 벌이기 시작한다는 점이다. 다소 과장해서 말하자면, 있음과 없음을 결정짓는 그 보이지 않는 경계의 본질을 논하는 것은, 인문학이 문제 삼는 거의 모든 주제들을 포괄할 수도 있을 것이다. 왜냐면 양자는 많은 경우 선과 악, 탄생과 죽음, 성과 속, 순간과 영원 등 인간 삶의 현장에서 가장 중요한 문제들과 서로 맞물려 있기 때문이다. 좀 더 광의에서 말하자면 있음과 없음은 인간의 사유형식을 규정하는 하나의 패러다임이며, 사유의 형식은 사유의 내용을 결정한다. 그런데 우리가 일상에서 경험하듯, 겉으로 드러난 것의 본질은 은밀히 감춰져 있다. 관건은 드러난 것을 통해 감춰진 세계로 들어가는 경로를 모색하는 것이다.

제 2 장

이데올로기를 논함

비트겐슈타인(Wittgenstein, 1889~1951)은 "철학의 본질이 유리병에 빠진 파리를 밖으로 끄집어내는 것"이라고 비유적으로 말하였다. 일견 타당한 지적이나, 파리에게 유리병은 일종의 보이지 않는 감옥이자 동시에 파리로서의 주체성을 보장해주는 장치가 될 수도 있을 것이다. 엄밀한 의미에서 인간은 언어라는 유리병을 통해 세상을 보지만, 동시에 유리병에 비친 형상을 통해 스스로의 모습을 확인할 수 있다. 눈은 결코 스스로의 눈을 볼 수 없으며, 손가락 끝은 그 손가락 끝을 만질 수 없다. 나아가 우리가 거주하는 집이라는 공간이 나를 광활한 우주로부터 격리시키는 것인지, 혹은 자연의 폭력성으로부터 나를 보호하는 방패막이 역할을 수행하는지는 모호하다(물론 논리적으로 보자면 양자 모두일 것이다). 단지 우리는 그러한 질문 자체에서 미묘한 불편함을 느낀다. 눈앞에 놓인 하나의 대상을 두고, 우리가 만일 원한다면 그것을 다양한 방식으로 호명할 수 있을 것이다. 그러나 이로부터 수반되는 생경함을 인간은 감내할 수 없다. **하나의 대상을 하나의 이**

름으로 부를 수 있는——혹은 불릴 수 있게 하는——장치는 무엇일까.

문명의 역사는 어쩌면 세계를 향한 인간의 말 걸기의 역사였을 것이다. 신화적 세계관, 과학적 세계관, 창조론적 세계관, 진화적 세계관 등은 모두 관(觀)이라는 글자로부터 자유롭지 못하다. 관은 엄밀한 의미에서 대상사물을 보는 것이 아니라, 대상사물을 보기 위한 특정 지점을 확보하는 것이다. 장자의 말처럼 "사람은 누구나 흐르는 물을 거울로 삼지 않고 멈추어 있는 물을 거울로 삼는다."[1] 그런데 장자사상에 익숙한 독자라면 이 구절에서 즉각 '멈춤'의 양가적 의미를 알아차릴 것이다. 자연의 본질이 물화이고, '나' 또한 자연이라면 흘러가는 것을 어떻게 멈추게 할 수 있을 것인가. 「반야심경」에 등장하는 '관자재보살(觀自在菩薩)'은 (1) '관'이 자재한 보살이며, 동시에 (2) 자재하게 관하는 보살이다. 여기서 '자재'란 걸림이 없음을 암시하며, 관자재보살이 부처의 화신임은 말할 나위 없다. 그런데 「반야심경」은 왜 부처를 관자재로 칭하였을까.

침묵하는 것은 어렵지 않으나, 말을 하되 말에 걸리지 않기는 쉽지 않다. 20세기 들어 다수의 학자들은 인간을 규정하는 개념으로 호모 로퀜스(Homo loquens), 즉 언어적 인간이라는 신조어를 사용하기 시작했다. 필자는 이 말의 뜻을 좀 더 넓게 해석하여 인간이 언어를 사용하는 것이 아니라, 언어에 의해 인간이 규정된다고 파악한다. 만일 호모 로퀜스가 인간의 특정한 본질을 적절히 드러내고 있다면, 관자재보살은 이미 인간이면서 인간을 넘어선 것이다.[2] '나'와 세계가 함

---

1 人莫鑑於流水, 而鑑於止水, 唯止能止衆止. (「덕충부」)
2 부처의 한자어인 '불(佛)'은 사람 인(人)과 아닐 불(弗)의 합성어이다. 즉 한자의 구조를 보면, 부처란 '인간이면서' 동시에 '인간을 넘어선 것'이다.

제12장 이데올로기를 넘어 | 429

비트겐슈타인

께 흘러가는 이상 언어는 더 이상 '의미'가 아니라, 우주 구석구석에 울려 퍼지는 소리이고 울림이다. 그러나 호모 로렌스로서의 인간은, 소리보다는 의미를 선택하였다. 그러기 위해서는 '나'도 '세계'도 잠깐 멈춰야 한다. 주체와 대상이 '멈춰 서서' 서로를 응시하지 않는 이상 '인식작용'은 일어나지 않기 때문이다.

나와 세계 혹은 주관과 객관이라는 구도는 서구철학의 기본 골격을 형성해온 토대이다. 그런데 주객 이원적 구도에 대한 근원적 문제 제기가 서구 근현대 사상가들에 의해 시도되기 시작한다. 대표적 사례로 마르크스사상의 출발지점은 역사에 대한 우리의 사유가 연구대상으로부터 분리될 수 있을 것인가의 문제였다. 즉 역사에 대한 사고 자체가 하나의 역사적 행동이라면, 역사는 결코 사변적으로 대상화시킬 수 있는 주제가 될 수 없기 때문이다. 이러한 논리의 핵심에는 모든 것을 역사적 구체물로 파악하고자 하는 인식론적 입장이 깔려 있다.[3] 이를 전형적으로 반영하는 것이 역사문화주의적 입장이다. 즉 사회적 행위로서 불변하는 것은 없으며, 심지어 성(性), 식생활, 의상 등 우리가 본능적인 것으로 간주하는 문제까지도 엄밀히는 특정 시대와 사회의 문화적 경향성에 의해 결정된다는 것이다. 이러한 관점에서 보자면, 특정한 사회현상에 주목하고 거기에 의미를 부여하는 것은, 실증주의적 의미에서의 역사연구의 본질을 조금 비껴나 있다. 그보다

---

3 위의 전제와 관련해서 아래 구절은 음미해볼 만하다. "The implications for knowing the totality of history, especially before the onset of Communism, were thus clouded, for, in the famous words from The Eighteenth Brumaire, "Men make history, but they do not make it just as they please; they do not make it under circumstances chosen by themselves, but under circumstances directly encountered, given and transmitted from the past." *Karl Marx: Selected Writings*, in David Mclellan (ed), (Oxford, 1977), p. 300.

는 그러한 현상을 초래한 배후의 사회적 구조를 설명하는 것이 좀 더 근본에 부합될 것이다.

이 같은 논의는 기본적으로 '이데올로기'의 의미를 이론적으로 고찰하기 위한 토대이다. 헤겔, 마르크스, 제임슨 등의 이론적 입장에 따르자면 이데올로기는 일종의 봉쇄(closure)[4]이다. 즉 봉쇄를 통해 세계는 우리에게 유의미한 체계로 다가오게 된다. 세계가 유의미한 형태로 다가온다고 함은 세계-속-존재로서의 '나(혹은 개인)'의 입장에서는 매우 중요한 문제이다. 왜냐면 이러한 체계를 통해, 개별적인 제반 행위가 유사(類似) 보편적 차원에서 규정될 수 있는 일종의 척도가 마련되기 때문이다.

이 같은 사회과학적 개념규정에도 불구하고, 이데올로기의 본질을 정의내리는 것은 쉽지 않다. 무엇보다 여러 비평가들에 의해 이데올로기는 다양한 방식으로 해석되고 있으며, 어떤 의미에서는 이데올로기의 본질을 규정하고자 하는 시도 또한 일종의 이데올로기적 행위로 간주될 수 있기 때문이다. 따라서 필자의 경우 이데올로기의 본질을 규정하고자 하는 특정 이론에 천착해서 이를 분석하려 하기보다, 이들 담론을 통해 본서의 주제의식을 심화시켜나갈 수 있는 가능성을 모색해보고자 한다.

알튀세르(Althusser, 1918~1990)의 구조주의적 마르크스주의[5]에 근

---

4 특히 제임슨의 주장에 따르면, 이데올로기란 일종의 '허위의식'이며, 사람들로부터 실재(naked reality/History)를 은폐하는 허구적 장치이다. 프레드릭 제임슨, 이경덕·서강목 옮김, 「해석에 관하여」, 『정치적 무의식』(서울: 민음사, 2015).

5 루이 알튀세르의 구조주의적 마르크스주의의 단초는 「이데올로기와 이데올로기적 국가기구」에 잘 나타나 있는데, 이 논문에서 강조되는 것은 '개인들의 존재를 지배하는 실재관계들의 체계가 아니라, 그들이 살고 있는 실재관계들에 대한

거하면 역사(History)에 본질적인 것은 역사의 무대 위에 등장하는 개인으로서의 인간이 아니라, 특정 사회를 지탱하는 구조의 구속적인 힘이다. 달리 말해 역사 속에서 개인에게 부여된 의미는 사건을 추동해나가는 의식적이며 자발적 행위가 아니라, '억압적 구조'를 지지하는 역할을 담당하는 것이다. 즉, 인간은 구조의 모순을 스스로 수반하거나 이를 지지하는 역할을 담당할 수 있을 뿐이다. 물론 여기서 지적하는 억압적 구조가 이데올로기를 지칭하고 있음은 명약관화하다.

이데올로기의 이 같은 사회적 기능이 개별 인간에게 의식화된 상태로 존재하는 것인지 혹은 무의식적 층위에서 작용하는지를 판명하는 것은 쉽지 않다. 무엇보다 특정 이데올로기가 **이미 나 자신이 되어버렸으며**, 따라서 나―속의―세계(혹은 세계―속의―나)를 지배하는 그 어떤 보이지 않는 울타리를 벗어나, 그 울타리 속에 머물고 있는 '나'를 탈이데올로기적 맥락에서 해석해내는 것이 결코 간단한 작업이 아니기 때문이다. 이로 인해 위에서 언급한 논자들은 "인간의 존재가 철저히 그 총체성에 의해 결정되며, 인간은 이미 그 자신이 그 부분이 되어버린 총체성의 과정이나 의미 혹은 끝을 볼 수 없다"[6]라고 단언한다.

개인들의 상상적 관계이다.' 나아가 그는 이전의 마르크스주의보다 가일층 계급투쟁을 강조하는 방향으로 기울어지게 되는데, 이는 '사회구성체 속에 존재하는 이데올로기들을 설명할 수 있는 것은 오직 계급들의 관점, 즉 계급투쟁의 관점에 서일 뿐'이라는 결론으로 이어진다. 이를 통해 우리는 사회의 구성체가 주체나 사회적 행위를 통해서가 아닌, 정치경제적 구조의 관점에서만 이해될 수 있을 것이라는 구조주의 마르크스주의의 핵심을 추론해낼 수 있다. 루이 알뛰세르, 김동수 옮김, 「이데올로기와 이데올로기적 국가장치」, 『아미엥에서의 주장』 (서울: 솔, 1991) 참조.

6 참고로 제임슨은 '부재원인(absent cause)'으로서의 실재개념을 언급하면서, "총체성은 어떤 궁극적인 진리의 형태로 접근될 수 없을 뿐 아니라 재현되지도 않는다"라고 주장한다. 프레드릭 제임슨, 위의 책, 64쪽.

여기서 앞서 지적한 '봉쇄'의 개념을 제임슨의 이론에 기대어 좀 더 구체적으로 살펴보자. 봉쇄라 함은 이를 통해 세계가 하나의 유의미한 체계로 들어오게 되는 수단이자 장치이며, 그는 봉쇄전략의 기능으로 역사에 내재된 모순을 억압하는 작용을 지적한다.[7] 달리 말해 역사는 항상 서사형식으로 약호화되어 우리에게 다가온다는 것이다. 이를 토대로 약간의 논리적 비약을 시도해볼 수 있는데, 첫째로 완전한 자유는 봉쇄전략이 더 이상 존재하지 않게 될 때 가능하다는 것이며, 둘째로 인간해방의 전 단계에서 우리는 늘 **역사가 아닌 것**만을 알 수 있을 뿐이라는 가정이다. 물론 전술한 두 개의 명제와 관련하여 '완전한 자유'라든가, 이를 통해 구현될 수 있을 법한 '역사(History)'의 함의를 추론하는 것은 논지의 핵심을 비껴 있는 것으로 보인다. 현실적 관점에서 볼 때, 인간은 어떠한 의미로든 이데올로기의 억압적 구조를 지지하는 역할을 수행하기 때문이다.

그런데 이 같은 가설과 주장은 기본적으로 구조주의적 맥락에서 특히 유효하다. 사회 속에서 인간의 의미가 그 사회를 작동케 하는 특정한 구조를 지지하는 역할에만 한정되는 것이라면, 인간을 역사의 주체로 설정하는 것은 일견 모순적으로 보인다. 실제로 전술한 알튀세르에 의거하면, "계급투쟁은 계급에 선행하며, 전자(계급투쟁)가 역사를 추동하는 동인이고 (…) 나아가 역사는 하나의 과정이며, 역사주체로서의 (인간개념은) 부재한다."[8]

---

7 프레드릭 제임슨, 같은 책, 64쪽.
8 알튀세르에 대한 논의에서 제임슨은 '구조가 부재 원인이라는 것을 바로 이러한 의미이며 (…) 전체의 한 부분이나 층위들 가운데 하나도 아니며, 오히려 이러한 층위들 간의 관계들이 이루는 체계 전체'라고 지적한다. 프레드릭 제임슨, 같은 책, 43쪽.

만일 이데올로기가 인간의 삶에서 '인간다움'을 강화하고 보장하기 위한 신념에서 출발한 것이라면, 인간에 대한 구조주의적 마르크스주의의 결론은 다소 아이러니하다. 그러나 이와 유사한 사례들을 우리는 역사에서 빈번히 목도하였다. 과학과 기술의 발달이 인간의 삶을 좀 더 편리하고 윤택하게 만든 측면을 부인할 수 없지만, 과학만능주의적 사고가 인간을 기술문명의 한갓된 노예로 전락시킨 사례들을 주변에서 쉽사리 발견할 수 있기 때문이다. 인간을 인간답게 '해석'한다고 함은 다분히 동어반복적으로 인식될 소지가 있다. 그럼에도 불구하고 인간의 본질에 대한 심층적 성찰을 경유하지 않은 이데올로기는 사회과학의 외피를 입고서, 살아 숨 쉬는 인간을 역사라는 무대의 후경으로 밀쳐낼 공산이 크다.

인간의 본질에 대한 성찰

앞서 논한 이데올로기의 문제와 여기서 다루고자 하는 인간의 본질에 대한 논의는 어쩌면 동전의 양면과 같은 것이다. 단 양자를 동일한 인문학적 주제로 봐야 할지, 혹은 변별적 관점에서 접근해야 할지는 판단하기가 쉽지 않다. 여기서는 기본적으로 양자 간의 의미론적 연계성을 염두에 두면서 먼저 구체적인 논의를 진행하고자 한다. 장자의 「대종사」에서 우리는 본 주제와 관련된 흥미로운 사례를 발견한다.

> 지(知)라고 하는 것은 기다리는 바가 있은 뒤라야 합당하게 되는데 기다리는 바가 유독 일정하지 않다. 그러니 어찌 내가 자연이라고 말한 것이 인위(人爲)가 아니며 내가 인위라고 말한 것이 자연이 아님을 알

수 있겠는가. 참다운 사람이 있은 뒤라야 참다운 앎이 있는 것이다.[9]

　　인용문에서 장자는 앎의 불완전함을 지적한다. 인간의 어떠한 앎도 완전할 수 없는 것은 'A'라는 앎이 필연적으로 'not-A'에 의해 제어되기 때문이다. 이로 인해 진리의 문제는 끊임없이 유보되는 것처럼 보인다. 그런데 이 글의 마지막 문장이 암시하는 것처럼 유보되는 것은 사변적 앎이지, 진리가 아니다. 장자가 여기서 제기하는 문제의 핵심은 절대지를 인간주체와 분리시켜 실체적 개념으로 규정하려는 시도이다. 이는 흡사 『중론』에서 말하는 "걷는 사람 없이, 걷는 작용"[10]을 상정하는 것과 동일한 오류이다. 엄밀한 의미에서 '걷는 주체'와 '걷는 행위'는 상호 분리될 수 없는 것이며, 동일한 논리로서 진지(眞知)는 진인(眞人)과의 관계성 속에서 논할 수 있을 뿐이지, 양자를 상호 분리된 객관적 실체로 규정함은 불가하다. 도가사상의 대척지점에 서 있는 유교사상의 경우도 이 부분과 관련해서는 유사한 입장을 견지한다.

　　(1) 도는 한순간도 (사람과) 분리될 수 없으니, 분리될 수 있으면 도가 아니다.[11]

---

9 夫知有所待而後當, 其所待者特未定也, 庸詎知吾所謂天之非人乎, 所謂人之非天乎, 且有眞人而後有眞知.

10 '걷는 행위'를 '걷는 자'와 분리시켜 별도의 실체적 개념으로 상정하는 것이 인간의 망상분별심에서 비롯된 것임을 '나가르주나'는 위의 사례를 통해 설파하고자 한다. 이와 관련된 구체적 논의는 다음 책을 참조. 정진배, 「탈현대와 불교적 사유」, 『중국현대문학신론』 (서울: 박문사, 2014), 151~152쪽.

11 道也者, 不可須臾離也, 可離, 非道也. (『중용』 1장)

(2) 합당한 사람이 있으면 (올바른) 정책이 행해지고, 합당한 사람이 없으면 정책이 행해질 수 없다.[12]

　본서의 1부에서 집중적으로 조명한 『중용』에서 이와 관련된 다양한 사례들을 발견할 수 있겠으나, 여기서는 상기 두 구절을 대표적으로 인용한다. 첫 번째 인용문은 별도의 장에서 논한 바 있으므로 세부적 설명을 생략한다. 단 동양의 진리개념에 상응할 수 있는 '도'의 본질을 인간존재의 문제와 직접적으로 결부시키고자 하는 시도는, 전술한 장자의 관점과 유사하다. 더불어 두 번째 인용문의 내용은 매우 흥미롭다. 『중용』의 관점에서 보자면 국가의 정책이나 제도는 부차적이며, 그보다는 공의롭고 유능한 관료의 존재유무가 나라의 흥망을 좌우한다는 취지인데, 이 같은 발상은 공평하고 합리적인 제도구축을 최우선으로 고려하는 현대사회의 정치문화적 추이와는 다소 배치된다. 물론 합리적 제도와 그 제도를 운영하는 지배계층의 문제를 이항대립적으로 사고하는 것이 다소 사변적 논쟁이 될 수 있겠으나, 『중용』이 대동사회의 구현을 위해 '제도'에 앞서 이를 현실에서 구현할 수 있는 인간주체를 강조하고자 하는 저의는 십분 공감할 수 있을 것이다.

　이상에서 인용한 두 가지 사례를 통해 도가 및 유교사상에 뿌리 깊은 인본주의적 태도를 쉽사리 고찰할 수 있다. 사실 이 같은 전통은 오사운동의 정신적 토대로까지 이어지고 있음을 여러 문건에서 쉽사리 발견할 수 있는데, 기본적으로 중국의 문화적 토양에서 본질과 현상, 보편과 특수 등의 문제는 항시 상호 연결된 것으로 사고되었다. 가

---

12 其人存則其政舉, 其人亡則其政息. (『중용』 20장)

령 내성/외왕의 개념이라든가, 『대학』의 공부방법론이 수신에서 평천하로 이어지고 있음을 보면, 이 같은 추론의 신빙성을 더할 수 있겠다. 무엇보다 유교나 도가의 우주론이 표면상의 차이에도 불구하고 궁극적으로는 천인합일적 사유를 지향하고 있음은 흥미롭다. 즉 하늘은 우리의 지적 경계를 넘어선 추상적 대상이지만, 역설적이게도 '하늘'이 내 속에 들어와 있다. 이로 인해 진리의 문제는 항시 '내가 누구인가'라는 실존적 문제로 수렴될 수밖에 없다.

이와 비교하여 서양철학의 원형이라 할 수 있는 플라톤사상에 주목하자면, 현상계의 제반 사물은 나타났다 사라지는 그림자와도 같으며, 단지 시간과 공간을 초월한 이데아만이 불변하는 것이다. 여기서 이데아가 시공을 초월해 있으며, 경험이나 감각이 아닌 이성에 의해 인식될 수 있을 뿐이라는 (서구)철학적 명제는 필자의 역량으로는 그 본의를 심도 있게 추론하기 어렵다. 다만 이러한 기본 전제로부터 서양에서는 세계를 현실계와 이데아계로 분리시켜 바라보는 이원론적 사유가 통용돼왔다는 것을 하나의 보편적 가설로서 수용할 수 있을 것이다. 비근한 예로 화이트헤드는 유럽의 철학전통이 플라톤에 대한 각주로 이뤄졌다고 주장한 바 있다.[13] 동서양철학의 이 같은 표면적 차이에도 불구하고 양자를 동일선상에서 비교하는 것이 어떤 의미를 가질 수 있을 것인가. 무엇보다 비교철학적 시도를 위한 논의의 발판을 마련하는 것이 가능할 것인가.

---

13 The safest general characterization of the European philosophical tradition is that is consists of a series of footnotes to Plato. I do not mean the systematic scheme of thought which scholars have doubtfully extracted from his writings. I allude to the wealth of general ideas scattered through them. A. N. Whitehead, *Process and Reality* (New York: Free Press, 1985), p. 39.

위의 두 가지 질문과 관련하여 앞서 언급한 중국철학의 근원적 질문, 즉 '나는 누구인가'라는 물음은 논의를 진전시키기 위한 흥미로운 출발점이 될 수 있을 것이다. 유교나 도가사상이 공히 지적하고 있듯이, '나'를 섬광처럼 나타났다 사라지는 미물로 간주하는 것은 수자상(壽者相)의 발로이며, 인간의 본질은 하늘과 맞닿아 있다. 물론 이는 논리적 분석을 통해 증명할 수 있는 문제가 아니며, 심지어 이 같은 명제를 제시하는 방식 또한 매우 은밀하고 직관적이다. 그럼에도 불구하고 '그' 속에 하늘을 품고 있는 '나'의 본질을 언어적 수사를 통해 조금이나마 표층으로 드러내기 위해서는 일종의 참조체계가 필요하다. 이러한 학적 의도를 일정 부분 충족시킬 수 있는 적절한 서양의 사상가가 미하일 바흐친(Mikhail Bakhtin, 1895~1975)이다. 바흐친은 도스토옙스키에 대한 통찰력 있는 분석을 통해 인간의 내면을 심층적으로 분석한다. 물론 별도의 장에서 소상히 살펴보겠지만, 바흐친적 사유의 핵심은 인간이라는 존재 자체가, 언어논리를 통해 분석할 수 있는 대상이 아님을 드러내기 위한 것이었다. 필자는 바흐친의 이론을 개략적으로 살펴보면서, 유교와 도가의 인간론, 나아가 본서의 주제인 중국사상의 죽음이데올로기를 객관적 시각에서 고찰하기 위한 교두보를 마련하고자 한다.

바실리 페로프의 「도스토옙스키」

제 3 장
바흐친론

미하일 바흐친은 20세기 생존했던 여러 사상가 중 가장 주목받는 인물 중 한 사람이다. 그는 1895년 러시아혁명 전야의 시기에 출생하여 페테르부르크 대학을 졸업하고, 1929년 첫 저작인 『도스토옙스키 시학』을 발간하였다. 바흐친은 스탈린 집권 이후 많은 탄압을 받았으며, 6년간 카자흐스탄에서 유배생활을 하였다. 그는 생전 주류 문화담론에서 배제되었으며 이로 인해 주변의 입장에서 세계를 보고, 다양성의 가치에 주목하게 된다. 특히 바흐친은 공리주의와 실증주의적 관점을 선호했던 당시의 시대적 분위기와 인간에 대한 규범화된 입장에 대한 대항적 담론을 전개한다. 실제로 그는 서구근대를 상징하는 진리의 단선적 개념에 반대하였으며, 인간은 자유롭고 항상 자기에게 부과된 어떤 고정관념을 파괴할 수 있는 존재라는 신념을 갖고 있었다. 그는 개인적으로 암울한 시기를 살았으나, 문예이론, 윤리학, 언어철학 등 다양한 분야에 많은 저서를 남겼다. 본 장에서는 바흐친의 첫 저작인 『도스토옙스키 시학』을 기초로 하여 그의 언어철학의 핵심

바흐친

적인 특징들을 살펴보고, 이를 인간론과 연결시켜보고자 한다.[1]

　바흐친 언어철학의 핵심은 대화적 상상력에서 잘 드러난다. 그가 주목하는 것은 기계적 문장(sentence)이 아닌, 발화(utterance) 개념으로, 바흐친에 따르면 후자는 누군가에게 말해져야 하며, 무엇에 반응하고, 또한 응답을 예상하는 것이다. 그렇기 때문에 발화의 경우 중요한 것은 주어진 상황성이다. 즉, 동일한 문장도 그것이 발화되는 상황에서 절대적으로 다른 의미를 부여받게 된다. 바흐친의 대화이론에서 언어란 화자가 특정 메시지를 청자에게 전달하고, 이를 청자가 정해진 문법체계에 의해 해독하는 단순한 소통의 도구가 아니다. 그가 말하는 발화의 개념 속에는 이미 보편적으로 통용되는 의미와 아직 **말해지지 않은** 잠재적 의미가 공존하고 있다. 후자는 언어가 사용되는 상황의 구체성 속에서 항시 새롭게 주어지는 것이다.

　이 같은 발화개념을 통해 바흐친이 강조하고자 하는 것은 문장이나 단어의 의미가 결코 어떤 정해진 법칙에 의해 도식적으로 결정될 수 없다는 것이다. 여기서 강조되는 것이 문장의 의미를 결정하는 '문맥'인데, 이는 결코 종결될 수 없다. 의미가 문맥에 의해 조건적으로 생성된다는 전제하에서 언어의 본질은 대화적이며, 이는 결코 기계적 틀에 의해 고정될 수 없다. 이렇게 보자면, 언어의 속성은 진정한 완성이 결여돼 있으며, 이는 본질상 현재적으로만 존재한다. 왜냐하면, 대화란 지금-여기서의 타자와의 만남을 전제하기 때문이다. 즉 중요

---

1 본서에서의 바흐친 관련 논의는 주로 그의 첫 저서였던 『도스토옙스키 시학』 및 이 책과 관련된 다양한 이론서의 내용을 토대로 서술되었으며, 구체적 인용의 경우 출처를 명시하였다. 우리말 번역본은 바흐친, 김근식 옮김, 『도스또예프스끼 시학』(서울: 정음사, 1988)을 참고하였다.

한 것은 아직 도래하지 않은 '미래'에 어떤 사변적 의미를 부여하는 것이 아니라, **열려진 현재**가 진정한 실재가 되는 것이다.

　바흐친이 대화성의 개념을 제시하면서 노블(novel)이라는 문학장르에 주목했음은 주지의 사실이다. 그러나 바흐친이 말하는 노블은 특정 문학장르를 지시하는 개념이 아니라, **노블화**(novelization)라는 가치론적 측면을 강조하기 위한 방편이었다. 역설적이지만 노블로 상징되는 가치는 반정전(反正典, anti-canonization)적이다. 왜냐하면 바흐친의 노블개념은 무엇인가의 의미를 규정하고 거기에 대한 권위를 부여하려는 모든 시도를 해체하고자 하기 때문이다. 노블이 대화성을 통해 사회의 제반 위계적 담론을 끊임없이 의심하고 (문화적으로 구축된) 권위에 도전하고자 했다면, 독백은 대화성의 반대적 개념이 될 것이다. 물론 여기서 독백을 상징하는 시성(詩性)이 로고스 중심의 단선적 통일성의 세계를 암시하고 있음은 명확하다. 바흐친에 의하면 시적 언어는 완벽성을 추구하며, 그 속에서 현재성, 일상성 등은 모두 제거된다. 이로 인해 지금-여기를 규정하는 이질성과 다양성은 모두 망각되며, 오직 중요한 것은 불변하는 본질의 영역이다.

　그러나 이 같은 언어철학을 통해 바흐친이 정작 드러내고자 한 핵심은 인간의 본질에 대한 그의 성찰과 무관하지 않다. 기실 바흐친이 주장하는 대화성, 다성성 등의 개념은 인간을 설명하기 위한 중요한 이론적 토대가 된다. 바흐친에 따르면 인간은 결코 합리적으로 설명될 수 있는 존재가 아니다. 그보다는 무수한 타자들이 '자아'라는 울타리 속에 공존하면서 끊임없이 상호 간의 관계성을 형성해나가는 것이다. 달리 말해 내 속에는 항시 '내'가 알지 못하는 그 어떤 미지의 영역이 내재해 있고, 이로 인해 나의 모든 행위는 과학적으로 예측할 수 있는 대상이 아니다. 물론 인간에 대한 전술한 내용은 근대의 위기의식에서 출발했음이 명확하다. 즉 '나'의 정체성을 예측 가능한 방식으로 규정한다는 것은, 인간이 과학적으로 구축된 특정한 가설을 증명하기 위한 수동적 데이터로 전락함을 의미하는 것이다.[2] 바흐친의 관점에서 '예측 가능한 세계'는 '새로움이 사라진' 세계이다.

기실 바흐친이 가장 주목했던 동시대 작가는 도스토옙스키였다. 도스토옙스키는 1851년 영국 런던에서 열린 만국박람회를 방문하고, 당시 박람회를 위해 유리와 철로 급조된 거대한 '수정궁(Crystal Palace)'을 목격하는데, 당시 많은 사람들의 찬사를 자아냈던 수정궁이 후일 그의 작품에서는 전체주의와 디스토피아의 상징으로 묘사된다. 그의 작품 『지하생활자의 수기』에서 잘 드러나고 있듯이, 이성과 합리의 세계를 상징하는 수정궁은 도스토옙스키의 작품에서 역으로 인간의 자율성에 대한 극단적인 위협의 표상으로 나타난다. 수정궁과 관련된 도스토옙스키 독백 중 한 구절 인용해본다.

> 상식과 과학이 인간의 본성을 완전히 재교육하여 올바르게 지도하게 된다면, 반드시 그것을 습득하게 되리라고 확신하고 있을 것이다. 당신들의 확신에 의하면, 그때야말로 인간이 스스로 과오를 범하거나 자기의지를 정상적인 이익에 역행시키는 따위 짓은 자연히 없어져야 할 것이다. 뿐만 아니라 당신들의 생각으론 그때야말로 과학 자체가 인간을 교도하여 (내 생각으로 너무 지나친 얘기 같지만), 인간은 자유의지 같은 것은 애초부터 없었던 것처럼 피아노의 건반이나 오르골의 핀 같은 것이 되어버리고 말 것이다. 뿐만 아니라 이 세상에

---

2 실제로 바흐친은 프로이트나 마르크스처럼, 어떤 체제나 법칙에 의해 인간을 규정하고자 하는 이론이나 사상을 비판하였다.

수정궁

는 자연의 법칙이라는 게 엄존하고 있으므로, 인간이 무얼 하든 간에 그것은 자기의 의지에 의해 실행할 수는 없는 일이며 자연의 법칙에 의해 스스로 이루어지는 것이라고 보아야 한다. 따라서 이 자연율을 발견하기만 하면 인간은 자기행위에 책임을 지지 않아도 되므로, 생활하기가 무척 편해진다. 그렇게 되면 모든 인간의 행위가 자연히 이 법칙에 따라 분류되어, 마치 대수표처럼 그 수가 대략 10만8천 종류쯤 되어 연감 속에 기입된다. 그보다 더 좋은 것으로는 요즘의 백과 사전 같은 친절한 출판물이 간행되어 인생에 관한 모든 것을 정확히 계산해서 명시해준다면, 이미 이 세상에 행위도 없고 돌발사건도 없게 되는 것이다. 그때야말로——이것은 모두 당신들의 설을 대변하는 것이지만——수학적으로 정확하게 계산된 인스턴트식 새로운 경제관계가 시작되고, 문젯거리란 흔적도 없이 사라져버린다. 어떤 문제든지 미리 준비된 해답을 즉각적으로 얻을 수 있기 때문이다. 그때야말로 **수정궁이 세워지는 것**이다.[3]

다소 인용이 길어졌지만, 상기 부분은 도스토옙스키를 매개로 한 바흐친의 이론을 이해하기 위해서는 매우 중요한 구절이 아닐 수 없다. 인용문에 등장하는 '수정궁' 모티프와 관련하여 이동현은 "인간이 자신의 자유로운 본능을 부정하면서 소위 말하는 '합리적' 삶의 환경 속에 갇히게 되면, 인간은 단지 자신의 자유의지에 따라서 살고 싶다는 생각 때문에 일체의 대수표를 걷어차버리게 될 것"[4]이라고 지적한다. 달리 말해 서구 현대사회가 과학적 합리성을 전면에 내세우면

---

3 도스토예프스키, 이동현 옮김, 『지하생활자의 수기』 (서울: 슬기샘, 1993), 36~37쪽.
4 도스토예프스키, 같은 책, 「역자의 말」, 200쪽.

서 이를 신격화하게 될 때, 인간다움을 규정하는 모든 신비로운 아우라가 일거에 발가벗겨질 것이라는 경고이다. 물론 이때의 '합리성'이란, 개념이 인간을 규정하고 재단하기 위해 임의로 급조된 패러다임에 불과할 뿐, 인간존재의 본질과는 무관하다는 메시지가 『지하생활자의 수기』 전편에 걸쳐 반어적으로 잘 드러나고 있다. 요약하자면 인간은 해석될 수 없고, 해석되어서도 안 된다.

도스토옙스키의 이 같은 작품을 매개로 하여, 바흐친은 아마도 단성성에 맞서는 인간의 모습을 제시하고자 고심했던 것 같다. 이는 바흐친이 닫힌 시간 속의 유토피아적 이상을 추구하기보다 혼돈과 불확실성이 상존하는 열려진 현재를 중시했다는 측면에서 여실히 드러난다. 물론 바흐친이 주장하는 대화성이나 다성성 자체가 인간의 본질을 규정하기 위함인지, 혹은 양자가 서구 근대성에 대한 대항담론적 차원에서 사용되는 것인지를 분별하는 것은 쉽지 않다. 여기서는 이 부분에 대한 결론을 잠시 유보하고 우선 바흐친의 인간론을 좀 더 소상히 살펴보자.

다성성을 논하는 맥락에서 바흐친은 개별사물을 어떤 보편적 본질의 한갓된 예시로 파악하고자 하는 모든 시도를 거부한다. 즉 진리는 개념 내에서의 통일성이 아니라 존재 내에서의 통일성으로, 모든 물음에서 벗어나 있다. 이러한 진리개념은 자본주의 비판의 화두가 되었던 '물화(reification)'[5] 개념과 밀접히 연결된다. 바흐친에 있어서 인

---

5 "Characteristically, Bakhtin immediately cautions us not to interpret these contradictions and bifurcations dialectically. No synthesis is possible between them, and they can hardly be contained within a single voice or consciousness. Rather, they exist as an eternal harmony of unmerged voices or as their unceasing and irreconcilable quarrel." See Gary Saul Morson &

간은 항상 **인간들**이다. '내' 속에 존재하는 여러 타자들은 임의로 통합될 수 없으며, 각각의 타자가 모두 스스로의 권리를 주장하는 격이다. 이는 인간과 인간의 관계에도 그대로 적용되는데, 이미 대화이론에서 논의되었듯이, 화자 A의 발화 속에는 이미 청자인 B가 들어 있다. 왜냐하면 어떤 대화에서도 청자를 의식하지 않은 일방적인 독백은 발생할 수 없기 때문이다. 물론 이 같은 특성이 단성적 세계관에 익숙한 독자의 관점에서는 모순적으로 비칠 수 있겠으나, 이는 서로 다른 세계관 사이에 존재하는 인식론적 괴리로 인해 유발되는 현상으로 이해하는 것이 적절할 것이다.

한편 전술한 내용은 작가의 소멸이라는 결과로 이어진다. 노블의 작가는 작중인물을 창조할 수 없다. 물론 그렇다고 하더라도 작가의 존재가 전혀 무의미한 것은 아니다. 그는 적어도 작품의 배경을 설정하고 거기에 등장인물을 배치할 수 있다. 그러나 작가의 역할은 거기서 멈춰야 할 것이다. 왜냐면 노블에서 작가의 존재는 등장인물을 평가하고 규정하는 신적 존재가 아니라, 등장인물과 서로 이야기하는, 달리 말해 그(=작가) 역시 하나의 등장인물에 불과하기 때문이다.[6] 이러한 관점에서 보자면 소설의 주된 요소는 이야기의 구조나 플롯이 아니라 작중인물들 간의 대화이다. 대화의 본질은 늘 현재적 상황 속에서 창조적으로 발생하는 것이며, 따라서 대화의 결과나 함의를 미리 예측하는 것은 불가능하다.[7]

Caryl Emerson, *Mikhail Bakhtin: Creation of a Prosaics* (Stanford: Stanford University Press, 1990), p. 261.

6 작가와 주인공 간의 연결 줄을 끊지 않으면, 독자는 예술작품을 보는 것이 아니라, 작가의 사적 기록물을 보게 될 것이라고 주장한다.

여상에서 살펴본 바흐친의 인간론은 현재의 관점에서도 매우 파격적이다. 그는 인간이 언어를 사용하는 것이 아니라, 대화적 언어에 의해서만이 인간이 표현될 수 있다고 지적한다. 그렇게 보자면 '나는 나다'라는 명제 자체가 성립될 수 없다. 혹은 좀 더 근본적으로, '내가 누구인가'라는 질문 자체가 성립될 수 없는 것이다. 왜냐하면 이는 이미 '나'의 실체성을 전제한 물음이기 때문이다.[8] 다성성이론의 자연스런 결론은 '내가 결코 내가 될 수 없다'는 것이다. 물론 이 같은 역설적 명제의 이면에는 신이 인간에게 부여했다고 믿어온 '자유'에 대한 바흐친의 깊은 성찰이 배어 있다. 인간은 자유로운 존재로 창조되었으며, 그리하여 (창조주인) 신을 놀라게 할 수 있다.

주인공의 말은 작가에 의해서 창조되어지나 그 말은 작가가 아닌 타인의 말로서, 마치 주인공 자신의 말처럼, 자신의 내면적 논리와 독립성을 마음껏 발전시킬 수 있게끔 창조되어 있다. 그 결과 주인공의

---

7 "Or as Bakhtin sometimes puts the point, potentials are why great works, individuals, and cultures are 'noncoincident' with themselves, why they always have a loophole, and why, no matter how fully they are described, they have not been exhaustively described. Just as individuals always have a 'surplus of humaneness', great works and cultures have a surplus of unexploited potentials. Potentials, non-coincidence, and the surplus make all three unfinalizable and able to render untrue any definition of them." Gary Saul Morson & Caryl Emerson, op cit., p. 287.

8 유사한 맥락에서 바흐친은 "주인공의 특성은 더 이상 주인공을 완결시키거나 가두어둘 수 없고, 더 이상 그의 전체적인 이미지를 만들거나 '그는 누구인가?'라는 물음에 예술적으로 답변할 수 없다"라고 지적한다. 나아가 바흐친의 도스토옙스키론에 따르면, "인간은 자기 자신과 일치할 수 없다." 바흐친, 위의 책, 71쪽·88쪽.

말은 작가의 구상으로부터가 아니라 오로지 독백적인 작가의 시야로부터 벗어나고 있는 것이다.[9]

작가와 주인공, 신과 인간의 관계에서 작가와 신이 자신들의 피조물에 대해 절대적 권한을 가질 수 없는 연고는 무엇인가. 물론 이와 관련해서는 신이 인간을 자유로운 존재로 창조했다는 명제로서 답할 수 있을 것이다. 그런데 바흐친의 접근방식은 이 문제를 좀 더 보편적인 지평 위로 가져온다. 즉, 그는 '사건성(eventness)' 개념을 통해 인간본질의 문제를 불확정성의 영역으로 재해석하고자 하는데, 이 부분은 특히 바흐친의 독창성이 돋보이는 대목이다. 일반적으로 우리가 사건의 개념을 떠올릴 때 특정 원인이 특정 결과를 초래했다고 보는 시각이 지배적이다. 그러나 바흐친의 이론에 비춰보면, 현실로 드러난 결과와 그것의 배후에 자리한 원인은 결코 단성적으로 규정될 수 없다. 표층 위로 드러난 현상은 여러 잠재적 **결과들** 중의 하나일 뿐이며, 동시에 거기에 대한 원인도 결코 단정적으로 말해질 수 없다. 사건에 대한 이 같은 해석은 비단 '현재'의 시간에만 국한되는 것이 아니다. 이미 발생한 역사적 사건조차 그것의 본질을 사건의 관점에서 접근해들어가노라면 '이미–발생한' 사건은 여러 가능한 잠재태 중의 하나로 재해석되는 것이다. 즉, 역사적 과거가 현재적 시간으로 새로이 규정되는 것이다.

물론 여기서 말하는 사건의 개념도 기본적으로는 바흐친 자신이 제시한 언어철학의 논리에 기초한 것이다. 하나의 발화된 목소리가 그와 상반된 의미를 동시에 내포할 수 있듯이, 사건은 다양한 의식들이

---

9 바흐친, 같은 책, 97쪽.

만나는 대화적 공간이다.[10] 한편 일정한 법칙이나 체계에 앞서 개체들의 다양성을 강조하게 되면, 혼돈(혹은 모순)의 개념이 필연적으로 강조될 수밖에 없다. 이와 관련하여 바흐친은 도스토옙스키의 작품을 예로 들면서, 인간의 내면에는 모순적 목소리들이 공존한다고 주장한다. 나아가 이들 목소리가 인간존재를 규정하는데, 이 같은 내적 모순을 '사건'의 개념으로 치환해서 보자면, 이는 개별 인간의 현실화되지 않은 잠재력을 암시한다. 이들 잠재력은 결코 동시적으로 드러날 수 없으며, 이로 인해 대화적 미종결성과 마찬가지로 인간의 본질 또한 영원히 규정될 수 없다. 나아가 세계는 실체론적으로 고정된 사건의 '배경'이 아니라, 사건 자체가 세계이다. 즉 세계는 사건이 진행되는 일련의 과정이며, 이러한 논리는 세계와 우주를 시공간의 개념으로 파악하고자 했던 중국인의 사유와 공교롭게 일치한다.

통일성

이상에서 살펴본 바흐친사상이 기본적으로 인간의 자유와 개체성을 강조하면서 문화의 원심력에 주안점을 두고 있다면, 이로부터 자연스럽게 수반될 수 있는 이슈가 통일성(unity)의 문제이다. 이러한 부분과 관련하여 바흐친은 다소 추상적이지만 간헐적으로 본인의 의견을 개진한다. 그는 기본적으로 다성성을 구심력이 부재하는 아노미적 상태로 파악하고자 하는 시각을 거부하면서, 높은 차원의 통일성 개념을 제시한다. 이와 관련하여 구체적 사례로 제시되는 것이 '인간 속 인간

---

10 Gary Saul Morson & Caryl Emerson, op cit., p. 46.

(the man in man)' 혹은 '통일적 정신(a unifying spirit)'의 개념이다. 전자의 경우는 '개인'적 관점에서의 통일성으로, 내 속에 존재하는 무수한 타자들 사이의 상대적 관계를 종합하여 사후적으로 부여되는 자기 정체성을 의미한다.

특히 전술한 설명에서 주목할 부분은 사후적이라는 말이 갖는 함의이다. 즉 자기 정체성은 관념론적으로 규정되는 것이 아니라, 다양한 타자들의 개별적 주체성을 모두 포용하는 맥락에서 주어지는 것이다. 한편 후자의 경우 바흐친은 인간과 인간의 대화적 상황 속에서 느낄 수 있는 막연한 통일적 정신을 지적하고 있으나, 이것을 구체적 개념으로 제시하는 것은 불가능함을 고백한다. 결론적으로 말하자면 바흐친이 지향한 것은 자율적인 개별 주체들이 공존하는 세계였으며, 그는 고차원적 통합성에 대한 구체적 영감을 도스토옙스키 작품들에 대한 심층적 탐구를 통해 얻을 수 있다고 낙관했다.[11]

---

11 Ibid., pp. 256~259.

제 **4** 장

동양사상과 바흐친

이제 전술한 논의에서 제기된 다양성과 통일성이라는 문제를 매개로
하여 동양사상과 바흐친의 이론을 비교해보는 것이 가능할 것이다.
하나의 진리는 구체적 시공간 속에서 늘 다른 형태로 드러난다. 이와
관련해 동양사상은 개별과 보편을 비분리적 관점에서 조망한다. 반면
바흐친의 경우 통일성의 문제보다는 개별성의 복원에 더욱 역점을 두
고 있는 듯 보인다. 그럼에도 불구하고 그는 인간에 대한 실체론적 접
근을 단호히 거부한다.

> 인간은 자기 자신과 일치하는 법이 전혀 없다. 인간에게 'A는 A이다'
> 라는 등식이 적용될 수 없다. 도스또예프스끼의 예술적 사상에 따를
> 때 개성의 참된 생명이란 인간은 자기 자신과 일치하지 않는다는 점
> 에서 나오고 있다. (…) 개성의 참된 생명은 대화적으로 침투당할 때
> 에서야 접근이 가능할 뿐이다. 그때 이 생명은 그 보답으로 자유롭게
> 스스로를 밝히게 된다.[1]

인용문은 다양한 함의를 갖고 있다. 무엇보다 A≠A의 관점은 노장이나 불교철학에 내재된 '즉비(卽非)'적 사유와 유사해 보인다. 물론 바흐친의 논점은 대화성과 다성성에 기초한 '인간 속의 인간'이란 명제를 우회적으로 역설하기 위한 논리적 수사로 보이나, 그럼에도 불구하고 '통일적 정신'으로서의 '인간'을 무수한 타자들로 대변되는 '인간들'과 여하한 방식으로 연결시킬 것인가의 문제는 해결되지 않은 채 열려 있다. 나아가 '인간들'이 개별 인간군상을 지시하는 것인지 혹은 '인간'의 대화적 과정을 인격화시켜 표현한 것인지는 명확하지 않다. 단 "개성의 참된 생명은 대화적으로 침투당할 때에서야 접근이 가능할 뿐"이라는 상기 인용문의 구절을 통해 추론할 수 있는 것은, 복수로서의 '인간들'이 통일적 정신으로서의 개인에게 선험적으로 주어진 것이라고 규정하는 것은 무리가 있어 보인다. 그보다는 '하나'가 시시각각 변해가는 다양한 시공간 속에서 여러 상이한 형태로 드러난 것이라고 해석하는 편이 좀 더 설득력이 있는 듯하다.

이제 전술한 논의를 토대로 우리는 하나의 가설을 설정해볼 수 있다. 우리가 중국사상의 문맥에서 '일즉다/다즉일'의 명제를 주장할 때, 이는 일리(一理)가 만수(萬殊)로 펼쳐지는 일즉다의 논리와 만수가 일리로 수렴되는 다즉일의 사태가 서로 '둘이 아님[不二]'을 역설하기 위함이다. 이에 반해 바흐친은 도스토옙스키의 작품을 토대로 인간 내면에 존재하는 다양한 인간군상을 지적하였으며, 나아가 이들 인간군상은 모두 제각기 주체적 개인으로 존재함을 역설한다. 이와 더불어 바흐친은 다양한 인간군상을 통합하는 일종의 높은 차원의 실재(high realism)를 언급하고 있으나, 이 높은 차원의 실재(혹은 통일적 정신)

---

1 바흐친, 위의 책, 88쪽.

는 언어적으로 규정될 수 없다.

비교사상적 차원에서 필자가 주목하고자 하는 것은, 바흐친의 경우 일리만수의 개념을 인간의 내면 '의식'에 초점을 맞춰서 설파하고 있는 듯 보이나, 앞서 논한 바흐친사상의 내용을 자세히 들여다보면, 이 같은 인식론적 패러다임이 시간, 공간 등 보다 광범위한 영역으로 확장되고 있음을 알 수 있다. 바흐친이 도스토엡스키의 시학을 논하면서 뉴턴적 물리학에 대비되는 아인슈타인적 우주관과의 유사점을 지적[2]한 것도 특기할 만한 대목이다.

바흐친의 대화성이론에서 또 하나 주목할 대목은 그가 말하는 '심판자(the super addressee)'[3] 개념이다. 말의 의미가 결코 사전적으로 고정될 수 없다는 것은 누구나가 납득할 수 있으나, 그럼에도 불구하고 언어는 여전히 인간 상호간의 소통을 위한 도구이다. 바흐친은 현실에서의 모든 대화가 쌍방 간의 진정한 이해로 이어지지 않는다는 점에 주목하여 가상의 청자를 상정하였는데, 이는 중국사상에서 흔히 말하는 '하늘'의 개념과 매우 유사하다. 가령 이와 관련하여 공자가 "타인이 나를 알아주지 않아도 원망하지 않는 자, 어찌 군자가 아니겠는가"[4]라고 말한 부분을 떠올려볼 수 있을 터인데, 이 같은 군자의 처세도리는 세상의 평가와는 무관하게 자신의 성심(誠心)을 이해하는

---

2 이와 관련하여 바흐친의 '크로노토프' 개념을 아인슈타인의 시공 비분리성 이론과 연결시켜볼 수 있을 것이다.

3 '심판자'는 '초독자(Superaddressee)'라 일컬어지기도 하며, 그를 대화에 참여하는 물리적 실체인 제2의 주체와 구별하여 '제3의 주체'로 명명하기도 한다. 이와 관련된 자세한 논의는 다음 책을 참조. Gary Saul Morson & Caryl Emerson, op cit., pp. 135~136.

4 人不知而不慍, 不亦君子乎. (『논어』 「학이편」)

'심판자' 혹은 하늘에 대한 깊은 믿음에서 비롯되었을 것이다.

인간과 세계에 대한 해석의 사례들

바흐친과 중국사상은 양자가 미묘한 대조를 이루면서, 때로는 극적인 공유지점을 만들어낸다. 물론 양자 간의 유의미한 비교를 위해서는 특정 개념들에 대한 일정한 전유와 재전유가 필요한 경우도 있을 것이다. 비교에 앞서 우선적으로 양자 간의 '대화'를 시도하기 위한 적절한 교두보를 설정하는 것이 필요해 보인다. 언어론에 관해서는 앞서 세부적 논의를 진행한 바 있으므로, 여기서는 바흐친의 카니발이론과 장자사상을 중서 비교사상적 차원에서 집중적으로 살펴보자.

바흐친과 장자사상

바흐친이 『도스또예프스키 시학』에서 카니발적 특징을 논하는 맥락을 살펴보면, 글의 전반부는 여러 문화권에서의 민중축제와 별반 차이가 없어 보인다. 그런데 논의가 카니발적 세계관의 본질에 가까워지면서 이에 대한 서술 또한 점차 종교적인 제례의 함의를 드러낸다.

> 왕의 대관과 박탈이라는 의식극의 기저에는 카니발적 세계관의 핵인 교체와 변화, 죽음과 갱생의 파토스가 있다. 카니발이란 모든 것을 소멸시키고 모든 것을 갱생시키는 시간의 축제이다. (…) 대관·박탈이란 교체와 재생의 필연성과 동시에 그러한 행위의 창조성을 나

타내며, 모든 체제와 질서 그리고 모든 권력과 위계의 유쾌한 상대성을 나타내는 이중적이고 상호 모순적인 의식이다. (…) 대관이 시작되는 순간부터 왕관 박탈의 빛이 엿보이게 된다. 카니발적 상징들이 모두 그러하다. 이 상징들은 언제나 부정(죽음) 혹은 그 반대의 기미를 띠고 있다. 탄생은 죽음을, 죽음은 탄생을 내포하고 있는 것이다.[5]

인용문은 여러 가지 중요한 철학적 개념들을 비유적으로 제시하고 있다. 먼저 바흐친은 '카니발'의 본질을 시간의 축제로 규정했다. 여기서 주목할 부분은 '카니발'이라는 시끌벅적한 놀이문화를 '시간의 축제'로 규정하고 있다는 점이다. 알다시피 시간의 중요한 특징은 모든 다양하고 이질적인 요소들을 동일하게 만들어버린다는 것이다(유사한 논리로 '만물은 변화할수록 궁극에는 하나로 수렴된다'). 이는 일종의 폭력성이며 파괴적 기운이다. 그러나 역설적으로 파괴적 기운은 그 속에 이미 새로운 탄생이라는 창조적 의미를 내포하게 된다. 즉 대관과 박탈이라는 형식을 통해 카니발에 모여든 모든 민중들은, 탄생과 죽음이라는 인간의 가장 실존적 공포로부터 해방되는 것이다. 이러한 바흐친의 논리를 앞장에서 논한 장자의 생명사상과 연결시켜보도록 하자.

「응제왕」편에서 지적하였듯이 장자는 '절대로 살 수 없는 죽음의 자리가, 생명이 꿈틀거리며 밑에서부터 치솟아 오는 순간'으로 파악하였다. 더불어 '혼돈고사'에서 혼돈의 죽음은 이미 현상세계의 탄생을 암시하고 있다. 여기서 죽음과 탄생을 시간적 계기에 의존한 일련의 연속적 과정으로 볼 것인지, 혹은 양자를 상호 겹쳐진 사건으로 볼 것인지는 다소 불명확할 수 있다. 그러나 「제물론」의 '조삼모사'는 이

---

5 바흐친, 위의 책, 183쪽.

같은 질문 자체의 의미를 퇴색시킨다. 우리에게 너무나 익숙한 고사이나 여기서 그 정확한 문맥을 되새겨보자.

신명(神明)을 수고로이 하여 억지로 하나가 되려고만 하고, 그것이 본래 같음을 알지 못하는 것을 조삼이라 한다. 무엇을 조삼이라 하는가. 저공이 도토리를 원숭이들에게 나누어주면서, "아침에 세 개 저녁에 네 개 주겠다"고 하자 원숭이들이 모두 성을 냈다. 그래서 다시, "그렇다면 아침에 네 개 저녁에 세 개 주겠다"고 하자 원숭이들이 모두 기뻐하였다고 한다. **이름 배후의 실재에는 아무런 변화가 없으나, 원숭이들은 기뻐하고 노여워하는 것으로 반응하였으니, 그냥 상황에 맡길 뿐이라.**[6]

상기 인용문에서 암시되는 것은 두 개의 서로 다른 세계이다. 하나는 '본래 같음'으로 상징되는 불변의 세계이고, 다른 하나는 '조삼모사(혹은 조사모삼)'로 상징되는 변화의 세계이다. 여기서 약간의 상상력을 가미하여 원숭이들이 조삼모사에 노여워하고 조사모삼에 기뻐했다는 장면을,「제물론」후반부에 등장하는 '이희(麗姬) 이야기'의 주제인 '열생오사(說生惡死)'의 개념과 연결시켜본다면, 원숭이들의 반응이 전혀 우스꽝스럽지 않다. 조삼모사에서 셋을 죽음과 등치시키고 넷을 삶과 등치시켜 본다면, 이는 지극히 자연스런 인간의 반응이다. 그러나 저공의 세계는 3-4와 4-3이 본질상 차이가 없다. 즉 생사가 하나인 것이다.

---

6 勞神明爲一, 而不知其同也, 謂之朝三, 何謂朝三, 狙公賦芧曰, 朝三而暮四, 衆狙皆怒, 曰然則朝四而暮三, 衆狙皆悅, 名實未虧而喜怒爲用, 亦因是也.

장자의 조삼모사 이야기의 함의를 좀 더 명료하게 부각시키기 위해서 인용문의 도입부에 "신명을 수고로이 하여 억지로 하나가 되려고만 하고, 그것이 본래 같음을 알지 못함"이라는 구절을 첨가하였다. 그러나 이 구절이 생략되었다고 할지라도 조삼모사의 함의는 명료하다. 3-4의 세계와 4-3의 세계에서 우리의 분별망상은 차이를 만들어내지만, 7이라는 본질의 관점에서는 어떠한 변화도 일어난 바 없다.

물론 여기서 말하는 변화와 불변은 모두가 우리 인식작용의 결과이다. 그렇다면 '의식'은 어떻게 작용하는가? 바흐친에 따르면 의식은 언어로 연결되며, 이는 다시 '사건'의 개념으로 이어진다. 그렇다면 세계란 무엇인가? 세계는 사건과 분리되어 존재하는 별도의 시공간이 아니라, 앞서 지적한 바와 같이 사건 자체가 세계이다. 그렇다면 바흐친의 이론에서 시간은 독립적 실체로서의 추상적 개념이 아니라, 사건의 모습으로 눈앞에 현전한다. 그런데 흥미로운 것은 바흐친이 명시적으로 목적론적·유토피아적 세계관을 비판하고 있다는 점이다. 나아가 그 비판의 기저에는 '열려 있는 현재'를 강조하는 바흐친의 시간관이 자리하고 있다.

이제 전술한 부분을 장자의 사유와 비교해보자. 조삼모사와 조사모삼은 외형상 서로 다르지만, 그 본질은 동일하다. 그렇게 보자면, 우리가 원숭이의 세계로부터 저공의 세계로 진입하기 위해 실질적으로 어떠한 공간상의 이동도 필요로 하지 않는다. 그 외형이 3-4가 되든 혹은 4-3이 되든 양자는 한시도 7의 본질을 떠나본 적이 없다. 그렇게 보자면──아이러니하지만──3-4와 4-3의 세계를 조롱하며 홀로 7의 세계에 거주하고자 하는 자가 원숭이로 격하되며, 3-4와 4-3의 변화 속에 머무르며 그 변화와 하나 되는 자[7]가 저공이 되는 셈이다. 나아가 원숭이와 저공의 차이는 그 외형적 모습에 있지 않고, **마음의 작용**

에 있다고 보는 것이 타당할 듯하다. 이는 바흐친이 지속적으로 주장한 것처럼 인간은 항시 의식을 통해 규정되는 것이지, 인간이라는 추상적 개념이 의식을 통제한다고 보지 않은 입장과 미묘하게 일치한다.

이성중심주의적 서구 근대에 정면으로 반기를 드는 바흐친의 또 다른 주요한 개념은 '기괴함'이다. 소위 그로테스크 사실주의라 불리는 정신적 지평 위에서 "사람들 사이에 놓여 있는 거리는 모두 제거되고 (…) 자유롭고 스스럼없는 사람들 간의 접촉이 효력을 발생하게 된다."[8] 여기서 바흐친은 흠결 없고 지순한 이데아의 세계에 주목하기보다 육체, 배설, 열등, 일상 등 하부의 가치에 새로운 의미를 부여한다.[9] 특히 대지는 죽음을 매장하면서 새로운 탄생을 만들어내는 공간인데, 바흐친의 대지에 대한 찬양은 여성성을 생명의 근원으로 새롭게 자리매김하는 노자의 사유와도 닮아 있다.[10] 한편 카니발에 등장하는 다양한 신성 모독적 이미지들은 상호 모순적 본성을 가지고 있다. 달리 말해 서로 상반된 개념들이 상호간의 긴장감을 고조시키기보다 동일한 하나의 개념 속에 녹아들어 있는데, 이는 "어떠한 것도 절대화시키지 않는"[11] 카니발적 세계의 특성이다. 이 같은 양가성의

---

7 인용문 말미의 '그냥 상황에 맡길 뿐이라'는 '역인시야(亦因是也)'에 대한 해석이다. 여기서 '시'를 많은 장자 연구자들이 번역하듯 '절대 올바름에 맡김'이라고 새기게 되면 이어지는 부분과 의미상의 연결이 불가하다.

8 바흐친, 위의 책, 181쪽.

9 장자가 「양생주」, 「덕충부」 등 거의 모든 장들에서 외형적으로 기괴한 인물들을 통해 궁극적 도의 경지를 드러내고 있음은 흥미롭다. 이 같은 성속불이(聖俗不二) 사상이 카니발적 세계에서도 곳곳에서 제시된다.

10 일례로 『도덕경』 6장에 등장하는 '곡신(谷神)'의 모티프는 여성성의 상징으로 해석하는 것이 가능하다.

11 바흐친, 위의 책, 184쪽.

논리는 앞서 논한 중용이나 장자사상의 불이(不二)적 사유와도 소통될 수 있는 지점이 많다.

전반적으로 카니발은 일상을 규정짓는 불평등이 해소되는 공간이다. 사람들 사이에 놓여 있는 거리도 모두 제거되고 (…) 자유롭고 스스럼없는 사람들 간의 접촉이 효력을 발생하게 된다.[12] 그리고 그 기저에는 삶을 일종의 '놀이'로 파악하는 관점이 깔려 있다. 실제로 힌두교 전통에서는, 신의 놀이를 의미하는 '릴라(leela)'를 세계를 창조한 힘의 원천으로 보았다. 이는 인간을 실존적 불안에서 해방시킬 수 있는 유일한 기운이다.

흥미로운 것은 『장자』를 관통하는 핵심 개념으로 '놀이[遊]'를 꼽을 수 있다는 것이다. 인간의 삶이란 것이 임시로 '울타리[樊]'를 치고서 만들어놓은 놀이마당이니, 거기에는 늘 시골장터와 같은 왁자지껄한 생동성과 낙천적 쾌활함이 내재해 있다. 기실 우리는 장자 텍스트 어디에서도 도덕적 엄숙주의를 느낄 수 없다. 비근한 예로「소요유」는 '집착의 소멸[消]을 통해 현실의 속박을 넘어서서[逍] 유유히 노니는 경지[遊]'를 논한다.「소요유」의 마지막 구절은 그 내용이 가히 파격적이지만, 거기에 더해 '이것이 실로 나의 진면목'이었음을 환기시킨다.

이제 그대에게 큰 나무가 있으면서도 그 나무의 쓸모없음이 걱정이 된다면 그것을 아무것도 없는 허무의 고을, 끝없이 펼쳐진 광원막대한 들판에 심어놓고 그 옆에서 자유롭게 거닐면서 아무 하는 일 없이 지내고 그 아래에서 유유자적하면서 낮잠이라도 자는 것이 좋지 않겠는가.[13]

12 바흐친, 같은 책, 181쪽.

인용문에서 '쓸모(유용)'는 바흐친의 용어로 말하자면 사회적·계급적 차별이다. 이에 반해 '아무것도 없는 허무의 고을'은, '나'를 규정하는 모든 속박으로 벗어날 때 우리 목전에 펼쳐지는 세계이다. 달리 말해 인간이 '나라는 생각'에서 자유로워질 때 세계 또한 평등해진다는 논리이다. 이 '소요'의 경지를 바흐친은 '카니발적 세계관 특유의 카테고리', 즉 '인간본성의 은폐된 면'[14]으로 규정한다. 본문에서 구체적으로 서술되고 있지 않으나, 행간의 의미를 되짚어보건대 '본성의 은폐된 면'은 '신분, 지위, 연령, 재산 등에 의한 속박에서 해방된 상태'[15]를 지시함이 분명하다. 요약하자면 바흐친이 말하는 속박이 '유용'의 경지라면, 이로부터의 해방은 '무용'의 상태이다. 「소요유」가 말하는 '해탈의 공간[無何有之鄕]'은 역설적이지만 반유토피아적 유토피아를 시사한다. 전자가 일체의 대상에 대한 집착의 소멸이라는 차원에서 '반목적론적(anti-teleological)'이라면, 후자는 이로부터 수반되는 '유(遊)'의 경지를 지칭하는 것으로 해석해도 무리가 없을 듯하다.

지금까지 바흐친의 카니발론에 기초해서 삶과 죽음/성과 속/상승과 하강/축복과 저주 등이 서로 연결되는 논리를 살펴보았다. 이 같은 논리로 인해 '창조적 파괴' 등과 같은 모순어법의 사용이 가능해진다. 그러나 이는 여전히 관념의 영역이다. 탄생과 죽음이라는 인간의 가장 근원적이며 실존적인 문제를 바흐친은 어떠한 방식으로 극복하고자 하였던가. 이와 관련하여 '카니발 광장'은 구체적 해법을 제시한다.

---

13 今子有大樹, 患其无用, 何不樹之於无何有之鄕, 廣莫之野, 彷徨乎无爲其側, 逍遙乎寢臥其下.
14 바흐친, 위의 책, 181쪽.
15 바흐친, 같은 책, 181쪽.

카니발극의 주요한 무대는 광장과 광장으로 통하는 길이었다. 실제로 카니발은 집안으로까지도 들어갔다. 본질적으로 카니발은 시간상으로만 제한받았지 공간상으로는 아무런 제한도 받지 않았다. (…) 그렇지만 중심 무대는 오로지 광장만이 될 수 있었다. 왜냐하면 그 이념에 있어서 카니발은 전(全)민중적이고 보편적이어서 누구나가 스스럼없이 참가할 수 있기 때문이다.[16]

인용문의 핵심은 몇 개의 단어에 축약적으로 내재돼 있다. 가령 '광장', '길', '민중' 등은 한결같이 서구 근대를 상징하는 '개인', 좀 더 엄밀히는 전체로부터 소외된 '홀로 우뚝 선' 개인의 이미지와 상반된 것이다. 이를 통해 우리는 바흐친이 서구 근대가 만들어낸 역사적 주체로서의 '개인'을 극복하고자 한 논리를 간파할 수 있다. 사실 '극복'이라는 어휘 자체가 다소 생경한 뉘앙스를 환기하고 있으나, 바흐친은 '민중성(collectivity)'의 개념을 통해 탄생과 죽음에 수반되는 고통, 슬픔, 종말 등의 부정적 개념들을 넘어서고자 한 듯하다. 우리가 예견할 수 있듯이 민중성 혹은 집단성 등의 개념에는 죽음이 들어설 여지가 없다. 왜냐하면 민중성의 관점에서 한 개인의 죽음은 또 다른 개인의 탄생으로 이어지기 때문이다(이에 반해 근대적 개인에게 죽음은 곧 종말이 된다).

물론 바흐친이 사용하는 민중성의 개념을 마르크스류의 사회주의 이데올로기에서도 발견할 수 있겠으나, 주목할 점은 좌파 지식인의 경우 민중성을 얘기하면서도 민중의 저급함을 경계했다면, 바흐친의 경우 민중문화 속에 내재된 다양성/다성성 등에 주목했다는 점이다.

16 바흐친, 같은 책, 188쪽.

물론 이러한 부분이 스탈린시대에 만연했던 공식적인 민중문화에 대한 저항담론적 성격을 띠고 있었는지는 확언하기 어렵다. 다만 바흐친이 사용하는 민중성 개념은 모호한 측면이 있으므로, 다소의 부연 설명이 필요해 보인다.

앤드루 로빈슨은 자신의 저서에서 민중을 "집단적이며 원형적 육체(collective ancestral body)" 개념으로 묘사한다. 그에 따르면 이는 '지속적으로 변화하고 새로워지는' 삶의 도도한 흐름과 같은 것이며, 이를 통해 인간은 '상상적 지평'에서 '경험적 지평'이라는 진정한 인간적 관계망 속에서 부활하게 된다고 역설한다. 나아가 로빈슨이 바흐친의 이러한 측면을 궁극에는 '역사적 불멸성'과 '간단없는 지속성'[17]의 문제와 연결시키고 있음은 매우 흥미로운 지점이다. 요약컨대 바흐친이 이 같은 민중성의 개념에 기초해서 죽음의 문제를 넘어서고자 했다면, 도가나 불교의 경우 죽음이란 인간이 지어낸 한갓된 망상임을 철학적·종교적 맥락에서 밝히고자 했음이 특기할 만하다.

바흐친의 카니발이론에서 또 하나 주목할 것은 '불[火]'에 관한 서술이다. 바흐친에 의하면 불은 '세계를 파괴하는 동시에 소생시키는' 힘인데, 이러한 논리는 개체성을 강조하며 분리적 사유를 강조하는 서구 근대의 전반적 기조와는 정면으로 배치된다. 실제로 로마의 카니발에서 볼 수 있는 '모꼴리(moccoli)' 의식에서, 참가자는 촛불을 들고

---

17 'People were reborn into truly human relations, which were not simply imagined but experienced (…) On an affective level, it creates a particular intense feeling of immanence and unity—of being part of a historically immortal and uninterrupted process of becoming.' Athina Karatzogianni·Andrew Robinson, Power, *Resistance and Conflict in the Contemporary World* (Routledge: 2013).

서 'Sia ammazzato!(그대에게 죽음을!)'이라 외치며 다른 사람의 촛불을 끄려고 하였다.[18] 바흐친은 자신의 저서에서 이를 '창조성'과 결합시키고 있으나, 종교적 관점에서 보자면 이는 기독교의 핵심이라 할 수 있는 부활의 의미와 전적으로 맞닿아 있다.

> 예수께서 대답하여 이르시되 인자가 영광을 얻을 때가 왔도다. 내가 진실로 너희에게 이르노니 한 알의 밀이 땅에 떨어져 죽지 아니하면 한 알 그대로 있고, 죽으면 많은 열매를 맺느니라. 자기의 생명을 사랑하는 자는 잃어버릴 것이요, 이 세상에서 자기의 생명을 미워하는 자는 영생하도록 보전하리라.[19]

상기 「요한복음」의 성스러운 문구를 인문학자가 어쭙잖게 해석하는 것이 어불성설이겠으나, 본 장의 논의를 심화시키기 위해 내용적 함의를 조금 확장해볼 수는 있을 것이다. 한 알의 밀이 땅에 떨어져 죽어 거름이 되어 새로운 밀알을 만들어낼 수 있다면, 이는 죽은 밀알이 본연의 생명을 회복한 것인가. 달리 말해 '죽어 거름이 된' 밀알과, 새로운 밀알은 하나인가 둘인가? 다소 우문처럼 비춰질 수 있겠으나, 예수님께서 말씀하시는 '영생'의 의미를 실답게 이해하기 위해서는 불가피한 질문으로 보인다. 단, 여기에 대한 필자의 생각을 개진하기에 앞서 약간의 부차적 논의를 선행하는 것이 필요해 보인다.

---

18 바흐친, 위의 책, 185~186쪽. 서양 근대의 대문호였던 괴테의 경우, 카니발적 상징의 배후에 있는 의미에 주목하였던 지점이, 추측건대 '죽음을 통해 되살아나고 새로워지는' 상호 모순적인 이중성이었을 것이다.

19 「요한복음」 12:23-25.

먼저 바흐친의 카니발이론을 『중용』의 논리와 한번 연결시켜보자. 본서 1부의 논의에 기초하면 『중용』의 핵심 개념 중 하나가 '미발지중'과 '이발지화'이다. 그런데 이발지화의 특징은 모든 것이 상황에 맞게 발현되는 것이다. 한편 바흐친사상에서 조화의 개념에 가장 근접한 것은 그의 카니발이론이다. 카니발적 특징에 관해서는 『도스토옙스키 시학』에서 상세히 논의되고 있으며, 이것의 핵심적인 전제는 '모든 이질적인 것들이 서로 뒤섞이고, 나아가 기존의 위계적 질서가 완전히 전도되는 상태'를 암시한다. 이렇게 보자면 『중용』의 '조화'와 바흐친의 '카니발'은 서로가 완전히 상반되는 개념인 듯하다. 그런데 필자는 양자 간의 상이함 속에서 오히려 역설적인 상동성을 발견한다.

바흐친은 도스토옙스키의 노블을 통해 인간이 자유로운 근거가, 자신을 창조한 신의 섭리에 반항하고 그것을 거부하는 데 있음을 확인하고자 했다. 반면 중국사상의 경우, 애당초 창조주-피조물의 관계는 전제되지 않는다. 그보다는 하늘이 내 속에 들어와 있고(『중용』), 내가 자연이다(『장자』). 그러므로 나의 존재 자체가 하늘의 뜻이나, 내가 자연의 섭리에 따르는 것은 단순한 순응/반항의 문제가 아니라, 순응하는 자도 이를 강요하는 자도 사라지는 경지를 지칭한다. 중국사상은 이것을 진정한 자유로 보았다.

물론 우리는 현실세계 속에 발을 디디며 살고 있고, 현실의 삶에서 '천인합일'이나 '물아양망'의 경지를 체현하는 것은 이상론에 가깝다. 관건은 어떠한 인식론적 입장이 인간의 실존적 불안을 야기하는 삶과 죽음의 문제로부터 우리를 해방시켜줄 수 있을 것인가의 문제이다. 바흐친의 지적을 따르더라도 나는 영원히 나를 알 수 없고, 세계는 영원히 특정한 체계에 의해 단성적으로 해석될 수 없다. 유사한 맥락에서 철학이나 종교가 얘기하는 '진리'는 있고 없음의 문제가 아니다.

'유'라고 하면 무의 죽비가 나를 내려칠 것이고, '무'라고 하면 유의 죽비가 나를 후려칠 것이다. 그렇다고 유-무를 떠난 별도의 중간지점이 존재하는 것도 아니다. 결국 삶의 본질은 '살아가는 것'이며, 그 '살아 감'에 몰두하는 것만이——개개인이 지향하는 삶의 무늬[文]의 다기함에도 불구하고——근원의 주변을 벗어나지 않을 것이라는 확신으로 이어질 수 있을 것이다. 더불어 이를 통해 인간은 죽음조차 삶의 영역 속으로 가져올 수 있다. 『중용』13장에 등장하는 '벌가시(伐柯詩)'는 전술한 맥락에서 다시 한 번 음미해볼 만하다.

> 『시경』에 이르기를
> 도끼자루 자르네, 도끼자루 자르네!
> 그 법이 멀리 있지 않구나 하였으니
> 도끼자루를 잡고 도끼자루를 자르면서
> 제대로 보지 않고
> 오히려 멀리 있다고 여기네.
> 고로 군자는
> 사람의 도리로써 사람을 다스려
> 고치면 그만두는 것이니.[20]

본 시의 주제는 『중용』 사상의 관점에서 보자면 명백히 '솔성'의 도리가 내 속에 간직돼 있으되 그것을 알지 못한 채 마음 밖에서 도를 구하고 있음을 비판하는 것이다. 그런데 이 같은 논리가 바흐친의 이론

---

20 詩云, 伐柯伐柯, 其則不遠, 執柯以伐柯, 而視之, 猶以爲遠, 故, 君子, 以人治人, 改而止. (『詩經』「豳風·伐柯」)

에 따르면 인간을 단성적/독백적 관점에서 파악하는 것을 의미하는 것인가. 이 문제와 관련하여 우선적으로 고려해볼 부분은 『중용』이 무엇보다 신독(愼獨)을 강조하고 있다는 점이다. 신독이란 수행적 차원에서 보자면, 군자가 내면을 응시하면서 소위 말하는 감정자아가 '참나'가 아님을 깨치는 것이다. 반면 바흐친의 경우, 인간의 본질을 밝히려 하기보다 '나'는 규정될 수 없는 존재임을 역설하고자 한다. 그렇게 보자면 인간본질에 대한 바흐친의 '미규정성'이 혹여 중국사상에서 공통적으로 지적하는 분별망상의 오류를 범하지 않기 위한 일종의 논리적 방편이 될 수 있지는 않을 것인가.

인간은 본질적으로 '자기애(self-love)'를 갖고 태어난다. 그러나 '나'를 알지 못하는 차원에서 정작 내가 사랑하는 그 대상은 무엇인가? 물론 논의를 이렇게 전개하게 되면 우리는 점점 문제의 핵심에서 벗어날 공산이 크다. 『중용』의 진의가 '관계성 속에서 중용의 도리를 **행하는 것**'이고, 바흐친의 '대화성'이 '**동사적 사건**으로서의 나를 강조'하는 것이라면, 인간은 임의로 설정된 어떤 목적을 향해 맹목적으로 달려가는 존재로 규정되어서는 안 된다. 그보다는 지금-여기와 분리되지 않은 동시전체로서의 삶을 구현하는 것이, 양자 모두가 역설하는 핵심적 메시지가 아닐 것인가.

물고기는 정작 물을 알지 못한다. 왜냐하면 물고기는 결코 물 밖으로 나가 본 적이 없기 때문이다. 동일한 논리로서 인간은 자신의 성(性)을 알 수 없다. 왜냐하면 어떠한 경우이든 내가 하늘로부터 품부받은 성 밖으로 나가본 적이 없기 때문이다. 그런데 여기서 '알 수 없음'이란 어찌 보면 알 수 있는 대상이 별도로 존재하지 않음을 의미하는 것으로 해석하는 편이 좀 더 타당할 듯하다. 현실적 관점에서 보건대 이데올로기가 일종의 앎의 대상으로 전락하게 되면, 이는 더 이상

팔대산인의 「어석도」

우리 삶을 지탱하는 토대가 될 수 없다. 이는 물고기가 물의 존재를 인식하지 못할 때, '물'이 비로소 물고기의 삶을 지탱하는 어떤 근원이 될 수 있는 것과 같은 이치이다. 바흐친의 대화성이론이 발화적 의미의 미종결성을 주장하고, 동양사상이 암시하는 '나'의 본질이 항시 내 인식 너머에 있음을 떠올려본다면, '알 수 없음'이야말로 나와 나를 지탱하는 근원으로 다가가기 위한 유일한 경로이다.

고대광실(高臺廣室)에 살고 있는 장자(長子)가 있다고 하자. 그가 사는 집이 아무리 화려하다 할지라도 바깥 세계를 보기 위해 그는 자신이 거하는 방에 필연코 창문을 만들어야 한다. 그는 창문의 작은 **틈새**를 통해 우주를 본다. 틈새의 존재의미는 자기 자신의 형체를 내세우지 않음에 있다. 달리 말해 우리는 틈새를 통해 우리가 보고자 하는 것을 본다. 그런데 정작 우리가 만나는 우주는 우리가 보지 못하는 틈새의 '형체 없는 형체[無形之形]'와 긴밀히 연결돼 있다. 결국 우리는 창의 좁은 틈새를 통해 이런저런 방식으로 우주와 만나는 것이 아니겠는가. 나아가 전술한 틈새는 본서에서 말하는 '이데올로기'의 본질과 다수의 속성을 공유할 것이다. 좀 더 구체적으로 말하자면, 우리는 중용의 틈새를 통해 우주를 만날 수 있을 것이고, 나아가 장자나 바흐친을 통해 색다른 형태의 우주를 만나볼 수 있다. 물론 틈새 자체는 앞서 지적한 바와 같이 자체의 형체가 없다. 단지 우리는 그것을 통해 드러난 나와 세계의 모습을 문제 삼을 뿐이며, 드러난 대상과 대상을 드러내는 기제는 상호 비분리적이다.

바흐친은 노블의 특징을 말하기 위해 부득불 이와 대비되는 시적 장르의 속성[詩性]을 전격적으로 서술하고 있는데, 양자의 관계는 대대(待對)적 맥락에서 파악하는 것도 가능해 보인다. 더불어 중서 비교문화론적 관점에서 보건대, 우리는 서구의 현대 사상가인 바흐친을 통해, 유교나 도가가 제시하는 인간론/우주론의 실체를 조금 더 구체화시켜내는 것이 가능해진다. 물론 각각이 노정하는 사유의 패러다임을 차이 혹은 상동성의 관점에서 접근하는 것도 가능하겠으나, 보다 근본적인 것은 이들 비교를 통해 바흐친과 중국사상 모두를 아우르는 더 큰 그림을 상상해볼 수 있을 것이다.

죽음과 갱생

죽음이 사유의 중심이 될 때, 많은 사람들은 죽음 자체를 생각하기보다 그 이후의 사태에 관심이 경주돼 있다. 달리 말해 인간은 본능적으로 죽음 자체보다는 사후를 궁금해 하고 심지어 이를 두려워하는 것이다. 본서에서 논의한 유불도사상은 모두 개인적 주체로서의 '나'를 넘어선 근원적 존재와의 합일을 역설한다. 바흐친 역시 개인에 방점을 두기보다는, 민중성의 개념을 통해 생명의 지속성을 암시한다. 나의 죽음은 또 다른 나의 탄생으로 이어질 것이고, 이러한 맥락에서 불안이나 두려움이 들어설 자리가 없다.

인간을 비롯한 우주에 존재하는 모든 생명체는 '나'라는 생각에서 결코 자유로울 수 없다. 물론 이러한 지적이 인간이 아닌 다른 모든 생명체도 에고를 가지고 있음을 의미하는 것은 아니다. 다만 그들은 자기를 중심에 두고, 그 토대 위에서 스스로의 세계를 구축할 것이다. 서구의 많은 사상가나 심리학자가 지적했듯이 모든 인간이 스스로를 '나'라고 생각하는 것은 진실로 신비로운 일이다(나의 입장에서 '그'가, 그의 입장에서는 여전히 '나'다). 우리는 자신의 내면이나 우주 어디에서도 '나'에 상응하는 실체를 찾을 수 없지만, 살아 있는 인간에게 '나'라는 생각만큼 실재적인 것은 없다. 이제 관건은 지구상에 존재하는 인간의 숫자만큼 많은 '나' 상호 간의 관계성을 규명하는 것이다. 물론 이를 위해서는 공시성과 통시성을 모두 고려하는 것이 필요해 보인다.

공시적 관점에서 보자면, 유교나 장자사상은 인간이 소아적 에고에 집착하지 않을 때, 우주 삼라만상과 하나 될 수 있다고 주장한다. 비근한 예가 『논어』의 '극기복례'나 『장자』의 '제물사상'이다. 유비로서 부연해 설명하자면, '하나'의 공간이 인간이 임의로 만든 영토(territory) 개념에 의해 수백-수천 개의 상호 분절된 공간으로 나눠지듯이, 무수한 '나'가 사실은 천 강 위에 비친 달그림자처럼 순수 일자의 자기분화된 모습이라는 것이다. 반면 바흐친의 경우 발화 A 속에는 이미 발화 B가 들어가 있음을 전제하고 있기 때문에, 이를 통해 자연스럽게 나-속의-타자 혹은 타자-속의-나 개념을 도출해내는 것이 어렵지 않다.

통시적 관점에서 '나'의 문제를 논하는 것은 좀 더 종교적 색채가 가미될 소지가 있다. 다만 이 문제를 신비주의적으로 접근하기보다 일상적 차원에서 논해보자. 우리는 매일같이 24시간으로 구성된 '동일한' 하루를 맞이하며, 춘하추동은 어김없이 때가 되면 다시 찾아오지만, 모든 하루가 그 자체로 새롭고, 매년 맞이하는 사계는 항시 그 나름의 풍광과 분위기를 가지고서 마음을 설레게 한다. 만일 '오늘'이 무수히 반복되는 과정에서 우리가 그로부터 전혀 새로움을 느끼지 못한다면 인간은 단조로움을 감내하지 못하고, 나아가 삶을 영위해가는 것 자체가 불가능할 것이다. 사계의 순환도 마찬가지이다. 그런데 1년 365일이 모두 동일한 하루이건만, '날마다 좋은 날[日日好日]'이 될 수 있는 비결이 무엇일까.

흘러나는 시간 속에서 오늘은 어제를 기억하지 못하고, 내일은 아마도 오늘을 기억하지 않을 것이다. 이는 엄밀한 의미에서 '망각'의 문제가 아니라, 자연의 이치가 그러하다는 것이다. 봄이 되어 천지에 봄기운이 가득한 것이 다름 아닌 시중의 도리가 자연에서 구현된 것이요, 이는 사계가 모두 그러하다. 본질적 관점에서 시간 자체에는 과거와 미래가 존재할 수 없으며, 심지어 '현재'조차도 그것이 인식의 대상으로 전이되는 순간 일종의 억견(doxa)이 된다. 흘러가는 시간을 두고 거기에 어떠한 이름이나 명칭을 부여할 수 있겠는가. 단지 과거, 현재 등의 이름을 잊어버린 채 시간과 동보적으로 흘러갈 때, 자연은 항상 신비로운 모습으로 지금-여기에 온전히 존재할 수 있다. 말이 장황해졌지만, 통시적 관점에서 바라본 '나'의 문제도 마찬가지일 것이다. 바흐친은 민중성의 개념을 통해 근대 개인주체의 죽음을 극복하고자 하였다. 여기서 그가 사용하는 논리는 '나'의 죽음이 또 다른 '나'의 탄생으로 이어진다는 것이다.

그런데 단성적 관점에서 보자면, 나의 죽음에 수반되는 또 다른 탄생은 양자가 본질상 아무런 관련이 없다. 방금 탄생한 A가 조금 전 생명을 마감한 B와 어떤 관계가 있을 수 있겠는가? 그러나 바흐친의 논리를 토대로 '민중성'의 의미를 창의적으로 해석해보자면, A와 B는 모두 '나'라는 점에서 아무런 차이가 없다. 단 B의 죽음과 중첩되는 A의 탄생에서, A가 혹여 모든 기억의 잔존물이 지워진 흰 백지의 상태로 세상에 모습을 드러내지 않는다면, 인간의 삶에서 더 이상 경이로움이 들어설 자리가 없을 것이다. 어린이에게 세상의 모든 것은 새롭고 신비로운데, 신비로움은 '망각(tabula rasa)'을 근본으로 삼지 않으면 안 된다.

요약하자면 통시적 관점에서 '나'의 죽음은 새로운 '나'로 이어지며, 나는 늘 새로운 인간으로 태어난다. 에고는 엄밀한 의미에서 기억의 집적물이다. 그렇게 보자면 죽음은 기억의 소멸을 전제해야 한다. 그런데 만일 기억의 집적물(에고)이 계속 기억을 축적해가는 것이 생명현상의 연속성이라면, 이것이야말로 인간이 감당할 수 없는 얼마나 큰 재앙이겠는가. 다행히 인간은 망각으로 인해 늘 새로운 세계를 경험할 수 있다. 이 같은 죽음 이데올로기의 본질을 환기할 때, 거기에는 '시시포스(Sisyphos)의 신화'와 같은 저주의 메시지가 들어설 소지가 없다. 물론 중국사상이나 바흐친의 이론이 이데올로기적이라는 관점에서 우리는 죽음에 대한 이러한 '해석'을 '참'으로 받아들일 수는 없을 것이다. 그러나 이는 아무런 문제가 되지 않는다. 장자의 문장을 루쉰이 전유해서 말했듯이 "길은 있는 것도 아니고 없는 것도 아니니, 단지 사람이 걸어 다니면 길은 생겨나는 것이 아니겠는가."[21]

21 魯迅,「故鄉」.

티치아노 베첼리오의 「시시포스」

제 **5** 장

이데올로기의 죽음

인간과 세계에 대한 깊은 성찰이 담긴 동서양의 고전을 읽노라면, 우리는 은연중 양자 사이에 존재하는 기묘한 평행적 사유를 발견한다. 비근한 예로 전술한 바흐친의 사상에서 유불도와 유사한 논리의 자취를 찾아내는 것은 어렵지 않으나, 그럼에도 불구하고 양자 사이에 어떠한 직간접적 영향관계가 있었다고 단언하는 것은 적절해 보이지 않는다. 유사한 사례는 비트겐슈타인이나 화이트헤드(Whitehead, 1861~1947) 등 적지 않은 현대 서구철학자들의 사례를 통해서도 확인이 가능하다. 여기서 굳이 이러한 부분을 언급하는 연고는, 우리가 흔히 사용하는 '동양적(혹은 중국적) 사유'라는 개념이 언어적으로 규정된 지형을 넘어 보편적 차원으로 이월될 수 있는 개연성을 탐문해보기 위함이다. 이러한 필자의 의도를 전제하고서 논의를 진행해보자.

전술한 신유학의 심성론에서 이미 밝힌 바 있지만, 인간의 성품은 결코 '선'으로만 이뤄져 있지 않다. 설령 다양한 철학유파들이 상호간의 차별성을 부각시키기 위해서 성선(性善) 혹은 성악(性惡) 등의 개념

을 주장한다 할지라도, 이는 거대한 인간심성의 심연이 표층 위로 (잠깐) 모습을 드러낸 일면에 천착해서, 특정한 철학적 주의주장을 펼치는 것과 다름없을 것이다. 필자가 보건대 인간의 본질을 어떤 개념적 범주 속에 복속시키려는 것은 무모한 시도가 아닐 수 없다. 비근한 예로, 『중용』이 인간의 길을 논하는 부분에서 '성지(誠之)'를 강조한 것도, 역설적으로는 인간이 결코 '절대선'의 화현이 될 수 없음을 시사하는 것이다. 그렇다고 해서 이 같은 중용사상의 논지가 결코 우주에서 인간의 위치를 격하시키는 것은 아닐 것이다. 그보다는 이러한 부분이 오히려 인간을 '인간답게' 만드는 핵심적 요인이 될 수 있지 않겠는가.

앞서 말한 선과 악의 문제를 음양론적 관점에서 보자면, 양자는 표면상 갈등구조를 재현하고 있으나 내적으로는 은밀한 공조관계를 유지하고 있다. 달리 말해 양자는, 노자가 거듭하여 밝혔듯이 '동시'다. 좀 더 사변적 개념으로 말하자면, 이원성(duality)은 필히 통일성(unity)를 전제하는 것이다. 형식논리적으로 보자면 이는 엄연한 모순으로 비쳐질 수 있겠으나, 신중히 고찰해보면 '선'이라는 말 속에는 이미 '악'이 내재돼 있으며, '나'라는 말은 이미 '너'를 전제한 것이다. 플라톤의 '마차 알레고리(Chariot Allegory)'에 의하면 마부(Charioteer)는 두 마리의 말이 끄는 마차를 모는데 그중 한 마리는 인간의 선한 의지를 상징하고, 다른 하나는 비이성적이며 야수적인 본능을 상징한다. 여기서 마부가 봉착하는 딜레마는 인간의 심성에 내재한 이 같은 양가적 속성에도 불구하고, 인간을 선으로 인도해야 한다는 것이다.[1] 한편

---

1 "First the charioteer of the human soul drives a pair, and secondly one of the horses is noble and of noble breed, but the other quite the opposite in

「로마서」에 등장하는 사도 바울의 고백은 훨씬 더 구체적이다.

> 내가 행하는 것을 내가 알지 못하노니 곧 내가 원하는 것은 행하지
> 아니하고 도리어 미워하는 것을 행함이라. (…) 이제는 그것을 행하
> 는 자가 내가 아니요 내 속에 거하는 죄니라. 내 속 곧 내 육신에 선
> 한 것이 거하지 아니하는 줄을 아노니 원함은 내게 있으나 선을 행하
> 는 것은 없노라. (…) 그러므로 내가 한 법을 깨달았으니 곧 선을 행
> 하고자 하는 나에게 악이 함께 있는 것이로다.[2]

인간심성의 양면성을 묘사한 것으로 어찌 보면 이보다 더 적나라
한 구절은 없을 것이다. 물론 이는 인간의 구원이 행위로 이뤄지는 것
이 아니라, 믿음으로 완성됨을 지적하기 위한 전주라고 볼 수 있겠으
나, 본 사안을 학술적 관점에서 고찰하건대, 인간심성에 대한 해석은
옳고 그름의 관점에서 접근할 수 있는 문제는 아닌 듯하다. 그보다는
이 같은 인간의 실존적 모순상황을 어떠한 형식으로 화해시킬 것인가
가 좀 더 현실적으로 긴요해 보인다.

이 부분과 관련하여 조금 다른 관점에서 접근해보자. 도가의 무위
자연사상은 내가 나를 더 높은 경지로 고양시키려는 시도 자체가 무
의미함을 직간접적으로 역설한다. 비유하자면 내 왼쪽 호주머니에 있
는 10개의 동전을 오른쪽 호주머니로 옮기는 것이, 본질에 있어 어떤
실다운 '변화'를 만들어낼 수 있을 것인가. 따라서 이 같은 속임수에

---

breed and character. Therefore in our case the driving is necessarily difficult
and troublesome." (Chariot Allegory from Wikipedia)

2 「로마서」 7:15-21.

현혹되지 말고, 그냥 우주의 흐름에 자신을 내맡기고자 하는 것이 무위자연의 핵심이다. 좀 더 엄밀히 말하자면, 내 자신이 '흐름'이니 그냥 나를 있는 그대로 받아들이는 것이 진정한 의미에서의 초월이 되지 않겠는가.

도가나 불교적 사유에 빈번히 등장하는 '무아(無我)'라는 개념은, 우리가 통상적으로 생각하듯 인간이 외부 대상을 인식하는 현재 의식의 소멸을 의미하는 것은 결코 아니다. 나는 내 오관이 지각하는 것을 오롯이 받아들이지만, 지각의 결과에 병적으로 집착하지 않는다. 세상에 존재하는 모든 것은 말과 이름에 의해 규정된 상징이다. 그리고 그 상징이 실재가 아님은 자명하다. 그러나 우리가 그 상징의 배후에 존재하는 실재를 탐구하고자 하는 순간, 실재는 또 다른 상징으로 스스로를 위장할 것이다.

동어반복 같지만, 인간의 모든 지적 탐구는 '인간'이라는 한계적 상황에서 만들어진 질문일 뿐이다. 비근한 예로 우리에게 잘 알려진 『구약』의 「욥기」에서 하나님의 의로운 종이었던 욥은 사탄의 출현으로 인해 자기신앙에 대한 혹독한 시험을 받게 된다. 인간으로 감내할 수 없는 엄청난 고통과 고난의 과정에서, 그를 위로하기 위해 멀리서 찾아온 친구들은, 갖가지의 논리를 동원하여 욥의 시련에 대한 이유를 '이성적'으로 설명하고자 한다. 그러나 그러한 설명을 통해 욥은 과연 마음의 평안을 얻었는가? 나아가 자신을 에워싼 고난의 의미를 좀 더 잘 이해할 수 있게 되었는가? 전혀 그렇지 아니하다. 오히려 이러한 설명은 욥의 고통을 가중시킬 뿐이었다. 이제 급기야 시련의 정점에서 욥은 자신에게 닥친 고난의 의미를 알기 위해 하나님께 질문을 드린다. 「욥기」 38장은 여호와께서 폭풍우 가운데 임재하셔서, 욥의 절규에 답하는 방식으로 구성돼 있다. 그 일부를 인용해보자.

누가 사막에 비를 내리게 하고, 사람 없는 광야에 비를 내리게 하며, 황량하고 황폐한 땅을 적셔주어, 연한 풀에서 싹이 돋아나게 하였느냐? 하늘에서 내리는 비에게 아비가 있느냐? 이슬방울은 누가 낳았느냐? (너희) 가슴속에 지혜를 누가 주었느냐?

물론 이러한 여호와의 말씀은 욥이 애당초 품었던 질문에 대한 답변과는 전혀 무관하다. 그러나 이어지는 「욥기」 42장에서 욥의 진실된 회개가 이뤄지고, 종국에는 여호와께서 욥에게 복을 주시는 것으로 이야기는 마감된다. 대단원에 즈음하여 욥이 하나님께 고백하는 몇몇 구절들은 내용이 매우 신비롭다.

나는 깨닫지도 못한 일을 말하였고, 스스로 알 수도 없고 헤아리기도 어려운 일을 말하였나이다. (…) 내가 주께 대하여 귀로 듣기만 하였나오나 이제는 눈으로 주를 뵙나이다. 그러므로 내가 스스로 거두어들이고 티끌과 재 가운데에서 회개하나이다.

벽력과 같은 하나님의 음성 가운데서 욥이 깨달은 것은, (필자의 소견으로 추론해보건대) 인간이 스스로의 논리를 동원하여 이런저런 질문을 만들어내지만, 정작 그 질문은 스스로도 알 수 없는 의미 없는 소음에 불과한 것이며, 나아가 존재의 본질은 귀로 듣고 입으로 말하는 데 있지 않다는 것이다. 실제로 "이제는 눈으로 주를 뵙나이다"라는 욥의 고백 속에 「욥기」의 핵심은 함축적으로 모두 드러나는 듯 보인다. '자기가 던진 질문이 그 스스로도 알 수 없는 의미 없는 소음에 불과'하다는 것이 도대체 무슨 뚱딴지같은 소리인가. 사족일 수 있겠으나, 굳이 부연하자면, 존재의 본질은 말로써 설명될 수 있는 것이 아니다. 우주 삼라만상의 모든 소리에 도대체 무슨 의미를 부여할 수 있을 것이며, 나아가 거기에 무슨 별도의 구구절절한 '해석'이 필요할 것인가.

선불교의 화두처럼 '질문'은 결국 모든 질문이 사라졌을 때 비로소 답변될 수 있다.[3] 그럼에도 불구하고 '나'와 '세계'에 대한 인간의 질문은 간단없이 이어질 것이다. 맥베스의 절규에서 보듯이, "인생은 백치가 들려주는 이야기요, 소음과 분노로 가득 차 있지만, 아무런 의미도 없다."[4] 「욥기」에서 주님이 욥에게 던지는 일련의 질문은 엄밀히는 인간의 지력으로 만들어낸, 의미가 부재하는 공허한 기표임을 드러내기 위한 방편으로 보인다. 그러나 이것이 「욥기」가 말하고자 하는 전부일까.

필자가 보건대 신의 섭리는 인간의 생각보다 훨씬 정교해 보인다. 피조물인 인간이 절대자에게 복종하도록 하는 것이 창조주의 의도였다면, 과연 인간이——광의에서——하늘의 이치에 **순종한다**는 것이 무슨 의미가 있을 것인가. 인간은 신의 섭리에 순종하도록 창조되었고, 삶의 의미가 단지 우리에게 이미 부여된 절대자로부터의 준엄한 명령을 기계적으로 실천하는 일련의 사태들로 규정될 뿐이라면, 그 과정에서 신앙, 자유, 구도 등 인간의 제반 행위의 숭고함이나 가치를 논하는 것이 도대체 무슨 의미가 있을 것인가.

장자사상에 의거하면, 인생의 본질은 놀이[遊]다. 여기서 '놀이'라

---

3 실제로 앞서 인용한 「욥기」의 결말 부분도, 욥의 모든 의문이 해소되었음을 말하는 것이 아니라, 욥의 질문 자체가 사라져버렸음을 암시하는 것이다.

4 "Life is (…) a tale/Told by an idiot/Full of sound and fury/Signifying nothing." (William Shakespeare, Macbeth)

함은 단순히 유희를 지시함이 아니며, 그보다는 삶에 대한 목적론적 (teleological) 의미규정을 해체하기 위한 중요한 서사적 장치로 보인다. 장자에 따르면 삶이란 어떤 정해진 목적을 향해 달음질쳐가는 일련의 과정이 아니라, 지금-여기서 살아 숨 쉬는 상황 자체가 과정이요 목적인 것이다. 과정을 떠난 별도의 목적이 없으니, 이를 군이 칸트적 용어로 치환해 말하자면 무목적의 목적(purposeless purpose)인 셈이다.

『중용』의 저자도 밝히고 있듯이, "솔개 하늘 높이 솟구쳐 오르고, 물고기 물에서 노니는" 것이 생명이다. 거기에 무슨 분별적 앎이 달라붙을 소지가 있겠는가. 솔개가 어떤 원리를 탐구해서 하늘로 솟구쳐 오르는 것이 아니요, 물속에서 노니는 물고기는 물의 존재조차 알지 못한다. 그런데 앞서 지적한 것처럼 물은 물고기를 에워싼 세계요, 물고기로서의 존재를 가능케 하는 일종의 '이데올로기'이다. 그런데 물과 물고기의 관계 속에서 우리는 두 가지 양면적 속성을 간파할 수 있다. 무엇보다 물고기는 물 바깥으로 나갈 수 없다. 그런 의미에서 물은 물고기에 대한 보이지 않는 감옥이다. 그러나 다른 한편에서 물은 물고기에게는 생명의 근원과 같은 것이다. 물고기가 물의 본질을 알아가기 위한 방법론적 회의에 집착할수록, 본래적으로 그에게 부여된 '생의 약동(elan vital)'은 점점 미약해질 것이다.

전술한 물과 물고기의 관계를 우리는 정확히 '이데올로기'의 문제에 대입해볼 수 있을 것이다. 이데올로기는 우리로부터 실재를 은폐하는 베일과 같다. 그러나 베일을 벗겨내고 베일 속에 감춰진 대상을 목도할 때, 거기에는 또 다른 불가지적 영역이 수반될 것이다. 베일을 벗겨 그 속에 감춰진 한 여인의 나신(裸身)을 보고, 우리는 그 여인의 모든 것을 알았다고 단언할 수 있겠는가? (이것이 어쩌면 서양미술에서의 누드화가 가지는 함의일 것이다.) 기실 「창세기」의 '선악과' 모티프가 암시하고 있듯이, '벌거벗음'으로 인한 수치심은 벌거벗음에 대한 분별심이 만든 생각에 불과한 것이 아니겠는가. 아이러니하지만 모든 대상은 드러날수록 감춰진다. 『중용』에서 말하는 비은(費隱)의 논리처럼, 자연의 생명현상은 모두 드러나 있지만, 정작 그것의 본질은 감춰져 있다.

앞서 논한 중국사상이나 심지어 바흐친의 사유 또한 그들이 말하고자 한 것은 결국 감춤과 드러남의 미묘한 상호작용이 아니었을까. 이를 자각하게 될 때, 아마도 우리는 우리를 에워싼 보이지 않는 '유리병(이데올로기)'의 존재로부터 무심해질 수 있을 것이다. 루이스 캐럴의 『이상한 나라의 앨리스』는 그렇게 보자면, 이미 문학을 넘어 인생의 본질을 관조하는 본질직관이요, 판타지적 서사장치를 통해 난센스를 넘어서는 위대한 해학이다.

『이상한 나라의 앨리스』 다시 읽기

『이상한 나라의 앨리스』(Alice's Adventures in Wonderland)는 루이스 캐럴(Lewis Carroll, 1832~1898)의 대표작으로 일반 독자에게는 아동문학 작품으로 널리 알려져 있다. 그러나 이야기의 내용을 곱씹어보면 작품이 시사하고자 하는 메시지는 매우 심오하다. 물론 혹자의 지적처럼 아동문학으로 탄생한 작품을 추상적이고 사변적 맥락에서 분석하는 것 자체가 작가의 의도를 호도할 수도 있을 것이다. 그러나 모든 예술행위가 그러하듯, 일단 예술작품이 창작자의 손을 떠나게 되면, 거기에서 특정 메시지를 발굴하고 읽어내는 것은 결국 독자의 몫이 아니겠는가.

필자는 『앨리스』를 읽으면서 가장 서구적인 작품이 지극히 동양적인 사유와 기이하게 조우하는 장면들을 목도한다. 어찌 보면 '이상한 나라'에서의 앨리스의 경험은 단순한 판타지를 넘어, 고대 동양과 현대 서양을 접목할 수 있는 가공할 만한 지적 시도로 규정해도 무리가 없을 법하다(물론 이를 작가가 애당초 의도한 것인가는 전혀 별개의 문제이다). 나아가 루이스 캐럴은 우리가 흔히 말하는 판타지와 일상현실의 경계를 모호하게 만들면서 이를 통해 존재의 본질, 나아가 '실재'라고 하는 제반 철학적 탐구의 최종심급을 특유의 문학적 장치를 통해 재구(再構)해내고 있다.

작가는 주인공의 꿈을 매개로하여 '원더랜드(wonderland)'와 '현실'이라는 두 개의 가상적 공간을 설정하고 양자를 임의로 가로막고 있는 사념의 벽에 동그란 구멍을 뚫어, 이쪽 공간에서 맞은편 공간을 들여다보는 기법을 활용한다. 그러나 이야기가 진행되면서 '이쪽'과 '저쪽'을 규정하는 양자의 속성은 뒤죽박죽돼버리고, 궁극에는 '응시(gazing)'만이 오롯이 남는다. 거기에는 '현실', '판타지', '이데올로기' 등의 수사가 붙을 여지가 없다. 필자는 이를 본서의 주제의 연결지어 '이데올로기의 죽음'이라 명한다.

시간

앨리스는 강둑 위에서 언니와 함께 놀고 있는 것이 점점 지겨워졌다. 언니가 읽고 있는 책에는 아무런 그림도 대화도 없었다. (…) "그림도 없고 대화도 없는 책이 도대체 뭐가 재미있지?"[5] 앨리스의 이야기는 이렇게 시작한다. '그림'과 '대화'는 이야기에 처음 등장하는 모티프다. 물론 이를 무심코 지나칠 수 있겠으나, 책의 전체 줄거리에 비춰 보면 둘은 앞서 바흐친이 말한 단성악적 '글'과는 묘한 대조를 이룬다. 그림은 관념을 넘어서 있는 것이며, 대화는 관계성을 통해 화석화된 글에 생명을 불어넣을 수 있는 유일한 장치이다. 앞서 지적한 바 있지만, 힌두철학에서 환상(illusion)을 의미하는 마야(maya)는 '보편적 진리'——혹은 '우주적 자아'——를 지시하는 브라만(Brahman)과 대비를 이루는데, 마야가 어원적으로 '물질'을 의미하는 'matter' 개념과 연결돼 있음은 주지의 사실이다. 그렇다면 'matter'를 환(幻)으로 파악한 고대 인도철학의 기본 논리는 무엇이었을까. 아마도 이러한 사상의 근저에는 개념적 사유에 대한 불신이 자리하고 있었을 것이다.

개념적 사유는 일반적으로 언어나 수리 등에 의해 촉발되며, 그 대표적인 것이 시간의 장단 혹은 공간적 대소의 개념이다.[6] 그렇게 보자면 『이상한 나라의 앨리스』 도입부에 등장하는 '하얀 토끼'가 '조끼 주머니에서 회중시계를 보며 서둘러 달려가는' 장면은 예사롭지 않다. 여기서 우리가 주목할 부분은, (하이데거의 지적처럼) 시간개념에 의해 지배받은 생명체란 인간을 제외한다면 우주 내에 존재하지 않는다는 것이다. 토끼는 연거푸 시계를 꺼내보며 총총 걸음으로 어디론가 향해 가지만, 우주에는 본질적으로 시간이란 개념이 없다. 단지 회중시계의 시계바늘이 토끼의 마음을 황급하게 만들 뿐이다. '분주함'을 만들어내는 시간이 한갓된 개념과 다름없다면, 이는 분명 난센스다. 그

---

5 루이스 캐럴, 베스트트랜스 옮김, 『이상한 나라의 앨리스』 (서울: 더클래식, 2013), 10쪽.

6 대소장단은 모두 자의적으로 설정된 계량단위(measure unit)에 의거하여 성립되는 개념이며, 이들 개념은 실재를 임의로 왜곡하고 재단한다.

하얀 토끼

로 인해 작가는 난센스가 지배하는 세계를 또 한 번 비틀어버린다. 몇 가지 사례들을 살펴보자.

> (1) "낮과 밤을 생각해보세요! 지구가 한 바퀴 회전하는 데 스물네 시간이 걸리고 (…)" 앨리스가 다시 말을 이었다. "스물네 시간이 맞을 텐데, 아니면 열 두 시간인가?" "아, 귀찮게 좀 하지 마. **숫자**라면 아주 질색이야!" 공작부인이 말했다.[7]

> (2) "그러니까 오늘아침 이야기를 들려줄게요. 어제로 돌아가서 이야기하는 건 아무런 의미가 없어요. 지금 저는 어제의 제가 아니니까요."[8]

첫 번째 인용문에서 앨리스는 '지구가 한 바퀴 회전하는 것'을 '스물 네 시간'과 등치시키고, 공작부인은 이를 '숫자' 놀음으로 무시해버린다. 물론 텍스트 바깥의 '진리'는 앨리스의 말과 부합되지만, 엄밀히 보자면 인간이 갖고 있는 시간개념의 허상을 공작부인이 전복하고 있다고 보는 것이 가능할 것인데, 작품이 진행되면서 급기야는 시간의 흐름 자체가 정지돼버리기도 한다.[9] 두 번째 인용문은 조금 더 복합적 층위에서 시간개념을 해체한다. 오늘의 '나'가 어제의 '나'와 무관하다는 논리는 어찌 보면 '영원한 현재성'을 에둘러 역설하는 것

---

7 루이스 캐럴, 위의 책, 86쪽.

8 루이스 캐럴, 같은 책, 155쪽.

9 모자장수의 말을 빌리자면, "그 이후부터 시간이 내 부탁을 하나도 들어주지 않아! 그래서 언제나 여섯 시야." 루이스 캐럴, 같은 책, 107쪽.

이며, 이를 통해 과거-현재-미래라는 도식적 삼세(三世) 개념이 부정된다.[10] 조금 부연해보자면, 시간이란 결국 무수한 '순간'들이 우리의 지각에 의해 임의로 연결되면서 일종의 가상적 연속성을 만들어내는 것이니, 존재하는 것은 '찰나'일 뿐이고, 찰나가──역설적이지만──다시 영원으로 이어지니, 앨리스가 어제를 부정하는 것은 전혀 이상한 논리가 아닐 것이다.

시간개념의 '이상한' 구성은 공간성의 해체로도 이어진다. 비근한 예로 앨리스의 몸이 커졌다 줄어드는 모티프라든지, 토끼 굴로 떨어지는 앨리스가 '위도와 경도'를 독백처럼 말하는 장면[11]은, 우리가 인위적 단위를 사용하여 방위를 지정하거나, 공간의 대소를 설명하려는 시도를 정면으로 패러디하는 것이다. 이미 전술한 바 있지만, 우리가 사는 세계는 어떤 언어적/수리적 단위로서 지시될 수 있는 것이 아니다. 우주에 24시라는 시간개념이 존재하지 않듯이, 지도상에 아무리 정교하게 금을 그어놓아도, 자연 자체에는 영토나 국가개념이 본디 존재하지 않는다.[12] 어찌 보면 작품이 갖고 있는 문학적 함의는 우리가 일상에서 당연한 것으로 생각해온 모든 것들을 오히려 '이상한' 것으로 반전시키는 극적 장치에 있는 것처럼 읽히기도 한다.

여기서 잠시 중국선종의 육조(六祖)였던 혜능(慧能·惠能, 638~713)의

---

10 이와 관련하여 『금강경』 「일체동관분」을 참고하는 것이 유용할 것이다.

11 "앨리스는 위도와 경도에 대해서는 하나도 몰랐지만 말하기에는 그럴싸하고 멋진 단어라고 생각했다." 루이스 캐럴, 같은 책, 13쪽.

12 이를 방증하듯 앨리스는 "그대로 사람들에게 나라이름이 무엇인지는 물어봐야겠지? (…) 어쩌면 그런 것을 묻는 나를 아주 멍청한 바보라고 생각할지도 몰라! 그러니 절대 물어보지 말아야지"라고 스스로 읊조린다. 루이스 캐럴, 같은 책, 13쪽.

'풍번문답(風幡問答)' 이야기를 떠올려보는 것도 의미가 있을 것이다. 그가 나이 30세 전후에 광주 광효사(光孝寺)에서 인종(印宗, 627~713) 대사의 법문을 듣고 있을 때, 도량에 바람이 불어 깃발이 나부꼈다. 당시 법당에 있던 대중 사이에는 깃발이 움직이는가, 바람이 움직이는가라는 논쟁이 일었다. 이에 혜능은 정작 움직이는 건 바람도 깃발도 아닌 우리의 마음이라고 일갈했다고 전해진다.[13]

시간과 공간을 논하는 장면에서 돌연 선문답을 언급하는 것은, 루이스 캐럴이 작품에서 사용하는 '현실'과 '판타지'의 의미를 좀 더 다양한 시각에서 살펴보기 위함이다. '풍번문답' 에피소드에서 암시되고 있듯이, 동(動)과 정(靜)의 문제는 엄밀한 의미에서는 '마음의 작용'이 외화(外化)되어 드러난 것이지, 실재에 있어 존재하는 모든 사물은 생겨난 적도 사라진 적도 없다. 좀 더 구체적으로 지적하자면 법당에 모였던 대중의 질문은 '바람'이냐 '깃발'이냐라는 이분법적 사고에 기초하고 있으니, 그 자체가 이미 마음이 움직인 것을 방증하는 것이 아니겠는가?

이제 다시 루이스 캐럴의 이야기에 초점을 맞춰보자. 「애벌레의 충고」(5장)를 유심히 읽어보면, "저(앨리스)도 제가 아니니 스스로가 누군지 설명할 도리가 없다"고 하자, 이를 비웃는 애벌레에게 앨리스가 "당신도 언젠가는 번데기가 되고, 그런 다음 또 나비가 된다면 좀 이상하지 않을까요?"[14]라고 라는 대화가 등장한다. 이로부터 은연중 '나'의 실체성이 해체된다. 다소 사변적인 논리인 듯하나, 존재의 본

---

13 六祖因風颺刹幡, 有二僧對論, 一云, 幡動, 一云, 風動, 往復曾未契理. 祖云, 不是風動, 不是幡動, 仁者心動. 二僧悚然. (『無門關』「非風非幡」)

14 루이스 캐럴, 위의 책, 64~66쪽.

질이 (작품에서 암시되듯) 끊임없이 변화하는 일련의 '과정'이라면, 변화는 필히 '변화 없음'에 뿌리를 두지 않으면 안 된다. 달리 말해 '변화'를 인식하기 위해서는 필히 '변화 없음'이 인식의 토대로 자리매김하지 않을 수 없다. 아마도 이러한 '마음의 본질'을 염두에 두고 육조 혜능은 '깃발'과 '바람'의 움직임을 넘어서, '마음'이 동(動)했음을 천명한 듯하다. 한편 변화와 변화 없음의 기이한 겹쳐짐이라는 부분과 관련해서는 작품의 내재적 의미와 연결 지어 후반부에서 재삼 언급할 것이다.

말과 상징의 세계

『이상한 나라의 앨리스』에서 또 하나 주목할 부분은 어희(語戲)이다. 이러한 사례는 특히 「이상한 다과회」(7장)에서 빈번히 등장하는데, 몇 가지 구절을 인용해보자.

> (1) "'나는 내가 먹을 것을 본다'와 '나는 내가 보는 것을 먹는다'가 어떻게 같은 말이야?"[15]

> (2) "'나는 잠을 잘 때 숨을 쉰다'와 '나는 숨을 쉴 때 잠을 잔다'가 어디가 같아?"[16]

---

15 루이스 캐럴, 같은 책, 101쪽.
16 루이스 캐럴, 같은 책, 101쪽.

(3) "차를 좀 더 마실래?" 3월 토끼가 앨리스에게 진심으로 권했다. "난 아직 아무것도 마시지 않았어요. 그러니 좀 더 마실 수가 없죠."[17] 기분이 상한 앨리스가 대꾸했다.

(4) "아무것도 마시지 않았을 때 더 마신다는 것은 말이 되지. 덜 마시는 게 말이 안 되지."[18]

위에서 인용한 구문들을 의미론적 관점에서 분석하는 것은 가능할지 모른다. 그런데 필자의 입장에서 보건대 정작 작가가 의도한 것은 언어적 의미의 차이를 논하고자 한 것이 아니라, 동일한 낱말의 서로 다른 배열이 흡사 각각의 상이한 '사태'를 만들어내는 것과 같은 **착각**을 의도적으로 드러내기 위한 시도로 보인다. 특히 (1)~(2)의 경우 '먹는/잠자는' 것과 '보는/숨을 쉬는' 행위는 양자가 '동시'이며 상호 분리될 수 없다. 나아가 두 개의 행위를 주관하는 '나'라는 개념 또한 언어의 기만이 만들어낸 환상일 뿐이다. 달리 말해 우리가 사는 현상계는 동시−전체로서의 '세계[一者]'가, 언어적 유희로 인해 무수한 개체로 분절된 기이한 시공간이다. 물론 이는 우리 마음이 '만들어낸' 결과일 뿐, 세계의 본질 자체가 환영이라는 의미는 아니다.

인용문 (3)~(4)의 경우는 언어의 의미를 좀 더 교묘하게 비틀고 있다. 두 개의 문장은 논리적으로 모두 하자가 없다. (3)은 앨리스가 3월 토끼의 말에 퉁명스럽게 대꾸하는 구절이다. '좀 더'라는 말은 이미 행해진 어떤 것에 무엇을 '더하다'는 의미이니, '아무것도 마시지 않

---

17 루이스 캐럴, 같은 책, 109쪽.
18 루이스 캐럴, 같은 책, 109쪽.

은' 앨리스의 입장에서 이 말은 성립될 수 없는 것이다. 그런데 (4)도 그 자체로 논리가 성립되지 않는 것이 아니다. '아무것도 마시지 않았는데 (…) 덜 마신다는 것'은 (모자 장수의 말처럼) 말이 되지 않는 것이다. 결국 관건은 말과 논리가 지배하는 세계의 허상을 직시하는 것이다. 표면상 두 인물은 서로 다른 논리로 무장해서 서로 다른 주장을 펼치고 있다. 그런데 엄밀히 숙고해보면 표면상 '서로 다른' 이야기가 사실은 동전의 양면일 뿐이다. 이 부분과 관련하여 단연 압권은 「가짜 거북이의 사연」(9장)에 등장한다.

가짜 거북이와 그리핀 그리고 앨리스가 대화를 주고받다가 화제가 수업으로 옮겨갔다.

> "하루에 수업은 몇 시간이나 들으신 거예요?" (…) "첫날에는 열 시간, 다음 날에는 아홉 시간, 그런 식이었어." (…) "시간표가 좀 이상하네요!" 앨리스가 소리쳤다. "그래서 우리가 수업이라고 부르는 거야. 날마다 줄일 수 있기 때문이지." 그리핀이 대꾸했다. (…) "그럼, 열한 번째 날은 수업이 없었겠네요?" "물론이지." 가짜 거북이가 대답했다. **"그러면 열두 번째 날은 어떻게 되는 거죠?"** 앨리스가 진지하게 물었다. "수업에 대한 이야기는 이 정도면 됐고, 이제 이 아가씨한테 경기 이야기를 해주게." 그리핀이 아주 단호하게 말을 끊었다.[19]

인용문은 수학적 논리를 동원하여 대화를 이끌어가고 있다. 덧셈-뺄셈의 간단한 법칙을 따라가면 앨리스의 말처럼 열한 번째 날은 수업이 없으니, 숫자로 치환하면 '0'이다. 그런데 연이은 앨리스의 질문

---

19 루이스 캐럴, 같은 책, 144~145쪽.

이 걸작이다. 그야말로 고대 선승들이 기세등등하게 주고받던 '법거량(法去量)'과 같은 물음이 아닌가. 일종의 '부모미생전 본래면목(父母未生前 本來面目)'에 버금가는 화두가 앨리스의 입에서 뜬금없이 터져 나온 것이다. 그런데 그리핀의 반응도 만만치 않다. "수업에 대한 이야기는 이 정도면 됐고(…)." 말할 수 없는 것을 구차하게 설명하려 한다면, 이는 이미 하수(下手)의 경지다. 말할 수 없는 것에 대해서는 그냥 침묵하라. 그런데 언어와의 관계에서 '침묵'의 의미는 무엇일까.

필자의 관점에서는 『이상한 나라의 앨리스』에 등장하는 다양한 사건, 대화, 나아가 여러 등장인물들이 한결같이 '침묵'에 뿌리내리고 있다는 의구심을 지울 수 없다. 작품의 1장에서 앨리스는 "자신이 두 사람인 척하는 것을 아주 좋아했다"[20]라고 고백한다. 그런데 엄밀한 의미에서 이는 전혀 이상한 것이 아니다. '내'가 '나'임을 확신하기 위해서는 '나'를 인식하는 또 다른 '나'가 필히 전제돼야 한다. 외견상 모순논리인 듯하나, 하나는 둘이며 둘의 본질은 하나이다. 주역철학에서는 이를 '태극즉양의(太極卽兩儀)'라고 명한다. 두 개의 눈이 하나의 사물로 초점이 모아지듯이, 하나(태극)는 항시 동정(動靜)/굴신(屈伸)/승강(昇降) 등 둘로 나뉘어 작용한다. 특히 전자의 경우 '루빈의 꽃병(Rubin vase, figure-ground vase)'[21]을 참조하면 이해가 용이할 것인데, 인용한 그림은 보는 관점에 따라 하나의 컵으로 인식될 수도 있고(흰색 이미지), 두 사람이 서로 마주보는 형상(검은색 이미지)으로 인식될 수도 있다. 그러나 관건은 우리가 두 개의 서로 다른 형상을 동시적으로

---

20 루이스 캐럴, 같은 책, 19쪽.

21 1915년 덴마크 심리학자 에드가 루빈(Edgar Rubin)이 발명한 애매하거나 반전 형태인 두 이미지의 조합.

인식하는 것은 불가능하다는 것이다.

　개념과 상징이 지배하는 세계는 항상 이원론으로 나눠지나, 그 이면에서는 일종의 통합이 자리하고 있는 것이다. 나아가 가장 구체적이고 분명한 듯 보이는 이 모든 개념 쌍들이 사실은 존재의 본질을 은폐하는 베일이다. 그로 인해 내가 이 길로 가든, 저 길로 가든 본질에 있어서는 아무런 변화가 발생하지 않는다.

　　"내가 여기서 어느 길로 가야 하는지 가르쳐줄래?"
　　"그건 네가 어디로 가고 싶은 건지에 달렸어."
　　고양이가 대답했다.
　　"난 어디라도 상관없는데(…)"
　　앨리스가 말했다.
　　"그럼 어디로든 가면 되지."
　　고양이가 대꾸했다.[22]

　어쩌면 루이스 캐럴은 우리 삶에 어떤 의미를 부과하는 것을 단호히 유보했는지 모른다. 인생의 본질이 '소음과 분노'로 가득 찬 공허한 기표라면, 거기에 어떤 인위적인 목표를 부과하는 것이 얼마나 하찮은 일이 될 것인가. 일반적으로 보건대, '목표 지향적' 개념과 의미

---

[22] 루이스 캐럴, 같은 책, 91~92쪽.

상 밀접한 종교적 모티프는 순례(pilgrimage)가 될 것이다.[23] 순례란 해석하기에 따라 자신이 믿는 '종교적 성지'를 물리적으로 방문하는 행위를 지칭하기도 하지만, 좀 더 심층적 차원에서 보자면, 이는 신도들이 자신이 믿은 영적 종착지를 향해 나아가는 과정을 의미한다고 보는 것이 가능할 것이다. 다소 과도한 해석이 될 수 있겠지만, 이 부분과 관련하여 『앨리스』의 서문에 등장하는 두 가지 모티프를 인용한다.

(1) 이제 상상의 샘도 말라.

이야깃거리도 다 떨어지고

이야기꾼은 기진맥진한 목소리로

'나머지는 다음에!'라고 말하면

'지금이 다음이에요'라고 대답하는

행복에 겨운 목소리가 울려 퍼지네.

(2) 앨리스!

이 애틋한 이야기를

부드러운 너의 손으로

어린 시절의 꿈으로 가득 찬

신비한 추억의 장소에 가져다두렴.

---

23 '순례'와 관련해서는 다수의 독자들이 기독교적 교리를 떠올릴 개연성이 많겠으나, 예수님 복음의 상당 부분은 천국의 현재성을 암시하는 구절로 해석하는 것이 가능하다고 보는 것이 필자의 입장이다. "바리새인들이 하나님의 나라가 어느 때에 임하나이까 묻거늘, 예수께서 대답하여 이르시되 하나님의 나라는 볼 수 있게 임하는 것이 아니요, 또 여기 있다 저기 있다고도 못하리니 하나님의 나라는 너희 안에 있느니라." (「누가복음」 17:20-21)

머나먼 땅에서 꺾어온

순례자들의 시든 꽃다발처럼.

첫 번째 인용문에서 두 사람이 주고받는 대화의 내용이 인상적이다. 소재가 궁해진 이야기꾼이 "나머지는 다음에!"라고 하자, 아이들은 "지금이 다음이에요"라고 대답한다. 어찌 보면 작중 아이들의 투정처럼 인간에게 '다음'이라는 미래 혹은 '예전'이라는 과거는 존재하지 않는다. 그렇다고 정작 '지금'은 존재하는가? 하이데거의 지적처럼 인간이 '시간-속-존재'라면, 과연 우리는 과거-현재-미래의 어디에서 살고 있는 것인가. 두 번째 인용문의 경우, 순례자가 우리가 일반적으로 생각하듯, '구도'를 위해 세속적 행복을 마다하고 신성(神性)과의 합일을 위해 금욕적 삶을 살아가는 무리라면, 그들이 '머나먼 땅에서 꺾어온 꽃'이 (그 꽃의 실제적 상태와는 무관하게) 진주처럼 찬란히 빛난다고 말하는 것이 합당하지 않겠는가. 그런데 저자는 굳이 이를 두고 '시든 꽃다발'이란 표현을 사용한다. 어쩌면 이를 통해 저자는 목적 지향적인 현대인의 삶을 비판하고자 한 것은 아니었을까.

인간의 삶은 흡사 "고양이가 박쥐를 먹을까? (…) (아니면) 박쥐가 고양이를 먹을까?"[24]라는 질문처럼, 답할 수 없는 문제들로 가득 차 있다. 그런데 여기서 일종의 반전이 일어난다. 만일 일상의 삶이 온갖 불가사의한 것으로 이뤄진 것이라면, 앨리스가 (꿈에서) 경험한 '이상한 나라'는, 사실 그녀가 꿈에서 깨어나 살아가는 세계와 하등 다를 바 없다. 이러한 추론을 방증하듯 작품의 말미에서 저자는 "달그락거리는 찻잔소리는 양떼의 방울소리일 테고 여왕이 외치는 소리는 양치기

---

24 루이스 캐럴, 위의 책, 14쪽.

소년의 목소리일 것이다"[25]라고 말하지 않는가. 필자의 입장에서는 『이상한 나라의 앨리스』에서 가장 기묘한 부분이, 일상성과 판타지를 교묘하게 오버랩시키는 작품의 서사구조이다. 앨리스가 경험한 세계는 모든 사람이 살아가는 세계이며, 판타지의 본질에 근접할수록 판타지와 현실과의 경계는 점점 더 모호해져버린다. 그리하여 급기야는 앨리스의 '모험'은 모든 사람의 평범한 이야기로 마감하는 것이다.

어찌 보면 모든 인간은 두 개의 정신적·인식론적 층위를 동시적으로 경험하며 살아간다. 하나는 사무실에서 열심히 일하다가, 휴식시간에 동료들과 차를 마시며 한담을 나누는 일상적 모습으로서의 인간이다. 그러나 그것이 인간을 규정하는 모든 것이라면, 삶 자체가 얼마나 단순하고 지루하겠는가. 이로 인해 아마도 『중용』은 '드러남'과 '감춰짐'을 동시적으로 말하고 있는 듯하다. 달리 말해 우리가 경험하는 일상적 모습으로서의 인간 배후에는 또 다른 '나'가 존재하고 있을 것이다. 물론 일상을 살아가는 나로서는 그 배후를 자각할 수도 엿볼 수도 없다. 그러나 앨리스의 이야기가 암시하는 것은, 지금-여기 존재하는 내 모습 속에 이미 신비로운 은닉된 빛이 비추이고 있다는 것이다. 현실의 앨리스 속에 신성의 빛이 이미 투영돼 있는 것이라면, 현실과 초월을 구분하는 것 자체가 오히려 옥상옥이 되지 않겠는가. 나아가 현실과 판타지가 동전의 양면에 불과한 것이라면, 과연 실재하는 것은 앨리스인가, 양자를 비추는 눈부신 빛인가.

물속에서 헤엄치며 노니는 물고기는 '물'의 존재를 알지 못한다. 물고기가 물 밖으로 나왔을 때, '물'이라는 '환(幻)'이 '멸(滅)'하고, 물고기는 비로소 자신이 물에 의해 지배받아왔음을 알게 될 것이다. 그러

---

25 루이스 캐럴, 같은 책, 191쪽.

팔대산인의 「어석도」

나 역설적으로 물고기가 자신을 지배해온 '물(이데올로기)'을 벗어나는 것은 물고기의 죽음을 의미한다. 물고기의 삶이 '꿈'이었다면, 물고기의 '죽음'은 꿈에서 깨어난 현실이 될 수 있을까. 꿈에서 깨어난 앨리스의 일상은 꿈보다 훨씬 현실적이었을까. '죽음 이데올로기'가 '죽음'의 본질을 이런저런 형태로 베일 속에 가두었다면, 그 이데올로기의 베일이 찢어지고 파편화되어 형해도 없이 사라질 때, 인간이 마주하게 될 세계는 어떠한 모습일까. 물론 필자는 후자가 이데올로기적 장치에서 벗어난 진정한 자유의 상태라 생각지 않는다.

루이스 캐럴은 우리의 삶에서 모든 의미를 소거하는 일련의 문학적 장치를 통해, 삶의 본질을 진지하게 성찰하고자 하였다. 삶에 대한 어떠한 가상적 의미에도 집착하지 않고 단지 영원한 현재와 하나 될 때, 인간은 진정으로 자유로워질 수 있지 않겠는가. 물론 그때에 우리가 사물에 부여해온 모든 '의미'가 무의미해지겠지만, 역설적으로 일

상에서 이미 의미 지워진 관념의 파편들을 억지로 소거하려는 행위 또한 또 다른 고차원적 상태의 '의미화'가 되지 않겠는가. 판타지와 현실이 공존하고, 물과 물고기가 서로를 잊고 사는 삶의 현실 속에서는 이제 필자는 '이데올로기의 죽음'을 떠올린다.

결 론

태어남을 근원해서 삶의 끝을 돌이켜보며,
죽음과 탄생의 원리를 깨닫노라.

『주역계사전』

삶과 죽음은 바흐친적 용어로 말하자면 '대화'이다. 왜냐하면 양자는 항시 상호관계성 속에서 각각의 의미를 지니며, 나아가 삶이라는 말은 그 속에 이미 '죽음'이라는 의미를 내포하고 있기 때문이다. 바흐친의 대화성이론은 과도하게 사변적이지 않으면서도 그 자체로서 우리에게 새로운 통찰력을 제공한다. 바흐친이 지적한 것처럼 말의 의미는 영원히 유보될 것이고, 따라서 말과 이름[名言]에 집착하는 것은 실체 없는 허상을 좇는 것만큼이나 허망한 것이다. 반면 대상에 대해 질문을 던지는 것은, 질문에 답하는 것만큼이나 중요하다(혹은 앞서의 논지와 연결시켜본다면, 질문은 그 자체 속에 이미 특정한 답변을 내포하고 있다고 보는 편이 좀 더 적절할 것이다).

가령 혹자가 '나를 낳아준 부모가 없었으면, 나는 무엇이었을까?'라는 질문을 제기한다고 가정해보자. 이는 일견 흥미로운 철학적 화두처럼 보이나, 곰곰이 생각해보면 이러한 명제는 이미 그 속에 논리적 오류를 내포한다. 우선 이는 나의 본질이 내 육신에 존재하는 어떤 것임을 전제한 질문이며, 본서에서 논의한 도가나 불교사상은 이러한 입장을 결단코 부정할 것이다. 만에 하나 이 같은 단견(斷見)을 수용한다 할지라도 논쟁의 소지는 여전히 남아 있다. 나를 내 육신에 존재하는 어떠한 것으로 상정하는 이상, 내 육신이 형성되기 이전에 '내가 무엇이었을까'라는 질문은 성립될 수 없다. 왜냐면 탄생 전후를 연결시켜줄 수 있는 어떠한 매개도 존재하지 않기 때문이다.

이에 반해 창의적이고 유의미한 질문은 언제나 새로운 인식론적 지평을 열어준다. 본서에서 주목한 중국의 유교 및 도가사상이나 바흐친이론은 세계를 물질이 아닌 의식의 차원에서 파악하는 측면이 강하다. 그렇게 보자면, 새로운 질문은 우리에게 새로운 삶의 가능성을 열어 보이는 통로가 될 수 있다. 나아가 비교사상적 관점에서 바흐친은 유교나 도가사상이 표면적으로 발화하지 않은 다양하고 흥미로운 영역을 우리에게 제시하고 있다. 물론 역으로 유교나 도가사상 또한 바흐친사상이 아직-말하지 않은 영역을 계시(啓示)할 수 있을 것이다.

본서가 삶과 죽음을 다양한 관점에서 조망하고 있듯이, 인문학적 사유도 그것이 물화(reification)되지 않기 위해서는 끊임없이 새로운 문제의식을 탐구해야 할 것이다. 어떤 사상도 그것이 질문하기를 멈추는 순간 화석화되어 하나의 도그마로 변모될 것이며, 반면 이것이 정교하게 인간의 현실 삶과 맞물려 자기변화를 추동해나갈 때, 우리는 그것을 이데올로기적이라 호칭할 수 있을 것이다. 필자는 중국사상에 내재된 죽음 이데올로기를 인문학적으로 탐구하면서, 적어도 본서에서의 논의가 탈물화(de-reification), 나아가 이데올로기의 죽음에 이르는 계기로 이어질 수 있기를 기대했다. 혹여 본서의 주장처럼 삶과 죽음이 하나의 지속되는 과정이라면, 양자를 삶이라 해도 그르친 것이고, 죽음이라 해도 그르친 것이다. 「반야심경」의 경구처럼 '색즉시공/

공즉시색'이 존재의 본질을 명징하게 드러내고 있다면, 인문학은 오직 대화적 사유를 통해서만이 근원에 한걸음 더 가까이 다가갈 수 있을 것이다.

기실 무위자연의 도가적 함의는 '근원으로부터의 비분리'에 대한 절대적 신뢰에 기대어 가능하다. 인간이 자연을 신뢰한다고 함은 인간된 본성에 따라 살아가는 삶을 의미하며, 나아가 그러한 삶의 토대는 근원과 하나 됨에서 파생하는 것이다. 우주 삼라만상에는 하나의 특정한 관점에 의해 임의로 설정된 위계나 우열이 있을 수 없으며, 만유를 만유이게 하는 근원이 개개물물과 분리돼 별도로 존재하지 않는다. 동양적 사유논리에 비춰보자면 모든 생명체는 자신에 주어진 일정한 삶의 궤적을 이탈하는 법이 없지만, 모두는 이를 **스스로 그러한** 것으로 여길 따름이다. 달리 말해 나와 무관하게 별도로 존재하며 나의 삶을 주재하는 일자의 개념이 유교나 도가사상에서는 나름의 방식으로 부정되고 있다. 삼라만상이 어떤 절대자에 의해 은밀히 조정되는 것이 아니라면, 동일한 논리로 '인간'이 자연을 지금-여기 존재하는 것보다 장엄하게 변화시킬 수 없다. 오히려 자연이라는 말의 의미를 상기할 때 '스스로 그러한' 세계를 인위적으로 변화시키고자 하는 노력은 자연의 본질에 역행한다. 왜냐하면 '내'가 세계를 장엄하게 한다는 생각 자체가 이미 나와 세계의 분리를 전제하기 때문이다.

유사한 논리로서 시간이 인간을 파괴시킨다는 생각 또한 삿된 망상이다. 동아시아문화에서 시간은 흔히 모든 존재하는 것의 파괴자로 묘사되지만, 이는 어찌 보면 시간의 속박을 벗어나 진정한 자유의 경지로 도약하기 위한 전(前) 단계에 불과하다. 기실 무상에 대한 자각은 종종 무아의 도리를 깨칠 수 있는 전경으로 작용하며, 이를 통해 급기야는 죽음의 본질에 대한 혜안을 얻을 수 있을 것이다. 물론 역설적이지만 무아에 대한 자각은 '앎'을 허용하지 않는다(인식주체로서의 내가 존재하지 않는 이상, 어찌 인식대상에 대한 앎이 성립될 수 있겠는가). 결과론적으로 보자면, 죽음은 '하나 됨'의 논리이다. 그리고 근원과의 하나 됨을 통해 인간은 비로소 실존적 불안에서 벗어날 수 있다.

더불어 무위자연이 현실 삶에서 실천성을 수반하게 될 때, 인간은 판단하되 그 판단에 집착하지 않는다. 『금강경』은 이를 '응무소주이생기심(應無所住而生其心)'[1]이라는 여덟 글자로 표현하였다. 일례로 우리가 무지개를 보고 그것이 일곱 개의 색으로 구성돼 있다고 말하지만, 엄밀한 의미에서 무지개의 색깔을 구성하는 색의 스펙트럼은 무한에 가까울 것이다. 실상이 그러할진대 과연 우리가 어떠한 근거로 사물에 대한 단언적 진술을 제시할 수 있겠는가.

존재의 본질을 깨달은 자는 판단하되 판단하지 않고, 앎의 궁극처가 무지(無知)에 있음을 체회(體會)하며, 이러한 상태에서는 외구(外求)하는 모든 마음이 사라진다. 그러나 흥미롭게도 현대사회는 인간이 자신의 내면에서 스스로 평화와 안락을 찾는 것을 용인하지 않는다. 그보다는 물질적 풍요나 명예, 나아가 인간의 말초신경을 자극하는 갖은 향락주의적 잣대에 의해 행복의 척도를 규정하도록 강요받는다. 물론 이 같이 현대사회의 논리를 통해 인간은 결코 내적 평화를 구할 수 없다. 그렇게 보자면 본서는 죽음 이데올로기에 대한 탐구이자 동시에 현대사회의 탈 인본주의적 지배구조에 대한 대항담론적 성격을 내포하고 있다고 할 수 있을 것이다.

이러한 전제하에 본서 1부의 내용과 관련해서 몇 가지 첨언하고자 한다. 송대 이학이 제시하는 이기(理氣) 개념에서 '리'의 문자적 함의

---

1 글자 그대로 풀이하자면 '응당 머무름 없이 그 마음을 낸다'는 의미이다.

는 특히 눈여겨볼 필요가 있다. 리는 두 개의 글자를 합성한 것으로, '王'은 '옥에 새긴 무늬'를 상징하며 '里'는 글자의 음을 표시하기 위해 가차한 것이다. 달리 말해 '리'의 함의는 옥에 새겨진 무늬를 말하는 것인데, (무늬는) **저절로** 생겨난 것이니, 송대 이학에서의 리 개념은 무위에 가깝다. 그렇게 보자면 제도에 의해 인간의 자연스런 삶을 옥죄는 사회는, 우주자연의 '리'에 위배된다고 보는 편이 적절할 것이다. 한편 덕(德)은 이러한 우리의 본성을 추동하는 힘을 지시하며, 덕의 활동성의 결과로 나타난 것이 성(性)이다. 그런데 이러한 덕의 진정한 힘은 우리의 인위적 의도가 사라졌을 때 가장 선명하게 드러난다. 요약하자면 유교의 이상은 결국 도가적 무위의 상태에서 구현되며, 이를 통해 유교와 도가가 서로 조우할 수 있는 매개가 성립되는 것이다.

이에 덧붙여 유교 심성론의 문제를 간략히 고찰해보자면, 인간 마음을 해석하는 주자의 논리에서 인심과 도심이 원래 하나이나, 이를 굳이 개념적으로 설하고자 하니 외형적인 이분화가 불가피해지는 것이다. 여기서의 관건은 인심이 반드시 부정적인 것은 아니지만, 이것이 과도함으로 흐르면 악으로 변질될 수 있다는 것인데, 이러한 발상이 '낙이불음·애이불상(樂而不淫·哀而不傷)'[2]으로 요약되는 주자의 「시경집전서」에서도 잘 드러난다. 이로 인해 신유학의 수양론은 도심으로 인심을 지켜볼 것을 역설한다.[3] 물론 도심과 인심을 조금 창의적으로 해석하자면, 요동치는 인심을 지켜보는 그 마음이 도심이다. 지켜

---

2 즐겁되 너무 지나치지 않고, 슬프되 상함에 미치지 않는다.

3 신유학의 심성론에서 주목할 지점은 인간 내면에 존재하는 인욕(人欲)을 일정 부분 인정한 것이며, 이것이 과불급(過不及)의 상태에 이르게 되면 악(惡)으로 변할 수 있다는 것이다. 이 같은 유교의 인간을 바라보는 입장은 도가나 불교와 비교할 때, 상대적으로 현실성을 강조한 결과로 보인다.

봄[察]을 통해 군자는 인심의 속성이 무상함을 깨닫고, 이를 통해 거경(居敬)의 도리를 실천할 수 있다. 결국 인심-도심으로 규정되는 신유교의 심성론에서 양자가 본질에 있어 둘이 아님[不二]을 알게 되면, 군자는 어디에도 집착하지 않을 수 있다.

이러한 관점에서 보건대 '미발지중'은 우리 마음이 원래 둘이 아님을 천명하는 것이고, '이발지화'는 마음이 허무공적(虛無空寂)이 아님을 밝힌 것이다. 즉 마음은 희로애락 등 여러 형태로 자신을 드러내지만, 어느 하나 마음의 모습 아닌 것이 없다. 이처럼 양자가 하나인 상태를『중용』은 신독(愼獨)이라 칭하였다. 가령 기쁨이 올 때, 기쁨과 하나 되면 거기에는 더 이상 분별망상이 개입될 소지가 없다. 왜냐하면 감정판단은 '보는 자'와 '보이는 대상'의 분열이 있을 때 비로소 가능하기 때문이다. 이는 불교가 말하는 공(空)의 이치와도 상응한다. 내 마음이 세계와 한 모습이라면, 거기에는 어떠한 말과 이름도 붙일 수 없다.『중용』이 역설하듯, "가난에 처해서는 가난과 하나 되고, 부귀에 처해서는 부귀와 하나 되는 것"이 중용의 도리를 행하는 것이며, 이를 '미발지중'의 근원적 의미로 해석하는 것이 가능하다.

이러한 논리를 본서의 주제와 연결시켜보자면, 죽음에 처해서는 죽음과 하나 되는 것이 유교가 지향하는 이상적 경계이다. 물론 전술한 논리를 따르자면, '죽음과의 하나 됨'을 통해 죽음은 **사라질** 것이다. 반면 죽음에 대한 공포와 불안은 우리의 마음이 중화(中和)를 이루지 못했음을 방증하는 것이다. 본질과 현상/체와 용의 관점에서 볼 때 나와 세계의 분리가 일어나지 않음으로써 하나가 됨이니, 이미 하나라면 어찌 비유(非有)가 되겠는가? 반면 하나가 항시 이런저런 모습으로 현전하여 그 실체가 있지 않으니, 어찌 비무(非無)가 되겠는가?

한편 이는 앞서 언급한 시중(時中)의 개념과 연결 짓는 것도 가능해 보인다. 왕양명의 '심외무물/심외무사'에 따르면 사물과 사건은 고정된 개념이 아니라, 내 마음의 상태에 응하여 끊임없이 변화하는 과정이 된다. 여기서 마음 자체를 '천리(天理)'로 가정하고, 마음의 작용이 '변화의 과정'이라면, 결국 이를 통해 우리는 '본체와 작용을 하나의 근원[體用一源]'으로 상정할 수 있는 근거를 마련할 수 있다. 전술한 내용을 불교 유식의 관점에서 풀이하면, 마음은 형체가 없으나 한 생각을 일으키면 일물(一物)이 된다. 나아가 이러한 전제를 수용할 때, 우리가 마음 밖에 별도로 존재한다고 생각하는 대상이 실은 마음의 그림자며, 나아가 우주만유가 마음에 드리운 그림자와 다름없음을 자각할 수 있다. 이 같은 유식의 도리를 깨치는 유일한 수행방편은 '듣는 마음자리를 돌이켜 듣는 것[返聞工夫]'이며, 이것이 명명덕의 논리요, 본각 자리를 회복하는 관건이다.

사족이 될 수 있겠으나, 필자는 본서의 1부 1장에서 '철학의 출발을 경이로움'으로 규정하였다. 그렇다면 과연 경이로움의 뿌리는 무엇이 될 것인가? 『중용』 1장은 "하늘이 내 속에 들어와 있다"고 천명한다. 하늘이란 우리의 지력으로 알 수 있는 대상이 아니니, 그 자체를 경이로움의 대상으로 간주할 수 있을 것이다. 그러나 이 같은 순환논법을 벗어나기 위해서는 논의의 관점을 전환하는 것이 필요해 보인다. 유교에서 '하늘'이란 가장 추상적인 개념이지만, 역설적으로 그것은 우리와 너무나 가까이 존재한다. 『중용』에 따르자면, 우주 삼라만상의 모든 생명작용에서부터 우리의 생각, 심성 등등 그 어느 하나도 하늘과 연결돼 있지 않은 것이 없다. 좀 더 광의의 맥락에서 보자면, 내 속에 하늘이 들어와 있으니, 시시각각 변화하는 우주의 조화가 나와 분리된 것이 없다. 그러나 이렇게 논의를 매듭짓게 된다면, 이는 유교의 기본전제를 일탈하는 우(愚)를 범하는 것이 될 것이다.

두웨이밍은 인간의 본질을 미학적·역사적·철학적 관점에서 규정하는데, 이는 유교의 핵심 경전인 사서삼경에서의 『시경』, 『서경』, 『역경』을 근거로 이 같은 주장을 펼친 것으로 보인다. 이러한 논리를 전술한 '경이로움'의 문제와 연결시켜본다면, 유교사상의 관점에서는 추상적 형태로서의 우주론적 경험을, 인간의 일상사를 통해 논할 수 있다고 확신한 듯하다. 달리 말하자면, 나와 나를 에워싼 일상이 사실은 가장 신비로운 것이며, 나아가 이들 모두가 경이로움의 대상 아닌 것이 없다. 우리가 창공의 별을 보며 우주의 경이로움을 느낄 때, 이는 미학적 경험이 될 수도 있을 것이고, 한편에서는 이를 통해 시간의 연속성을 자각하는 역사적 성찰을 가질 수도 있을 것이며, 나아가 말과 언어를 넘어선 추상적 영역이 일상사와 미묘하게 결합된 형이상학적 영감을 받을 수도 있을 것이다. 그러나 어떠한 경우이든 '경이로움'의 본질은 내 마음의 상태와 분리돼 있지 않다. 달리 말해 우주의 신비가 내 마음의 모습과 연결되면서, 궁극에는 양자가 '하나'로 합일되는 것이다.

이제 본서 2부와 관련해서 몇 가지 부연하고자 한다. 반(反)실체론적 사유와 관련하여 장자는 기본적으로 당시를 풍미했던 제가백가사상의 다양한 주의주장들[物論]이 기실 그 실체가 없음을 지적하고, 이들 상호간의 차이를 해체하고자 하였다. 그러나 장자의 이 같은 철학적 입장 또한 (본인의 의도와는 무관하게) 당시 중국대륙을 풍미했던 여러 사상 중 '하나'의 주의주장으로 규정될 수 있을 것이다. 그렇다면 이러한 논리적 아포리아(aporia)를 장자는 어떠한 방식으로 넘어서고자 했을까?

이 문제와 관련해서는 좀 더 소상한 학술적 논의가 필요할 것이다. 그러나 개략적으로나마 여기에 답하자면 장자는 말의 의미, 나아가

의미의 본질에 대해 깊은 성찰을 했던 듯하다. 그로 인해 장자의 서사 기법은 현대철학적 관점에서 보자면 '해체론적 사유'와 많이 닮아 있다. 가령 『장자』 내편의 여러 우화를 보면, 외견상 A가 B를 조롱하는 듯 보이지만, 그 구절을 곱씹어 읽다 보면 A는 동일한 논리로 B에게 조롱의 대상으로 전락하고 있음을 직감한다. 일례로 「소요유」를 보면 '메추리가 붕새를 비웃는' 장면이 등장하는데, 이를 두고 대부분의 독자는 '작은 지혜가 큰 지혜에 미치지 못함[小知不及大知]'의 논리를 떠올릴 것이다. 그런데 이 문제를 결론부에 등장하는 '무하유지향'의 논리와 연결시켜 생각해본다면 '소지' 혹은 '대지'라는 기준 자체가 모호해짐을 알 수 있다. 요약컨대 소지는 소지대로, 대지는 대지대로, 자신의 깜냥에 부합되는 삶을 살아가는 것이 무용의 논리에 좀 더 부합되는 듯 보인다.

요임금과 허유의 대화도 유사한 메시지를 내포한다. 우화의 전편에서 요는 허유에 비해 세간에서 버둥거리며 살아가는 세속적인 인물로 묘사되고 있지만, 뒤이어 장자는 요와 허유가 모두 자신의 성품대로 살아가는 것이 무위자연의 도리에 합치됨을 암시한다.[4] 달리 말해 시간의 장-단이나 공간의 대-소는 외형적 드러남이며, 대소장단의 실체가 없음을 깨치는 것이 '유(遊)'에 도달하는 첩경이다. 물론 이를 위해서는 대소장단을 부정하지 않으면서도 대소장단에 집착하지 말아야 한다. 이것이 「양생주」가 말하는 '연독이위경(緣督以爲經)'의 함의이다.

이러한 논리의 연장선상에서 「제물론」은 '유가와 묵가가 서로 시비 논쟁하는 것을 비판하면서, 이를 종식하기 위한 방편으로 '막약이명

---

4 이와 관련해서는 '포인(庖人)'과 '시축(尸祝)'의 비유를 참조하는 것이 요긴할 것이다.

(莫若以明)'을 제시한다. 여기서 장자가 암시하는 밝음[明]이란 유가(혹은 중용) 식으로 말하자면 '미발지중'의 '중'과 닮아 있다. 바람이 물상을 만나 온갖 소리가 천지를 뒤덮다가 바람이 그치면서 소리[物論]는 자취를 감춘다. 여기서 바람은 우리의 망상분별이다. 망상분별이 사라지니 시비논쟁이 종적도 없이 사라져버렸다.

장자가 지향했던 경지는 아마도 중생의 아비규환이 사라진 '허무의 고을'이었을 것이다. 이는 강물의 흐름(세파)에 자신을 온전히 내맡길 때 가능할 수 있다. 그런데 혹자는 다시금 이 내맡김을 인생의 목표로 설정하고자 할 것이다. 그러나 내맡김이 목표가 되는 순간 장자가 말하고자 했던 무위자연의 도리는 유위, 즉 반(反)자연의 논리로 변질될 것이다. 『원각경』을 논하는 자리에서 언급했듯이, 부처가 아무리 열반의 법문을 설해도 중생이 윤회하는 마음으로 열반의 도리를 받아들이면 열반 또한 윤회가 된다. 장자철학이 제자백가사상의 물론(物論)을 제(齊)하면서, 스스로가 물론(物論)에 또 하나의 주의주장을 더하는 사태를 넘어설 수 있는 개연성은, 오직 『장자』를 장자적으로 읽을 때 비로소 가능할 듯하다.

이상에 기초하여 유교와 도가를 비교해보자면, 유교는 대체로 밖으로 발산되는 조화를 강조했고, 구체적으로는 이것이 오륜이나 예법 등으로 드러난다. 반면 도가는 안으로 수렴되는 중심을 강조했으며, 이는 내성외왕의 원리로 이어진다. 물론 이러한 주장은 표층으로 드러난 담론에 근거한 것일 뿐이며, 본질에 있어 양자가 지향하는 층위를 이동(異同)의 관점에서 판단하는 것은 무리가 있어 보인다.

"변할수록 같아진다(Plus ça change, plus ça devient pareil)"는 프랑스 속담은 본서의 주제와 연결시켜보자면 의미심장한 말이 아닐 수 없다. 그런데 이 말의 함의를 곱씹다가 필자는 문득 인도사상의 정수로 불리는 『바가바드기타』(Bhagavad Gītā)의 한 구절을 떠올렸다. 책의 서두에서 친족과의 전쟁을 목전에 두고 두려움과 고뇌에 사로잡힌 아르주나는 그의 영적 스승인 크리슈나에게 "사촌 형제인 드리타라슈트라의 아들들이 지금 우리와 대치하고 있습니다. (⋯) 권력을 손에 쥐거나 부유한 왕국을 얻는 것도 다 쓸데없는 짓 같습니다. (⋯) 나는 싸우지 않겠습니다"라고 고백한다. 이에 크리슈나는 "그대의 말은 그럴 듯하다. 하지만 그대는 슬퍼할 이유가 없는 것에 대해 슬퍼하고 있다. 지혜로운 사람은 산 자를 위해서도 슬퍼하지 않고 죽은 자를 위해서도 슬퍼하지 않는다"라고 충고한다.[5] 흡사 전쟁을 부추기고 있는 듯 보여지는 이 대화에만 주목한다면, 독자의 입장에서는 흔히 '거룩한 자의 노래'라는 말로 풀이되는 이 경전의 제목이 다소 생경하게 느껴질 수 있을 것이다. 그러나 뒤에 이어지는 크리슈나의 말을 자세히 음미해보면 그의 진의가 잘 드러난다.

『바가바드기타』에서 크리슈나는 인격신의 성격을 띠고 있는데, 힌두적 관점에서 보자면 우주에 존재하는 모든 것은 브라만이 이런저런 모습으로 자신을 드러낸 것이다. 달리 말해 마야로서의 현상세계는 '궁극적 신성(神性)'이 세계라는 무대 위에서 한편의 드라마를 연출하는 것이니, 브라만에 뿌리를 둔 '나(atman)'의 본질이 어찌 타인을 죽이거나 타인에게 살해될 수 있겠는가. 그렇게 보자면 아르주나의 심적 두려움에 대한 크리슈나의 답변은 모든 살아 있는 존재의 본질에 대한 각성을 통해, 행위하되 그것이 행위를 넘어선 또 다른 목적을 위한 동기가 되어서는 안 된다는 의미를 담고 있는 것으로 풀이할 수 있을 것이다.

---

5 『바가바드기타』, 정창영 옮김, (서울: 시공사, 1989), 29~29쪽.

이런 관점에서 앞서 말한 '변화'와 '같아짐'이라는 인용구의 의미를 되새겨본다면, 인생은 결국 '변화'로 인해 인생이 될 수 있는 것이며, '죽음'은 변화의 완성이자 시작으로서, 이는 흡사 모든 것을 집어삼키는 블랙홀과 같은 '그 무엇'이 될 것이다. 그런데 이를『바가바드기타』의 논리로 재구성해본다면 '죽음' 또한 변화의 한 과정에 불과한 것이니, 그렇게 보자면 '바뀔수록 똑같다'라는 말은, '하나(같음)'가 이런저런 모습으로 잠시 세상에 모습을 드러낸 것이니, 결국 삶의 최종심급은 우주의 흐름과 하나 되어 도도히 흘러가라는 경구가 아니겠는가.

끝으로 본서가 주목했던 또 다른 부분은 '나'라는 개념이다. 우리가 하루에도 헤아릴 수 없을 만치 사용하는 이 말이 실상은 매우 문제적인데, '나'가 지시하는 것이 내 육신인지 혹은 정신인지, 그것도 아니라면 육신과 정신이 결합된 그 어떤 것인지는 모호하다. 한 가지 분명한 것은 '나'라는 개념이 이데올로기적으로 구축된 결과물이라는 사실이며, 본서의 3부와 4부에서는 이 문제를 세밀히 고찰하고자 하였다.

나에 대한 문제를 문학적·철학적으로 잘 풀어낸 작품은 곽암선사의『십우도』이다.『십우도』는 이름 그대로 내가 나를 찾아가는 여정을 열편의 시로 풀어낸 것이며, 동자가 깨달음을 얻기 전까지, 찾는 '나'와 그것의 대상이 되는 '나' 사이에는 미묘한 긴장과 갈등이 느껴진다. 나아가『십우도』의 제10도[6]에서 제시되는 낙천적 생명사상에도 불구하고, 인간은 대부분의 경우에 있어 일생동안 자신이 누구인지를 모

6『십우도』의 제10도는 깨달음을 얻은 동자가 다시 저잣거리의, 성속이 뒤섞인 경지에서 중생을 제도하고자 한다는 '입전수수(入廛垂手)'의 모티프로 마감한다. 물론 이때의 '성'은 깨달음의 주체로서의 '나'가 사라진 상태에서의 역설적인 성스러움을 암시한다.

르고 죽음을 맞이한다. 허나 이는 (적어도 논리적으로 보자면) 하등 기괴한 일이 아닌데, '나'는 결코 내 인식의 대상이 될 수 없기 때문이다. 사변적 탐구를 통해 나를 알고자 하는 시도는 흡사 나무를 가공해서 금덩어리를 만들려는 것만큼이나 무모하다.

한 가지 주목할 것은 동아시아 전통사상의 경우 사적인 나를 넘어 공적인 나로의 확장을 끊임없이 갈구했으며, 공자는 이를 극기복례로 서술했다. 이러한 동아시아 전통이 근대로 이행되면서 나에 대한 새로운 조망이 이뤄졌다. 이와 관련된 문화적 사례는 20세기 일본으로부터 도입된 '일인칭 소설(I-novel)'에 의해 극대화된다. 세계와 홀로 마주선 개별적 주체로서의 '나' 이것이 근대적 개인(Individual)의 의미이다. 이는 개인의 발견이며, 개인의 탄생이라 불러도 무방하다. 그러나 아이러니하게도 닐스 보어나 하이젠베르크 같은 양자물리학의 거목들이 등장하면서 '실체론적 사유'가 다시 도전을 받기 시작했다. 양자역학은 생명현상과 관련하여 '파동/입자라는 이중성'을 과학적으로 이미 증명하였고, A라는 사물 속에 A를 규정할 수 있는 어떠한 것도 발견할 수 없다는 것이 이들 현대물리학의 보편적 상식으로 대두되고 있다. 어쩌면 '나'를 찾기 위한 여정은 이제 새로운 인식론적 토대 위에서 다시 시작될 수밖에 없을 것이다. 단 본서가 탐구한 동아시아 전통사상은 아마도 이러한 존재의 본질을 일치감치 직관했는지 모르겠다.

앨리스의 신비한 이야기

그는

이런저런 베일로

예쁜 옷으로

소녀를 감싸지만

베일이 사라지면

소녀도 사라지지.

'나'를 모르니

앨리스가 되네.

앨리스로 돌아오자

모든 것이

꿈이 돼버리지.

숨고 찾는 숨바꼭질

찾는 자가 숨는 자

숨는 자가 찾는 자

체셔 고양이

몸은 사라지고

얼굴도 사라지고

말만 남았네.

언제든 입은 불러올 수 있지.

몸도 만들 수 있지.

그런데 말은 어디서 나올까?

고요함

고요함에서

말이 나올까.

무지개는

무지개로 드러날 때가

아름다운 거지.

가까이 다가가면

무지개는 사라지고

우리는 어느덧

또 다른 무지개를

찾아나서는 거야.

양채일새(兩采一賽)[7]

두 개의 채이지만

주사위는 하나라네.

---

7 『무문관』 백장야호(百丈野狐)에 등장하는 말로, '새'는 주사위를 지칭하고, '채'
는 주사위를 던져 나온 숫자를 지칭한다. 달리 말해 주사위를 굴리면 여러 숫자
가 나오지만, 결국 하나의 주사위라는 의미가 담겨 있다.

맺는말

하루 24시간이 밤과 낮으로 이뤄져 있다는 게 인간에게는 축복이다. 낮이면 태양이 중천에 떠올라 천지를 환히 밝히니 사람들은 세상 밖으로 나와 생업에 종사하고, 어둡고 고요한 밤이 되면 침대에 누워 그날의 일상을 잠시 떠올려보다가 잠에 빠져든다. 그런데 인간이 잠들어 영원히 깨어나지 않는다는 가정도 다분히 공포스러우나, 깨어난 상태에서 다시는 잠에 들 수 없다는 상상도 끔찍하기는 마찬가지이다. 어른이 되면 누구나 천진난만했던 자신의 어린 시절을 동경하지만, 정작 천방지축으로 또래 친구들과 동네를 휘저으며 뛰어놀던 그 시절에는 빨리 시간이 흘러 어른이 되고 싶다는 생각을 해본 적이 있었을 것이다. 우리 인생은 이렇게 항상 시간의 상대성을 만들어내면서 면면히 흘러가는 것 같다.

내가 초등학생이었을 때는 방학이면 시골에 계시는 할머니 댁에 가서, 형들과 함께 몇 주씩을 머물곤 했다. 낮에는 산으로 들로 다니며 잠자리 잡고 냇가에서 물놀이도 하며 신나게 놀았지만, 해가 져서 어둠이 갈리면 뾰족이 놀 거리가 마땅치 않았다. 당시는 시골에 전기도 잘 들어오지 않던 때였으니, 밤중에 할 수 있는 거라고는 마당 한가운데 놓인 평상에 누워서 하늘의 별을 보며, 시시껄렁한 이야기를 나름대로 각색해서 돌아가며 서로 들려주는 것이었다. 그래도 그 재미가 쏠쏠해서 도무지 방에 들어가 잠잘 생각을 하지 않으면, 할머니는 막내 고모에게 큰 소리로 "우리는 문 닫고 자자. 아랫마을에 개구지* 돌아다닌단다"라고 말씀하시는 것이 아닌가. 그 말이 떨어지기 무섭게 우리는 쏟은 쌀같이 방으로 뛰어 들어가, 이불을 뒤집어쓰고 쥐죽은 듯 있다가, 곧장 잠에 빠져 들었던 기억이 생생하다. 지금 생각해보면 할머니가 학교교육은 많이 받지 못하셨지만, 참 지혜로운 분이셨던 것 같다. 어린 손자들의 심리를 꿰뚫고 계셨으니.

　당시만 하더라도 시골은 공동체적 삶의 양식이 그대로 존재하던 공간이었다. 여름이면 어른들이 냇가에서 폭죽 같은 것을 터트려 물고기를 잡아 매운탕을 끓여서 온 동네 사람들이 야외에서 함께 어우러져 밥을 먹기도 하고, 이웃에 사람이 죽으면 집에서 상기(喪期)를 마친후, 마을 어른들이 고인의 시신을 묻기 위해 상여를 메고 마을 뒷산 묘지를 향해 가면서 "이제 가면 언제 오나~"라며 구슬픈 가락을 창(唱)하던 광경이 기억에 선하다. 당시만 하더라도 '죽음'은 내가 이해할 수 없는 사건이었지만, 그것이 나에게 막연한 공포심을 일으켰던 것은 확실하다. 왜냐면 밝은 대낮에도 마을 사람들이 공동으로 사용하던 장례기구가 보관된 초가집을 지나칠 때면, 왠지 모를 을씨년스런 느낌이 나를 에워쌌기 때문이다. 이러한 감정은 성인이 되어서도 크게 달라지지 않은 것 같다. 그로 인해, 역설적이지만, 내 무의식은 죽

---

* 경상도 지역의 사투리로, 호랑이과 동물을 지칭하는 말.

음이라는 사건을 검은 천에 꽁꽁 싸서 지하실 한구석에 감춰두고, 흡사 그것이 나와는 무관한 것인 양 외면한 채 장밋빛 미래의 청사진을 그리기에 애써 몰두했던 것 같다.

대학에 입학해서는 난생 처음으로 가족과 떨어져 객지에서 하숙생활을 하게 되었다. 당시의 시대적 분위기가 고등학교를 졸업하고 일단 대학에 들어가면, 대부분 학생들이 그다지 학점 관리에 신경 쓰는 풍조가 아니었다. 나또한 유년기·청소년기를 거쳐 일상사의 자질구레한 속박에서 해방되고 나니, 흡사 고삐 풀린 망아지처럼 학과공부에는 전혀 관심이 없었고, 술, 연애, 서클활동, 팝송 등에 심취해서 대학 1, 2학년 생활을 보냈다. 그래도 그 와중에 그나마 동서양의 잘 알려진 사상서들은 간간히 독서했던 기억이 난다. 돌이켜보면 당시 대구 모 대학의 공과대학 교수로 재직하시면서, 인문학에도 유달리 관심이 많으셨던 아버님 영향을 은연중에 많이 받았던 듯하다. 자식으로서 이미 오래전 고인이 되신 아버님에 대해 말하는 것이 쑥스럽기는 하나, 부친은 학문적으로는 이공계 쪽 강의를 하셨지만, 영어·불어·독어 등 7개 국어에 익숙할 정도로 문과 쪽 재능도 출중하셔서, 고향에서는 이름이 많이 알려진 교육계 인사이셨다. 지면을 빌려 고인의 명복을 빈다.

내 청년 시절은 군 입대를 계기로 전환기를 맞는다. 34개월 현역으로 입대하여, 논산에서 훈련병 교육을 마치고 처음으로 자대 배치를 받은 곳이, 당시 군사시설로 지정된 모 지역의 산악초소였다. 이등병의 하루 일과란 것이 소위 '얼차려'가 없는 날이면 초소에서 경계근무를 서는 것이 주된 임무였다. 그런데 지금 생각해보면 매일 기계처럼 반복되었던 그 시간이, 20대 중반 이후의 내 삶의 방향을 좀 더 주체적으로 설계할 수 있게 해주는 좋은 계기가 되었던 것 같다. 경계근무를

서는 동안 시각과 청각은 주변의 상황에 집중해야 했지만, 한 번씩 군 생활의 권태감이 밀려오면, 제대 후 무엇을 하며 살아야 할 것인지를 많이 생각해보게 되었다. 훈련소를 거쳐 갓 자대 배치를 받은 신참이 제대 후 삶의 이정표를 구상한다는 게 가당찮게 보일 수도 있겠지만, 지금 생각해보면 제복 입은 군인에게 유일하게 허용된 자유가 마음속으로 미래에 대한 상상의 나래를 펼치는 순간이었다. 어쨌든 국방부 시계는 정확하게 돌아갔고, 병장으로 전역하는 그날부터, 군 시절 내가 상상해왔던 것을 현실에서 하나씩 구체화시켜 나가기 시작했다.

공부는 당사자 스스로가 발심하여 내적 동기부여를 일으키지 않는 한, 외부에서 아무리 주입하려 해도 아무런 소용이 없는 것 같다. 적어도 그 믿음에 관한 한 지금도 굳게 확신하고 있다. 사실 나처럼 타고난 재능이 출중한 것도 아니고, 그렇다고 다른 무엇 하나 내세울 만한 것이 없는 평범한 서생이 그래도 30대 중반부터 어찌어찌해서 대학교수가 되어 후학들을 지도하게 되었으니, 내 입장에서는 학생들을 대하는 관점이 남다르다. 적어도 내 살아온 궤적에 근거해서, 아무리 나태하고 학업능력이 기대 이하인 것처럼 보이는 학생일지라도, '저놈이 언젠가 인연이 닿아 학문에 대한 내적 동기부여만 일으키게 되면 필히 좋은 연구자가 될 수 있을 것'이란 믿음의 끈을 놓지 않았다. 그로 인해 교편을 잡은 이후 근 30여 년 동안 여러 유형의 학생들을 만났지만, 특정한 편견 없이 후학들과 학문적 담론을 주고받을 수 있었던 것이 나로서는 참으로 다행스런 일이 아닐 수 없다.

미국에서 학위를 마치고 귀국하여 모교에서 교편을 잡은 이후, 나는 젊은 시절 숙독했던 중국의 여러 현대 작가들 그리고 지적 영감이 번득이는 서구의 비평이론서들을 부지런히 읽어가며, 후학들과 교실에서 열띤 논쟁을 벌였다. 그 시절이 어찌 보면 내 인생에서는 가장 역동적인 시기였던 것 같다. 그러나 의욕적이고 앎에 대한 욕구가 충만했던 당시의 생활이 오래 지속되지는 못했다. 나이가 40 고개를 넘어가며 알게 모르게 심적 스트레스를 많이 받아서였던지 체력이 예전 같지 않았고, 무엇보다 연구자로서의 삶에 대한 알지 못할 회의감이 나를 휘감았다. 그렇게 한동안 정신적으로 깊은 심연에서 허우적거리다 우연한 계기로 비로소 나를 다시 직시할 수 있게 되었다. 지금 생각해보면 다소 낭만적인(?) 발상이었지만, 어둠의 음습한 기운이 나를 지배하던 그 시절, 내 영육을 에워싼 검은 먹구름을 걷어낼 수 있는 유일한 방법이 진리와 만나는 것이라 생각했다. 어찌 보면 당시 40대를 넘긴 나이에 내가 할 수 있는 것이라고는 책 읽고 사색하는 것이 전부였으니, 그런 발상 자체가 터무니없는 것은 아니었을 것이다. 그것이 내가 동양사상과 조우하게 된 결정적 계기였다.

40대 초반 한창 왕성하게 활동해야 할 시기에 내 심신은 많이 피폐해져 있었다. 종교든 철학이든 내 병든 영혼을 회복시켜줄 수 있는 구원의 끈을 잡고 싶었다. 그러던 중 아내의 권유로 현재(鉉齋) 김흥호 (1919~2012) 선생님이 매주 일요일 오전 이대(梨大)에서 주관하셨던 연경반(硏經班) 모임에 참석할 기회를 갖게 되었다. 김흥호 선생님은 이대에서 철학을 가르치다 1984년 정년퇴임하셨고, 그 후로도 수십 년 동안 이화여대 중강당에서 동서양의 여러 경전을 강의하셨는데, 당시 많은 학인들 사이에서 '양복 입은 도인'으로도 잘 알려진 우리 시대 선지식이셨다. 각설하고 당시 선생님으로부터 성경을 비롯하여 주역, 불경 등을 배울 수 있었던 것이 나로서는 사막에서 오하시스를 만난 셈이었다. 물론 연경반에 참여할 수 있었던 것이 결국은 아내가 대학 시절 김흥호 선생님의 채플을 듣고 감명 받아 나에게까지 그 인연이 이어진 것이니, 이리저리 뒤얽힌 인간사의 고리가 참으로 묘하다.

사실 내 전공이 중국문학이었지만, 미국에서 박사학위를 받았으니 텍스트를 읽고 분석하는 방법론적 차원에서는 대학원 시절 많은 훈련을 받았지만, 정작 동양적 사유에는 익숙하지 않았다. 그러던 중 연경반에서 동서양을 넘나들며 사유하는 훈련을 하고, 조금씩 문리(文理)가 생기면서, 그 후 내 스스로 동양사상의 핵심 경전 목록을 작성하여 차분히 읽어나가기 시작했다. 책을 읽다 의미가 통하지 않으면, 탄허(呑虛) 스님의 저술을 참고하기도 하고, 당시 생존하신 분들로 유불도의 특정 분야에 조예가 깊은 분들은 직접 찾아가서 모호한 부분을 청문(請問)하거나, 그것이 여의치 않으면 서면으로 질의문답도 주고받으면서 경전을 읽으며 가졌던 이런저런 의문들을 해소하고자 하였다.

정년에 즈음하여, 내가 왜 '죽음'이라는 주제에 천착해서 단행본을 쓰겠다는 호기를 부렸는지는 모르겠다. 그러나 한 가지, 죽음이라는 주제를 선정한 것이 지나온 삶의 궤적을 돌이켜보면 우연이 아니었음은 분명하다. 어릴 적 시골에서 형형색색의 천으로 장식한 상여행렬을 목도하며 느꼈던 막연한 공포심이 40대 즈음하여 어느 날 나의 영육을 실제로 강타하였고, 그 이후 주로 연구하고 강의했던 주제들이 대체로 인간의 근원적 문제를 논한 경전에 기반한 것이었음을 감안하면, 죽음이란 주제는 적어도 내 반평생의 연구를 나름대로 정리하기에는 가장 적합한 화두가 될 수 있었을 것이다.

물론 주제에 대한 개인적 호기심과 이를 인문학적으로 풀어나가는 것은 전혀 별개의 문제다. 무엇보다 나는 이 책을 집필하는 과정 내내 '죽음'이라는 주제를 지적이며 사변적인 유희의 한갓된 대상으로 변질시키고 싶지 않았다. 그보다는 유불도의 사상적 맥락에 근거하여 논지의 객관성을 유지하면서도, 이 주제를 바라보는 내 심연 깊은 곳의 소리를 글 속에 담고자 했다. 물론 이 같은 양가적 요청을 나의 일천한 재주로 상호 절충하여 이 책에서 녹여낼 수 있었는지에 관해서는 낙관할 수 없다. 그럼에도 불구하고 본서의 집필을 마치면서 내 스스로가 죽음이라는 문제를, 죽음을 넘어서는 시각에서 바라볼 수 있게 된 것은 망외의 소득이다.

본서의 초기 구상에서 집필을 마무리하기까지 여러 해를 경과하면서 내 육신의 건강은 많이 쇠약해졌지만, 정신은 한결 실존적 번뇌로부터 자유로워질 수 있게 되었음을 고백한다. 여러 해를 책의 주제와 씨름하며 고민해온 저자로서는, 본서의 내용이 아프고 상처받은 사람들에게 조금의 위안이라도 되었으면 하는 소망이 있다. 나이 60이 넘어 중국 고전을 읽고 사색하며 내 정신적 여정의 순간순간을 진솔하게 써내려간 이 책을, 오늘날 이 땅에서 어렵게 삶을 살아가는 모든 분들에게 회향(廻向)한다.

참고문헌
찾아보기

참고문헌

I. 일차 문헌

老子. 『老子今註今譯』, 臺灣商務印書館, 1988.

____. 『老子讀本』, 三民書局, 1973.

____. 『老子章句新解』, 樂天出版社, 1971.

____. 『老子注譯』, 巴蜀書社, 1991.

老子·莊子. 『老子/莊子』, 臺灣中華書局, 1966.

莊子, 郭慶藩 撰. 『莊子集釋』, 中華書局, 1997.

____, 郭象 注. 陸德明 音義, 『莊子』, 上海古籍出版社, 1996.

____, 王夫之. 『莊子解』, 中華書局, 1977.

____, 王叔岷. 『莊子校詮』, 中央研究院歷史語言研究所, 1988.

____, 曹礎基. 『莊子淺注』, 中華書局, 1982.

____, 陳鼓應 注譯. 『莊子今注今譯』, 中華書局, 1996.

王弼. 『老子道德經』, 臺灣商務印書館, 1965.

____. 『周易正義』, 北京大學出版社, 2000.

『金剛經』

『論語』

『大乘起信論』

『大學』

『般若心經』

『圓覺經』

『周易禪解』, 智旭, 金呑虛 譯, 敎林.

『周易傳義大全』

『中庸』

『구약성경』

『신약성경』

『바가바드기타』

II. 이차 문헌

1. 한국어 문헌

감산, 각성 강해.『중용·직지』. 부산: 통화총서출간회, 1998.

강영한.「동양의 순환적 사유와 그 배경」.『東洋社會思想』. 제4호(2001).

고회민, 정병석 옮김.『주역철학의 이해』. 서울: 문예출판사, 1996.

곽신환.『주역의 이해』. 서울: 서광사, 1991.

김경수.『북송초기의 삼교회통론』. 서울: 예문서원, 2013.

김관도, 하세봉 옮김.『중국사의 시스템이론적 분석』. 서울: 신서원, 1997.

김석진.『주역전의대전 역해』(상하). 서울: 대유학당, 1996.

김흥호.『푸른 바위에 새긴 글』(벽암록 풀이). 서울: 솔, 1999.

_____.『주역강해』, 도서출판 사색, 2003.

남회근, 신원봉 옮김.『주역강의』. 서울: 문예출판사, 1998.

루이 알뛰세르, 김동수 옮김.『아미엥에서의 주장』. 서울: 솔, 1991.

루이스 캐럴, 베스트트렌스 옮김.『이상한 나라의 앨리스』. 서울: 더클래식, 2013.

리하르트 빌헬름, 진영준 옮김.『주역강의』. 서울: 소나무, 1996.

마르틴 하이데거, 오병남·민형원 함께 옮김.『예술 작품의 근원』. 서울: 예전사, 1996.

미하일 바흐친, 김근식 옮김.『도스또예프스끼 시학』. 서울: 정음사, 1988.

_____, 전승희 옮김.『장편소설과 민중언어』. 서울: 창작과비평사, 2001.

박재주.『주역의 생성논리와 과정철학』. 서울: 청계, 1999.

벤야민 슈월츠, 나성 옮김.『중국 고대사상의 세계』. 서울: 살림, 1996.

샤오메이 천, 정진배 옮김.『옥시덴탈리즘』. 서울: 강, 2001.

손룡기, 박병석 옮김.『중국문화의 심층구조』. 서울: 교문사, 1997.

안넬리제, 페터 카일하우어, 전재성 옮김.『힌두교의 그림언어: 인도 신들의 세계와 그의 상징체계』. 서울: 동문선, 1994.

안병주, 전호근 옮김.『國譯 莊子 1』. 서울: 전통문화연구회, 2001.

요코야마 코이치, 장순용 옮김.『唯識이란 무엇인가』. 서울: 도서출판 세계사, 1996.

이정용, 이세형 옮김.『역의 신학』. 서울: 대한기독교서회, 1998.

임마누엘 칸트, 최재희 옮김.『순수이성비판』. 서울: 박영사, 1972.

정진배.『중국 현대 문학과 현대성 이데올로기』. 서울: 문학과지성사, 2001.

_____.『장자, 순간 속 영원』. 서울: 문학동네, 2013.

_____.『중국현대문학신론』. 서울: 박문사, 2014.

_____.『탈현대와 동양적 사유논리』. 서울: 차이나하우스, 2008.

조르주 장, 김형진 옮김.『기호의 언어: 정교한 상징의 세계』. 서울: 시공사, 1997.

질 들뢰즈, 이정우 옮김.『의미의 논리』. 서울: 한길사, 2002.

츠베탕 토도로프, 이기우 옮김.『상징의 이론』. 서울: 한국문화사, 1995.

칼 융, 한국융연구원 C. G. 융 저작 번역위원회 옮김.『상징과 리비도』. 서울: 솔, 2005.

표도르 도스토예프스키, 이동현 옮김.『지하생활자의 수기』. 서울: 문예출판사, 1972.

프레드릭 제임슨, 이경덕·서강목 옮김.『정치적 무의식』. 서울: 민음사, 2015.

프리드리히 헤겔, 임석진 옮김.「동양철학」『헤겔연구』 6. 서울: 청아출판사, 1995.

프리초프 카프라, 이성범·김용정 옮김.『현대물리학과 동양사상』. 서울: 범양사, 1997.

한국도가철학회.『노자에서 데리다까지』. 서울: 예문서원, 2001.

후레드릭 W. 모오트, 권미숙 옮김.『중국문명의 철학적 기초』. 서울: 인간사랑, 1991.

2. 중국어 문헌

高晨陽.『中國傳統思維方式研究』. 山東大學出版社, 1994.

_____.『中國傳統思維方式研究』. 山東大學出版社, 2000.

涂光社 著.『莊子范疇心解』. 中國社會科學出版社, 2003.

刘长林.『中国系统思维』. 中国社会科学出版社, 1990.

文史知識編輯部 編.『佛敎与中國文化』. 北京: 中華書局, 1988.

謝松齡.『天人象: 陰陽五行學說史導論』. 山東文藝出版社, 1989.

蕭吉, 錢杭 點校.『五行大義』. 上海書店出版社, 2001.

葉舒憲.『莊子的文化解析』. 湖北人民出版社, 1997.

吳光明.『莊子』. 東大圖書公司, 1988.

劉長林.『中國系統思維』. 中國社會科學出版社, 1990.

劉仲宇.『中國道敎文化透視』. 學林出版社, 1990.

張立文, 王俊義 主編.『傳統文化與現代化』. 中國人民大學出版社, 1987.

_____.『傳統學引論: 中國傳統文化的多維反思』. 中國人民大學出版社, 1989.

_____.『中國哲學邏輯結構論』. 中國社會科學出版社, 2002.

張榮明 主編.『道佛儒思想與中國傳統文化』. 上海人民出版社, 1994.

陳鼓應.『老莊新論』. 上海古籍出版社, 1997.

陳良運.『周易與中國文學』. 百花洲文藝出版社, 1999.

_____.『周易與中國文學』. 百花洲文藝出版社, 1999.

蔡元培.『中國論理學史』. 上海古籍出版社, 2005.

馮天瑜.『中國文化發展軌迹』. 上海人民出版社, 2000.

馮曉虎.『老莊與尼采的文化比較』. 知識出版社, 1995.

洪曉楠.『文化哲學思潮簡論』. 上海三聯書店, 2000.

3. 영어 문헌

Bakhtin, M. M. *Art and Answerability*. In Michael Holquist and Vadim Liapunov (ed). Austin: University of Texas Press, 1990.

_____. *The Dailogic Imagination*. In Michael Holquist (ed). Austin: University of Texas Press, 1981.

Creel, H. G. *What Is Taoism?* Chicago: University of Chicago Press, 1970.

Expressions of Self in Chinese Literature. In Robert E. Hegel·Richard C. Hessney (ed). New York: Columbia University Press, 1985.

Graham, A. C. *Disputers of Tao*. La Salle: Open Court, 1989.

Hua, Shiping. *Scientism and Humanism: Two Cultures in Post-Mao China*. Albany: State University of New York Press, 1995.

Jameson, Fredric. *The Political Unconscious*. Ithaca, New York: Cornell University Press, 1981.

Jay, Martin. *Marxism and Totality*. Berkeley·Los Angeles: University of California Press, 1984.

Prusek, Jaroslav. *The Lyrical and the Epic*. In Lou-fan Lee (ed). Bloomington: Indiana University Press, 1980.

Taylor, Charles. *Sources of the Self : The Making of the Modern Identity*. Cambridge: Harvard University Press, 1989.

The I Ching. The Richard Wilhelm Translation rendered into English by Cary F. Baynes. Princeton University Press, 1950.

Waley, Arthur. *The Way and Its Power: A Study of The Tao Te Ching and Its Place in Chinese Thought*. London: George Allen and Unwin Ltd., 1935.

Wu Kuang-ming. *Chang Tzu: World Philosophy at Play*. The Crossroad Publishing Co. 1982.

찾아보기

총서 叢 知의회랑 을 기획하며
arcade of knowledge

대학은 지식 생산의 보고입니다. 세상에 바로 쓰이지 않더라도 언젠가는 반드시 인류에 필요할 지식을 생산하고 축적하며 발전시키는 일을 끊임없이 해나갑니다. 오랫동안 대학에서 생산한 지식은 책이란 매체에 담겨 세상의 지성을 이끌어왔습니다. 그 책들은 콘텐츠를 저장하고 유통시키며 활용하게 만드는 매체의 차원을 넘어, 인간의 비판적 사유 능력과 풍부한 감수성을 자극하는 촉매의 역할을 충실히 해왔습니다.

이와 같은 '책을 읽는다'는 것은 단순히 지식과 정보를 습득하는 데 멈추지 않고, 시대와 현실을 응시하고 성찰하면서 다시 그 너머를 사유하고 상상함을 의미합니다. 그러므로 '세상의 밑그림'을 그리는 책무를 지닌 대학에서 책을 펴내는 것은 결코 가벼이 여겨선 안 될 일입니다.

이제 우리는 다양한 방식으로 존재하는 지식과 정보, 그리고 사유와 전망을 담은 책을 엮어 현존하는 삶의 질서와 가치를 새롭게 디자인하고자 합니다. 과거를 풍요롭게 재구성하고 미래를 창의적으로 기획하는 작업이 다채롭게 펼쳐질 것입니다.

대학의 심장부에 해당하는 도서관이 예부터 우주의 축소판이라 여겨져 왔듯이, 그곳에 체계적으로 배치된 다양한 책들이야말로 이른바 학문의 우주를 구성하는 성좌와 다름없습니다. 우리는 그 빛이 의미 없이 사그라들지 않기를, 여전히 어둡고 빈 서가를 차곡차곡 채워가기를 기대합니다.

앎을 쉽게 소비하는 시대를 살고 있지만, 다양한 앎을 되새김함으로써 학문의 회랑에서 거듭나는 지식의 필요성에 우리는 공감합니다. 정보의 홍수와 유행 속에서도 퇴색하지 않을 참된 지식이야말로 인간이 가야 할 길에 불을 밝혀줄 수 있기 때문입니다. 앞으로 대학이란 무엇을 하는 곳이며, 왜 세상에 남아 있어야 하는 곳인지 끊임없이 되물으며, 새로운 지의 총화를 위한 백년 사업을 시작하겠습니다.

총서 '知의회랑' 기획위원

안대회 · 김성돈 · 변혁 · 윤비 · 오제연 · 원병묵

지은이 정진배

연세대학교 중어중문학과를 졸업하고, 캘리포니아대학(로스앤젤레스) 동아시아학과에서 중국 현대문학으로 박사학위를 받았다. 뉴욕주립대학(스토니브룩) 비교문학과 조교수를 지냈으며, 1994년 귀국하여 현재 연세대학교 중어중문학과 교수로 재직 중이다. 동 대학 언더우드 국제대학장을 역임했다.

귀국 후에도 스탠포드대학 쇼렌스타인 아시아-태평양연구소(Shorenstein Asia-Pacific Research Center at Stanford University), 히토츠바시대학(一橋大學) 동아시아연구소, 베이징사회과학원(北京社會科學院), 홍콩성시대학(香港城市大學) 등 해외 유수의 대학으로부터 초청받아 동아시아 사상과 관련된 강연을 진행했다. 현재 불교 인식론, 주역적 사유논리, 동서양 비교사상 및 문화 연구 등에 매진하고 있다.

주요 저서로는 『중국현대문학과 현대성 이데올로기』, 『탈현대와 동양적 사유논리』, 『장자, 순간 속 영원』, 『중국 현대문학 신론』 등이 있고, 역서로는 『옥시덴탈리즘』, 『주역 계사전』 등이 있다.

🏛 知의회랑
arcade of knowledge
030

중국사상과 죽음 이데올로기
나는 존재하는가

1판 1쇄 인쇄 2022년 10월 20일
1판 1쇄 발행 2022년 10월 30일

지 은 이   정진배
펴 낸 이   신동렬
책임편집   현상철
편   집   신철호·구남희
마 케 팅   박정수·김지현

펴 낸 곳   성균관대학교출판부
등   록   1975년 5월 21일 제1975-9호
주   소   03063 서울특별시 종로구 성균관로 25-2
전   화   02)760-1253~4 팩스 02)762-7452
홈페이지   http://press.skku.edu

ISBN 979-11-5550-555-7 93150

⊙ 잘못된 책은 구입한 곳에서 교환해 드립니다.
⊙ 이 저서는 2018년 정부(교육부)의 재원으로 한국연구재단 저술출판지원사업의 지원을 받아 수행된 연구임(NRF-2018S1A6A4A01030357).